# 历史的足迹

## 毛泽东在1893-1947

邱延生 著

河北出版传媒集团
河北人民出版社

**图书在版编目（CIP）数据**

历史的足迹：毛泽东在 1893—1947 / 邸延生著.
—石家庄：河北人民出版社，2013.10
ISBN 978-7-202-08336-9

Ⅰ. ①历… Ⅱ. ①邸… Ⅲ. ①毛泽东（1893～1976）
-生平事迹 Ⅳ. ①A752

中国版本图书馆 CIP 数据核字（2013）第 244918 号

| | |
|---|---|
| **书　　名** | **历史的足迹——毛泽东在 1893—1947** |
| **著　　者** | 邸延生 |
| 责任编辑 | 唐　丽　段　鲲 |
| 美术编辑 | 于艳红 |
| 封面设计 | 张　宾 |
| 责任校对 | 付敬华 |
| 出版发行 | 河北出版传媒集团　河北人民出版社<br>（石家庄市友谊北大街 330 号） |
| 印　　刷 | 河北新华第一印刷有限责任公司 |
| 开　　本 | 787 毫米×1092 毫米　1/16 |
| 印　　张 | 31.25 |
| 字　　数 | 479 000 |
| 版　　次 | 2013 年 10 月第 1 版　　2013 年 10 月第 1 次印刷 |
| 印　　数 | 1—3 000 |
| 书　　号 | ISBN 978 - 7 - 202 - 08336 - 9/I · 998 |
| 定　　价 | 65.00 元 |

# 再版前言

毛泽东离开我们已经 37 年了。37 年来，中国发生了翻天覆地的变化，后来人在毛泽东等老一辈无产阶级革命家开创的无产阶级革命事业和社会主义道路上继往开来，使中国的经济实力大大增强，中国人民的生活水平得到了很大的改善，中国的国际地位空前提高。但作为新中国的开国领袖，毛泽东的思想和有关他生前的一切，至今依然牵动着亿万中国人民的心。

人们怀念毛泽东，不单单因为他是中国人民的伟大领袖，同时他还是中国人民的好儿子；他心中时刻想着人民，他教导共产党人全心全意为人民服务，他始终把人民的利益放在高于一切的位置；他提倡艰苦奋斗的工作作风，他要求共产党的干部在工作中谦虚谨慎、不骄不躁；他关心人民，热爱人民，把人民的疾苦时刻挂在心上；他指示党的干部脚踏实地工作，“从群众中来，到群众中去”。他不仅这样要求别人，同样也这样要求自己，并更为严格地这样要求他身边的工作人员和他的子女；工作中他不搞特殊，生活中克勤克俭，反对任何形式的铺张浪费，痛恨官僚作风和贪污腐化。可以毫不夸张地说，在毛泽东的身上，集中体现了中国劳动人民的优良传统和美德，他有着常人所没有的崇高的人格魅力，包括他的喜怒哀乐……

我曾多次到毛泽东的原卫士长李银桥的家中去，并经常同全家人一起去看望毛泽东的小女儿李讷，也曾多方面接触过原中央办公厅、中央警卫局和中央警卫团的一些老同志，他们对毛泽东的感情至深，一谈起毛泽东来就激动不已。现任中华老人文化交流促进会会长古今生同志，年轻时曾在中央警卫团工作，2005 年春我应邀出席海峡两岸退役将领茶话会，同他在全国政协礼堂交谈，话题总围绕着毛泽东，大半天的时间过去了，谈的依然是毛泽东，或慷慨激昂，或泪流满面。

毛泽东不仅是中国人民的伟大领袖，同时更是 20 世纪中出现的最为杰出的世界伟人。毋庸讳言，任何一个人的成长都不是一帆风顺的，纵然毛泽东是伟人，也不除外。但伟人的成长，其性格、理想、抱负、胆略、情操、胸怀、神采和风范的形成，是和他所处的社会环境以及他所经历的历史事件分不开的。同样的社会环境和同样的社会经历，不一定就能造就出同样的人。其中很重要的，还要在于“这个人”本身认识事物的能力、分析事物和判断事物的方法，以及他是否具备远见卓识、于包罗万象的纷杂事物中能够提纲挈领、缕析分毫的气质和智慧。然而一个人气质和智慧的形成，还在于这个人从幼年时所继承的民族文化传统、他后来的学习态度以及他全部的精神世界。《历史的足迹——毛泽东在 1893—1947》这部书，集中展现了毛泽东所独具的人格魅力的形成和他所处的那个社会环境以及他所经历的那个年代，磨练并造就了毛泽东的伟人气质，意在帮助热爱毛泽东的人们能够更加详细地了解毛泽东和感知毛泽东。

前些年社会上流传一句话，说“毛泽东是人，不是神”；纵观毛泽东的一生，不难看出，毛泽东不是神，但也不是普通的人。因为在他身上集中体现了中国劳动人民许多可歌可泣的优良作风，集大智大勇、大韬大略、刚柔并济于一身，并不是常人所能做到的。

今年恰逢毛泽东诞辰 120 周年，为纪念毛泽东，河北人民出版社整合了我所撰写的《历史的真迹——毛泽东风雨沉浮五十年》《历史的真言——李银桥在毛泽东身边工作纪实》《历史的风采——毛泽东在 1947—1965》和《历史的回顾——毛泽东外事活动纪实》四部书稿结集出版。其中《历史的真迹——毛泽东风雨沉浮五十年》一书，新华出版社曾于 2002 年在全国范围内首次出版发行，并于 2003 年、2006 年两度再版。这次经由河北人民出版社整合后结集出版，遂将书名改为《历史的足迹——毛泽东在 1893—1947》，并将新华出版社于 2000 年出版的《历史的真言——李银桥在毛泽东身边工作纪实》更名为《历史的追述——毛泽东和他的卫士长》，特在此加以说明。书中倘有不尽如人意之处，还望广大读者不吝赐教！

邸延生

2013 年 6 月 27 日

# 目 录

# 1. 日出韶山东方红<br>中国诞生毛泽东

在中国历史名城湖南长沙南面不远的地方，坐落着一座四周峰峦耸峙的县城。因其地处湘江岸边，又有一条名为浏阳河的碧水流经县境，县城被取名为湘潭。

从这里向西40公里，在湘乡、宁乡、湘潭三县交界处，耸立着一座松柏叠翠的山峰。相传远古时候的舜帝南巡曾路过这里，休息时命从人吹箫奏乐，唱卫曲歌《箫韶九成》；箫歌起处，祥云翻卷，百凤翔集，箫乐便被人称之为《韶乐》，舜帝休息过的山峰也被人们称为了韶山。

南岳群山素有七十二峰之说，韶山便是其中之一。远远望去，韶峰高耸，群峦葱郁。据《长沙府志》记载，曾有韶氏三姐妹，居山学道，故此山上留有凤音亭、仙女庵、胭脂井、石屋风、顿石门、塔岭霞、石壁泉、桃花洞，是为韶山八景。

山麓中，一湾碧水绕山而淌；山脚下，几洼池塘前散落着不多的几户农舍。农舍大都依山傍水，掩映在山中松柏和大樟树的簇荫之中——如果将大山的走势譬如一条巨龙，那么这里就像是巨龙颔下的一颗明珠，乡里人习惯地称其为韶山冲。

公元1368年（明洪武元年），农民起义军的领袖朱元璋在南京建立了大明王朝，一时天下振奋，群杰扼腕，百姓拥戴。一位远在江西省吉州府龙城县（今江西省吉水县）的青年农民毛太华不甘老死乡里，毅然投奔了朱元璋的队伍，在远征云南时娶了当地的一位少数民族姑娘为妻，生了4个孩子。战争结束后，毛太华携妻和长子毛清一、幼子毛清四内迁，未返回江西，而是来到湖南湘乡县城北门外的绯紫桥安下家，并分得了数十亩田产。毛太华过世后，毛清一和毛清四便离开了湘乡县迁至湘潭的七都七甲，也就是山水环抱、风景秀丽的韶山冲。

世事沧桑，风云变幻；斗转星移，历史更迭——500 年后的 1893 年，中国的历史进入到清朝末年，即时为光绪十九年。这时的中国正处在半封建半殖民地的境况中，亿万劳苦大众深受没落的大清王朝的封建统治和东西方帝国主义列强侵略的双重压迫，民族苦难日渐深重……

这时在韶山冲上屋场，一座土墙茅顶的“凹”字形农舍中，居住着一位毛氏家族的传人毛顺生。时年 23 岁的毛顺生早在 15 岁时就娶了一位比自己大 3 岁的姑娘文素勤为妻，婚后不久因穷困和负债过多，毛顺生被迫外出当了两年兵。在兵营虽然艰苦，但也算开了眼界。回乡后，毛顺生做些小买卖，和文素勤克勤克俭地居家过日子。夫妇俩在日常生活中用心节省，渐渐积下一点钱，买回了自己的田地，攒得了一份殷实的家业。只是，文素勤这几年连生了两个儿子都未能养大，使毛顺生一想起来就感到天大的遗憾……

是年冬天，韶山冲的天气一天比一天冷了。12 月 25 日，韶山的峰峦中突然狂风大作，随之电闪雷鸣，继而下起了暴雨。第三次怀有身孕的文素勤已近临盆，躺在屋内耐着阵阵腹痛，渐渐进入梦境……

毛顺生站在堂屋里，面对着供桌上缭绕的香烟，一阵阵心绪不宁。他不信神，也不信佛，但妻子文素勤信，他也只好面对供桌上的观音像显露出一副虔诚的神态，心中切盼着妻子能再生下个儿子，并盼他们母子平安……

午夜过后，风停雨逝。躺在床上的文素勤开始了痛苦的呻吟和抽搐。毛顺生坐不住，不时用企盼的目光追视着进进出出的接生婆，接生婆又总是说：“快了，快了！”

毛顺生暗自祷告：生个伢子吧！

一轮红日跃出东方的地平线，在万朵云霞中喷薄升起，以她无比灿烂的光辉照耀着雨后的韶山——这时，婴儿响亮的啼哭声压倒了一切！

产后的文素勤如梦初醒，喃喃地庆幸道：“阿弥陀佛！”

接生婆一句高喊：“是个伢子！”

正在屋外徘徊的毛顺生先是听了婴儿的啼哭，心中为之一喜；又听了接生婆的叫喊，心中为之一振——他先是以手加额，随即又兴冲冲地大声说道：“对乡亲们去讲，都来上屋场吃红喜蛋！”

这已是文素勤生的第三个儿子了。

一连几天，毛顺生邀了乡里亲朋来上屋场吃喜酒。按毛氏的族谱辈序排列，“祖恩贻泽远”，毛顺生是“贻”字辈，正名叫毛贻昌，他的儿子当为“泽”字辈，取名“泽东”，字润之（润芝或咏芝），行三。“泽东”意为润泽华夏、恩惠东方。

此时的文素勤，心中却有些担忧，因为她生的前两个儿子都没能保住，这次她暗下决心吃“观音斋”，以虔诚之心祈求神灵保佑她的儿子平安长大……

文素勤笃信佛教，敬重神灵。为了这第三个儿子的健康成长，她将他寄居在唐家坨的外祖父家。

唐家坨的文氏家中人丁兴旺，是一个四世同堂的大家庭。文家老少共20余人，外祖父叫文芝仪，育有三男三女。长子文正兴，在文家排行第七，毛泽东称其为七舅。七舅母所生子女很多，被乡里人称之为多子多福的吉庆之家。

为了托福，毛泽东从小便循着母亲的意愿，拜七舅母为“干妈”。在唐家坨的文氏大家庭中，毛泽东很得众人的宠爱和呵护，从小养成了活泼、倔强、刚强的性格。

文家门前有洼池塘，称龙潭。潭中有一块发亮的巨石，文素勤认为那是块神石，外祖父家之所以人丁兴旺、生活欣欣向荣，全靠了池中巨石的佑护。因此，文素勤让儿子再拜潭中的巨石为“干娘”，取名“石三伢子”，满心希望儿子坚如磐石般地茁壮成长，长命百岁、一生安泰……

毛泽东出生后的第二年，即1894年的7月23日，中国东方海域的日本国出兵强行攻占了清朝的附属国朝鲜的王宫，并在丰岛海面击沉了清朝的运兵船“高升号”。29日，中日双方在朝鲜的成欢大战，清朝军队败退平壤。是年8月1日，中日双方同时宣战；因时值中国的“甲午”年，故历史上称之为“甲午战争”。

1894年（清光绪二十年）9月17日，在中国黄海海域，爆发了震惊中外的大海战，是为中国海军在抗击外来侵略的战斗中最为悲壮、惨烈的一幕。

甲午战争从1894年8月开始至1895年4月结束，历时8个月，终因清政府中的慈禧太后、朝廷重臣投降派李鸿章的妥协求和，不做认真组织而失败——至此，腐败的晚清政府已走向了它的穷途末路……

1896年（清光绪二十二年）4月3日，吃过早饭的毛顺生嘴里嚼着最后一口糙米饭，像往常一样匆匆赶着耕牛去自家田里犁地了。

文素勤这时又怀身孕，尽管身体笨重，但她还是腆着大肚子刷洗了碗筷，然后领着 3 岁的毛泽东去田里劳作。她一边哄着儿子，一边用锄头刨坑播豆……

年幼的毛泽东在田埂上玩耍，突然见到妈妈跌倒在田间，脸上显露着很痛苦的神色。毛泽东吓坏了，急忙喊叫起来："妈妈，妈妈……"

不远处的毛顺生闻声跑了过来，见状大惊，急忙搀扶起妻子、抱起儿子往家赶……

庆幸文素勤平日里操劳惯了，被搀扶回家后很顺利地生产了——当屋里传出婴儿的哭喊时，毛顺生奔进去一看，又是一个伢子，高兴得不得了，嘴上不由说道："噢，蛮好么！又多了一个牵牛尾巴的，蛮好喽！"

毛泽东的弟弟出生后不久，被取名为毛泽民，字润莲。

## 2. 石三伢水塘嬉戏 毛润之南岸读书

1899 年（清光绪二十五年）的毛泽东已经 6 岁了。

这一年的夏天很热。韶山冲四周的山坡上树茂草丰，一块块水田里的稻子长得蓬蓬勃勃，有的已经开始抽穗了。

这天，几个衣衫褴褛的男孩子在山脚下的水塘边放牧水牛，两头犍牛哞哞叫着顶起了犄角。在一旁草地上玩耍的孩子们一见，便一起哄笑着、吵嚷着将两头顶架的犍牛围了起来，有的还用柳条枝抽打着地面，起着哄地争看两头顽牛格斗……

这时，一个后脑勺上留着条小辫子的男孩子背着一小捆干树枝走过来。只见他身材修长，上身穿了件对襟的短衣，下身穿着条打了补丁的旧布裤，脚上踏着草鞋，两只小手紧紧地攥着捆柴的野藤。看牛顶架的孩子们见他来了，纷纷招呼道："石三伢，快放下你那柴，来看牛打架……"

还有的孩子说："快别看了，要是回家晚了，他爸又得吼他……"

一听这话，毛泽东索性放下了背上的柴枝，抬手抹一把脸上的汗水，上前去拿了一个孩子手中的柳条枝，毫无惧色地大步走向仍在顶角的两头水牛旁。这时，又一头水牛慢悠悠地走向了毛泽东，毛泽东小小年纪瞪起了眼睛，挥起柳枝抽打在走向前来的水牛背上……

被打的水牛跳了跳，哞哞叫着跑开了。两头顶角的水牛听到叫声也停止了格斗，随着跑去的水牛分开来跑向了一旁——毛泽东手上拿着柳条枝，站在草地上"格格"地笑了……

十几头大大小小的水牛全都下到了池塘里，只将牛头暴露在水面上。岸上的树丛中无休止地传响着烦人的蝉鸣，放牛的孩子们一声呼喊，全都脱光衣服跳进了水塘中，其中有人高喊："石三伢，下来一起凉快凉快！"

毛泽东看了看自己身旁的那一捆柴，犹豫了片刻，最终还是脱光了衣服，喊着叫着纵身跳入了池塘……

这时，池塘中的孩子们有的游上了牛背，有的在互相击水嬉戏，毛泽东和另外几个孩子开始了游水比赛。只一会儿工夫，毛泽东游到前面，回头看看被他落下的伙伴，喊一声："土地老倌儿、四道士，你们快些游啊！"

被喊作土地老倌儿和四道士的两个孩子，一边答应着，一边奋力游水追了上来："石三伢，你凫慢点儿，等等我们！"

毛泽东在前边侧着身子划着水，两只小腿一蹬一蹬地加快了节奏。正当孩子们在水中玩得兴浓时，一个伏在水牛背上的孩子大声叫了起来："石三伢，你爸爸来了！"

众男孩闻声一看，只见毛顺生高高地卷着裤腿站在池塘边，胳膊上的两只衣袖也挽了起来，双手拄着一支竹耙子向水中吼道："润之，上来！"

毛顺生的话虽不多，但很威严。毛泽东不再游了，顺从地光着小屁股上了岸。众男孩也都面面相觑，一个个悄无声息地游回了岸边，开始揩身子、穿衣服……

毛泽东低头站在岸边的草地上，等着挨父亲的训斥。毛顺生满脸怒色地瞪了儿子一眼，想说什么而没有张口，只是嘴角上露出了一丝无可奈何的苦笑。众男孩惊惧地看着毛顺生，随即将眼睛转向毛泽东，一起投去了关切的目光……

毛顺生将脸转向众男孩，最终将目光落在了儿子脱下来的衣服上，再看一看衣服旁边的那一捆干柴，抬手拎起了竹耙走向毛泽东。毛泽东一见转身就跑，然后纵身跃入了池塘中——众男孩见状先是一惊，随即又都忍不住大声哄笑起来……

毛顺生本不想打儿子，现在想打也打不着了，只得将竹耙狠狠地往地上戳了戳，回身去拎起了儿子捡回的那捆柴枝，又拿了儿子的衣服转身离去，走了三四步后，用力甩手将儿子的衣服向池塘边一丢，无声地叹口气，走了。

四道士嬉笑着向水中高喊："石三伢，你爸爸走了，上来吧！"

另一个叫庞叔侃的孩子也大叫："石三伢，上来吧！"

众男孩都喊："上来吧！你爸爸走了，没事儿了……"

毛泽东脸上带着顽皮的笑容，游上岸来穿衣服，同小伙伴们一起喊着、叫着、欢呼着，像是庆祝胜利似的……

1902年（清光绪二十八年）临入秋的一天，已经9岁（虚岁10岁）的毛泽东被父亲叫去身边。毛顺生坐在竹椅上，一边吸着旱烟，一边对儿子说："润之，你该上学了。一两天就去，听到没有？"

"听到了。"毛泽东很高兴地答应一句，随即又问，"爸爸，我到哪一家去读书啊？"

"南岸私塾。"毛顺生见儿子很顺从地答应去读书，心中暗自高兴，又很严厉地叮嘱说，"去了要听先生的话，记住，不许同先生顶嘴，不许同别的孩子打架，要用心读书！"

这时文素勤走了过来，毛泽东赶忙上前去拉了母亲的手："妈，爸说要送我去南岸读书了……"

"妈已经晓得了。"文素勤笑道，"石三伢子，去了要好好读书，日后你爸算账就有帮手了。"

"嗯。"毛泽东点头答应着。

"一定要听先生的话！"毛顺生再一次叮嘱儿子，"先生不像爸妈，你不听话，他会用板子打你的！"

"先生还打人？"毛泽东抬头问妈妈。

"要打的。"文素勤疼惜地对儿子说，"要听话，不要惹先生生气……"

这时，已经 6 岁的毛泽民从屋外跑了进来，先叫“爸妈”后叫“哥”，接口又说：“我也要去读书……”

毛顺生看了小儿子一眼：“你还小，过两年再说！”

毛泽民显得不高兴了，文素勤安慰道：“润莲，听话，过两年爸妈是会送你去读的。”

毛泽民走向妈妈和哥哥，仰起小脸笑了……

1903 年（清光绪二十九年）初春。

韶山冲周围的群山一派葱郁。山坡向阳处茂密的丛草泛着青绿，长势盎然。山间的松柏树挺拔苍劲，和四周绽吐绿叶的白杨树、大樟树竞相争雄。山麓中，鸟语花香。小村外，人勤春早，一簇簇庄户人家开始了春耕……

南岸私塾，是毛泽东最初入学读书的地方。私塾只有一间房舍，落地的长门窗。一张张小桌旁的小木凳上，坐着一个个穿着不一的男孩子，大家手里都拿着线装的课本，在老师的授意下齐声朗读着：“人之初，性本善……”

穿着长衫的教书先生叫邹春培，是毛泽东的启蒙老师。这时毛泽东入学已经半年多了，邹春培这时头上戴着一顶瓜皮帽，手中拿着戒尺，微闭着两眼，摇头晃脑地坐在前方听着学生们咬字拖腔地朗读《三字经》。在他面前的一张大木桌上，摆放着几本书籍和一壶茶水，还有笔墨纸砚……

邹春培已经四十多岁了，在乡里是位落第的秀才。他教孩子们读的全是儒家的经典著作，诸如《三字经》、《论语》、《大学》、《中庸》、《幼学琼林》等。听着孩子们的“唱书”声，他忽然睁开眼睛，一边用左手捋着自己颏下稀疏的几根胡子，一边用右手持戒尺击打了一下桌面。孩子们听到声响，立刻停止了朗读，十几双眼睛一起投向了老师……

邹春培煞有介事地发话道：“李庆丰，把昨日教的那段《论语》十二则背出来！”

他用戒尺指一指自己桌前的一小处空间，又指一指背后墙上供奉着神龛的地方，望一眼写着“大成至圣文宣王先师孔子之位”那张褪了色的红纸，催促说，“李庆丰，到这里来背！”

被点了名的学生是一位身材瘦小的男孩子，看上去十多岁的样子，战战兢兢地离开座位走到老师指定的位置停住脚步，看一眼老师那威严的面孔，然后转身面向大家，眼神中呈现着一副惊慌的样子，蠕动了两下嘴唇却没有吐出一个字来……

邹春培将戒尺“啪”的一声打在了木桌上：“快背！”

李庆丰被吓了一跳，两眼含了泪花开始背书：“子曰：学而时习之，不亦乐乎……”

只此两句，李庆丰再也背不出来了。

邹春培上前一戒尺打在了李庆丰主动伸出来的手掌上，李庆丰眼泪汪汪地继续背道：“学而时习之，不亦乐乎……有朋自远方来，不亦乐乎？人不知而不愠，不亦乐乎……”

“瞎背！”邹春培又一戒尺打在了李庆丰的手上，李庆丰的眼泪像断了线的串珠大滴大滴地滚淌下来，抽泣着，实在背不下去了……

这时，学生们一个个心惊胆战地用眼睛紧盯着老师，唯恐老师转移怒气喊出自己的名字来。唯独坐在几排课桌前方的毛泽东忽然站起身来，缓声对老师说：“先生，我来背吧？”

“你来背？”邹春培余怒未消地看了毛泽东一眼，心中知道站在他眼前的这位自告奋勇的学生很好学，也知道他能够背出来，但还是铁青着脸说，“你接着背，差错一字打一下手掌心，莫怪我不讲情面！”

毛泽东转身面向大家，不紧不慢地背诵道：“人不知而不愠，不亦君子乎？曾子曰：吾日三省吾身：为人谋而不忠乎？与朋友交而不信乎？传不习乎？子曰：君子食无求饱，居无求安，敏于事而讷于言……”

毛泽东十分熟练地背诵着，坐在他面前的同窗学友们一起静静地听着，邹春培消了些气，走回到大木桌前坐下来慢慢地喝了一口茶水。当毛泽东一字不差地背完了《论语》十二则，邹春培慢慢开口道：“可以了，你坐下！”

然而毛泽东却没有坐下，而是转回身去面向老师请求说：“先生，请你饶过李庆丰这一次吧，给他个机会……”

“饶过他？”邹春培没想到毛泽东小小年纪竟敢替同学求情，在众弟子面前觉得冲撞了他的师道尊严，即刻沉下脸来说，“你替他挨打么？”

“我为么事要挨打？”毛泽东扬脸问老师，“我已经背下来了，只是替他求先生……”

“不许求情！”邹春培用戒尺狠力在桌面上一击，“再求情要挨打！”

毛泽东直面老师："你打他他也背不出来……"

邹春培被激怒了："你敢对先生无礼！"说着站起身来，"毛润之，你站到前面来！"

毛泽东犹豫了一下，侧脸看了看李庆丰，然后拖着自己的小竹凳走向了老师。学生们都瞪大了眼睛看着毛泽东，李庆丰更是为毛泽东捏着一把汗……

这时李庆丰喃喃地说："先生，还是打我吧……"

"打完他再打你！"邹春培手持戒尺走向毛泽东，毛泽东却像只小猫似的跳起来冲向了房门。邹春培被气呆了，屋内顿时一阵大乱，李庆丰急忙喊叫："润之！润之……"

邹春培也喊："毛润之，你给我站住！"

毛泽东丢下竹凳头也不回地跑了，他纵身跑向了春草初生、山花烂漫的大山……

事有凑巧——就在毛泽东离校"出走"的这天晚上，毛顺生外出去收一些款子，回家时天色已经很黑了。在寂静无人的山间小路上，毛顺生借着清冷的月光，加紧了脚步往回赶……

春寒料峭，夜色凄凄。毛顺生正走着，忽然从山涧中跃出了一只斑斓猛虎，挡住了毛顺生的归途；毛顺生一见，头发根子都竖了起来，即时觉得两腿发软，半步都走不动了，一屁股坐在了地上——这时，一件不可思议的事情发生了：只见这只张牙舞爪的华南虎反倒踌躇起来，晃动了两下脑袋，用力摆了几下尾巴、扫起一阵狂风，似乎在向毛顺生"致敬"。毛顺生一时间不知所措，跌在地上直往后躲，惊恐地瞪大了两眼，直愣愣地看着这只可怕的老虎。老虎一声长啸后，径自转身离去了……

惊魂未定的毛顺生，半天爬不起身来。稍后，他渐渐活动了四肢，站直了双腿，一步步往家奔跑。路上，他想此奇遇必有某种神意——平日里他本不信神，经过这件事，他开始有些信了……

回到家，一听说儿子跑了，又联想起自己途中遇虎的事，立刻招呼了乡里人点起火把漫山去找；文素勤在家里哭得死去活来，担心儿子遇有不测。小儿子毛泽民也是又急又担心，想跟了大人们一起进山，却被父亲强留在家，他只得留下来陪伴、安慰母亲……

两天后，在南岸私塾里，一个男孩子来到邹春培的面前轻声说："先生，毛润之还没有回家。"

邹春培的脸上露出了忧容，隔窗望一望远山，轻轻地叹了口气："两日两夜了……"

沉静的群山又一次笼罩在夜幕中，山间传响着男人们的一阵阵呼喊：

"石三伢，石三伢，你快出来吧！"

"润之，快回家吧……"

山间丛林的小路上，一簇簇火把在晃动，人们连声的呼唤中夹杂着一阵阵犬吠，搅得沉寂的大山不得安宁。这时，毛泽东正裹紧了衣服躺在一株大松树旁边的一块大青石上，他隐隐约约听到了人们的喊叫声，知道是爸爸和乡里人在寻找自己，却不肯露面，心想：先生会怎样？爸爸会怎样？妈妈肯定着急……我又没做错事，不能这样下山，不能回去……

夜深了，毛顺生气急败坏而又懊丧地走进了自己的家门。

文素勤满面愁容地看着丈夫，忍不住掉下了忧伤的眼泪："已经三天了，石三伢准是没了，饿也饿死了……"

毛泽民依偎在母亲的身旁，忽闪着两只发亮的眼睛说："我也去找哥哥……"

"莫烦人，去睡！"毛顺生呵斥了小儿子一句，满脸愁云地坐下来吸旱烟，又狠狠地说，"这个伢子，真是害死人！"

正在这时，李庆丰的父亲出现在了门口："找到了，找到润之了！"

毛顺生一听，立刻站起了身子，文素勤更是惊喜交集，眼泪淌得更多了，急忙说："快进屋来说，怎么找到的？"

李庆丰的父亲说："我费了一天的时间，满山喊，他终于应了声，我好说歹说，才把他领下了山。"

文素勤疾步奔向屋门，毛泽民也跑向了门口去迎哥哥。这时，一脸疲惫的毛泽东出现在门前，浑身上下如同个泥娃娃，被夜露打湿的衣服上沾满了草叶，脸上脏脏的，只有两只眼睛炯炯地闪着亮光……

文素勤猛地扑上去抱住了儿子，成串的泪珠直往下淌："好伢子，我的好伢子……"又说，"快去洗个脸，洗洗头发，吃点东西，再睡个好觉。听妈的话，好伢子……"

毛泽民也上前去拉住哥哥的手，另一只手为哥哥摘除沾在衣服上的草叶……

毛顺生连声向李庆丰的父亲道谢，然后回身板起了面孔，话语中却没有了往日的威严："没事了，没事了，明日你去上学，先生不会再打你……"说着，上前替儿子理了理蓬乱的头发，"你要好好读书，莫再惹先生生气!"

毛泽东仰脸说："先生为么事要打人？他不打我，也不可以打别的同学……"

毛顺生摇摇头，叹口气说："先生不会打你们的，你们要听话，好好读书。"

毛泽东点点头，再看看妈妈和弟弟，笑了。

## 3. 民主革命风云骤<br>毛泽东辗转求学

当毛泽东还在韶山冲的南岸私塾读书时，中国大地上已经发生了许多带有改变社会根本性质的重大变化。首先，早在1901年（清光绪二十七年），亡命西安的慈禧太后为了取悦洋人和缓和国内危机，借以保住她的统治地位，惊魂甫定便诏告中外，要推行"新政"，摇身一变将自己打扮成为了推行"新政"的旗手。

在社会大动荡、大变革的洪流中，中国的民族资本得到了明显发展，从而壮大了中国的资产阶级民主革命的队伍，进而激发了中国人民反帝爱国的政治觉悟。在这种形势下，民主革命的思想得到了广泛传播，全国各地的革命团体纷纷涌现，资产阶级民主革命的洪流开始猛烈地冲击着封建腐朽的大清王朝……

1904年（清光绪三十年）2月，由军国民教育会从日本东京派遣回国的留学生黄兴（1874—1916）、刘揆一、陈天华等人在长沙发动、成立"华兴会"，推举黄兴为会长，响亮地提出了"驱除鞑虏，复兴中华"的口号。

同年7月，武汉成立了“科学补习所”，其成员多为出身微寒的下层知识分子，口号是“革命排满”；10月，蔡元培、章太炎、陶成章等人在上海成立“光复会”，其宗旨同样是推翻清王朝的封建统治而建立民众的共和国。

这些团体的成立和其所进行的大量革命活动，以及他们所广泛宣传的革命思想，如阵阵强劲的风潮迅速传遍了中华大地；尤其在长江流域各省，众多的资产阶级革命小团体如雨后春笋，更是层出不穷……

虽然资产阶级的革命活动在城里搞得已是轰轰烈烈，但绝大多数的偏僻乡村依然处在封建的闭塞之中。

是年秋天，毛泽东离开了韶山冲的南岸私塾，转学到关公桥私塾就读，塾师是毛咏生。这时，毛泽民也在他父亲的同意下，到南岸私塾读书了。

第二年春天，毛泽东又转学到了桥头湾的私塾读书，塾师是周少希。

是年，毛家又添一男——毛泽覃，字润菊，是毛泽东的三弟，也是毛家的老么。

毛泽覃的出生，使毛家的生活负担加重。一家人要吃、要喝、要穿、要用，在这个“隔夜难存半合粮”的小山冲里讨生活，实在令毛顺生夫妇呕尽了心血；为此，毛泽民被迫辍学了，他不得不回到家里帮助父亲耕种那维系着全家5口人生命的15亩田地。

1905年（清光绪三十一年）8月20日，以孙中山为领袖的中国民主革命的先行者们，在日本东京成立了“同盟会”。它以“兴中会”为核心，把原来许多带有地方性的革命团体联合起来，提出了“驱逐鞑虏、恢复中华、创立民国、平均地权”的革命纲领……

“同盟会”的成立及其革命纲领的提出，是20世纪初中国民主革命进程中的一个重大事件，很快在中华大地上形成了广泛的影响，加速推动了中国民族资产阶级民主革命的历史进程……

1906年（清光绪三十二年）秋季时，尚未走出湘潭县的毛泽东再次转学，到了井湾里的私塾就读，塾师是毛宇居。这时，毛泽东开始读《春秋》、《左传》，并初步接触了自命为“革命军中马前卒”的革命先驱者邹容的小册子《革命军》以及陈天华写的《警世钟》和《猛回头》，促使毛泽东的思想开始向反封建、反压迫、反暴政、反侵略的方向演进。这时在他的头脑中，已经形成了“抗暴扶弱”的信念，用他自己的话说，就是“逢恶就莫怕，逢善就莫欺”。在这期间，毛泽东特别喜欢读的小说是《水浒》、《三国演义》、《西游记》、《精忠传》和《隋唐演义》等，私塾放假期间便帮父亲到田间去劳动，手上也总要拿几本“闲书”看，同时喜欢上了唐诗宋词……

自从毛泽东读书识字后，毛顺生便开始让儿子帮自己记账，还让儿子学珠算。由于父亲的坚持，毛泽东便开始在晚上记账，如果没有账可记，也要被父亲支使去干一些别的杂活。

毛顺生是个脾气暴躁的人，经常为一些小事打儿子，两个大一些的儿子都挨过他的打。平日里，他一文钱也不给儿子们，还经常让儿子们吃最次的饭菜。但他对家里的雇工做了让步，每月十五要在他们吃饭时加鸡蛋，可是从来不给肉；而对儿子们，他既不让吃鸡蛋，更不让吃肉。

文素勤是位贤惠、仁慈的女人，待人慷慨、厚道，随时都愿意接济别人。她十分同情穷人，常常送米给那些前来讨饭的人；只是，如果丈夫在家，她就不能这样做了。因为她知道，丈夫是不赞成施舍的，用他的话说是要“穷得有骨气，要自食其力”，他看不惯穷人伸手讨饭吃的样子。

为了这事，毛家曾发生过多次争吵。一家人分成了两“党”：一方是毛顺生，是“执政党”；另一方以毛泽东为首，加上妈妈和弟弟，有时甚至连雇工们也参加到“反对党”的一方来。只是，“反对党”的“统一战线”内部也存在着意见分歧，做母亲的主张用“间接打击”的政策，她不同意爆发任何公开冲突，更反对直接反抗“执政党”的企图，说这些不是中国人的传统做法。

这时毛泽东已经13岁了，在与父亲的“抗争”中，他发现了一个和父亲辩论的有效方法，那就是用他自己的办法，引经据典地反驳父亲。如果父亲责怪儿子“不孝”，他就引用经书上“长者必须仁慈”的话来回敬父亲；如果父亲指责儿子“懒惰”，他就反驳说“年纪大的人应该比年纪小的人多干活”……

毛泽东家庭里的矛盾仍在继续——有一次，毛顺生请了许多客人到家里，毛泽东竟当着客人们的面同父亲争论起来。毛顺生当众骂儿子“懒而无用”，毛泽东一气之下，同父亲大吵起来，继而愤然离家出走。文素勤哭喊着追上了儿子，劝儿子回去，毛顺生也追上来，边骂边呵斥儿子回家。

毛泽东本不想惹母亲伤心，但一见父亲那副凶神恶煞的样子，便跑到一个池塘边，威胁说如果父亲再向前走近一步，他就要跳进水里去。在这种情况下，停止“内战”的要求和反要求都提出来了。当父亲的坚持要儿子道歉并磕头认错，做儿子的同意在父亲保证不打自己的前提下，可以跪下一条腿磕头……

通过这件事，毛泽东意识到当他用公开反抗的办法来捍卫自己的权利时，父亲就会“妥协”下来，可是如果自己保持温顺的态度，父亲就会更加严厉地打骂他。

家庭矛盾仍然存在着，争吵之事时有发生。文素勤总是从中调解，做丈夫和儿子的“协调人”。毛泽民的脾气不像哥哥那样倔，但外柔内刚，从小就向哥哥学习，有时还能收到比哥哥的做法更好的效果。

文素勤平日里十分疼爱大儿子，也很疼惜二儿子。尤其是二儿子，从小就跟着他父亲干活，兄弟中数他干活最多，人也极其忠厚老实。不管家里田里，毛泽民比别人干得又多又快又好，柴比别人家的孩子砍得多，榨桐油时总是他一个人推石碾，事事肯干，是个出力不叫苦的好伢子……

在井湾里私塾，一天塾师毛宇居要外出办事，临行前嘱咐学生们规规矩矩地坐在屋里背书，谁也不准出去乱跑。

毛宇居刚走，坐不住的毛泽东便背着书包爬上了屋后的小山。他觉得与其闷在屋里背死书，还不如到外面来背，会记得更快、更牢……

在树荫下，毛泽东的心情舒畅极了。他一边背书，一边采摘山上的毛栗子。当他将书背得很熟时，毛栗子也摘了一书包。

回到私塾，毛泽东分给每个同学几颗毛栗子，大家都很高兴。这时，毛宇居回来了，毛泽东上前去孝敬了老师一份毛栗子。不想，毛宇居非但不领情，还责怪他不守规矩，训斥道：“谁叫你到处乱跑？”

毛泽东争辩说：“闷在屋里昏头涨脑，死记硬背也是空的。”

“放肆！”毛宇居气得涨红了脸，有心想罚毛泽东背书，可又知道这样做根本难不住他，便让学生们一起来到院中，指着天井对毛泽东说，“我要你赞井！”

毛泽东在院中转了转，再看一看天井，随后说道：

天井四四方，周围是高墙。
清清见卵石，小鱼囿中央。
只喝井中水，永远养不长。

毛宇居一听大惊，同学们都拍起手来叫好。毛宇居在尴尬中，暗自佩服他的这位弟子才思敏捷、处事不惊，将来或可成大器……

当年冬天，毛顺生因家中的农活太多，又不想多花钱雇帮工，便让毛泽东辍了学。这样，毛泽东便和二弟一起，开始帮父亲在家务农了。

## 4. 罗氏女嫁毛泽东 博览群书寄豪情

1907 年（清光绪三十三年）的毛泽东已经 14 岁（虚岁 15 岁）了，这在乡里已经是“成年人”了。

辍学后的毛泽东开始在农田里进行长时间的劳作，白天要干一个整劳力的活，晚上还要替父亲记账。一遇空暇，他便抓紧时间学习，时不时地背着他父亲偷看一些“闲书”。正是在这段时间，他得以自由而贪婪地阅读了那些能够找到的除了经书以外的各类书籍……

在劳动间隙中读书，毛泽东渐渐地发现他所读的书中描写的人物大都是些勇士、豪杰、官员或文人学士，再就是帝王将相、才子佳人，极少有农民当主角。对于这些，毛泽东进行了长时间的分析和思考……

是年，毛顺生为身为长子的毛泽东订下了一门婚事，女方家住湘潭县杨林乡赤卫村楼前门，家境富裕，有田产，不乏读书之人，在当地也算是颇有声望的大户人家。

女姓罗氏，比毛泽东大 6 岁，在家中排行第二却是长女，长到 18 岁时已出落得非常聪明美丽而又丰满柔顺，如今更是为人贤淑、知情达理。

毛罗两家本是世交，罗小姐极得毛顺生的喜爱，毛顺生便主动向罗家提出了儿女结亲的要求。

罗家也是见过毛泽东的，见毛泽东长得已是一表人才，且又知书识理，加之家境较好，与罗家也算是门当户对，便答应与毛家结为秦晋之好。

毛家是极希望早日完成这桩婚事的。毛顺生为人精明，勤俭持家，但全靠劳动维持生计，全家人都很辛苦，尤其是年已 40 岁的文素勤，既要照料全家人的生活，又要带幼子下田耕作，劳动量很大。在这种情况下，毛家急需解决劳力问题，所以希望毛泽东早日成婚，家中也好多一个帮手。

虽然毛泽东从根本上反对这门婚事，但拗不过父亲的专横，也不愿惹母亲伤心，只得违心地遵从了父母的意愿。这样，毛、罗两家选择了良辰吉日，为毛泽东和罗小姐按乡俗族规举行了热闹的婚礼。

在婚礼中，韶山冲的上屋场和下屋场来了许多贺喜的人。毛泽东可怜巴巴的像个木头人，被长辈族人摆布着，规规矩矩地向每一位来宾磕头。罗小姐在这种喜庆的日子里也显得惊恐万分，像是买来的商品接受着众人的品头论足……

就这样，罗小姐成了毛家的长媳，得到族人的认可和称赞。对于这桩婚事，无论毛泽东的态度如何，毛顺生和文素勤是满意的。罗小姐嫁到毛家，为毛家增添了劳力，也为文素勤添了帮手。从此，罗小姐名正言顺地成了毛家的一员，无论她满意不满意，她已“生是毛家的人，死是毛家的鬼”了……

但是罗小姐万万没有想到，她嫁到毛家后，却根本得不到丈夫的爱。虽然她十分贤惠，对公婆极尽孝心，在家除了帮助婆母做些家务，还要竭力照顾丈夫的一切，对丈夫十分体贴，每当丈夫到田里去劳动，她总要按时送去热饭热菜，在家会将丈夫的衣服浆洗干净、待干后叠放整齐，并忘不了将丈夫喜爱的“文房四宝”摆放好，随时供丈夫使用，竭尽全力尽到妻子的责任。只可惜，毛泽东与她无缘，封建的包办婚姻使他们的心无法沟通，毛泽东始终不满这桩婚姻，从不与妻子同房，而罗小姐心中有苦说不出，她的一片痴情只能是付诸东流……

转眼到了 1908 年（清光绪三十四年），经过舅舅的再三说情，弟弟毛泽民又去南岸读书了，这样一来，毛泽东便成了家中主要的劳动力。

在生产劳动中，毛泽东既要操持田间的活计，又要帮父亲记账，还要利用一切空闲时间博览群书，凡是他能找到的书，他都想办法找了来读。

是年，毛泽东因母亲生病许了愿，便遵从母命独自跋涉了 100 多里路，专程到南岳衡山去朝佛进香。

一路上，毛泽东风餐露宿，全凭着年轻人的朝气和健壮的体魄。这是他第一次远离家门，一步步向南观山问路，只用了两天的时间便踏上了风景秀丽、寺院众多的衡山。

毛泽东先去了南岳的大庙中，极其虔诚地为母亲拜佛进香还愿。诸事完毕后，他信步游览了南岳真君祠大殿，见其殿高足有七八丈，七间正殿前建有 72 根石柱，象征着南岳 72 峰，柱头木雕斗拱，檐下镂刻极为精美；台基四周栏板的浮雕上刻有花鸟鱼虫、飞禽走兽，件件栩栩如生。离开大殿，他又走去看了嘉应门、御碑亭和寝宫，对御碑上的刻字看得格外仔细、认真……

走出南岳大庙，毛泽东索性去登了衡山的主峰祝融峰。这里海拔 1290 米，山势雄伟，登上山顶可俯瞰盘亘数百里的大小 72 座山峰，漫山的苍松翠柏和一簇簇红枫，令极目远眺的毛泽东顿觉心旷神怡、感慨万千，更加激发了他对祖国大好河山的诚挚的爱和深深的情……

1909 年（宣统元年），韶山冲来了一位名叫李漱清的教师。他是长沙法政学校的毕业生，是个思想开放的维新派人物。他家在韶山冲，与毛泽东的同学李庆丰家是本家。他回到家乡后，积极主张废庙宇、办新式学堂以开发民智，尤其反对封建迷信，反对女人们裹脚、男人留辫子……

李漱清的返乡，一时间被闹得沸沸扬扬，引起了乡里人的广泛争论，被一些思想守旧的人斥为“过激派”。毛泽东却很欣赏他的主张，率先从这个新派人物身上感受到一股摆脱封建礼教束缚的朝气和激情，便常去他家借书看，并听他讲述许多有关中国和世界的大形势……

通过接触，毛泽东对李漱清的说教越来越感兴趣，便带了二弟一起去找李漱清玩儿，从他那里接受新知识、感受新思潮；李漱清也深深感到毛家两兄弟的领会性极强，有着自强不息的求知欲望和拼搏进取的蓬勃朝气……

在李漱清那里，毛泽东借了《盛世危言》这本书，读起来爱不释手，经常同二弟一起反复阅读和讨论，兄弟俩都很赞同书中提出的“激进”观点。

《盛世危言》这本书，是中国资产阶级早期改良派的杰出代表人物郑观应所著，书中认为中国之所以弱，在于缺乏西洋的装备，诸如铁路、电话、电报、轮船，所以应该把这些先进的科学技术引进到中国来。

对于书中开头的一句话："呜呼，中国将其亡矣!"毛泽东兄弟俩的感触颇深。书中叙述了日本占领台湾的经过，并写了朝鲜、越南、缅甸等国家被外国侵占的情况。读了这些，毛泽东两兄弟对中国的前途感到沮丧，更使他们认识到"国家兴亡，匹夫有责"。

从此，毛泽东开始厌倦在田间劳动，屡次遭到父亲的反对和责骂，为此父子间又多次发生了口角。一气之下，毛泽东再次离家，先到乌龟井私塾去读了半年的书，塾师毛岱钟，是一位失业的学法律的人。后来，他又到了东茅塘的私塾就读，塾师毛麓钟，是一位精通经史的老先生。在这两处求学期间，毛泽东还读了许多当代的文章和不少的新书。

在学习中，毛泽东早已掌握了翻查《康熙字典》。他的学习方法很放任，诸如填红蒙字，他总是不填不蒙，而是自己放手去写，他写的毛笔字比其他同学照填照蒙出来的还要好得多。

在这段时间里，毛泽民紧学着他哥哥在家时的样子，一边务农，一边学习，并经常在乡里同小伙伴们一起谈古论今，一讲起来又总是滔滔不绝，不久便被人们认为是乡里最有学问的人。

每逢毛泽民在同伴中讲故事，他总是绘声绘色讲得非常认真，犹如登台讲演一般，讲到开心处，直逗得听讲的人们大笑不止，而他表现出的却是一副若无其事的样子，一笑不笑，就连一些大人见了也有些吃惊，又联想到他的哥哥毛泽东，都觉得毛家的这兄弟俩气度不同寻常，将来前途不可限量……

这时毛家的老么毛泽覃也已经 4 岁了。

心地善良的文素勤心中很理解她的这三个儿子。她知道大儿子心高志远，二儿子忠厚老实，三儿子爱调皮捣蛋。她知道家里"关"不住大儿子，又为家中缺钱不能供二儿子"读长书"感到难过，有时便瞒了丈夫悄悄塞给二儿子几个铜板，让他自己去买书读。她希望二儿子也能像她的大儿子一样多读一些书，终有一天改变毛氏家族世世代代"牵牛尾巴"的命运。

对于长子和次子，毛顺生和文素勤多少还是放心的，可是对于老么泽覃，有时却让夫妻俩感到头痛。毛泽覃从小就活泼异常、机灵顽皮，经常突如其来地搞些让人哭笑不得的“小破坏”，搞得大人们防不胜防。他或是偷偷放跑了家里养的猪，或是背人打碎了碗，有时还故意将大嫂洗好后晾晒的衣服再弄脏，而且还经常纠集乡里的小孩子们玩游戏“打仗”，脾气上来时，又总是挥动着小拳头要打架，一天到晚跑东跑西的不安神，整日里闹闹哄哄的，不仅大嫂管不住他，二哥管不住他，就连父母也常拿他没办法。但只有一个人能够管得住他，这就是他大哥。毛泽覃自小谁的话都不听，天王老子也不怕，就连老虎屁股也敢摸，唯独在他大哥面前规规矩矩，他信服大哥，崇拜大哥，只听大哥一个人的话。

在韶山冲，率先胸怀大志的毛家三兄弟，已令乡人们开始刮目相看了……

早在前一年（1908 年），清光绪皇帝和慈禧太后相继死去，穷途末路的晚清王朝又遵照慈禧死前颁下的懿旨，将年仅 4 岁的皇族爱新觉罗・溥仪扶上了皇帝的“宝座”，更加速了大清王朝的彻底灭亡。

# 5. 少年立志出乡关　忍辱赍愤东台山

1910 年春，毛泽东的结发妻子罗氏病逝，按族规葬在了毛家后山的祖坟地中。

年仅 23 岁的罗氏就这样过早地逝去了。在她短短的一生中，从未享受过爱的欢娱，她虽有丈夫却从未得到过他。她只能默默地信守着从一而终的古训，严循妇道，尽着妻子、媳妇的责任，直至病逝。

罗氏在与毛泽东 3 年的婚姻生活中，始终独守空房，她不明白、也不晓得这是为什么。在与人们的日常接触中，她由原来的贤惠渐渐变得郁郁寡欢，对这名不副实的婚姻，深藏在她心底的一些想法随着她的去世而令世人无从知晓……

是年夏初，韶山一个秘密会社“哥老会”的会员们，同本地的一个地主发生了冲突。这个地主到衙门里去控告了这些“哥老会”的人。官府得到地主的贿赂，使“哥老会”的人败诉了，但这些人不屈服于地主和官府，而是行动起来进行了有力的反抗，并且占据了本地的浏山，在山上建立了营寨。官府派了重兵去攻打他们，那个地主便到处散布谣言，说“哥老会”打起反旗时曾杀了一个小孩子祭旗。起义的领袖是一名姓彭的铁匠，最后他们虽然被镇压了下去，彭铁匠在逃亡中也被捕获并被斩首，但在乡里人和学生们的心目中，彭铁匠是一个英雄，大家都同情“哥老会”的这次起义。

眼见韶山乡里的人们闹得越来越凶，本来对长子多少放了些心的毛顺生，此时对儿子却越来越不放心了。为了稳妥起见，他决定送长子到湘潭县城一家同他有来往的米店去当学徒。

起先毛泽东并不反对这样做，觉得这也许是件有意思的事，可是就在这时，他听说外祖父家所在的湘乡县成立了一所与私塾不同的新式学校，于是决心去那里上学。

毛顺生开始时坚决反对儿子去新学堂，一是听说新学堂里的费用太高，二是听说那里的教学方法“过激”。后来，他听了文家来人说儿子的一个表兄就在那里上学，新学堂里虽然不怎么注重经书，较多教的确是些西方的新学，教学方法也相当“激进”，但这种先进的教育可以增加人们赚钱的本领，最终还是满足了毛泽东去新学堂读书的强烈愿望。

得到了父亲的允许和经济保障，毛泽东立志闯出韶山冲的这一时刻终于到来了。

这时已近深秋，韶山冲正值气爽天高、金桂香溢，青山绿水伴着簇簇枫红和一片片待收的稻田，呈现着一派温暖、祥和的景象。

毛泽东就要离开家乡了。临行前的夜里，一轮朗月挂上树梢。在毛家的房舍内，文素勤拉着儿子的手千叮咛万嘱咐，要他到了新学堂好好读书，抽时间常去外祖父家看一看，顺便时不要忘了给家中捎信来；毛泽东频频点头答应着母亲，望着母亲那日渐衰老的面容，一股母子连心的骨肉亲情使他猝然泪下……

在堂屋里，毛泽民认真地为大哥收拾着行装，三弟泽覃看上去倒显得极为安静，似乎也晓得大哥就要出远门了，在这个时候不应该调皮捣蛋。只有当父亲的一个人坐在竹凳上默默地吸着旱烟，并不时发出一阵阵咳嗽声——大家心里都知道，作为父母的长子、作为弟弟们的哥哥，毛泽东明天就要离开他们，就要离开生他、养育他的韶山冲了。

深夜，屋外的明月渐高。室内，躺在木床上的毛泽东却久不能寐，一种从未有过的无以言表的激情，使他平日里对父亲的“恨”好像突然间减弱了许多，而对母亲的爱却更加眷恋、更加深切了。激情中，他又一次爬下床来，独自端坐在油灯前浮想联翩，一种大气磅礴的感情令他不能自持，最终导致他拿起笔来，饱蘸浓墨，改写了一首日本政治家的诗留给父亲：

孩儿立志出乡关，学不成名誓不还。
埋骨何须桑梓地，人生无处不青山。

一轮红日跃起在东方。

17 岁的毛泽东向父母告别，并特别嘱咐小弟弟要好好听话。小泽覃突然间像是长大了许多，听了大哥的临别赠言，使劲地点头答应着，保证不再调皮……

毛泽东双膝跪地向父母磕了三个响头，然后起身背向了家乡。毛泽民挑着一担行李，迈开大步送哥哥上路了。

一路上，一阵阵秋风送爽，一簇簇桂花飘香。毛泽东十几次要换了弟弟肩上的行李来挑，都被弟弟拒绝了。毛泽民脸上淌着热汗，越走越起劲儿……

兄弟俩就这样说着、笑着，向南步行了 50 多里路，午后到了湘乡县城南的东岸坪。

在东岸坪古木参天、巍峨葱茏的东台山下，一处砖砌的圆形院落展现在碧波荡漾的涟水河畔，远有桂林茶山、近有稻田滚浪——这里就是东山高等小学堂了。

兄弟俩进入围墙，但见小河环绕，树木森森，环境十分幽雅静穆。两个人很高兴地在河边洗了脸，然后去找了表兄到学堂登记注册。毛泽东填写自己是湘乡人，因为他以为这所学堂是专门为湘乡人开设的，同时缴付了 1400 个铜板，作为 5 个月的膳宿费和学杂费。

二弟就要离开学堂了，说是受母亲所嘱，要去外祖父家看一看。毛泽东不再挽留二弟，临分手时只语重心长地对二弟再次吟咏了宋朝女词人李清照的一首五言绝句：

生当作人杰，死亦为鬼雄。
至今思项羽，不肯过江东。

东台山东山学堂是戊戌以前最早兴办的新式学堂之一，它实行“新式教育”法，讲授内容包括历史、地理和自然科学，这些都大大地开阔了毛泽东的眼界。

毛泽东从来没有见过这么多的孩子聚在一起上学。这里的学生大多是地主子弟和有钱人家的孩子，一个个穿着讲究，极少有农民能够供得起自家的孩子上这样的学堂。由于初来乍到，毛泽东说话的口音又带有浓重的乡土气，再加上他衣着朴素，只穿了套自以为像样的短衫长裤，在同学中年龄又偏大，便不断受到其他学生的奚落和歧视，这给他的心理上蒙添了很重的阴影，也促使他暗地里更加奋发努力。

在学堂，毛泽东感到自己被人讨厌的另一个原因，是他的原籍并非湘乡。入学的学生是不是湘乡人，学校是不限制的，所以毛泽东去改写了注册登记，写明了自己的籍贯是湘潭，这使他在学生们中间更加受到歧视。湘乡有上、中、下三里，上下两里的人纯粹由于地域观念而争斗不休，彼此间势不两立，毛泽东在这种态势中采取了中立的态度，因为他本来就不是湘乡人，结果三派学生都疏远他、看不起他，使他在精神上感到了很大的压力。

由于这些诸多的原因，那些富家子弟经常欺辱毛泽东，对他蛮横无理，有人还当众嘲笑他，讥讽他说：“挑粪桶去吧！还穿鞋呢，脚上有牛屎哩！”

同学们的态度，对刚刚步入社会的毛泽东是一次沉重的伤害。由此，无论后来喜欢什么，都难以弥补他内心世界的这层情结。他在内心深处对自己讲：“我连自己的老子都敢反，何况你们这群娃娃！全中国我都敢反，何况你们这群碌碌小人！”

这话，他也对他的同在东山学堂读书的表兄讲了……

这时，他最喜爱的诗是唐朝农民起义军领袖黄巢的一首《题菊花》：

飒飒西风满院栽，蕊寒香冷蝶难来。
他年我若为青帝，报与桃花一处开。

在众多同学的排斥中，多数情况下毛泽东并不直接反抗，而是独处一隅，默默地写了一首《咏蛙》诗，借以发泄他心中的强烈不满：

独坐池塘如虎踞，绿杨树下养精神。
春来我不先开口，哪个虫儿敢作声。

身处逆境，毛泽东忍辱赍志。他经常联想起小说《西游记》中孙悟空大闹天宫的形象，感叹孙悟空保护唐僧西天取经路上那种虽遇险山恶水、妖魔鬼怪、千难万难而不屈不挠、一直奋而前进的大无畏精神和英雄气概，同时联想《水浒传》中众豪杰的英雄群体，还想到了《三国演义》中刘备在荆州对刘表讲过的一句话："备若有基本，天下碌碌之辈，诚不足虑也……"

在这一段郁闷的时间里，他学会了吹箫。

不久，在一次入学考试中，毛泽东在试题《言志》的作文中，抒发了自己的胸怀和抱负，尽写了李清照和黄巢的诗句，还写了刘备在未得志时对刘表说过的话。校长李元圃看了毛泽东的试卷后，大加赞赏，兴奋地对同事们说："今天，我们取了一个建国之才！"

得到校长的赞赏和重视后，毛泽东在东山学堂学习的信心倍增，进步很快，深受老师们的喜欢。尤其是教经书的老师贺岚岗，特别欣赏毛泽东写的一手好古文，深感他的这名学生不同凡响，便特地买了一本《了凡纲鉴》送给了毛泽东。

在学堂里还有一位教音乐和英文的老师，是个曾去过日本的留学生。毛泽东很爱听他讲日本的情况，并记下了他教的一首日本歌曲的歌词。这首歌曲的名字叫《黄海之战》，是歌颂日本曾战胜俄国时的一首歌：

麻雀在歌唱，
夜莺在飞翔；
春天的绿色田野多可爱，

处处鲜花开放；
石榴花红，
杨柳青青，
展现一幅崭新的好春光。

毛泽东从歌词大意中感到了日本的美丽和它的骄傲与强大，但还没有想到正是这样一个国家却充满了野蛮的对外侵略……

这时，毛泽东听说光绪皇帝和慈禧太后都已经死去了，新皇帝宣统（溥仪）也已经登基两年了。这时毛泽东还不是一个反对帝制的人，他的头上还留着代表清朝国民的长辫子，他单纯地认为皇帝和大多数的官吏都是诚实、善良和聪明的人，他们需要的仅仅是像康有为那样的志士协助他们进行变革罢了。

这一时期，毛泽东不但学会了吹长箫，还阅读了大量的历史书籍。他对中国的古代帝王尧、舜、秦皇、汉武、唐宗、宋祖的记载特别着迷，同时还学了一些外国的历史和地理。在一篇讲述美国革命的文章里，他第一次听到美国这个国家的名字，其中的一句话令他牢牢地记在了心中："经过 8 年苦战，华盛顿获得胜利，并建立了他的国家。"

一天傍晚，毛泽东见到他在校的好朋友萧子暲手里有一本书，书名是《世界英雄豪杰传》，便兴奋地借来一读。在这本书里，毛泽东满怀激情地读到了拿破仑、俄国叶卡德琳娜女皇、彼得大帝、惠灵顿、格拉斯顿、卢梭、孟德斯鸠和林肯等人的英雄事迹。他被书中的这些人深深感染了，在还书时，他对萧子暲很是抒发了一番感慨："中国也要有这样的人物……"

时过不久，毛泽东又读到他表兄送给他的两本书刊，讲的是康有为的维新运动，其中一本是梁启超主编的《新民丛报》。阅读这些书刊，了解了康、梁变法维新的诸多理论和主张，使毛泽东激动不已，他把这些书刊读了又读，直到可以背下来。阅读中，他还特别喜欢梁启超的"野狐"笔法，认为"其文条理清晰，笔锋常带感情，对于读者，则别有一种魔力"。

毛泽东从此时起一改以往的写作方法，开始仿效梁启超的文风，深得康梁笔意，经常受到校长李元圃的当众褒奖……

学习期间，毛泽东否定了他以往所学的孔孟之道，继而赞同康、梁变法图强的爱国主义思想，崇拜拿破仑、华盛顿等资产阶级革命家，主张富国强兵之道。他还为自己取了个“子任”的别名，即“以天下为己任”之意。

就在毛泽东在东山学堂读书之际，中国民族资产阶级发起的反封建专制的政治斗争和各种规模的武装起义在全国范围内已是风起云涌。这一时期，革命派与改良派的思想论战仍在继续，以“同盟会”为代表的资产阶级革命派明显地占据了理论上的优势，推翻满清政府的大规模的武装起义已是箭在弦上，随时都会爆发……

这时，众多的社会名流纷纷预测着中国的未来——其中梁启超独具慧眼，大胆而确切地预言：中国的未来必属湘人！只是他万万没有想到，在偏僻的湘乡县城南东台山下，有一位与他“心有灵犀一点通”的英俊少年，改变中国历史进程的大任就要降于其身了！

纵观中国近代史，曾名震一时的曾国藩也曾讲过这样的话：山川灵气独钟湘人！得湖南者得天下！

近代著名教育家蔡元培也说过：湘人不倒，华夏不倒！

似乎整个近代湖南都充满了传奇色彩，一直是中国强有力的政治家的摇篮。人所共知的是湖南老少均爱吃辣椒，三湘男儿多有铤而走险者！其中，一连串著名人士的名字都与湖南联在一起，如曾国藩、左宗棠、谭嗣同、杨度、黄兴、蔡锷、陈天华……真可谓数不胜数。

然而在同一时期，在中国浙江省奉化县溪口镇的一个盐商家里，却走出来一个比毛泽东大 6 岁的人，此人姓蒋名中正，字介石，后来投机于孙中山领导的资产阶级民主革命，在中国的近代史上一度起着举足轻重的作用。

秋去冬来，春光又至。

毛泽东在东山学堂学习已经半年了，他感到这里已不能容纳他的心胸了。夜里，他常常独坐校外，一个人吹箫，呜呜咽咽的箫声总是传得很远、很远；白天，他又总爱去登上东台山顶，极目远眺，慷慨而歌——他渴望到更广阔的世界中去，到更大的社会舞台中去！

毛泽东下定决心：首先要离开湘乡，到长沙去！

# 6. 长沙校园贴“文告” 投笔从戎入“新军”

1911年春。

毛泽东渴望到长沙去。他请一位老师介绍他去湘乡在长沙办的一所中学，老师感于毛泽东的诚意，欣然同意介绍他去。

这样，毛泽东怀着满腔热血和激动的心情到了长沙。

湘江岸边、橘子洲头、岳麓山下的长沙是湖南省政治、文化的中心，此时正处于中国资产阶级革命的前沿。以孙中山为首的革命党人同晚清王朝的斗争，已进入到了浴血奋战的最后阶段。

来到长沙，由于政局的急剧变化，使毛泽东的思想受到了猛烈的冲击和震荡。除了激动，一时之间又令他难以适应社会急速变化的快节奏，他需要时间进行观察和思考，以尽快赶上并能驾驭他所面临的一切……

当他顺利地考入了湘乡驻省中学后，便用心留意发生在省城和他周围的各种事情。诸多激动人心的传闻和消息、材料，唤起了他内心深处的万丈豪情！

在长沙，他有生以来第一次看到了报纸——《民立报》。这是一份民族革命者的报纸，主编是一位名叫于右任的人，报上刊登了发生在广州的反清起义和黄花岗72烈士殉难的消息。当他读了这次悲壮起义的报道，得知其领导人黄兴身先士卒、率领敢死队、吹响螺号、奋力攻打两广总督府、誓与清军决一死战的报道，心中一阵震撼，激情中又令他彻夜难眠……

时隔不久，他又听人谈起了孙中山和“同盟会”。一时间，各种信息纷至沓来，什么改良派、革命党、保皇派，许多新名词需要在他的脑海里进行认识、理解和消化，而报纸和社会上的消息，大都是推翻满清、建立共和、平均地权和富国强兵的呼声，直令他的思绪应接不暇……

此时的毛泽东刚刚18岁，风华正茂，一腔爱国热血在他的胸中澎湃、涌荡着。激情中，他挥笔写了一篇题为《救国图存论》的“文告”，大胆地贴在了学校的砖墙上——这是他第一次发表他的政见。

虽然，他的这篇“文告”颇具古怪而离奇：他明确主张“推翻腐朽的清王朝，组建民国新政府”，建议把孙中山从日本召回国内来担任新政府的总统，却倡议由康有为任国务总理，再让梁启超当外交部长，但是，从中仍可以看出，他适应社会变革的能力还是很快的，并能迅速在思想上变更自己对康、梁的首要推崇而让主位于孙中山。

在学校里，他与同学萧子暲有过一次谈话。他毫不含糊地说：“我们应该讲求富国强兵之道，才不至于重蹈越南、朝鲜、印度的覆辙。你知道，中国有句古话：‘前车之覆，后车之鉴’。而且我们每个国民都应该努力……”

他还说：“顾炎武说得好：‘天下兴亡，匹夫有责。’中国积弱不振，要使它富强起来，需要很长的时间。但是，时间长不要紧。你看，华盛顿不是经过 8 年的艰苦战争之后，终于得到了胜利，建立了美国吗？我们也要准备长期奋斗!”

1911 年 5 月，清政府采纳大买办、邮政部尚书盛宣怀的主张，颁布所谓铁路国有政策，转手又以借款筑路为名，将收归国有的铁路出卖给帝国主义，同英、美、法、德四国银行团签订了《粤汉、川汉铁路借款合同》。于是，一场遍及广东、四川、湖北、湖南四省的声势浩大的保路运动被激发起来。

保路运动的风潮在广州、成都、武汉、长沙等大城市猛烈地激荡着，人们对立宪的要求更加广泛而强烈。长沙城里各学校的学生们更是义愤填膺、群情激动，大家用剪去头上发辫的行动来表达他们的反清情绪。

毛泽东率先和他的一个朋友剪去了头上的辫子，而与他们相约一起剪辫子的另外一些人却犹豫了。在激情与冲动中，毛泽东和他的朋友采取了突然袭击的方法，强行剪掉了十几个与他们相约的人的辫子……

整整一个夏季，长沙城里“反清立宪、拥建共和”的浪潮风起云涌、一浪高过一浪。

这时，刚从日本回国奉命主持四川省“同盟会”工作的吴永珊（吴玉章）等在荣县起义，夺取政权，宣布独立。清政府急派汉、粤铁路督办大臣端方，率鄂军星夜入川镇压……

正是在这样的形势和情况下，号称“九省通衢”的武汉，爆发了由“同盟会”领导的震惊世界的武昌起义。

武昌起义后，由于“同盟会”的领袖人物孙中山远在海外，其他领导人黄兴、宋教仁正在香港、上海，缺乏政治斗争经验的起义士兵们认识不到政权的极端重要性，起义成果被湖北新军21混成协（旅）的协统（旅长）黎元洪趁机篡夺，黎元洪被湖北省谘议局议长、议员和地方绅商们推举为湖北军政府的都督。

消息传到长沙，一时间全城民众群情激奋……

毛泽东决心到武汉去参加革命军。四五天后，他约好了几个同学，并在班上筹到了一些钱，准备直奔汉口。

起义军沿着粤汉铁路逼近了长沙市区，战斗已经打响。长沙城内也发生了暴动，各个城门都被工人、民众所攻占。混乱中，毛泽东急速穿过一个城门回到城里，跑上一个高地观看双方的战斗，只见四处枪声阵阵，打得街上的一株株槭树断枝落叶，城外炮火连天，轰击得尘土飞扬……

第二天，长沙成立了响应革命军的都督府。“哥老会”的两个首领焦达峰和陈作新，被推举为都督和副都督。

湖南起义胜利了，但革命远未结束。新政府一边派兵支援武汉，一边招募新兵。

在这热火朝天的大革命的紧要关头，热血的青年学生们成立了学生军。但毛泽东不喜欢学生军，他认为学生军的成分太复杂，他愿意同有力量的人们在一起，便决心投笔从戎，去参加正规军。

1911年10月末，毛泽东到了长沙新军25混成协（旅）50标（团）第1营左队，当了一名列兵。

在新军中，毛泽东很快和士兵们建立了良好的友情，这些士兵大多来自乡村，许多人是农民、铁匠、木匠和泥瓦匠，大家都很尊重毛泽东，把他看成是他们当中一个最有学问的人。毛泽东经常为士兵们代写家信和读信，同大家一起拉家常。

当了兵就要有枪拿。发放枪支的那天，毛泽东被点名叫出队列，领到了一支汉阳造的短步枪。

毛泽东很爱惜他的这支枪，因为这是他有生以来第一次拿枪！

毛泽东的军饷是每月 7 元。除每月花 2 元用在吃饭上，还得买水。剩下的钱，他都用来买了报纸。在军营里，毛泽东需要了解国家大事，他特别关注报纸上的新闻，当时，他成了军营中最爱读报纸的狂热分子。每当吃饭时间，他都要给大家读报，大家的饭吃完了，毛泽东的报纸还在读……

在买来的《湘汉新闻》中，毛泽东读到了“社会主义”这个词。他同其他学生和士兵讨论“社会主义”，其实报上写的只不过是社会改良主义罢了。

毛泽东还读了一个叫江亢虎的人写的一些关于“社会主义”及其原理的小册子。他热情地给他的几个同班同学写信，讨论这个问题，但只有一个同学给他回信表示赞同。

尽管如此，“社会主义”这个名词，还是像一道闪电一样，在毛泽东的心中留下了不可磨灭的印象。

武昌起义爆发后，革命洪流不可遏制地涌向全国。晚清政府一日数惊，惶惶不可终日。帝国主义列强眼看着清政府这条千疮百孔的破船，在汹涌的革命大潮中即将沉没，更加急于寻找一个能够维护他们在华利益的替代者。驻北京的外交使团频繁会商，一致认定统领 6 镇新军、名为拱卫京师而暗中却听命于洋人的袁世凯，是他们最合适的人选……

革命仍未定局，清朝还在做最后的挣扎、抵抗。

12 月 29 日，在异国漂泊达 16 年之久的孙中山从欧洲回国，受到了资产阶级革命派的热烈欢迎和拥戴，革命军的气势为之大振。

1912 年元旦，孙中山在南京就任临时大总统，向中外正式宣布中华民国临时政府成立，实行共和政体，改用公历，以 1912 年为中华民国元年。

1 月 3 日，选举黎元洪为副总统，并通过了孙中山提出的临时政府组成人员名单。

1 月 28 日，在南京又成立了以林森为议长、王正远为副议长的临时参议院，作为临时政府的最高立法机关。

这样，在世界的东方，第一个资产阶级共和国——中华民国诞生了。

这时，已经把清政府的权力全部抓到了自己手里的北洋军阀袁世凯，拥重兵南下，疯狂地向革命军猛扑过来。在北洋炮火的威逼下，刚刚成立的南京临时政府孤立无援、内外交困而又没有彻底的反帝反封建的勇气，很快同袁世凯达成妥协……

2 月 12 日，面对大势已去的清帝，被迫接受了“优待条件”，并颁布了退位诏书。

三天后，临时参议院选举袁世凯为第二任临时大总统，不久选举黎元洪为副总统。

随后，南京政府被迫解散，窃国大盗袁世凯就这样堂而皇之地当上了中华民国的临时大总统。

清朝已经垮台，革命似乎已经过去。毛泽东决定脱离军队，继续求学读书……

## 7. 离一中寄宿会馆 考榜首跻身师范

1912 年春，毛泽东离开军队后继续求学，先后报考了警察学校、制皂学校、法政学校、商业学校，最后以第一名的优异成绩考入了湖南省立第一中学。

整整一个夏季，毛泽东在省立一中渐渐地感到学校的课程太浅、内容太旧，就连诸多的校规也使他感到繁琐。在他读了《御批通鉴辑览》以后，得出结论：与其在这里读死书，不如独自看书学习。

8 月间，“同盟会”的宋教仁在征得孙中山、黄兴的同意后，以“同盟会”为基础，联合了一些小党，混合组成为国民党，选举孙中山、黄兴、宋教仁等 9 人为理事，推举孙中山为理事长。这样，由“同盟会”而国民党，组织得到了进一步扩大……

当年秋天，毛泽东主动退了学，寄宿到长沙新安巷的湘乡会馆，开始了他独立自主而艰苦奋进的自修生活。

他悄悄订了一个自修计划，每天到省立图书馆去读书。在这个图书馆里，他第一次看到一幅世界地图，世界之大令他震惊！他由开始的迷惘而研究、继而沉思，中国原来如此之大！世界原来如此之大！

每天早晨，图书馆一开门他就进去；中午，仅休息片刻，吃两块米糕，或花一个铜板买个油饼，算是午饭。他一直埋头苦读，直至闭馆。

在这段刻苦自修的日子里，他广泛阅读了中外文学、史地、哲学等书籍，特别是精读了资产阶级的社会科学、自然科学的代表著作，诸如亚当·斯密的《原富》、达尔文的《物种起源》、孟德斯鸠的《法意》、赫胥黎的《天演论》、卢梭的《民约论》、斯宾塞的《逻辑》，还读了不少浪漫主义的诗歌、小说及古希腊的传说故事。

这时的毛泽东继受康、梁思想的影响之后，又受到了一次比较系统的反封建的思想启蒙。

入冬时节，在毛泽东寄居的湘乡会馆里，陆续又住进了很多“退伍”或是被军队遣散的湘乡人。这些人既没有工作，又没有钱，在穷困潦倒和百无聊赖中，住在会馆里的士兵总是和学生们发生争吵或打架。

湘乡会馆不能再住下去了，毛泽东开始寻找新的住处。可他身上没钱，家里已经拒绝继续供养他，除非他进学校读书。

在这种情况下，毛泽东不得不冷静地考虑了自己的“前途”，而且差不多决定了自己最适合于去当一名教师。

是年冬天，长沙的天气很冷。这时，已是居无定所的毛泽东虽然身处困境，但并没有穷愁潦倒，而是心存朝气，寻机进取……

一天，湖南师范学校的一则招生广告，使毛泽东怦然心动。那是一则很吸引人的招生广告，考生一旦考试合格入学，学校将不收学费，而且膳宿费也很低。

毛泽东想去报考这所学校，得到了他的两个朋友的鼓励，他的这两个朋友同时请他帮助准备入学考试的作文。

毛泽东将他的意图写信告诉了父母，得到了他们的同意和支持，并托乡里人带了一些钱来给他。他替他的那两个朋友先后去考了两次作文，自己也用心去考了一次——三个人竟都被学校录取了。在众多的考生中，毛泽东以优异的成绩名列榜首。

当 1913 年的春天来临之际，20 岁的毛泽东已是湖南省第四师范学校的学生了。

湖南四师是一所新型的学校，校规很多、很严。毛泽东本不是一个循规蹈矩的人，他不满意这些束缚学生手脚的条条框框，只赞成其中极少数的几条。

在学校里，毛泽东从思想上反对把自然科学列为必修课。他想专修社会科学，对自然科学并不特别感兴趣，也不用心去钻研，所以每次自然课程的考试得分都不高。

这还不算——毛泽东最讨厌的必修课是美术，尤其厌烦画静物写生，他认为在纸上画那些东西是极端无聊的事情。每次上美术课，他总是心不在焉地草草画完就离开课堂……

一次，他只简单地画了一条直线，再在直线上画一个半圆，来表现“半壁见海日”的意境。还有一次，在图画考试中，他只画了一个椭圆交卷，气得监考的谭先生问他画的是什么？他回答说：“这是蛋。”

结果，他的图画课只得了 40 分。

在学校，幸亏他的社会科学每科得分都很高，才将其他课程的坏分数扯平了……

在国文课中，毛泽东的文风喜爱仿效梁启超的“野狐”笔法，却遭到了任课老师“袁大胡子”的嘲笑，说它是新闻记者的手笔。被学生们戏称为“袁大胡子”的国文老师，叫袁仲谦，是一位前清举人，他看不起被毛泽东视为楷模的梁启超，认为梁启超是一个半通不通的人。

在袁仲谦的教授和指导下，毛泽东不得不改变了自己的文风，潜心去钻研唐代文学家韩愈的文章，由此学会了写古文的措辞……

夏去秋来，又到了桂花飘香的季节。

毛泽民秉承父母之命，徒步一百多里来到长沙看望哥哥，兄弟俩很高兴地走到天心阁下的白沙街吃了一顿饭铺。

吃饭时，毛泽民告诉哥哥，父母要为他娶回一房媳妇，女方叫王淑兰，今年 18 岁。

毛泽东感到弟弟已经 17 岁了，也该成家了，便表示赞同了弟弟的婚事。庆贺中，兄弟俩还喝了几口“白沙液”酒……

是年，毛泽民在韶山与王淑兰结了婚。这样，毛家又多了一个劳力，文素勤身边也有了帮手，毛泽东在长沙学习也就更安心了。

1914 年春，毛泽东所在的第四师范合并于湖南第一师范。从这时起，毛泽东就是省立第一师范学校的学生了。

在一师，毛泽东以自学为主，博览群书和重点攻读相结合，并在学习中养成了“不动笔墨不看书”的习惯。

毛泽东在读书时，凡是自己的书，他总要先备好了朱、墨色的两支毛笔。遇到他认为观点正确、文字精辟之处，便加以圈圈点点，并写上“此论颇精”、“此言甚合吾意”等眉批；遇到不顺心的地方，就画杠子、打叉，写上“此语不通”等文字。凡是他阅读圈点过的书籍，有时先用朱笔圈点，然后又加上墨笔圈点，批语也常常是在自己的批语上又加写了新的批语。在他加写的批语中，多是联系中外历史上著名人士的学说，先进行分析、综合，然后进行评论、引申，借以阐述自己的见解。

毛泽东读书，除了在书上圈圈点点、写眉批和简评以外，还特别勤于写读书笔记。他听课记有“讲堂录”，自修写有“读书录”，选抄全文的有“选抄本”，摘录精要文选的有“摘录本”……

仅 1914 年间的课堂笔记，毛泽东就写下了 5 本以上的“讲堂录”，所记的范围很广，有先秦的哲学、楚辞、汉赋、史记、汉书、唐宋古文、宋明理学等等，还有评价历史人物和外国人物的述评，此外还记载了一些自然科学常识。就连他所阅读文章中出现的典故、警句，他都分条写了出来，并加以评论。

在他的“讲堂录”中，有这样一些内容：

“高尚其理想（立一理想，此后一言一动皆期合此理想）。”

“理想者，事实之母也。”

“某氏曰：吾观世之君子，有杀身亡家而不悔者矣。”

“语曰：毒蛇螫手，壮志断腕。非不爱腕，非去腕不足以全一身也。彼仁人者，以天下万事为身，而以一身一家为腕，惟其爱天下万事之诚也，是以不敢爱其身家。身家虽死，天下万事固生，仁人之心安矣（天下生者，仁人为之除其痛苦，图其安全也）。”

“修身。人情多耽安逸而惮劳苦。懒惰为万恶之渊薮。人而懒惰，农则废其田畴，工则废其规矩，商贾则废其所鬻，士则废其所学。业既废矣，无以为生，而杀身亡家乃随之。国而懒惰，始则不进，继则退行，继则衰弱，终则灭亡。可畏哉！故曰懒惰为万恶之渊薮也。”

“奋斗。夫以五千之卒，敌十万之军；策罢乏之兵，当新羁之马。如此而欲图者，非奋斗不可。”

“实意做事，真心求学。”

“要转移世风，当重两义：曰厚，曰实。厚者勿忌人；实则不说大话，不好虚名，不行架空之事，不谈过高之理。”

“不谈过高之理，心知不能行，谈之过动听，不如默尔为愈。”

“才不胜今人，不足以为才；学不胜古人，不足以为学。”

“咬得菜根，百事可做。安贫者能成事。”

“夫善积而成者也。是故万里之程，一步所积；千尺之帛，一丝所积。差一步不能谓之万里；差一丝不能谓之千尺。朱子学问，铢积与累而得之。苟为不蓄，则终身不得矣。”

“闭门求学，其学无用。欲从天下万事万物而学之，则汗漫九垓，便游四宇尚已。”

“游之为益大矣哉！登祝融之峰，一览众山小；泛黄渤之海，启瞬江湖失。马迁览潇湘，泛西湖，历昆仑，周览名山大川，而其襟怀乃益广。”

“贤相不以自己之长为长，常集天下之长为长。”

这些都表现了毛泽东对社会、对诸多事物的认识和他的理想与抱负。

学习中，他还特别留意锻炼体魄、磨炼意志，经常和同学一起去跑步、游湘江、登岳麓山，或是一个人静下心来做仰卧起坐、俯卧撑，冬天了还要坚持进行冷水浴……

在一师，对毛泽东影响较大的教师有杨昌济、徐特立、黎锦熙、王季范、方维夏和袁仲谦等，其中首推杨昌济给毛泽东的教诲最多、令他崇敬最深——杨昌济是一位从英国回来执教的留学生，亦曾留学日本。他在一师讲授伦理学，虽是一位唯心主义者，但却是个道德高尚的人。他对自己的伦理学有强烈的信仰，努力鼓励学生立志做一个公平正直、坦荡无私、品德高尚和有益于社会的人。他的教学和为人，对毛泽东影响至深……

而杨昌济在众多的学生中也最器重毛泽东，他曾在日记中这样称赞毛泽东："资质俊秀若此，殊为难得。"并在一次上课时在黑板上写下两句诗，以自己的人生观表现了他对毛泽东的期望："强避桃园作太古，欲栽大木柱长天。"

在与毛泽东同窗共读的学生中，毛泽东结识了很多要好的朋友，其中有蔡和森、罗学瓒、陈昌、张昆弟、萧子升、萧植蕃（萧三）、周世钊等人，他们经常聚在一起钻研学业，探讨社会与人生，挥斥时弊，并每每相约走出校园去郊游、锻炼身体……

冬日的长沙虽不像中国北方那样朔风凛冽、雪花飘飘，但人们也要穿了棉衣御寒。

这天，杨昌济穿了件蓝色中式的夹袍，来给毛泽东所在的班级上伦理课。他头上留着短发，唇上蓄着小胡子，认真地给学生们讲授着："同学们，每当我们进出校门，都会看到墙上写的校训：'从实践中寻求真理。'在学校里，认真求学问，是寻求真理；走向社会，大胆地实践，也是寻求真理。当今之世，要救国救民，更需要从实践中寻求真理……"

坐在课堂里的毛泽东聚精会神地听着，他时而抬了眼皮注视着杨昌济讲课，时而伏案疾书记下老师所讲的重点内容。

杨昌济继续讲着："一个国家有一个国家的民族精神，犹如一个人有一个人的个性，一个国家的文明，不能全部移植到另一个国家。国家是一个有机的整体，就像一个人的身体是一个有机体一样。它不是机器，机器是可以拆除的，可以更换装置和零件；而一个国家或者一个人，是不能随意拆除任何一部分的，否则就会丧失元气，甚至导致灭亡或死掉！"

杨昌济的授课，得到了学生们的热烈掌声……

几天后的一个傍晚，毛泽东和蔡和森在校园操场君子亭附近散步，蔡和森见毛泽东穿得比较单薄，便关切地说："你把家里给的那一点钱都用在了买书订报上，自己节衣缩食，长此以往怎么行？"

"那就跑步、吃'书'么！"毛泽东诙谐地说，"跑步既能够锻炼身体，又可以增强人的御寒能力；吃'书'可以解决精神饥饿，比解决肚子饥饿更重要。"

蔡和森无可奈何地说："人若能像龟一样，几年不吃东西也饿不死就好了。”

毛泽东坦然一笑：“龟虽寿，充其量只能做一个驮石碑的角色。”然后用眼盯着蔡和森，“我们每日一饭，如何？”

蔡和森苦笑道：“囊中羞涩，也只好委屈肚子了。”

“不是委屈肚子……”毛泽东舒展双臂，很潇洒地做了一个扩胸动作，“是锻炼意志。”又说，“实在饿了，我们就读书吟诗，聊以充饥！”

“天将降大任于斯人也！”蔡和森也挺了挺胸说，“必先苦其心志，劳其筋骨，饿其体肤，空乏其身，然后增益其所不能！”

毛泽东点头称道：“是么！杨先生能以‘欲栽大木柱长天’为己任，我们立志救国，改革社会，就要利用学校这个环境，认真钻研学问，培养坚韧之力，才能肩负重任，无往而不胜。”

“穷则思变。”蔡和森说，“我们总是要奋斗的。”

“嚼得菜根，百事可做！”毛泽东重复了他曾在“讲堂录”中写下的话，“安贫者能成事！”

说话间，两个人并肩走进了君子亭……

## 8. 苦读书废寝忘食 发启事求其友声

1915年的春节过后，学校又如期开学了。

毛泽东在上一堂国文课时，授课老师袁仲谦极其严厉地训斥一名没有写好作文的学生，毛泽东忍不住挺身站起来批评袁仲谦“守旧而专制”，袁仲谦立刻将怒气发向了毛泽东：“混账！我讲课时还轮不到你讲话，你给我坐下！”

毛泽东不服气，依然站着说：“即便学生错了，先生也不该骂人……”

“放肆！”袁仲谦的胡子被气得飘了起来，“这里没有你讲话的份！你胆敢对先生大不敬，这是严重的违反校规！”

同班的蔡和森、罗学瓒和周世钊等人都劝毛泽东赶快向老师赔不是，陈昌、张昆弟、萧植蕃等人也劝毛泽东赶快坐下来。盛怒之下，袁仲谦卷起授课教材，拂袖而去……

毛泽东已不是第一次违反校规了——有一次上美术课，他竟敢旷课不去，而是去学校的图书馆看书了。这次又公然在国文课堂上顶撞老师，学校教务处研究后要开除他出校。杨昌济和徐特立、王季范、方维夏等人得到消息坚决反对，就连袁仲谦这位前清的举人也不同意，他说："尽管弟子不敬，但还是学校里一位难得的人才……"

毛泽东被留了下来继续读书。

在日记中，毛泽东曾这样写道：

苟有恒，何必三更眠，五更起；
最无益，莫过一日曝，十日寒。

是年 1 月 18 日，日本利用袁世凯急于称帝，向袁世凯提出了灭亡中国的"二十一条"，软硬兼施，迫袁接受，并于 5 月 7 日发出最后通牒，限袁世凯在 48 小时内答复。

消息传到长沙，民众激愤，反袁斗争和反侵略的呼声席卷了大街小巷，一师和各学校的师生们更是义愤填膺，齐声声讨日本帝国主义妄图灭亡中国的狼子野心和袁世凯可耻的卖国嘴脸……

愤慨中，毛泽东挥毫在《明耻篇》中批写道①：

五月七日，民国奇耻。何以报仇？在我学子！

接到日本政府的最后通牒，袁世凯政府于 5 月 9 日向日本递交了文本，除第 5 条"容日后协商"外，全部接受了日本提出的要求。

袁世凯为其尽早当皇帝而冒天下之大不韪，丧心病狂地与日本帝国主义签订卖国的"二十一条"，激起了全国人民强烈的愤慨和反对。一心要做皇帝

① 《毛泽东早期文稿》，知识出版社，1993 年版。

的袁世凯，以为有了帝国主义的支持，就可以随心所欲地为所欲为，更加紧了复辟帝制的步伐……

反袁斗争的烈火在全国范围内熊熊燃烧起来……

在一师，一位姓唐的老师亦很欣赏毛泽东的才学和胸怀，便经常给他一些《民报》看。毛泽东总是很认真、很仔细地阅读这些报纸，从这些报纸中，他更加了解了"同盟会"的纲领及其反封建、反侵略的诸多活动。

在《民报》上，毛泽东还读到了一则两名中国学生旅游全国的报道，写他们到达了西康的打箭炉。这则报道对毛泽东的鼓舞很大，他想效法这两个学生去旅游，但他没有钱，只想有朝一日起码要先试着在湖南省内旅游一番……

在日常的读书中，毛泽东的读书重点是中国的历史。从先秦诸子百家到明清时代的著作，从二十四史到长沙府志、湘潭县志，他都一一认真研读。

8 月似火，炎炎烈日如烧似烤地暴晒着湖南大地。即使在这样的酷暑中，毛泽东依然读书不止。他在有意识地利用恶劣的环境强行阅读锻炼、思考和集中精力，无论是在室内、室外、走廊上、茶炉旁、床铺上，有时甚至在人声嘈杂的马路边，都可以看到他手捧书卷孜孜苦读的身影……

这时他所读的书，包括《韩昌黎全集》和《昭明文选》中的许多文章，他都能随口背诵；司马光的《资治通鉴》和顾祖禹的《读史方舆记要》，他更是背诵得精熟。

假期中，杨昌济和徐特立相约，到位于长沙西北角的周南女校校长朱剑凡家中去做客。

在古色古香的朱家客厅里，一张大理石面的八仙桌迎中门摆放在厅壁前，桌两侧分别放着四把太师椅和一个雕花大理石面的茶几，厅壁上挂着郑板桥画的兰竹长轴。茶几上放着三碗沏好的盖碗茶和两碟瓜子、花生，另外还有一支水烟袋。

这时，朱剑凡和杨昌济、徐特立分别坐在太师椅上，朱剑凡正阅读着毛泽东写的《讲堂录》，边读边称赞说："嗯，好！独有见地，实为可嘉……"并对杨昌济说，"怀中①，这个毛润之是个奇才，你能有如此弟子真是难得。"

---

① 怀中，杨昌济的字。

杨昌济手持纸扇笑一笑说："我这个弟子是个怪人，他喜欢的课，作答详细，见解精辟独到，才华超群……"

朱剑凡不解地问："那为么事又说他是个怪人？"

徐特立解释说："他不喜欢的课，有时就交白卷，美术考试也敢只画个圆圈交上去，气得谭先生给了他40分！"

"还有呢！"杨昌济补充说，"他还画过一幅更耐人寻味的画，是在一条直线上再画个半圆，并美其名曰'半壁见海日'！"

"竟有此等事？"朱剑凡思考着说，"人同此心，心同此理是也！毛润之才思敏捷，实为难得……"

杨昌济说："为他偏科学习和不遵守校规，教务处还有人提议要开除他呢！"

"岂有此理！"朱剑凡一怔，有些气愤，"竟然要开除这样的学生，太迂腐了！"

"快莫提'迂腐'二字！"徐特立说，"要开除他已不是第一次了！一次说他不守校规，另一次就是因为他领着学生反对迂腐的学校行政，还在国文课上顶撞了袁先生……"

朱剑凡拿起水烟袋来吸了一口，然后说："这倒是个敢想敢干的学生。"

杨昌济喝了一口茶水说："我和特立、季范、维夏再三为他说情，说他是个很特别的学生，家境贫寒却聪明绝顶，有炽热顽强的好学精神，不能以寻常校规来论，才使他免于除名。"

徐特立也扇着芭蕉扇说："尽管袁先生挨了他的顶撞，但还是很器重他，也为他讲了许多的好话。"

"人才难得呀！"朱剑凡持着水烟袋站起身来，面对挂在墙上的兰竹图，感慨道，"我们办教育是为了救国，而不是为了当先生。在此国家生死存亡之秋，我们的首要职责是育人，是培养经国济世、救难拯民的人才，是怀中所言的'柱长天'的'大木'，而不是奴隶。我反对用那些陈腐的规范去约束学生。"

徐特立说："话虽如此，理也如此，但一师不是周南女校。"

朱剑凡放下了手中的烟袋，有些动感情地说："我这个周南女校，调皮的学生多得很，还有人敢大胆地谈婚姻自由哩！她们刚刚飞出封建牢笼，解放得还远远不够，我是不会约束她们的……”

这时徐特立笑着说：“怀中的令爱在女校，可以无拘无束了！”

杨昌济坦言道：“小女在女校，有朱校长教诲，我是完全放了心的。”

朱剑凡微笑着说：“令千金在女校表现得很出色，学习用功，精通文史，她和向警予、蔡畅二人最为要好，在女校中堪称‘三杰’，是出类拔萃的……”

“朱校长对小女过誉了……”杨昌济边喝茶水边说，“向警予和蔡畅确是女中豪杰，传闻此二人胸怀大志、性格奔放，小女与她们为友，或可从中受益……”

“如今巾帼不让须眉！”朱剑凡继续说，“你们的弟子毛润之敢于思想、敢于行动，且又胸怀坦荡、才智罕见，日后必成大器。如此青年，我们当视为至宝，不但不可开除，也不可使其留级，应给他条件，发挥其长处。二位以为如何？我辈应尽力地培养他，帮助他，爱护他。依我拙见，这个毛润之不是个怪学生，而是位奇学生，这样的学生越多越好。”

徐特立应道：“女校有杨开慧、向警予和蔡畅，一师有毛润之、罗学瓒和蔡和森、周世钊等人，由此可见湘中地杰人灵啊！”

正说着，三位亭亭玉立的女学生说说笑笑地从小院中向客厅走来。只见她们全都穿着大襟式的长袖白衫、黑裙，微微的笑语中伴着她们轻盈的脚步——此三人正是周南女校的高材生杨开慧、向警予和蔡畅……

9 月中旬，心胸开阔的毛泽东觉得应该多结交些亲密朋友，便在长沙的报纸上向各学校发出了一则《征友》启事，邀请有志于爱国工作的青年与其联系。在启事中，毛泽东署名“二十八画生”，指明了要结交“坚强刚毅、随时准备为国捐躯的青年”。

数日后，毛泽东的这个启事得到了三个“半”人的响应，其中一个叫罗章龙，“半”个来自一个没有明确表态的青年，名叫李立三。

罗章龙很快同毛泽东见了面。在湖南省立图书馆，双方手持报纸为接头标志。两个人从上午 9 点直谈到中午，临分手时，毛泽东说：“我们谈得很好，愿结管鲍之谊，以后要常见面。”

李立三当时在长沙联合中学读书，见到《征友》启事后先给毛泽东写了一封信，而后二人见了一面。但他在听完毛泽东的一席宏谈阔论之后，却支支吾吾，没有说什么就走了。毛泽东觉得，和这样的人发展不了什么友谊。

10 月过后，天气渐凉。毛泽东在学校渐渐感到校规太束缚他的行动，犹如龙困浅水，又因挚友太少，不由心生郁闷，便加大了课外的活动量，以此来锻炼身体，增强体魄。

进入 12 月，袁世凯在北京上演的“变更国体”以复辟封建帝国的闹剧愈演愈烈；12 月 13 日，袁世凯竟在一番“劝进”、“谦让”，“再劝进”、“再谦让”的表演之后，明令承认帝位，接受文武百官的“朝贺”，大加封赏，命令属下加紧筹办登基大典。

12 月 31 日，袁世凯下令改国号为“中华帝国”，1916 年改为“中华帝国洪宪元年”，定于元旦举行“中华帝国皇帝”登基大典。

袁世凯复辟帝制的活动，激怒了全国人民，一场声势浩大的反袁护国运动，很快在全国掀起……

## 9. 军阀混战天下乱　毛泽东星夜回乡

光阴似箭，岁月如梭。

1916 年春，已是毛泽东入一师学习的第四个年头了。这时他刚刚 23 岁，正是血气方刚、风华正茂的年龄。

北京城里，袁世凯自编自导的称帝闹剧刚刚拉开序幕，具有民主思想的爱国将领蔡锷便统兵在云南宣告独立，并发布讨袁檄文，公布了袁世凯的 19 大罪状，随即出兵讨袁。接着，黔、桂、陕、浙等省相继宣布独立，使袁世凯的皇帝梦一开始便被敲响了丧钟。

蔡锷所率护国军在四川一路反击，使前去“进剿”的北洋军一败涂地。

蔡锷发起的护国战争推动了反袁斗争的形势迅猛发展，以梁启超为首的进步党人在川、鄂、皖等省也加紧了反袁的斗争……

这时在长沙城里的湖南第一师范学校内，在毛泽东的周围已团结了一批有志气的爱国青年，他们经常聚在一起议论和探讨国家大事，对动荡不安和处在战火中的国家前途、民族命运深感担心和忧虑，对袁世凯卖国求荣、复辟帝制的倒行逆施行径表现了极大的愤慨。毛泽东等人还以学友会的名义，把一些知名人士反袁称帝的文章翻印成册，广为散发。

这样一些青年聚在一起，他们谈论的多是国家大事和民族的危亡，再或就是学业上的事，思想都很单纯，谁也不屑于议论琐事，更不谈论私事和女人。一次，毛泽东到他的一位朋友家去做客，他的这位朋友当着他的面嘱咐佣人去买肉，使毛泽东感到恼火，从此便不再同他的这位朋友见面了。他认为他的这位朋友是个爱关注琐事的庸人，而他关心和注重的是人的性质、人类社会的性质、中国的性质乃至世界、宇宙！

春末夏初时节，袁世凯在全国一片反袁斗争的浪潮中很快失去了所有人的支持，一直担任陆军总长的段祺瑞被解除职务后退隐西山，江苏将领冯国璋坐镇南京拥兵观望，日本帝国主义这时也公开指责袁世凯称帝“妨碍了东亚和平”。袁世凯在内外交困、众叛亲离的窘境下，被迫于 3 月 22 日宣布撤消帝制，并于次日废除了“洪宪”年号。

转眼到了 5 月下旬，袁的心腹四川将领陈宧和湖南将领汤芗铭也宣告独立，导致气急败坏的袁世凯在北京一病不起，于 6 月 6 日结束了他可耻的一生。

随后，手无兵权的黎元洪在重新出山的段祺瑞的同意下就任了中华民国大总统，冯国璋任副总统，段祺瑞为内阁总理，黎元洪宣布恢复了民国元年的《临时约法》……

6 月的长沙天气渐渐热了起来。毛泽东喜爱夏天，因为日长，可以抓紧时间多读一些书，再因其天热，用不了穿几件衣服，可以省下几个钱多买一些书刊、报纸。

6 月中旬一连下了几场大雨。雨水飘落在一师的校园里，众多的学生都躲进了教室或宿舍，只有毛泽东和蔡和森跑去操场上淋雨，还脱掉上衣赤着脊背，任凭如注的大雨灌顶、冷水浇身……

这年夏天，湖南的天气特别热，韶山的天气更热。

文素勤的身体一直不大好，加上整日劳累，终于积劳成疾，病倒在了床上。

在家的毛泽民心疼母亲，无论有什么好吃的总要留下来给母亲吃，在外面听到什么高兴事也要回到家里讲给母亲听，他想尽了各种办法让母亲尽量高兴。

天气越来越热，就是到了夜里，韶山冲也不见一丝凉风爽意。

毛泽民看着母亲躺在床上不能动，而且汗湿床箦，不觉忧心如焚地对母亲说："妈妈，天气太热，让我来给你擦个澡吧！"

文素勤知道儿子心疼自己，但还是不同意儿子这样做。毛泽民没办法，只得让妻子来给母亲擦澡，并请了二婶来帮忙……

毛泽民在家对父母极尽孝道，得到了乡里人的交口称赞。

6 月下旬的一天，毛泽民听母亲躺在床上深情地说："润莲，你大哥前些日子来信说，今年暑假要回韶山来看我的，恐怕这几日就快到家了吧？我想他哩……"

毛泽民听了母亲的话，止不住眼泪扑簌簌地掉了下来，赶忙回答说："是的，妈妈。我大哥这几日一定会回来的。"说着，他不忍心让母亲看到自己掉泪，便转身跑出了房间……

这时的毛泽东在长沙，得知母亲病重后，等不到学校放暑假，便于 6 月 25 日动身离开一师，26 日到达了湘潭。接着，他又步行 70 里，夜宿在离韶山 30 里的银田寺。

这时的中国，由于袁世凯的死而使帝国主义失去了统治中国的共同工具，北洋军阀失去了总头目，从此帝国主义便各自加紧在中国寻找和培养它们的走狗，北洋军阀由此分裂成了多个派系、自立门户，亦各自寻找帝国主义以为靠山。在护国运动中借反袁而独立的一些地方军阀，也各自依靠帝国主义的支持称霸一方。

这样一来，中国政坛出现了军阀割据和互相争斗不息的混乱局面。北洋军阀分裂为以段祺瑞为首的皖系和以冯国璋为首的直系，直皖两系形成了北洋军阀的主要派系；此外，在东北形成了以张作霖为首的奉系军阀，在西南有以唐继尧为首的滇系、以陆荣廷为首的桂系两系军阀。除此之外，还有盘踞一省或一地的小军阀，如阎锡山据山西、陈树藩据陕西、张勋据徐州……

如此局面，中国好像又退回到了三国纷争、军阀混战的年代。毛泽东这时已深感中国社会的阶级矛盾日益尖锐，民族危机更加深重，广大民众与封建主义之间、中华民族与帝国主义之间的矛盾进一步加深了！

一回到韶山冲，毛泽东直奔母亲的卧榻前，望着思儿心切而患病的母亲，止不住泪如雨下……

文素勤患的是淋巴结核，这在乡里是很难治愈的。毛泽东劝母亲到长沙去治病，文素勤却摇头说："兵荒马乱的，我哪里也不去，就在家里养着吧，只要你回来了，见到你，妈的病就好了一大半……"

毛泽东又劝母亲到外祖父家去住养，也被母亲摇头拒绝了。

在韶山冲，毛泽东终日侍奉在母亲身边，心中既疼惜母亲的病体，又系念着中国的战局，尤其是湖南的形势。但守候在慈母身边，他的"游子之心"终是得到了一些宽慰。

毛泽东一边伺候着母亲，一边对母亲讲述他在长沙的许多令母亲听了感到高兴的事，同时也耐心地听母亲拉家常，谈泽民如何懂事、终日辛勤劳作，谈泽覃如何调皮、不爱读书爱放牛，谈他们父亲的身体也一年不如一年了……

毛泽覃见到大哥回来最为高兴，一天到晚缠着大哥讲这讲那，只要是外面世界的事他都爱听。他总是搬个小竹凳陪着大哥坐在母亲的床前，一声不响地听大哥讲外面的"新鲜事"：长沙的米价高涨民不聊生，军阀混战百姓遭殃，兵匪横行民众涂炭等等。毛泽东认真地讲，毛泽覃用心地听，有时还对大哥说："大哥，你就把我带到长沙去吧……"

毛泽东是很喜欢他这个天真顽皮的小弟弟的，除了陪母亲说话外，他还帮小弟认字、写字，教他一些知识和做人的道理。

毛泽东听母亲、父亲讲了二弟在家的诸多辛劳，内心对二弟是非常感激的。他明白自己之所以能在长沙读书、闯事业，与二弟在家忍辱负重、做出个人牺牲是分不开的，他知道这个家现如今全靠二弟一个人撑着……

在家数日，毛泽东就要回长沙了。临行前，他将二弟、三弟叫到一起，谈了很多很多……

# 10. 暑假求教昌济师<br>板仓初识杨开慧

1916 年的暑假到了。

毛泽东徒步 40 里路到板仓杨昌济的家中登门求教。

这天骄阳似火，毛泽东撑着油布伞风尘仆仆地来到板仓，在墙上挂着“板仓杨寓”木牌的门前停住了脚步。

毛泽东收了伞，轻叩门环。门开处，一位身穿白衣黑裙、头上留着齐耳短发的姑娘抱着一本书出现在了毛泽东的眼前。

面对这位妙龄少女，毛泽东的眼睛一亮，随即很礼貌地问：“请问，这是杨先生家吗?”

姑娘用眼睛打量了下毛泽东，见他高高的个子、一脸温和，便很礼貌地点头答道：“板仓杨寓。”

毛泽东再问：“是杨昌济先生的家吗?”

姑娘见眼前的这个青年脸上淌着热汗，便莞尔一笑说：“我家世居板仓，人称家父‘板仓先生’。”

毛泽东解嘲地笑道：“板仓先生? 请恕我冒昧，实属不知；我叫毛泽东，是专程来看望杨先生的。”

姑娘的心中一动，再看了看毛泽东，然后侧头一笑：“我叫杨开慧，是杨先生的小女。”又说，“快请进吧!”

毛泽东点点头，迈步随杨开慧走入门中。此时杨开慧心想，早就听父亲说他是个怪学生，今日倒要看看他究竟怪在哪里……

临进屋，杨开慧停住脚步朝毛泽东微微一笑：“请稍等……”说着跑了进去。

很快，杨开慧的哥哥杨开智走了出来，满脸笑容地对毛泽东说：“我叫杨开智，家父请你进去。”

说着，杨开智拿了毛泽东手中的油布伞，然后请毛泽东进到了房内。

由房内而步入书房，迎面是一张显眼的书桌，上面放了很多的书，靠墙的一面竖着一排书柜，对面墙上挂着杨昌济夫妇和子女的“全家福”合影。

杨开智上前对正在看书的杨昌济说：“爸爸，毛润之来了，是从长沙走来的。”

杨昌济很高兴地站起身来：“润之……”

毛泽东恭敬地走上前，向杨昌济深深地鞠了一躬：“暑假快过去了，先生身体可好？”

“好，很好！谢谢你来看我！”杨昌济笑着，示意毛泽东在他身边的一把竹椅上坐下来，“快坐快坐，走累了吧？”随即对跟进来的女儿说，“霞妹子，你去拧一把冷毛巾来，让润之擦擦脸！”

“是，我去！”杨开慧答应一声跑出去了。

稍顷，杨开慧拿来了一条用冷水拧过的毛巾，双手递给毛泽东。毛泽东接过毛巾擦了一把脸，随即双手递还给杨开慧：“谢谢。”

杨昌济指一指女儿，对毛泽东介绍说：“这是小女开慧，字云锦，在周南女校读书。”又对女儿说，“开慧，这位就是……”

杨开慧手上拿着毛巾轻轻一笑：“我晓得！爸，这就是您常提起的毛泽东，毛润之同学，有名的‘二十八画生’……”

杨昌济笑道：“啊，连‘二十八画生’你也晓得？”

此时的毛泽东面露微笑，心中却暗想：这小女孩知道的事情可真不少……

杨开慧双手抖了抖毛巾，笑着说：“有名的‘二十八画生’《征友启事》，报纸上登了，校墙上贴了，哪个不晓得？”随即歪了头背诵道，“邀请对爱国工作感兴趣，有决心能为祖国牺牲的青年，和我联络……嘤其鸣矣，求其友声。”

杨开慧说着笑着，杨昌济也随着女儿笑起来，就连毛泽东也笑了，并说：“只可惜和者甚寡，只有三个半人响应。”

杨昌济感叹道：“一个青年学生能有如此的抱负和举动，实为难能可贵！袁世凯虽死，但中国人民依旧处在水深火热之中……”

毛泽东诚恳地说：“我和蔡和森等一些同学，在探索中认识到，单是团结校内的同学还不够，必须向校外发展，向全国发展，团结更多志同道合、坚定不移的人，这样才会有强大的力量，才能去冲破历史的罗网。”

杨开慧忘记去放回手中的湿毛巾，依然站在父亲的身边静静地听着。

杨昌济对毛泽东赞许道：“嗯，你的这种想法很对，在实践中如果遇到困难，我或许可以帮你……”又说，“润之，陈独秀创办的《新青年》你看过吗？如果看过，上面所载的李大钊的文章《青春》，你也一定读过啦？”

毛泽东点点头：“读过了。李大钊教授指出了中国处在新旧交替的历史时期，呼吁青年们行动起来，把一个行将死亡的旧中国改造成一个充满青春活力的新中国。我来拜访先生，就是想就此请教先生。”

听毛泽东这样一说，杨开慧立刻转身从书柜中取出一本《新青年》递给父亲：“爸爸，我也读了李大钊先生的《青春》，‘铁肩担道义，妙手著文章’！”

杨昌济接了书笑道：“我这个女儿也很新潮哩！她乳名叫霞，从小就爱读《木兰辞》，整天‘唧唧复唧唧’的，大一些了更加追求新思想，颇不让须眉哩！”

受到父亲的夸奖，杨开慧微红了脸，叫了一声：“爸……”便转身去放湿毛巾了。

来到堂屋，杨开慧对母亲向振熙和哥哥杨开智、嫂嫂李崇德谈起了毛泽东。向振熙问女儿：“你爸常说来咱家的这个怪学生有奇才，还夸他是伟器……”

杨开慧有心逗母亲开心：“他叫二十八画生！”

向振熙问：“什么二十八画生？”

杨开智解释说：“妈，那是化名。”

向振熙责怪女儿：“你这孩子，乱给人家起化名！”

杨开慧抿嘴一笑：“妈，瞧你！那是他自己用的化名——‘毛澤東’三个字一共二十八画，就叫二十八画生。”

向振熙用手指比划了比划，也笑了：“嗯，还真是二十八画……那就留二十八画生在家里吃饭，我做几个拿手菜给他吃。”

杨开慧高兴地笑了，李崇德在一旁看着小姑妹抿嘴一笑，被杨开慧看见了，立刻感到脸上热了起来……

书房里，杨昌济仍在听毛泽东继续谈着："……帝国主义列强的侵略，连年的军阀混战，中国已变得支离破碎，老百姓们更是困苦不堪。满清被推翻了，袁世凯也死了，又闹起来一个北洋军阀政府。沙俄帝国趁乱侵占了我国北方的大片领土，还不顾我国的反对策动外蒙搞'独立'，日本侵占我国的台湾、山东，英国策动西藏的达赖妄图搞'独立'、还搞什么'麦克马洪线'，中国已是处在生死存亡的危急关头。学生立志在国难当头挺身而出，虽然牺牲也在所不惜！决意联合众多的仁人志士和民众，把一个行将死亡的旧中国改造成新的国家……"

杨昌济颇有感触地说："你有如此志向很好，很对！当年我远涉重洋，专心研究教育和哲学 9 年，本想以教育为中国做一番事业，没想到政局却是如此！李大钊先生说得对，不打破这种现状，中国就没有希望。"

此时毛泽东的眼睛里闪现出了炯炯目光："新的中国一定会出现的！无论路途多么艰难、如何遥远，新的'道路'一定会找得到。先生，路漫漫兮其修远，吾将上下而求索!"

杨昌济深感欣慰地说："很好！看到你们这一代人的成长，我很欣慰。但是，要寻求新思想，开辟新道路，任重道远啊！光靠一个人的理想和勇气是远远不行的，还要团结更多志同道合的人，要联合广大的民众，并且要有不怕牺牲的精神，坚韧不拔的毅力，超人一等的智慧，同时要有强健过人的体魄，这些都是至关重要的。"

毛泽东点头应道："学生定将铭记先生的教诲。"

天色渐晚，杨家堂屋里的方桌上摆放好了酒菜。毛泽东被杨昌济拉着手来到堂屋，同杨家人一起坐下来吃晚饭。

杨昌济对毛泽东说："你看，我这'板仓杨寓'的人全了，你虽是第一次来，他们没有见过你但早就都晓得你了。"

毛泽东坐在杨昌济的身旁说："我早就想来拜访先生，又诚恐打扰先生。"

杨昌济笑道："现在你全认识了，欢迎你日后常来。"

"对，日后常来!"向振熙也说，"如今都认识了，路也熟了，要常来家中坐坐。"说着，夹了两样菜给毛泽东，"尝尝我做的火焙鲫鱼和油焖茄子，看好不好吃。"

毛泽东欠身说："谢谢师母关爱。"

坐在毛泽东对面的杨开慧逗嘴说："这是我妈专为你烧的菜，好吃吧？"

毛泽东尝了尝，连声说："好吃，好吃！早知师母烧得如此好菜，我就早来吃了……"

向振熙高兴得笑起来，一家人也都随着毛泽东的话语笑了。

这时杨开智向毛泽东劝酒，毛泽东辞谢说："谢谢，我不善饮酒。"

杨昌济不勉强毛泽东，便说："也好，我们吃饭！"

吃饭中，杨开慧突然停了手中的筷子，点头对毛泽东说："花径不曾缘客扫，蓬门今始为君开。虽然你姗姗来迟，今后当会轻车熟路了，不用再向我打听——"话说到此，又故意改学了毛泽东的语调说，"请问，这是杨先生家吗？"

一家人都被杨开慧逗笑了，就连毛泽东也不好意思地笑起来。笑声中，杨昌济说："周南女校把我这个女儿造就成新女性了！"并对女儿说，"霞妹子，你追求新思想是对的，要向润之好好学习。"

毛泽东和杨开慧的目光遇到了一起，两颗心随之怦然而动……

说笑中，李崇德去给大家端了一大盘鸡汤来，算是最后的一道饭菜。

夕阳西下，落日的余晖映红了板仓的山山水水。

在杨家小院里，杨昌济、毛泽东、杨开智坐在竹凳上边喝茶水边聊天。

杨昌济对毛泽东说："你既然来了，就再走一走——我对你讲，最近从日本回国的柳午亭先生就住在附近，离板仓40里，他思想进步，学识渊博，你不妨去见一见。"又说，"他有个儿子叫柳直荀，也是位不错的青年。"

毛泽东一听很高兴："要读无字的书，我一定前去拜访柳先生。"

杨昌济笑着说："今日你先休息好，明日再去。"

杨开智起身道："我去找个认识路的人来，明天陪着一起去。"

杨昌济点头称是："最好。你去。"

不一会儿，杨开智找来了一位他熟悉的乡里人，和毛泽东约定好了明天一早上路。

次日清晨，向振熙为毛泽东准备好了路上足够吃的干粮，杨开慧准备了两竹筒凉开水，毛泽东辞别了杨家，同与他约好的乡里人一起上路了。

一路上，毛泽东边走边问，认真了解乡里人的诸多疾苦。陪同他的人见毛泽东诚恳热情，没有一点学生架子，便有问必答，详细讲述着农民生活的各种情况……

中午过后，毛泽东终于满身热汗地赶到了柳午亭的寓所。在拜访中，毛泽东同柳午亭先生探讨了有关体育和中国的妇女解放等学问……

第二天回到板仓，已是太阳落山的时候了。

在杨家，毛泽东又逗留了三天，或一门心思地看书，或倾耳聆听杨昌济的教诲，直到临开学的前几天，毛泽东要告辞了，杨昌济夫妇也便不再挽留。毛泽东满怀着感激的心情，对老师说："这次我在先生家一住数日，得先生口授言传，获益匪浅……"

杨开慧听说毛泽东要走了，便赶到书房来听父亲同毛泽东的谈话。杨昌济鼓励毛泽东说："要继续努力，在奋斗中还要注意爱惜身体……"

毛泽东临走时，杨昌济吩咐儿子去送一送，杨开慧却争着说："爸，我去送！"

"也好，那就让霞妹子送吧！"杨昌济示意女儿去为毛泽东准备书籍和干粮……

毛泽东带了他的油布伞，肩上背了老师赠送的书籍和师母做好的干粮，在杨开慧的陪伴下离开了"板仓杨寓"。

杨开慧头上戴着顶崭新的大草帽送毛泽东上路。两个人并肩走着，杨开慧问："今后你将做何打算？"

毛泽东认真地回答说："我想从三个方面去努力。一是健身，加强锻炼、进一步增强体魄，培养毅力和勇敢；二是游学，到广袤的社会中去读无字的书，利用假期和各种机会搞社会调查，在万事万物中增长学识；三是组织起来，尽可能多地团结天下爱国志士，共同奋斗……"

杨开慧专心致志地听着，直到要分手时，她将戴在头上的草帽取下来递给了毛泽东："戴上吧，这是我送的！"

# 11. 严酷锻炼强体魄 “游学”途中访沩山

1916 年的秋天，又是湘江两岸橘黄枫红的时节。

在长沙，清澈的湘江水面上飘荡着一片片渔帆，西侧江中的橘子洲上层林尽染、点点橘黄，湘江西岸的岳麓山上碧峰屏开、万木峥嵘……

10 月至 12 月，毛泽东又踊跃参加了一师开辟后山坡做操场的课外劳动。劳动中，他挥锹铲土、舞镐挖石，常常是汗流浃背、挥汗如雨……

12 月 9 日，毛泽东向北京师范大学教授黎锦熙致信，详谈了他对治学的诸多见解，指出教育中德、智、体的关系，强调了体育的重要性。

1917 年初春，毛泽东两次前往板仓，拜访了杨昌济。

4 月 1 日，毛泽东在他所喜爱的刊物《新青年》第三卷第二期上发表了题为《体育之研究》的文章。在文章中，他首先从体育和国力的关系上来认识问题，指出国力薄弱，“武风不振，民族之体质日趋轻细，此甚可忧之现象也”，并说“欲图体育之有效，非动其主观，促其对于体育之自觉不可”。

毛泽东的这篇文章约 8000 字，以“二十八画生”署名，对体育运动进行了认真的研究，阐发了关于体育运动在国家和人生中的作用。文中不仅讲解了体育的渊源和要义，而且论述了体育与智育、德育的关系，以为“体育，为知识之载而为道德之寓者也”，“体育于吾人实占第一之位置，体强壮而后学问道德之进修勇而收效远”。同时指出，中国古代学者忽视体育运动的害处，提出了体育锻炼不仅需要一定的客观条件，更需要发挥人的主观能动性。

毛泽东认为进行体育锻炼，可以收到强筋骨、增知识、调感情、强意志等诸多功效。他分析了“不好运动之原因”，主张运动方法宜简便实用，认为只有持之以恒、专心致志、蛮拙粗犷，才能收到良好的效果，并根据自己的运动经验，提出了一套类似体操的身体锻炼方法。

写这篇文章，既是他对体育运动在国家和人生中的作用的认识，也是他受杨昌济的教诲和与柳午亭等人探讨有关体育事宜后的一个结果。

6 月，毛泽东在一师全校的“人物互选”活动中得 49 票，为全校之冠，表现了他具有多方面的美德和才能，已在同学中享有崇高的威信。

在日常身体锻炼的实践中，毛泽东不仅坚持个人锻炼，亦邀约了一群风华正茂的同学一道锻炼。他们在寻求救国救民真理的同时，也在日夜顽强地磨砺着自己。

这时的毛泽东心里很清楚，要成为一代救世济民的人物，要以天下为己任，首先要有一个强健的身体。所以，他成了聚拢在他身边一群热血青年进行“野蛮”锻炼的领导人。

在一师，常常是天刚蒙蒙亮，毛泽东就首先开始了他的冷水浴——当很多同学还都在睡梦中，他已经来到了水井旁，将一桶桶清冷的井水提上来，一遍又一遍地浇淋全身，同时擦着、运动着、高声喊叫着，直到全身由发青、发冷转到发红、发热为止。一年四季从不间断！

他除了进行冷水浴外，还进行风浴、雨浴、日光浴、霜雾浴，充分利用四季天气所能提供的各种自然条件和环境，进行严酷的强体锻炼。

每当隆冬时节，寒风呼啸，毛泽东常常是只穿了单衣伫立风中，任凭寒意侵袭，内心却在无所畏惧地大声呼喊；春天，他又总是迎着和煦的春风大步跑向旷野，跑向高山，迎风站在那里高声喊叫，以助雄心与胆魄；夏季里大雨倾盆，更是他和他的朋友们栉风沐雨的好机会，他们常常是脱掉上衣，在狂风暴雨中举臂高呼或放任地奔跑，尽力抒发存于他们心底的冲动与激情；抑或烈日当空，毛泽东也常常是只穿了一条短裤直立在阳光的暴晒下，或者在湘江游泳后静静地躺倒在岸边，任凭骄阳似火直晒得皮肤发烫、发疼，他却一动不动；秋风落叶时，雾弥霜浸，毛泽东也要穿了单衣跑步、爬山，每遇晴空又会登高眺远，放眼枫红而慷慨激歌……

1917 年夏日的一个夜晚，沉沉的黑幕中下着大雨，空中电闪雷鸣，岳麓山上的丛林郁树在风雨中被打得哗哗作响、摇曳不止，山中的小路更是被雨水冲刷得一片泥泞——正是在这时，毛泽东和蔡和森全身精湿地结伴往山上猛跑，边跑边大声背诵着《诗经·蒹葭》：

蒹葭苍苍，白露为霜，所为伊人，在水一方……

二人踏着泥泞奔上山顶，任凭暴风骤雨猛烈地击打着他们的躯体，忽而张开双臂迎向桀骜不驯的天空，忽而向看不见的苍茫大地狂呼：“啊——呜——”

风雨中，二人又踉踉跄跄地奔跑下山，带着浑身的泥和水，一头闯进山脚下蔡和森的家中。蔡母一见大吃一惊，急忙问：“你们做么事搞成这个样子?”

毛泽东和蔡和森相视一笑，毛泽东回答蔡母说：“与天奋斗，其乐无穷！与地奋斗，其乐无穷！与人奋斗，其乐无穷！”

为了迎接未来将面临的严峻挑战，毛泽东和他的挚友们就是这样进行着近似疯狂而严酷的强体锻炼……

又到暑假了。毛泽东邀请了他的好朋友、已在长沙楚怡小学任教的萧子升一起，开始了他们的校外“游学”。

7 月中旬的天气正热。这天，毛泽东穿了一件白色的旧上衣，带着一把旧油布伞和一个布包，布包里放有一套换洗的衣服和毛巾、笔记本、毛笔、墨盒和几本书，约会了萧子升从楚怡小学出发，过湘江，踏上了去宁乡的旅途。

他们一路上风餐露宿。在宁乡村子冲，两个人到了他们的好朋友何叔衡的家中看望。经何叔衡介绍，他们访问了乡里几户贫苦农民的家庭，了解到农民生活的诸多疾苦……

离开何家，两个人迈开大步径直向坐落在宁乡西部的沩山走去——沩山曾是中国佛教界的名山，山上有一座自唐朝起就很有名气的寺庙，叫密印寺。两个人决定去结识一下寺里的方丈，借以了解僧侣们的生活。

毛泽东直言相告：“我们想旅行，想看一看农村的情况，但又没有钱，只好讨饭‘游学’了。”

当他们来到沩山的密印寺时，西方的天空已经罩上了一层淡淡的红云。

密印寺的寺门是开着的，只见山门的题额上写着“十方密印寺”五个大字，两旁的门联是：

**法雨来衡岳**

## 宗风启仰山

不多时，两个和尚迎出寺门来问道："二位施主从何而来？"

毛泽东看了看萧子升，对和尚解释说："我们从长沙来，但不是施主，只是路过此地，来讨一碗斋饭吃。"

两个和尚笑了，引他们这两个乞丐似的青年学生来到了寺院中。

当他们两个人先被引去一间僧舍冲凉、洗浴时，萧子升不安地说："他们一定认为我们是经过长途跋涉来朝山进香的……"

脱光了衣服的毛泽东一边用水冲凉，一边坦言道："我们已经讲了来意，无须重复。"

洗浴之后，毛泽东提出要见见方丈。一个年岁稍长的和尚上下打量着毛泽东和萧子升，见他们一身叫花子般的衣着，犹豫着说："斋饭尽有，施主吃多少尽管随意，方丈是不随便见客的。"

毛泽东说："方丈不见远方来客，这不符合佛规么！"

和尚迷惑地再看看毛泽东，沉思片刻，只得领着二人去见方丈。

方丈的禅室清净简朴，四壁挂的满是经书的条文，其中还有《老子》和《庄子》。身穿敞袖袈裟的方丈50来岁，眉清目秀，一脸的慈祥，见到二人，先是合掌施礼，口称"阿弥陀佛"，请毛泽东和萧子升在蒲团上坐下来。

两个人刚刚坐下，方丈便拈手一指说："不消说，这位施主定是毛泽东，另一位是萧子升了！"

毛泽东惊讶道："你如何晓得？"

方丈瞟了一眼门前桌上的两张字迹各异的签名纸条，示意是从那上面看到了他们两个人写下的名字。

萧子升再问："可是，你怎么知道我们俩谁是谁呢？"

方丈微微一笑："毛泽东一个字要写两三个字格，萧施主在一个格子里能写两个字，文如其人的道理贫僧略知一二。"

方丈这样一讲，使毛泽东和萧子升的心中都对他产生了几分敬意。接下来，两个人兴致勃勃地同方丈谈起了中国古代的一些经典……

日落西山时，方丈很高兴地留他们一起在禅室里吃斋饭。

饭后用清水漱了口，毛泽东和萧子升又互相补充着讲述了他们利用暑假、决心徒步旅行湘南各地，深入了解社会和考察民情的目的。

“善哉！”方丈说，“可两位施主为何要轻装洗囊呢？”

“我们有心不花一文钱。”萧子升说，“来自远方的挂单和尚，不是也都一文不名吗？”

“天将降大任于斯人也！”毛泽东表白心迹说，“孔子曰：‘一箪食，一瓢饮，在陋巷，人不堪其忧’，乐趣也就在其中了！我坚信安贫者能成事，嚼得菜根，百事可做！”

方丈见毛泽东器宇轩昂、说话间充满了激情，不由为之一振，即时微闭了双目双手合掌道：“阿弥陀佛！善哉，善哉！”

稍后，方丈睁开眼睛闪目向萧子升，似乎不见毛泽东的存在，只对萧子升大讲佛门的美德。当他委婉地表达了要萧子升皈依佛门之意时，萧子升连忙摇头说：“弟子凡心未了，我还要研究学问，教书育人……”

方丈的脸上露出了遗憾的神情：“萧施主不知吕洞宾和曹国舅么？”

“他们是道人不是僧人。”萧子升说，“弟子还是愿以改造中国为目的。”

“只怕萧施主今日不留沩山，以后也断难留在中国。”方丈恳言道，“萧施主若能听老衲一言，可免去日后的诸多劫难。”

毛泽东不相信地说：“他是刚从国外回来的，不想再出去了。”

“此一时，彼一时也！”直到这时，方丈才合掌向毛泽东，“毛施主，贫僧敢有一问，还望不吝赐教！”

“我们是来向大师求学问的，怎么敢担当‘赐教’二字？”毛泽东恭敬地说，“请师傅只管问。”

“佛教何以在中国千年不衰？”方丈问，“中国宗教何以能和谐共处？”

毛泽东说：“中国没有像其他国家那样的宗教战争，一打就是几百年。几种宗教能和谐共存，对中国来说不是坏事。”

“阿弥陀佛！”方丈望着毛泽东，加重了语气说，“只望毛施主这句话，日后不要忘记。”又说，“毛施主日后如能到得山、陕二省，可去五台山和白云山，五台山乃我佛家圣地，白云山上有贫僧一个小师弟在那里住持，还望毛施主善视之！”

当夜，毛、萧二人留宿沩山。

第二天，二人告别了密印寺的方丈，又继续踏上了“游学”的历程。

当二人来到安化县城时，听说该县劝学所所长夏默庵是位很有学问的人，曾毕业于前清的西湖书院，著有《中华六族同胞考说》、《默庵诗存》、《安化诗抄》等书，深孚众望，只是性情高傲，一向看不起游学先生。毛、萧二人慕名两次求见，都被拒之门外。

毛泽东和萧子升不死心，又第三次登门拜访。夏默庵感到有些奇异，不得已开了门引入书房相见，并写了一句原对放在桌上，以试来人的学问功底：

绿杨枝上鸟声声，春到也，春去也。

毛泽东看后略一思索，即书属对：

青水池中蛙句句，为公乎，为私乎？

夏默庵一见大惊，不禁连声称赞、自愧弗如，还留下二人食、宿，作彻夜谈……

次日临行，夏默庵送了 8 块银元给毛、萧，助作二人的旅途之资。

当他们两个来到益阳县城，从贴在墙上的告示上见到县长的名字叫张康峰，原是湖南长沙第一师范学校的化学教员，亦曾是他们的老师，毛泽东便说："我们去看看他，也是我们这次冒险旅行中的又一个奇特的插曲——这叫乞丐访县官！"

但是，在县衙门前，卫兵拦住他们不让进去，门房也说县长不见穷人，即便去通报了也要挨骂。当他们俩递了各自的名字被张康峰破例接见后，卫兵和门房都感到很惊讶……

离开益阳县衙后，毛泽东对萧子升说："张先生明确指示他的手下不让穷人进去，说明他是个势利小人，这种人的人生目的就是权势和金钱，他们的头脑里不可能有高尚一点儿的思想。"

这时的天气依然很热，四下里没有一点儿风。他们冒着酷暑，由益阳而沅江，先在远近闻名的桃花江中游了泳，再去沅江县城东南的万子湖洲上看了凌云塔。登塔远望，但见烟波浩淼，蓝天白云，渔帆点点，沅江县城隐约可见……

这时，他们已走过了长沙、宁乡、安化、益阳、沅江，在一个多月的时间里共游历了 5 县，行程 900 余里，广泛接触了社会的各阶层人士，丰富了社会知识，对农村有了更进一步的了解。

## 12. 设伏截击缴军械<br>毛泽东一师毕业

1917 年 10 月 8 日，湖南第一师范学校由毛泽东发起的学友会，选举毛泽东为总务（实际负责人）兼教育研究部部长，负责组织学术研究和体育活动。

这期间有消息传说，杨昌济要离开长沙应聘到北京大学去任教，毛泽东便和蔡和森、罗学瓒等人多次到杨昌济的校舍去向先生求教，并两次相约徒步去了板仓，看望了师母向振熙。

10 月下旬，毛泽东基于尽可能多地提高民众的文化素质，以学友会的名义开始筹办工人夜校，亦可以利用工人夜校为即将毕业学生提供实习场所，得到了众多同学的赞同和支持。

10 月 30 日，毛泽东执笔发出了《工人夜校招生广告》，写明了“这个夜校专为列位工人设的，从礼拜一起至礼拜五止，每夜上课两点钟，教的是写信、算账，都是列位自己时刻要用的。讲义归我们发给，并不要钱；夜间上课又于列位工作并无妨碍”，得到了众多工人的响应。

一师附近有电灯公司、造币厂、黑铅炼厂、银元局等多家企业，聚集着不少工人与人力车夫。一师学友会的夜校创办后，使毛泽东同前来夜校学习的工人们有了更多的接触，也更加深了他对中国工人生活、生产劳动等情况的认识和对他们内心世界的了解。

长沙的秋天是美丽的。

四处山坡地上的金橘熟了，泛着诱人的果香；湘江两岸的枫树红了，岳麓山上风吹万木，发出阵阵树涛的声响；江中远处渔帆点点，犹如散落在天际的一颗颗小星；近处江中船工撑网、鱼鹰戏水，仿佛描绘着一幅重墨多彩的山水画卷……

这天，酷爱游泳的毛泽东又和他的许多同学来游湘江了。他们常常是从猴子石下水，入江后畅游几华里水路到牌楼口处上岸。在清澈的江水中，毛泽东奋力挥臂舒腿、劈波斩浪，冲击着已显凉意的水流，这时他心中想的是“自信人生二百年，会当水击三千里”……

秋去冬来，这半年以来中国的时局更加混乱——5月间段祺瑞因组织冲击国会被黎元洪免职，段祺瑞愤而出走天津，立刻唆使安徽等8省军阀宣告独立，并在天津成立了独立各省的军务参谋处，扬言进军北京。处境危险的黎元洪慌忙求助于驻军徐州的“辫帅”张勋，别有用心的张勋率兵北上途经天津与段祺瑞会谈后，逼迫在北京的黎元洪于6月12日下令解散了国会。7月1日，到了北京的张勋经过策划扶废帝溥仪在紫禁城重登大宝，宣布复辟，黎元洪仓皇逃离总统府躲进东交民巷日本使馆避难。7月2日，段祺瑞组织的“讨逆军”在天津马厂“誓师”进京讨伐张勋，7月12日张勋自行解除武装进入荷兰使馆，溥仪再次宣布退位……

其间，孙中山曾在上海集合同志发表《讨逆宣言》，段祺瑞重新上台后拒绝恢复《临时约法》和国会，孙中山于7月中旬在广州举起义旗“护法”。8月14日段祺瑞在北京对德宣战，借机扩充皖系势力、消除异己，梦想实现“武力统一”。西南军阀出于利用孙中山的威望，借“护法”对抗段祺瑞的“武力统一”而表示愿与孙中山合作。8月25日，孙中山召集“非常国会”，决议组织护法军政府，9月1日选举孙中山为护法军政府首脑，称大元帅，陆荣廷、唐继尧为元帅，孙中山随即通电全国宣布段祺瑞为民国叛逆，否认北京政府的合法地位，誓师北上，发动了护法战争……

由于政局动荡不安，造成了长沙街头满是散兵游勇。11月间，毛泽东组织一师的学生志愿军100多人，出小吴门设伏进行截击，收缴了北洋军一旅溃兵的武器。

在此次截击中，毛泽东看准了时机认真组织、充分利用地形周密部署，指挥得当、果断出击而大获全胜，首次表现了他在军事上的指挥才能。

进入12月，毛泽东开始筹备成立新民学会，准备“集合同志，创造新环境，为共同的活动”。

放寒假了。

毛泽东利用假期和蔡和森一起离开长沙，经浏阳的炭坡、焦溪岭、荆坪，徒步来到文家市的铁炉冲一带进行社会调查。

铁炉冲是个偏僻的小山村，四周满是乱石浊水，村上的佃农很多。毛泽东和蔡和森住在同学陈绍林家里，白天出去找农民了解他们的生活情况，晚上也要到附近的佃农家里进行座谈。在毛泽东他们接触到的农民中，都说租种地主的田负担过重，一年收不了几担谷子，除了交租所剩无几，遇到年成不好连租子也交不上，一家老小只得被迫挨饿。

在农民们纷纷抱怨“命苦”声中，毛泽东一面耐心听，一面认真地对大家讲：“日子不好过，不要相信‘命苦’，也不要相信‘八字’，不要去拜那些泥塑木雕的菩萨，要自己掌握自己的命运！只要大家团结起来和那些地主老财们作斗争，争一碗饭吃饱肚子没有错……”

1917 年 11 月 7 日，俄国无产阶级在列宁和布尔什维克党的领导下，取得了社会主义革命的伟大胜利，建立起了世界上第一个无产阶级专政的社会主义国家。十月社会主义革命的胜利，开创了人类历史的新纪元，开辟了世界历史的新时代。

十月革命的伟大炮声，震撼了整个世界，也震撼了中国，震醒了中国先进的知识分子，使他们把寻找中国出路的目光从西方迅速转向了俄国。这样，马克思主义的理论和列宁倡导的无产阶级革命必须武装夺取政权的斗争学说，很快传入中国，给苦难中的中国带来了希望……

1918 年春，长沙的时局依然很乱。为了保证学生们在军阀混战中照常上课，毛泽东率领全校同学组织了警备队，由毛泽东担任队长，负责一师师生的安全。

3 月间，毛泽东和他的朋友罗学瓒、何叔衡等人多次聚集到岳麓山下蔡和森的家中，一起商讨组建新民学会的事，以促进人们的互学互助和奋发向上的精神。

4 月 14 日，毛泽东、蔡和森等 13 人出席了新民学会的成立会议，确定了“革新学术，砥砺品行，改良人心风俗”的宗旨。

几天后，毛泽东和蔡和森、何叔衡去周南女校出席“欢迎新民学会女会员大会”，毛泽东在女校礼堂的讲台前对新人会的女同学们讲了话，热情鼓励和赞扬女同学大胆地走向社会，受到了女校学生们的热烈欢迎。

会场上，兴奋的人群中坐着激动的杨开慧、向警予、陶毅、蔡畅和女校的校长朱剑凡。而这时杨开慧的父亲杨昌济先生，已经离开长沙，应聘到北京大学去任教了。

新民学会的成立，促成了相当一部分会员赴法国勤工俭学，或到南洋、日本等地工作学习。其中，早在毛泽东发《征友启事》时就与之结交为朋友的罗章龙，这时亦是新民学会会员。4 月间，罗章龙要东渡日本求学，化名纵宇一郎。临行前，毛泽东和几位同学到长沙北门外平浪宫聚餐，为罗章龙饯行。

5 月 7 日，罗章龙到达上海。这一天，他得到日本传来的消息，日本政府警察侮辱、殴打中国的爱国留学生，迫使他们回国。因此，罗章龙放弃了去日本的原定计划。

6 月，毛泽东和蔡和森等同学终于学业期满，拿到了含金量很高的湖南第一师范学校的毕业证书。

毕业了，就要离开学习、生活了 5 年的一师了，下一步该怎么办？到哪里去？去做什么？一连串的实际问题摆到了毛泽东的面前，也摆到了他们这些志同道合的刚刚毕业的同学们面前……

这时，一直关心着他们的杨昌济从北京来了信，鼓励毛泽东和蔡和森到北京去，并殷切希望毛泽东能入北京大学。

恰在这时，毛泽东又收到了二弟毛泽民的来信，说是母亲的病情越来越沉重，恐怕不久将离开人世。读着二弟的来信，想着重病在身的慈母，毛泽东禁不住泪如泉涌……

蔡和森等人劝毛泽东先回家乡去探望母亲，而毛泽东这时正在负责筹划着他们这些刚刚毕业的人下一步的行动去向——他们原计划先找一处理想的村落从事半工半读，一边劳动、工作，一边自修，研究社会改造问题，试验着过一种人人平等互助的新社会生活。为了能够找到一个理想的生活地点，毛泽东几乎跑遍了岳麓山下的每一个村镇，可由于军阀战争、处处兵患，最终也没有找到一个合适的试验基地。

毛泽东难以分身回韶山，只得写信给二弟和七舅父文正兴、八舅父文正莹，请他们送、接母亲到唐家坨的外祖父家中先行调养，待挨过酷暑即刻来长沙医治……

这时毛泽东的心中很清楚，在这种情况下他不能回韶山去，一旦回去将会身陷故土亲情而不能自拔，他不能舍弃自己的志向而回乡陪伴在父母身边终生当个种田人。时下中国的时局动荡不安，他坚持着“大丈夫当纵横四海，以天下为己任”的坚强信念和“与天奋斗其乐无穷，与地奋斗其乐无穷，与人奋斗其乐无穷”的意志，又想起了李清照“生当作人杰，死亦为鬼雄”的诗句，更想起了他临离开韶山时留给父亲的诗，决意留下来寻找机会闯天下……

可眼下的生活该怎么办？毛泽东等人在一时无法可想的情况下，只得无可奈何地住进了岳麓书院的半学斋。他们每天除了自学以外，还要穿着草鞋上山去砍柴、下山挑水、用蚕豆拌米煮来吃，过起了苦行僧式的生活。

正在这困境中，杨昌济先生又雪中送炭似的给他们来了信——杨昌济再次向他们发出了亲切而有力的召唤，要他们组织起来进北京，加入到留法勤工俭学的队伍中去！

真是天无绝人之路！

毛泽东等人兴奋了——他和蔡和森等人召集了新民学会的会员开会，讨论去北京和赴法国勤工俭学的事，得到了大家的赞同和支持。

会后，蔡和森先行一步，去北京了解具体情况并联系工作；毛泽东等人则暂留长沙，进一步发动、联系会员和筹款、开展组织工作……

进入 8 月，毛泽东不放心已去外祖父家调养身体的母亲，便将母亲的病况详细对长沙的一位老中医讲了，请他先给母亲开了药方，又给七、八舅父写了一封信：“家母在府上久住，并承照料疾病，感激不尽。乡中良医少，恐久病难治，故前有接同下省之议。今特请人开来一方，如法诊治，谅可收功。如尚不愈之时，到秋收之后，拟由润莲护送来省，望二位大人助其成行也。”①

恰在这时，蔡和森从北京来了信，告知他已和北京大学校长蔡元培及杨昌济取得联系，并说杨昌济先生很盼望毛泽东速来北京。

毛泽东只得放下了接母亲来长沙治病的计划，继续积极筹款、组织赴法的会员准备进京事宜。

---

① 《毛泽东书信选集》，三联书店，1986 年版。

蔡和森又来了催促毛泽东进京的第二封信："吾辈须有一二人驻此，自以为兄在此间为最好。杨师自是喜兄来寓，每日可以学习英日文。弟事殊不好为计，故亦望兄来指教。"①

毛泽东决定去北京，同时给新民学会会员陶毅写信说："我们的同志，应该散于世界各地去考察，天涯海角都要去人，不应该堆积在一处。最好是一个人或几个人担任去开辟一个方面。"②

8 月 15 日，毛泽东和罗学瓒、张昆弟、萧子升等 25 名准备赴法的新民学会会员一起乘火车离开长沙，踏上了前往北京的路程……

## 13. 毛泽东初进北京 李大钊独识英雄

由长沙开往武昌的火车在夜幕中急速行进着，毛泽东朦胧中梦见母亲和三弟在韶山冲的山坡地上向他呼唤："石三伢子……大哥……"又梦见父亲和二弟像是在对他说："你真的不管这个家了？你什么时候回来？"

毛泽东感到胸中一阵伤感，猛然醒来才发觉自己的头上已浸满了汗珠……

他再也睡不着，便依窗望向车外，见到的只是黑漆漆的夜空，听到的只是火车"咣当咣当"的声响……

天色渐亮，火车早已驶入湖北地界。他将自己的梦境讲给了醒来的同学们听，罗学瓒和张昆弟都劝慰他，萧子升递了水给他喝，让他清醒一下头脑，借以排解他对母亲、对家乡的思念……

车到武昌，火车头和一节节车厢要分开来先行运上轮船过江，然后再拖挂好了继续北上。车厢在轮渡的运行中，毛泽东第一次看到了浩浩的长江，看到了绵亘蜿蜒的蛇山、威武盘踞的龟山和长长的汉口码头，还看到了"晴

①② 《毛泽东书信选集》，三联书店，1986 年版。

川历历汉阳树，芳草萋萋鹦鹉洲”的汉阳城。他为长江的宽广浩荡而感慨，直想纵身跃入江中挥臂击水去畅游一番……

1918年8月17日，继续北上的火车驶到河南郾城停了下来，因洪水冲断铁路被迫停开。毛泽东利用候车间隙，和罗学瓒、萧子升到漯河寨附近的农村去考察，了解北方农民的生活情况。

8月19日，毛泽东一行终于抵达了北京，这是毛泽东第一次进北京。

毛泽东进京后，先住在了恩师杨昌济的家中，其他会员则散居在湖南一些县设在北京的会馆里。

杨昌济这时住在鼓楼附近的豆腐池胡同。对于毛泽东的到来，杨昌济极为高兴，已经随母亲一起到来的杨开慧更是为她能够在北京见到毛泽东而感到兴奋和欢慰……

为了让毛泽东熟悉一下北京的环境，杨昌济让女儿陪着毛泽东四处去走一走、看一看，先行了解一下北京各方面的情况。

杨开慧陪着毛泽东走过鼓楼大街，向南穿过地安门大街，先去了景山前的一条大道，隔着环绕紫禁城的金水河看了废帝溥仪居住的皇宫。面对着紫禁城的红墙黄瓦和玲珑高耸的角楼，毛泽东感慨万千……

离开景山前街，杨开慧又陪着毛泽东去看了景山和北海的白塔。望着北海琼华岛上的白塔和景山上的万春亭，望着琼华岛上和景山上葱郁的绿树，毛泽东又是一阵惊叹和赞美——他以前从来没有想到北京会有这么大，没有想到北京的建筑会如此宏伟，没有想到北京城内这样壮美，更没有想到北京会有这么多的绿树……

面对毛泽东连连发出的感慨，杨开慧笑了。她笑得是那样开心、那样真切，以致毛泽东也随着她甜甜的笑声畅笑起来……

不久，毛泽东、蔡和森、萧子升等8人搬到了一起，住在三眼井吉安东夹道7号院中。这里是一处破旧的小院，8个人聚居在一间很小的房子里。生活虽然很清苦，但毛泽东仍然感到了一股盎然的情趣和奋进精神。

北京的盛夏很热，8个人闷在一个小房子里更热。一天傍晚，毛泽东和蔡和森离开住所走去景山纳凉。伫立景山峰顶，向南览望晚霞照射下的紫禁城，但见一座座气势雄伟的宫殿映发出千万道金灿灿的光芒、一派辉煌……

毛泽东不禁感叹道：“中国五千年的文明史，乃至于此！”

蔡和森也说："初来北京时，我也被皇宫的宏伟气势所惊叹。我忙里偷闲去了趟颐和园，也被诺大的昆明湖和秀美的万寿山所折服。但是当我去了圆明园之后，见到那里一片废墟，破败得令人惨不忍睹，想到我们国家虽有数千年的古老文明，但被帝国主义欺辱如此，心中很不平静……"

毛泽东愤愤地说："国耻未雪，国患未除，我们很需要找到一条雪耻救国的道路！"

蔡和森说："至今我仍感到圆明园上还有散不尽的浓烟，深感这片浓烟笼罩着整个中国，压得亿万民众喘不过气来。"

毛泽东迎着山上吹来的凉风舒展了一下胸膛，感慨道："多难兴邦啊！你说过'穷则思变'么！记得在湘乡东山学堂时，我从萧子暲手上借过一本《世界英雄豪杰传》看，痛感中国也需要出几个拿破仑、华盛顿、林肯式的人物，也需要几个彼得大帝。现在，我认识到了拯救中国的伟大力量存在于民众之中。问题在于要有先进的思想武装民众，需要有正确的革命道路。"

蔡和森也挥臂扩了扩胸膛，说："前些天我见了蔡元培校长和吴玉章先生，他们都对勤工俭学寄予很高的希望。我想我们要利用这次法国招募华工的机会，造成一种形势，除了把新民学会的会友有计划地送到国外去，还应该把更多的青年发动起来，了解和研究各国的情况，加以选择，为我所用！"

毛泽东深表赞同："组织赴法勤工俭学这件事很好，机会好，主意也好！这是为拯救中国向外迈出的一大步，因为我们输出的不单单是劳工，更是中华民族的知识分子，是有头脑的热血青年！"

说话间，二人乘着凉风爽意信步下山，蔡和森边走边说："此事很需要有人在国内主持，大家都敬佩和信服润之兄，还望润之兄多操劳……"

"我也觉得自己留下来为好。"毛泽东说，"我还要加深对国内情况的了解，觉得把时间花在中国更有益处；再说我也没钱先要跟着李石曾先生学法文，我也不放心我母亲。"

蔡和森点头应道："伯母的病况确实令人担忧，但愿伯母在湘安泰，能够早日康复！"

在北京，毛泽东感到无力支撑自己的生活费用。由于他是借了朋友的钱来北京的，一旦到了北京，非得尽快找到工作不可。

他将自己的苦衷对杨昌济讲了。杨昌济将毛泽东的诸多情况告诉了北大校长蔡元培，蔡元培即给北京大学图书馆主任李大钊写了一个条子推荐："毛泽东君实行勤工俭学计划，想在校内做事，请安插在图书馆。"

李大钊见了毛泽东以后，很欣赏这个朝气蓬勃的高个子青年，便让他在图书馆里当了一名助理员，在第三阅报室负责登记读报者的姓名，每月可以领到 8 块银元。这对于毛泽东来说，已经是一笔大钱了。

北京这时是中国新文化运动的中心，而北京大学更是这个中心的中心。这里汇集着各种思想、各种学派，形成了壮观的百家争鸣的局面。

能在这样的环境里工作，对于毛泽东来说，知识补益和思想促进都很大。这时他已 25 岁了，高高的身材、长长的头发，满腔热血怀抱着救国救民的雄心壮志和奋猛进取的坚强意志，在北大图书馆的书海中贪婪地阅读各种书报，并参加了北大的哲学会和新闻学会，积极去旁听一些他所感兴趣的课程，找机会拜访和结识一些名流学者，认识了蔡元培、陈公博、谭平山、邵飘萍、张国焘、康白情和段锡朋等人。其中邵飘萍是新闻学会的教师，是一个自由主义者、一个具有热烈的思想和优良品质的人，对毛泽东的帮助很大。

在图书馆里为前来读书的人登记姓名，使毛泽东能够认出一些新文化运动的领导人，如傅斯年、罗家伦等，他们主编《新潮》杂志，提倡"文学革命"，在青年中名震一时。毛泽东对他们抱有极强烈的兴趣，曾多次试图同他们交谈政治和文化等问题，可他们似乎都是大忙人，没有时间听一个图书馆助理员讲他的家乡土话——他们没有发现这个"湖南土气的青年人"的潜在能力。

在这些名人的冷遇中，毛泽东并不灰心，依然孜孜不倦地学习着。一天，他见到了新文化运动的头号名人胡适，便大胆地向其提出了一个问题，胡适并没有立刻回答问题，而是先问提问题的人是哪一位？当他得知只是一个没有注册的学生时，这位王牌教授竟然傲慢地拒绝与毛泽东交谈……

这使求知若渴的毛泽东感到些许的茫然，他想：怎么，难道一些靠了劳动人民养活的有身份、有地位的社会名人都会如此傲慢得不可理喻么？

但是，李大钊发现了毛泽东！发现了毛泽东的勤奋和追求真理的执著，发现了毛泽东的非凡抱负和超人的才能——他发现了毛泽东对中国未来的重要性！

每当毛泽东工作之余和李大钊来阅览室翻阅书刊，两个人总要坐到一处进行认真的交谈。李大钊所发表的文章，尤其是宣传俄国十月革命的文章，毛泽东更是仔细地阅读、认真研究。

通过接触、了解，李大钊认为毛泽东是“湖南学生青年的杰出领袖”。

毛泽东开始经常读一些关于无政府主义的小册子，还常常和一个来看望他的青年学生讨论无政府主义和它在中国的前景。这个青年学生叫朱谦之，使毛泽东受到不小的影响，很赞同无政府主义的许多观点和主张。通过李大钊的启蒙和引导，毛泽东开始信仰马克思主义……

毛泽东在北京的生活条件极其艰苦，但北京的景色既鲜艳又生动，对他很是一种精神补偿。而且，这时的杨开慧已经17岁了，情窦初开。两个人时常见面，相互倾吐了心中的爱慕——爱情的力量是伟大的，给他们增添着无穷无尽的智慧和向往新生活、开拓新道路的胆魄和勇气……

这时在杨昌济的家中，毛泽东既是学生又是座上客。

一天，在豆腐池胡同杨寓的小院中，杨开慧和毛泽东在一起并肩而立，欣赏着周南女校的朋友李一纯新近送来的两盆菊花。杨开慧笑吟吟地对毛泽东说：“你看这菊花开得多好，快作几句诗吧！”

毛泽东微微一笑，很习惯地吟咏了黄巢的《题菊花》诗：“飒飒西风满院栽，蕊寒香冷蝶难来。他年我若为青帝……”

“报与桃花一处开！”杨开慧替毛泽东说出了最后一句，“你这不算，得重新说！”

毛泽东不禁说道：“你先咏一首我听么！”

杨开慧兀立着凝眸沉思片刻，然后对毛泽东轻吟道：

高谊落云霞，温和德行嘉。
所贻娇丽菊，今尚独开花。
月夜幽思永，楼台入暮遮。
明年秋色好，能否至吾家？

毛泽东细细品味道：“霞妹子咏菊寄情，意味深长……”

杨开慧的脸蛋不由红了，故意说：“我这诗是答谢李一纯的！”

“送我也可以么!”毛泽东语意双关地说，“我很喜欢诗的最后两句：‘明年秋色好，能否至吾家’？霞妹……”

“你这是曲解人家的诗意!”杨开慧的脸更红了，低了头说，“爸爸在书房呢……”

毛泽东和杨开慧相视着，彼此微微地笑了。

## 14. 霞妹子一往情深　石三伢长沙侍母

1918年末，北京的冬天很冷很冷。

下雪了。毛泽东惊叹雪的洁白，赞美雪的晶莹，欣赏雪花的玲珑剔透和美丽……

飘飘洒洒的大雪白了北京的一幢幢古老的建筑，白了一座座园林，白了大街小巷的一处处四合院，更白了北京城外的田野和村庄。毛泽东贪婪地欣赏着祖国北方的飞雪，想起“瑞雪兆丰年”的俗语，更加深了对语中寓意的理解……

雪中，毛泽东乘兴到了北京南郊的长辛店，和新近结识的好友邓中夏一起走进机车车辆厂，调查了解现代工业和产业工人的生产、生活情况，并探望了设在厂里的赴法勤工俭学预备班的湖南青年，认识了一个很有头脑、名叫何堃的人。

回到城里以后，邓中夏和毛泽东来到北大图书馆，两个人坐在一起热情地谈起了平民教育团的情况。邓中夏谈了他在平民教育团接触工农群众的收获，两个人又谈了赴法勤工俭学预备班的湖南青年在长辛店机车车辆厂里的见习情况。当邓中夏问及毛泽东的个人处境时，毛泽东摇摇头说：“一言以蔽之，穷上加穷哟!”

邓中夏深有同感道：“我是一个穷书生，你是一个穷图书管理员，我们都穷啊!”

毛泽东挥了一下手又说："口袋里没得几个铜板倒不要紧，要紧的，是时间太穷。"

邓中夏问："噢？"

毛泽东解释说："管理图书要时间，组织赴法勤工俭学要时间，参加各种活动也要时间……"说着，他把摆放在桌上的书卡翻了翻，"你看，时间才是我最穷的呀！"

邓中夏笑道："你的时间是穷，但你有幸结识了李大钊先生，也算是一富啊！"

毛泽东也笑了："能结识李先生，我确实感到很荣幸，可有些名流，讲起来名字很响，比如胡适之先生，却很瞧不起像我这样地位低下的人……"

邓中夏不屑地说："我们又何必瞧得起他！"

毛泽东再笑道："是么！粪土王侯，粪土名流！"

邓中夏附和道："古今中外，凡是瞧不起穷人的人，都是狗屁！"

说着，两个人不禁开心地大笑起来……

1919年的初春，北京乍暖还寒。

在北海公园里和紫禁城前的广场上，毛泽东看到了北方的早春。

这时，金水河的河面和北海的湖面上依然结着冰，但北海园中的白梅花开了，开得娇媚而孤傲，吐放着袭人的清香。金水河畔和北海岸边的垂柳尚未吐绿，枝头仍挂着一串串晶莹的冰挂，使毛泽东想起了唐朝诗人岑参咏雪后披上冬装的树木的诗句：忽如一夜春风来，千树万树梨花开……

当春风真的到来时，首先吹绿了北海岸边和金水河畔的柳树，吹绿了景山坡地上的小草，吹化了金水河河面和北海上的冰封。乘着和煦的春风，在春意盎然中，毛泽东又一次去了长辛店机车车辆厂进行考察，并再次看望了住在那里的湖南青年，同何堃进行了又一次面谈。

仲春的一天，毛泽东和杨开慧相约去登延绵耸立在北京郊区延庆县的八达岭长城。

登临八达岭城垣中，两个人倚着宽厚的砖墙极目远眺，但见崇山峻岭巍峨耸立，山中的树木森森，雄伟的长城依山梁的走势蜿蜒而行、直入云端……

杨开慧说："这里的景色真美！"

毛泽东感叹道："万里长城今犹在，不见当年秦始皇！"

杨开慧低声问："听我爸爸说，过几天你要回湘？"

"家母病重，需要我回去……"毛泽东深情地望着与他痴情相爱的人，"不过，我要先去上海，送赴法勤工俭学的朋友们上了轮船，然后再回湖南。"

杨开慧喃喃地说："我忘不了我们的湖南，那里还有许多事情要办；我也忘不了北京，天缘有分，我一定重来北京……"

"我也忘不了北京啊！"毛泽东拉了杨开慧的手说，"总会再来的！"

杨开慧倚在毛泽东的身旁，将脸贴了毛泽东的肩头："你革命我跟着你，你打仗我也跟着你……"说着，她将两只纯情的眼睛盯了毛泽东的双眸，"你就是被敌人抓了坐牢，我也跟着你！"

毛泽东伸出手臂，将杨开慧娇小的身躯紧紧地揽在了自己的怀抱中……

1919 年 3 月，毛泽东要送赴法勤工俭学的湖南学生前往上海——他只得向李大钊、杨昌济夫妇和杨开慧等人告别，离开了北京。

当他们终于到达了上海时，毛泽东发现已经有人募集了一大笔钱，协助把这批学生送到法国去，还提供了一笔钱帮助他能够顺利地返回湖南。

4 月初，毛泽东送他的赴法朋友们——包括他的挚友蔡和森在内上了轮船，然后启程回长沙。

回到长沙，毛泽东便积极投身到了政治活动中。为了方便工作和解决生活费用，他应聘到修业小学担任历史教员，利用业余时间组织和进行革命活动。

稍事安顿后，毛泽东立刻给二弟、三弟写信，让他们去外祖父家接母亲来长沙治病。毛泽民和毛泽覃接到大哥的信，很快将母亲护送到了毛泽东的身边。

母子四人在长沙相聚，又激动又高兴。文素勤的病况已日渐沉重，高烧不退，茶饭不进。兄弟三人将母亲送往医院，才得知母亲患的是淋巴腺炎，需要很好地治疗一段时间。

在文素勤治病期间，兄弟三人特意一起搀扶、护拥着母亲到照相馆去拍下了一张合影。这一年文素勤 53 岁，是三兄弟第一次也是唯一的一次同母亲照相……

在侍奉母亲的日子里，毛泽东总是亲自煎熬了汤药，双手扶喂着母亲一口口喝下去，并买了白糖放在药中减轻药汁的苦涩。文素勤看到三个儿子都已长大成人，又都极尽孝顺，心中也感到了莫大的安慰。

当文素勤的病况渐有好转后，便在毛泽民的护送下又返回了唐家圫调养，毛泽覃则留下来陪着大哥住在长沙，他说什么也不要回韶山冲了。

毛泽东感到三弟的年龄毕竟还小些，还需要继续读书，便送他进楚怡小学继续学习。在大哥的安排下，一向不喜欢读书的毛泽覃，这时也乖乖地进学校读书了。

这一时期，第一次世界大战已经结束，然而名为战胜国的中国，却无力收回战败国德国在中国山东的特权。面对趁火打劫的日本，面对“巴黎和会”上的屈辱，面对腐败无能的北洋军阀政府，中国人被激怒了！

5 月 4 日，为了反对帝国主义的侵略和北洋军阀政府的卖国行径，已经觉醒了的北京学生三千多人到天安门广场集会，高呼“外争国权，内惩国贼”、“取消卖国二十一条”、“还我山东”等口号，举行了声势浩大的示威游行……

第二天，北京学生举行总罢课，并通电全国。

北京学生的爱国行动，反映了全国人民的心愿，得到了社会各阶层人民的广泛同情和支持……

北京反动政府被迫释放了被捕学生，但对爱国学生的正当要求却置之不理，还逼走了积极参加营救被捕学生的北大校长蔡元培，并下令禁止学生的爱国运动……

“五四”运动爆发后，毛泽东于 5 月中旬在长沙楚怡小学及时地召开了新民学会会员会议，热情地向大家介绍了来长沙的北京学生联合会的代表邓中夏，提出组织湖南学生联合会以发动学生总罢课，以此来声援北京学生联合会和推动反帝爱国运动在湖南的广泛展开。

会后，毛泽东提笔给北京写了三封信：一封寄给李大钊，详谈了长沙的诸多情况；一封寄给杨昌济夫妇，问候了他们的身体状况和安全；另一封写了满满的 5 页纸，单独寄给杨开慧……

5 月下旬的一天，毛泽东和邓中夏来到周南女校校长朱剑凡家，和朱剑凡、徐特立、何叔衡等人一起，认真研究、磋商了成立湖南全省学生联合会和紧急召开学生联合会代表大会等事宜……

5 月 27 日，湖南学生联合会在长沙宣告成立。

湖南学生联合会的成立，标志着湖南学生的爱国热情已被广泛地激发起来。毛泽东经常到学生联合会去指导工作，成为五四运动在湖南的主要组织者和领导者。

## 15. 毛润之办报驱张　三兄弟丧母放悲

1919 年 7 月，长沙的天气已经很热了，而学生们的爱国热情更加高涨。

根据毛泽东的提议，已经成立起来的湖南学生联合会开始积极筹办《湘江评论》周刊，由毛泽东任主编，以报纸为阵地，发起了向帝国主义、封建主义和军阀政府的挑战。

7 月 14 日，《湘江评论》创刊号出版发行。

在创刊号上，毛泽东在《湘江评论启事》中指出："本报以宣传最新思潮为宗旨。"

毛泽东还撰写了《〈湘江评论〉创刊宣言》："世界什么问题最大？吃饭问题最大。什么力量最强？民众联合的力量最强。什么不要怕？天不要怕，鬼不要怕，死人不要怕，官僚不要怕，军阀不要怕，资本家不要怕。"

很快，《湘江评论》的报纸被送到了长沙的各个学校、工厂、商店，被散发到了大街小巷、火车站、湘江码头……

7 月 21 日，《湘江评论》第 2 号如期出版，并应广大民众的要求临时增发了《湘江评论》第 1 号。

毛泽东又在这一期的报纸上发表了《德意志人沉痛的签约》、《卡尔和溥仪》、《健学会之成立及进行》、《湘江评论申明》等文章，号召人们"破除迷信、解放思想"，指出"东方的曙光，空谷的足音，我们正在拍掌欢迎"，在欢呼和赞扬俄国十月革命伟大胜利的同时，疾呼“阶级战争的结果，就是东欧诸国主义的成功，即是社会党人的成功”……

报纸传到湖南督军张敬尧手里，他感到了恐惧和惊慌，急忙责令他的弟弟张敬舜、张敬禹、张敬汤派人严密监视《湘江评论》的舆论导向和刊发活动……

进入8月，长沙城里更加沸腾了。几乎到处都有小孩子们在唱：

堂堂乎张，尧舜禹汤；
一二三四，虎豹豺狼；
欺压百姓，臭名远扬；
张毒不除，湖南无望！

在7、8两月刊发的《湘江评论》第2、3、4号上，毛泽东重笔写了长篇评论《民众的大联合》。在文章中，毛泽东指出：

国家坏到了极处，人类苦到了极处，社会黑暗到了极处。补救的方法，改造的方法，教育、兴业、努力、猛进、破坏、建设，固然不错，有为这几样根本的一个方法，就是民众的大联合……

通过详细的分析和论述，毛泽东还充满激情地写道：“我们知道了！我们觉醒了！”他大声疾呼，“天下者我们的天下。国家者我们的国家。社会者我们的社会。我们不说，谁说？我们不干，谁干？刻不容缓的民众大联合，我们应该积极进行！”并说，“我们中华民族原有伟大的能力！压迫愈深，反抗愈大，蓄之既久，其发必速，我敢说一怪话，他日中华民族的改革，将较任何民族为彻底，中华民族的社会，将较任何民族为光明，中华民族的大联合，将较任何地域任何民族而先告成功。”

在文章的最后，毛泽东指出：“我们总要拼命的向前！我们黄金的世界，光华灿烂的世界，就在前面！”

8月间，面对《湘江评论》在长沙促起的革命风潮，反动军阀张敬尧气急败坏地下令查封了《湘江评论》。对于张敬尧的野蛮行径和倒行逆施，毛泽东一方面改变斗争策略，组织成立了“学生周刊联合会”协商宣传内容和战斗步调，一方面动员人们走上街头张贴驱逐张敬尧的大字标语，并挺身在各学校学生代表大会上疾呼：

“反对张敬尧的运动，实际上是一场反对帝国主义的斗争，是反对卖国政府和封建军阀的斗争，也就是我们目前的爱国活动！我们在抵制日货的同时，必须更紧密的团结起来，联合民众，抓住时机，把张敬尧赶走！救出湖南三千万人处于水深火热中的垂危生命！”

全体学生代表表示支持毛泽东的意见，大会决定举行总罢课……

刚刚进入 10 月，就在毛泽东领导的“驱张运动”日渐高涨时，他收到了毛泽民从韶山发来的一封十万火急的家书——这时文素勤的病况因盛暑难挨，病势急剧恶化，已经到了濒临气绝的境地……

毛泽东惊呆了！此时他心如刀绞、悲痛异常，仿佛晴天一声霹雳，手上拿着信竟自愣住了——这怎么可能？日夜思念的母亲，来长沙医治后已见好转，怎么又突然不行了呢？

毛泽东不敢多想，惟恐母亲所剩的时间不多，便立刻放下了手边上的事，与同志们协调好了工作，带上正在学校读书的三弟泽覃，日夜兼程直奔韶山。

兄弟二人一路上心急如火……

当他们临近韶山冲上屋场的家门时，隐约听到了像是毛泽民的哭声，又像是王淑兰的哀号——毛泽东的腿立刻软了，险些跌倒，被三弟搀扶了一把才挺住了身子。再往前走，当他们冲进家门时，见到一口棺木停放在了堂屋中央！

毛泽东和毛泽覃立时惊颤了——难道母亲已经逝去？他们简直不敢相信自己的眼睛……

这时，悲痛欲绝的毛泽民扑了过来，一把拉住大哥的手，泣不成声地告诉说：“妈妈已经入棺两天了！”

毛泽民的妻子也哭诉说：“两天前，妈妈一直呼唤着润之、润菊的名字……直到最后……”

三兄弟再也无法抑制自己的感情，悲痛中直感到肝胆欲裂，顿时泪如泉涌，扑向棺木放声大哭起来……

他们怎能忘记今年春天，母子四人才相聚长沙，母亲的音容笑貌如在眼前，怎么竟这样快地消失了？

痛哭声中，三兄弟一遍又一遍地呼唤着母亲，仿佛要将母亲从棺木中唤醒。这时的毛顺生，已默默地苍老了许多，独坐一旁暗自淌着眼泪……

毛泽东手抚棺木直哭哑了喉咙，悲痛中想及自己这么多年来，一直在外奔波，很少料理家事，对母亲很少侍奉，而母亲在最后的时刻里却没能见到她的石三伢子，自己也没能最后见上母亲一面、没能听到母亲最后的一声呼唤和嘱托，身为长子愧对慈母的终日疼惜和关爱……

在昏暗的油灯下，三兄弟身披重孝静静地为母亲守灵，他们心中都在想：1919年10月5日是母亲去世的日子，这一天当被儿子们永远铭记心中。

日里抚棺，夜守灵堂。悲痛中，毛泽东一口气写下了一篇饱含热泪的《祭母文》，以此寄托三兄弟对母亲的哀思：

> 呜呼吾母，遽然而死；寿五十三，生有七子；七子余三，即东、民、覃。其他不育，二女二男。育吾兄弟，艰辛备历，摧折作磨，因此遘疾……

毛泽东垂泪为母写的灵联是：

> 疾革尚呼儿，无限关怀，万端遗恨皆须补；
> 长生新学佛，不能住世，一掬慈容何处寻？

又写了灵堂的祭联：

> 春风南岸留晖远，
> 秋雨韶山洒泪多。

三天后，兄弟三人沉痛地将母亲埋葬在了不远处楠竹坨的小山上。这座小山是一处极普通的圆形土堆，就在自家的对面，那里已经埋入了罗氏女，山上长满了松树和蒿草……

“头七”过后，毛泽东心系长沙的“驱张运动”，而且三弟还需要回去继续读书，他只好安慰了父亲，携三弟告别了二弟和弟媳，转身洒泪离开了韶山……

## 16. 毛泽东二次进京　章士钊募捐助学

1919 年 11 月，毛泽东在长沙教育会前场坪上组织了一次焚毁日货的示威大会。打着泥木厂、第一纱厂、造纸厂、电灯公司、黑铅炼厂旗号的工人队伍和学生联合会组织的学生队伍聚集会场，学生纠察队和许多工人、店员将大批运来的日货堆积在场坪中，等候着大会主持人毛泽东下达行动命令。

毛泽东在人群前果断地挥手说：“烧!”

人们随即将火把投进了日货堆中，熊熊烈焰即刻在场坪上腾起，伴随着人们的一阵阵欢呼、一句句高喊的口号：

“打倒帝国主义!”

“打倒军阀!”

“抵制日货!”

“还我山东!”

烈火在燃烧中，张敬尧闻讯派了军警马队赶来冲击会场。为了避免不必要的牺牲，毛泽东下令人们有秩序地退出了集会场地……

12 月 3 日，毛泽东再次召集新民学会会员、湖南学联负责人和部分学生代表开紧急会议，研究全面展开“驱张运动”。

会中，毛泽东和各校师生商定，分赴北京、上海、广州等地进行宣传，扩大“驱张运动”的范围和影响。

行动计划商定后，毛泽东很快交代了身边的工作，嘱咐了三弟泽覃要好好学习，便率领着一个代表团直赴北京。

12 月 18 日，毛泽东率团到达北京后，立刻四处活动，不但联络在京的湘籍学生、议员、名流学者和绅士，还联络北京各校学生，以组成强大的驱张战线。

毛泽东在积极展开“驱张运动”宣传的同时，还组织了一个平民通讯社，自任社长，组织人们向北京的各报刊撰写文章，把反对张敬尧的斗争扩大成为反对军阀统治的宣传运动。

是时正值冬季，毛泽东再次来京的消息传出后，使杨开慧听了激动不已。想着毛泽东的到来，想着她和毛泽东的初恋，杨开慧写下了这样一段炽热而真挚的日记：“不料我有这样的幸运！得到了一个爱人。我是十分爱他。自从听到他的许多事，看见了他许多文章和日记，我就爱了他，不过我没有希望过和他结婚，一直到他有许多信给我，表示他的爱意，我还不敢相信我有这样的幸运。自从我了解了他对我的真意，从此我有了一个新意识，我觉得我为母亲而生之外，是为他而生的。我想象着，假如一天他死去了，我的母亲也不在了，我一定要跟着他去死！假如他被人捉去杀了，我一定要同他去共这个命运！”

渐近年末，杨昌济偶感风寒，不想病况愈来愈重，几经医治不见好转……

1920 年初，杨昌济在病中写信给他的好友章士钊：“吾郑重语君：毛、蔡海内人才，前程远大，君不言救国则已，救国必须先重二子。二子当代英才，望善视之！”

1 月 17 日，学贯中西的一代学人杨昌济不幸病逝，毛泽东以半生半婿的身份参加了守灵。这时，不幸的消息接踵而来——毛泽东的父亲毛顺生在韶山因患伤寒病，只几天工夫便去世了。

这真是天有不测风云，人有旦夕祸福。毛泽东因丧母的悲痛心情尚未平复，师丧之际又添了父丧的悲痛。毛顺生年仅 50 岁，正值壮年，却也在文七妹去世仅三个多月，便早早地撒手人寰，抛却了他辛苦操劳的家业。

这时的毛泽民独守家园，心中十分迷惘，在不尽的悲哀中盼望着大哥早日归来。

可是，身在北京的毛泽东正为“驱张运动”而四处奔走，斗争正处在白热化阶段，无法抽身回乡为父奔丧……

杨昌济逝世后，友人在《北京大学日刊》上撰文说："杨先生在长沙，弟子著录以千百计，尤其欣赏毛泽东、蔡林彬①。"

1 月 19 日，上海《民国日报》刊发了毛泽东所撰写的《湖南各界公民向北京府院控张敬尧十大罪呈文》："窃以张督祸湘，罪大恶极，湘民痛苦，火热水深。张督一日不去湘，湘民一日无所托命。政府苟犹视湘省为中华民国之上，视湘民为中华民国之民，则去暴救民，职责固自有在。用是缕陈前情，迫恳大总统迅将湘督张敬尧撤任回京，尽法惩办。"②

1 月下旬，杨开慧一家扶柩南下，将杨昌济归葬于长沙板仓。由于毛泽东大业在身，没能同师母向振熙和杨开慧一起南归。

正是在这时，毛泽东认真研读了《共产党宣言》等马列主义经典著作，开始确立了他对马克思主义的坚定信仰。

2 月间，毛泽东写信给新民学会会员陶毅说："要结合一个高尚纯粹勇猛精进的同志团体，我们非得组织联军共同作战不可。"③

这时毛泽东在北京经常去找李大钊，从他那里受教和求询"驱张"的斗争策略，同时想组织新民学会的一些会员到俄国去学习十月革命的成功经验。他写信给周世钊、陶毅说："我觉得俄国是世界第一文明国，我想三两年后，我们要组织一个游俄队。这桩事我正和李大钊君等商量……我为这件事，脑子里装满了愉快和希望。"④

3 月 14 日，毛泽东再次写信给周世钊，谈了他想"在很经济的可能的范围内"，"创造一种新的生活"、"办一个自修大学""实行共产的生活"，并重新讲了"组织一个游俄队"的意愿。

1920 年 4 月 11 日，毛泽东离开北京准备前往上海，继续进行驱张工作并送第二批湖南学生赴法勤工俭学。

毛泽东和新民学会的人离开北京后，毛泽东手中的钱只够他买到抵达天津的车票，到天津后不知道如何再往前走。幸好，一位从北京孔德学校筹到一些钱的同学，借给了他 10 元钱，才使他能够买一张到浦口去的车票。

在前往浦口途中，毛泽东特意在山东曲阜停了下来，去看了"大成至圣

---

① 蔡林彬，即蔡和森。

② 《毛泽东早期文稿》，知识出版社，1993 年版。

③④ 《毛泽东书信选集》，三联书店，1986 年版。

文宣王先师孔子”的墓地和孔庙，并在相传是孔子栽种的一株枯树前停留，其实那株枯树是孔子的弟子子贡在孔子死后为其先师守灵时栽种的。然后，毛泽东又去了曲阜县城北端的陋巷街，看了孔子的弟子颜回曾经居住过的地方。离开曲阜向南不远到邹县，毛泽东又去看了孟子的出生地。

在这次旅行中，毛泽东还专程去登了东岳泰山，徒步绕行了江苏徐州的城墙，因为徐州曾经是三国时期的刘备战斗过的地方。再往南，毛泽东又在南京城落脚，游览了这座赫赫有名的历史古城……

当他到达浦口时，身上已经是一文不名了。

这时的毛泽东既没有钱买去上海的车票，又被小偷偷走了他仅有的一双鞋。正在他为难之际，幸好在火车站遇见了他的一位湖南朋友，成了他的“救命菩萨”。

朋友借钱给他买了一双鞋和去上海的车票。

到了上海，杨昌济生前的好友章士钊已经在商界募集了两万块钱如数交给毛泽东，协助他把第二批湖南学生送到法国去，余下来的一些钱由毛泽东带在身上，供他回湖南去开展革命活动使用。

5 月 16 日，《天问》周刊发表了毛泽东起草的《湖南人民自决宣言》。

毛泽东以果敢的笔锋写道：“非有绝大努力，给他个连根拔起，不足以言摧陷廓清。这样的责任，乃全国人民的责任，不是少数官僚政客武人的责任……”①

同时写道：“湖南的事，应由全体湖南人民自决之……驱除逆乱，还我自由，吾湖南人惟一无二之责任。”

5 月至 6 月，毛泽东在上海再次见到了曾在北京见过的陈独秀，多次同他讨论了马克思主义问题，并同他研究了如何组织“改造湖南联盟”的计划。

6 月间，湖南督军张敬尧被谭延闿推翻后仓皇逃离长沙、湖南，至此“驱张运动”宣告完全胜利。

7 月初，毛泽东由上海到达武汉，会见了恽代英等人。

这一时期的毛泽东，已经反复阅读了陈望道翻译的《共产党宣言》、考茨基著的《阶级斗争》以及柯卡普的《社会主义史》，在理论和行动上已经完全

① 《毛泽东早期文稿》，知识出版社，1993 年版。

地成为了一个马克思主义者，而且从此他也自认为是一个马克思主义者了。

## 17. 积极筹款办书社 朱剑凡慷慨解囊

1920 年 7 月 7 日，离开湖南已达半年之久的毛泽东返回长沙，从此开始了他宣传马克思主义和秘密建立共产党的活动。

回到长沙不久，毛泽东很快受聘担任了湖南第一师范附属小学的主事(校长)，同时兼任一师校友会的会长。

工作安顿后，毛泽东给板仓、韶山写信，向杨开慧、向振熙和二弟毛泽民通报了自己的情况，然后重新选择学校安排了三弟泽覃的学习。

不久，毛泽东又被破例聘请为一师的国文教员，并兼任了一个班的主任。

毛泽东向来是个目光远大、精力充沛而又闲不住的人。这时他为了推动新思想、新文化的教育和传播，一边督促三弟努力学习，一边发起了组建文化书社的活动。

8 月间，陈独秀等人在上海建立了中国第一个共产主义小组，邀约毛泽东在湖南组织共产主义小组。

8 月的长沙又闷又热。一天，毛泽东耐着酷暑去出席在通俗教育馆召开的一次报纸编辑会议，会上结识了通俗报总编辑谢觉哉，交谈中两个人情投志合，彼此大有相见恨晚之意，从此二人成了十分要好的朋友。

这时，毛泽东在长沙组织了“俄罗斯研究会”，开始组织会员们学习和研究马克思主义。

9 月 3 日，毛泽东在长沙《大公报》上发表文章《湖南建设问题的根本问题》，指出：救湖南，救中国，图与全世界解放的民族携手……

6 日至 7 日，长沙《大公报》连续发表毛泽东的文章《湖南受中国之累以历史及现状证明之》，指出：“小组织受束于大组织，事事要问过中央，事事要听命别人，致造成今日之结果”；并且指出“实施新理想，创造新生活，在潇湘片土开辟一个新天地……”

毛泽东在文章中还写道：“各省人民，因受武人官僚专制垄断之毒，奋起而争自由。”同时预言：“十年乃二十年后，再有异军苍头特起，乃是彻底的总革命。”

9月9日，毛泽东选定这一天，也是由他为之筹划创办的文化书社，在长沙正式开业了。

这时的毛泽东更忙了，他既要教书育人、办报写文章，又要领导文化书社和筹划马克思主义研究会的工作，还要积极组织新民学会继续开展活动。这一切，都使精力充沛的毛泽东感到是他应该为之全力奋斗的事情。

这时在长沙掌握着省政权的依然是军政府。赶走了张敬尧的谭延闿又被一个叫赵恒惕的军阀赶出了湖南。赵恒惕利用毛泽东等人发起的“湖南独立”运动，借着湖南广大民众的呼声，假装拥护这个运动，鼓吹中国联省自治，使拥有军权的他当上了湖南省长。

正当毛泽东等一批热血的湖南知识青年极力主张“自治”时，似乎刚刚“稳定”了的时局又戏剧性地起了变化，赵恒惕一掌权，便立刻撕下了伪装，开始大力镇压民主运动。

10月10日，毛泽东接连在上海《时事新报》、《学灯》杂志双十节增刊和长沙《大公报》上发表文章，号召湖南摆脱北洋军阀政府的控制而“采省门罗主义”，提倡“以湖南一省完全自决自主，不依赖中央，不依傍各省，铲除旧习，创建新邦。宜采取民治主义及社会主义，以解决政治上及经济上之特别难点……”

但是，业已篡夺了军政控制权的赵恒惕从根本上背叛了他曾经表态支持的一切改革主张，翻转面孔利用一切手段开始凶暴地压制一切民主要求。

长沙的学生再一次被激怒了，湖南的民众再一次被激怒了！面对赵恒惕的“背叛”行径和倒行逆施，毛泽东领导新民学会组织了一次对省议会的冲击行动。

在冲击议会时，众多的学生和工人、市民高呼着“打倒新军阀赵恒惕”、“解散军阀议会”和“强烈要求成立民主政府”等口号，群情激愤地捣毁了省议会里张挂的无聊对联和冠冕堂皇的匾额。这一行动，不仅吓慌了由军阀指派充当议员的地主和豪绅们，也极大地震撼了赵恒惕。

10 月 22 日，毛泽东在文化书社第一次议事会上，被推举担任“特别交涉员”，主要负责书社的宣传和发行工作。这样一来，毛泽东具体负责和所要进行的工作就更多，也更忙了。

激情增斗志，忙中长精神。

10 月，百忙中的毛泽东还在一师附小办起了民众夜校，并亲自主持校务工作，认真了解进夜校学习的工人、店员们的生活、工作情况，鼓励大家为着自身的解放而努力学习。

秋风促枫赤，霜雾浸菊黄。

也是在 10 月，当湘江岸边的一簇簇枫树叶开始显红、岳麓山上的一丛丛野菊花开始泛黄时，毛泽东收到了上海、北京寄来的社会主义青年团章程，随即开始着手建团工作。

一日秋风爽，几度情意长。

还是在 10 月，杨开慧到文化书社来提书，正好“碰”到在书社里索看书刊的毛泽东和何叔衡。

何叔衡见到杨开慧来了，便会意地对毛泽东说：“你这个‘特别交涉员’，很会‘吸引’发行人么！”

毛泽东笑道：“书刊丰富了，营业扩大了，作用增多了，‘吸引力’自然强些了……”

杨开慧红了脸嗔怪道：“有人义务帮你们卖书还不好吗？”

何叔衡连忙说：“好，好！我们盼着生意兴隆、财源广进呢！”

毛泽东也说：“为了筹集建党经费，生意越红火越好。”

杨开慧开始在书堆中取书：“不少书供不应求了。”

何叔衡抬手推了推自己鼻梁上架着的眼镜：“这才合乎情理么！”

毛泽东关怀地问杨开慧：“还有哪些事需要我们办？”

杨开慧看了毛泽东说：“郭亮和柳直荀他们来了，晚上约你们到通俗教育馆去。”

何叔衡说：“那好，我得去准备些他们需要的材料……”说着，告辞先走了。

书社里只剩下了毛泽东和杨开慧，杨开慧故意走去书架前整理书刊，毛泽东走向杨开慧：“霞妹……”

杨开慧抬头深情地看着毛泽东：“嗯？”

毛泽东异样地看着他所爱的人："还记得你在北京时的咏菊诗么?"

杨开慧一阵心跳："那是送给陈一纯的……"

毛泽东："那长城之约呢?"

杨开慧感到心跳得更厉害了："那是冬天……"

毛泽东笑了："好！就依你，定在冬天!"

杨开慧红着脸看着毛泽东，会心地笑了……

月末的一天，毛泽东抽空去了一趟板仓，看望了师母向振熙和杨开智夫妇，同时和他心爱的"霞妹"杨开慧正式约定了婚期——"今年秋色好，迎娶至吾家"，今年总要办了，来年春上润莲、润菊就有"大嫂"可叫了……

毛泽东离开板仓后，杨开慧兴奋得一夜睡不着觉。妈妈既理解女儿的心境，又十分满意、赞许毛泽东。嫂嫂李崇德悄悄逗小姑妹说："这下我们的霞妹子，心上可真的长'毛'了!"

向振熙疼爱地问女儿需要什么样的嫁妆，杨开慧表示"新女性就要有新女性的精神"，她什么也不要，只要毛泽东……

11 月 7 日，为了庆祝俄国十月革命三周年，毛泽东在长沙领导新民学会组织了一次民众联合大游行。

游行中，赵恒惕派了大批军警赶来镇压，反而被游行示威的人群团团包围。有些示威者试图在游行会场上升起红旗，军警不让，示威的人们便指出"人民有集会、结社和言论自由的权利"，军警却说"我们不是来听宪法课，而是来执行省长赵恒惕的命令"……

这次游行，没有发生厉害的武力冲突。从这次以后，毛泽东越来越相信只有通过群众行动确立起来的群众政治权力，才能保证有力的改革的实现。

第二天傍晚，毛泽东去朱剑凡的家中拜访。毛泽东同朱剑凡谈起了文化书社和俄罗斯研究会的事，继而又谈了建立社会主义青年团的事。朱剑凡慷慨地表示将继续为毛泽东开展的革命活动捐款，使毛泽东深受感动地说："朱校长为了女子的教育事业，不仅献出了自家的房舍园林，朱师母还把价值千金的嫁妆献了出来，现在又如此资助我们建党，润之实为感激!"

朱剑凡却说："开慧把杨先生的祭奠费都捐了，我岂能不助一臂之力?"又说，"杨先生在世时常说你'身无分文，心忧天下'。我同杨先生是挚友，你就不必同我客气了。”

谈话中，朱剑凡热情地赞扬了毛泽东组织发起的“驱张运动”和推动湖南脱离北洋军阀政府搞民主自治的一系列活动，毛泽东却感慨道：“现在看来很难搞成独立自治。湖南是中国的一个省，把自治作为摆脱北洋军阀的权宜之计，并不能从根本上解决问题。”

朱剑凡问：“你还有什么更新的想法吗？”

毛泽东回答说：“惟一的办法是争取中国的民族解放，走俄国十月革命的道路，把中国改造成为社会主义国家。”

朱剑凡极感兴趣地说：“走俄国十月革命的道路，把中国改造成为社会主义国家，你这个想法好么！这将是天翻地覆的大事情，该如何去做呢？”

毛泽东从衣兜中取出一封信递给朱剑凡：“朱校长，这是蔡和森从法国寄回来的信。”

朱剑凡接信在手，展开来阅视……

毛泽东说：“在这个问题上，留法的会友们意见也不一致，但我同意蔡林彬的主张，组织中国共产党！运用社会主义的原理和方法改造中国，使中国走俄国十月革命的道路。”

朱剑凡看完信，又听了毛泽东所讲的话，动容道：“我同你的恩师都空有教育救国之志，却无教育救国之路。润之，你和林彬都是昌济先生最器重的人，相信你们是不会错的！”

毛泽东也激动地站起身来：“事实上，国内已在酝酿，组织这样一个政党——中国共产党，势在必行！”

“那……”朱剑凡斟酌着说，“以后我该称你‘同志’了！”

毛泽东笑了说：“我认为，把师长和学生、长辈和晚辈、领导者和被领导者，都用‘同志’这一神圣的称呼连通起来，要比其他称呼好得多、亲切得多！”

“同志……志同道合的绝好称谓！”朱剑凡十分高兴，继而又关切地说，“你和开慧的事也该办了吧？你已将近而立之年，开慧一家也早已将你当做亲人。昌济先生不幸早逝，故友遗愿，我理当玉成。你是怎么想的呀？”

毛泽东坦诚相告：“开慧和我相爱已深，已定下今冬结婚。”

朱剑凡十分高兴：“好，好，好！开慧是我的学生，到时由我来宣布你们的婚事，如何？”

毛泽东笑着说：“我和开慧已经商议过了，我们不搞旧式婚礼，适当举行个简单仪式，宣布一下就是了。”

朱剑凡想了想说：“我看，你又没得房子，就和开慧搬到这里来住吧！”

毛泽东感谢道：“这……我去同开慧商量……”

## 18. 毛泽东自由结婚 杨开慧初到韶山

1920 年 11 月间，毛泽东到江西萍乡、湖南醴陵等地考察了工人、农民的生活、生产和思想状况等情况。

11 月 25 日，毛泽东分别写信给新民学会会员向警予、李思安、张国基、欧阳泽等 4 人，重点谈了他的一些想法①：

> “政治界暮气已深，腐败已甚，政治改良一途，可谓绝无希望。吾人惟有不理一切，另辟道路，另造环境一法。”“湖南自立为国，直接与世界有觉悟之民族携手。”……“湖南须有一些志士从事实际的改造。”……“另想办法，另造环境，长期的预备，精密的计划。”……“湘人往南洋应学李石曾先生等介绍学生往法国的用意，取世界主义，而不采取殖民政策。”

12 月 1 日，毛泽东给蔡和森、萧子升及留法的全体新民学会会员复了一封很长的信，详谈了新民学会的方针是“改造中国与世界”，方法是赞成蔡和森前些日子来信的主张：“先要组织共产党”，“走俄国人的道路”。

12 月 5 日至 6 日，长沙《大公报》连续发表毛泽东的文章《怎样去做才

① 《毛泽东早期文稿》，知识出版社，1993 年版。

有真正的劳工团体出现》，指出："工人们要想和雇主奋斗，应该先有强固的团体，然后才不会失败，没有强固的团体以作后援，贸然向雇主宣战，没有不失败的。中国各地方的劳动者，也屡次发生罢工风潮，结果多半是失败，就是没有强固的劳工团体的缘故，所以现在中国的劳工运动，最要紧的一着，就是赶紧组织一个强固的劳工团体。"同时指出，"工人教育问题，是一切劳工问题的先决问题。"

这时的毛泽东在思想上起了带根本性质的变化，由于军阀赵恒惕的"背叛诺言"和镇压民众，使他开始比较清醒地认识到"驱张运动"和"湖南自治"的行动，都只不过是"简单"的"应付目前环境的一种权宜之计"罢了，而"决不是我们的根本主张"。他在看了新民学会会员易礼容的来信后，写下了这样的一段评论："驱张运动只是简单的反抗张敬尧这个太令人过意不下去的强权者。自治运动只是简单的希望在湖南能够特别定出一个办法（湖南宪法），将湖南造成一个较好的环境，我们好于这种环境之内，实现我们具体的准备工夫。彻底言之，这两种运动，都只是应付目前环境的一种权宜之计，决不是我们的根本主张，我们的主张远在这些运动之外。"①

12 月间，毛泽东还在长沙组建了社会主义青年团。杨开慧等十几名女同志和众多的男同志一起宣誓，成为社会主义青年团的第一批团员。

长沙的冬天虽冷，但远比祖国的北方暖些。岳麓山上依然满是绿色，高高的大松树长势苍雄，一片片橘林枝繁叶茂，散发着香气的老樟树满山可见；湘江的流水清澈明晃，橘子洲上的竹林更是郁郁葱葱。

这时，毛泽东在长沙组建了共产主义小组，其主要成员都是新民学会的会员。

日照湘江水波暖，月笼长沙树影深。

是年冬天，毛泽东与相恋多年的杨开慧在板仓同居。杨开慧不坐花轿，不要嫁妆，不用媒妁之言，自由地同毛泽东结合了。

1921 年元旦至 1 月 3 日，蜜月中的毛泽东偕同杨开慧回到长沙，组织在长沙的新民学会会员召开新年大会，确定了以无产阶级专政的方法"改造中国与世界"的指导方针。

---

① 《毛泽东早期文稿》，知识出版社，1993 年版。

自此，毛泽东完成了他向马克思主义者的根本转变，成为了一名真正的马克思主义者。

婚后的杨开慧感到自己幸福极了，她觉得自己嫁给了一位与她真心相爱的人，她要随他同甘共苦、奋斗终生。这时的毛泽东经常通宵达旦地写文章、写信函，杨开慧总是寸步不离地陪伴在丈夫身旁，为他准备点心，或是点烟、沏茶倒水，或是磨墨、抄写文稿。她太依恋他了，她对丈夫的关爱简直做到了无微不至……

1 月间，陶醉在自由婚姻中的杨开慧日夜跟随着丈夫，她和丈夫的这种自由结合，充分体现了她勇于冲破封建礼教束缚的果敢精神，也体现了她和毛泽东二人坚毅、顽强的性格，在他们无所畏惧的现实中又不乏丰富的浪漫色彩……

春节期间，毛泽东和杨开慧去了板仓，向振熙和杨开智、李崇德高兴得不得了，一家人欢欢喜喜地度过了热热闹闹的好几天。

正月初八是文素勤的诞辰日。毛泽东带着杨开慧和三弟泽覃赶到唐家坨，一起看望了七舅父文正兴和八舅父文正莹。

2 月上旬，毛泽东偕杨开慧、三弟泽覃和两位舅父同往韶山冲。

一路上，毛泽东和杨开慧各自的肩头背了布包走在前面，毛泽覃和两位舅父在后面跟。这时节，沿途山水依稀，春寒不减，5 个人都走得额头上沁出了细密的汗珠……

毛泽东问杨开慧："累么？要不要歇一歇？"

杨开慧笑着摇摇头："不累！不是快到了吗？快走吧！"

"还是走慢些……"毛泽东放慢了脚步说，"还有二位舅父大人在身后呢，他们也许累了……"

杨开慧笑着放慢了脚步，和丈夫慢慢地并肩走着……

转过山坳，毛泽东迎面见到了他所熟悉的那几间瓦房，便指一指说："到了，到了，那里就是！"

杨开慧抬眼望去，只见组成"凹"字形的十几间瓦房坐落在一处长满了松树的小山前，房前有一个池塘，池塘边有一条小路弯弯曲曲地通向了脚下……

这时，十几个小孩子吵着叫着、喊着笑着跑了过来，他们看了毛泽东和杨开慧几眼，又转身跑去两个人的身后招呼毛泽覃和两位年长的人了。接着，孩子们便跟在了杨开慧的身后，叽叽喳喳地议论杨开慧的短发和脚板，像是迎接远方的稀客，想看个究竟而又不敢真的走近了去看……

毛泽东笑对孩子们说："你们这群伢子，有什么好看的？"

孩子们只是嬉笑，并不回答。杨开慧也抿嘴笑着，脸庞露出了淡淡的红晕。

毛泽东依然笑着："你们都是谁家的伢子啊？不认识我么？我是毛泽东、毛润之，你们快给我们报信去！"

孩子们一阵哄笑，喊着叫着争相向前跑去了……

毛泽东和杨开慧停下脚步来等候两位舅父和三弟泽覃，然后5个人一起走向上屋场——白墙黑瓦，依然如故，这里就是毛顺生操劳了一生撑起来的家了。

毛泽民和王淑兰嘴里"大哥——三弟"、"七舅——八舅"地呼叫着，快步迎了过来。

毛泽民上前去接了大哥从肩上取下来的布包，王淑兰去接了杨开慧的布包，想开口说些什么却又止住了嘴。毛泽东连忙说："这是你们的大嫂，杨开慧。"

杨开慧笑着将手伸向王淑兰，两个人拉了手。杨开慧又伸手向毛泽民，想同他握手："你是二弟吧？"

毛泽民伸了伸手又缩了回去，只是点点头说："大嫂，快进屋坐吧！"又招呼七舅、八舅，一家人欢欢喜喜地走进了堂屋……

还没等大家坐稳，上屋场便来了好多人，乡亲们都来看望毛泽东和毛泽覃了，也有人是专来看望文正兴和文正莹的，但多数人是特意来看一看杨开慧的，看一看这位留短发、不裹脚的城里女学生……

热闹了一阵子，待乡亲们走后，一家人才真正坐了下来。三兄弟同两位舅父喝着茶、谈着话，杨开慧和王淑兰说笑着去准备晚饭……

饭后，两位老人耐不得一路劳乏，先去休息了。妯娌两个陪着三兄弟在堂屋里坐下来，开始了久别重逢后的倾腹交谈。

毛泽东坐在竹椅上环视了一下屋内，叹了一口气说："父母都不在了，我是个不孝之子啊……忙外面的事丢了家……”

毛泽民说：“哥，爸妈也没有怪你，他们只是盼着能够见到你，盼着你回来。”

毛泽东又一声长叹：“唉，现在我回来了……”

毛泽民说：“哥，爸一直记着你10年前离开家时写给他的那首诗，他也盼着你在外面能够早日闯荡出来。”

毛泽覃发话说：“大哥在外面的本领大得很呢！北京、上海、南京、武汉都跑到了，还去了直隶总督署保定、江苏徐州，到山东登了泰山，看了孔子庙和孟子的家……”

王淑兰问：“听说大哥在长沙，带着人把大督军张敬尧也赶跑了？”

没等毛泽东开口，毛泽覃又抢着说：“那当然！张敬尧早被大哥赶跑了，就是现在的省长赵恒惕，也怕大哥呢……”

毛泽东说：“我没有那么大的本领，是湖南民众的力量……”

杨开慧说：“你大哥的本领都是大家给他的。”

毛泽东点点头，对弟弟们说：“是这样的，大哥的本领都是大家给的，有些道理我要对你们讲一讲……”

夜静天寒，毛家堂屋里的火盆中燃着木柴，燃烧着的火焰中升腾着泛潮的烟气。火盆四周，静静地围坐着毛家三兄弟和杨开慧，王淑兰给大家朝碗里倒着开水……

毛泽东已经脱去了长袍，只穿着家乡旧时的短袄和棉裤，头上的短发在火光的映衬中显得更短了。他一边缓缓地向火盆中添一两根木柴，一边感慨地说：“这几年我不在家，泽覃在长沙读书，家里只泽民一个人支撑，很艰难呀！”

毛泽民长叹了一口气说：“这些年兵荒马乱的，家里遭败兵和饥民抢了几次，爸在世时很生了几场气。爸去世后，家境一年不如一年……”

毛泽覃也轻轻叹了一口气：“世道不变，二哥再苦撑苦干也是受累受穷。”

王淑兰流了眼泪说：“你二哥够难了，爸不在了，这家更难撑了……”

毛泽东静静地说：“我晓得你们辛苦……再不能这样继续下去了！”说着从衣兜里掏出一包纸烟来，取一支拿了火盆上燃着的木柴开始点烟。毛泽民诧异道：“哥也会吸烟了？”

杨开慧解释说："他常在夜里写东西，一写东西就吸烟。"

毛泽东吸着烟说："我们要改变自己的命运，关心国家的前途，解救人民的痛苦。我们要能够舍得小家为国家，舍得自己为人民，生活才有真意义……"

毛泽民听大哥突然转了话题，心中有些不安地说："大哥是不是认为我没有撑好这个家？"

毛泽东看了二弟一眼，随手将烟头扔在火中，没有再说话。毛泽民见大哥不说话，便认真地报起了家务账："民国六年修房子，母亲开始生病抓药；民国七年，败兵几次来这里出谷要钱，饥民还来抢过两次；民国八年死了母亲，九年死了父亲，还给泽覃订婚……这几年，钱用得多，只 20 亩田的谷子怎么够用？还要吃饭，钱从哪里来呢？我只好把父亲准备进桥头那块田的钱用掉了……"

至于供给哥哥、弟弟在长沙读书的费用，他没有说。

毛泽东问："是不是还欠了别人一些钱呢？"

毛泽民回答说："我们欠人家的就是以'义顺堂'的名义发的几张票子，还没有兑换回来。"

毛泽东再问："有么东西能抵消么？"

毛泽民说："能，家里还有两头猪。"

王淑兰也说："仓里还有几担谷，还有别人家代我们喂的两头牛。"

"这就好。"毛泽东对弟弟和弟媳说，"你们讲的都是实情，饥民来抢只有给他们，败兵来要东西我们也没得办法。这不是我们一家发生的事，而是天下大多数人都有的灾难。这叫国乱民不得安啊！"

全家人都静静地听着大哥说话，毛泽东稍微停了一下，又对二弟和王淑兰说："这几年，你和四嫂①在家受苦了。现在，父母都去世了，家里只剩下你们两个，以后就更辛苦了……"说到这里，毛泽东欲言又止地说，"这样吧，今日我们先休息，有些话我们明日再讲，好么？"

毛泽覃说："明日泽建也会来的。"

"那好！"毛泽东说，"等明日菊妹子②过来，我们一起谈。"

---

① 四嫂，按排行毛泽东称王淑兰为四嫂。

② 菊妹子，即毛泽建，毛泽东的堂妹。

## 19. 三兄弟舍家为国 清水塘落脚安营

1921年2月21日清晨，毛泽东和毛泽民、毛泽覃、杨开慧、王淑兰以及赶过来的堂妹毛泽建一起走上后山，站在毛顺生和文七妹没有墓碑的合葬墓前，久久地肃立着、泣不成声……

扫墓归来，毛泽民将早已腌好的猪肝、猪心和腊鱼等平日里舍不得吃的东西全都拿出来，准备了自家酿制的米酒，然后请出两位舅父，一家人在堂屋里坐了下来。

对于大哥毛泽东和大嫂杨开慧、三弟泽覃的此次回乡，毛泽民和王淑兰极为高兴。大家在一起说着、笑着，喝着米酒。待酒过三巡，毛泽东对二弟说："我昨日的话还没得讲完，今日要讲一讲了。"

毛泽民憨厚地说："大哥有话尽管说。"

毛泽东直言道："我的意思是，父母都不在了，家里只剩下你和四嫂，干脆不要作田了，把屋里收拾一下，这个家任么事我们全不要了，你们和菊妹子跟我一道去长沙，一面做些事情，一面补习文化……"

毛泽民一时不明白大哥讲话的含意，听说不要这个家了，不禁问道："哥，我不劳动，哪有饭吃呢?"

毛泽东了解二弟，他深知二弟是千千万万农民中的一员，不容易走出那传统的一家一户的小天地，何况要他把多年辛苦经营的家业全部扔掉！这份家业虽说不大，但也是父母一生的心血啊！还有二弟夫妇多年来的汗水和辛劳——毛泽东耐心地给二弟夫妇讲道理，一再认真开导说："润莲啊，我们要多想想国家的大事，不要只想自己的小家么！你和四嫂，也要参加一些有利我们国家和民族以及大多数人的工作，离开这个小家，是为了建立更美好的大家，让千千万万人都有一个好得多的家，这就是舍家为国、为民啊！"

毛泽民听着，一时间没有表态……

毛泽东心里清楚，二弟为人忠厚、稳健，办事踏实、认真，潜在的能力很强，如果将他的才智发挥出来，也必定会很有作为。

停了一会儿，毛泽东转向征询两位舅父的意见："我们这样做，请问舅父有么想法么？"

文正兴说："这是你们的家事，大主意你们自己拿。"

文正莹也说："三伢子是办大事的人，要怎样做就怎样做好了。"

毛泽东继续对毛泽民说："二弟完全不用担心没得饭吃，我每月给你几块钱的伙食费，再给你们每人做一套新衣服。"

听了大哥一席话，毛泽民心中开始有些活动了，他看了看妻子，妻子示意他自己拿主意……

毛泽覃沉不住气地说："二哥，听大哥的话没错的！咱三兄弟也该联手到外面闯一番事业出来，哪能一辈子都窝在韶山冲啊？"

毛泽民喃喃地说："要是爸妈在世，他们会怎么说？"

毛泽东坚毅地说："爸妈已经不在了么！我们出去做大事，不能只想自家的事。"

"要去我也去！"毛泽建异常兴奋地说，"当童养媳的日子，我一天也过不得了！"

"外面的世界大得很哩！"毛泽覃大声说，"大哥在长沙是响当当的人物，人缘好，朋友多，连北京、上海都有大哥的朋友。二哥常说我们三兄弟见面不容易，这下好了——只要二哥你们肯离开家，今后我们三兄弟就天天在一起了！"

毛泽民听三弟小小年纪能讲出这样的话来，知道他是跟大哥在长沙闯了一阵的结果，心中很是钦佩，但仍存有顾虑。毛泽东见二弟迟迟不表态，便催问道："你和四嫂走不走呢？"

"什么时候走？"毛泽民试探着问。

"两三天就走！"毛泽东斩钉截铁地说。

"两三天怎么行呢？"毛泽民有些着急地说，"房子、田地、耕牛、鱼塘、猪和鸭，还有债务，这么多的事情，两三天哪能料理得清？"

毛泽东快刀斩乱麻："二弟，你马上写一个布告贴出去，就说我们都要走了，谁家还有我们'义顺堂'发出去的票子，限定两三天内来兑换钱。你把栏里的猪赶到银田寺去卖了，准备钱，让人家来兑。牛就给别人家去喂养吧！你如果要向别人讨钱，除非他把牛卖了，才能还你。不能逼人家去卖牛么！现在快春耕了，他们没得牛怎么办啊？别人欠我们的账不要算了，一笔勾销！我们欠人家的共有多少，一定要还清。田给困难户种，房子给别人住。仓里的谷子就不要动了，留到春耕时给上下屋的人，把腌好的肉分送给邻居，父母留下来的衣服、被子也全数送给穷苦人家去用。凡是帮过我们的，二弟、三弟都要去打个招呼，向他们道谢告别。”

毛泽东这番话，给了毛泽民很大的震动——抛弃祖宗留下来的这份家业，也像大哥一样跑出去工作，他从来没想过。可他也毕竟读了几年书，觉得大哥讲得有道理，大丈夫就应该为国为民着想，连三弟和菊妹子都想出去干一番事业，自己还犹豫什么、还有什么舍不得呢？

毛泽东又说：“我不想在家待好久，长沙还有事。你们看是不是抓紧准备一下，跟我一起走？”

“我跟你们走！”毛泽民终于下了决心，“可一两天怎么能准备好呢？大哥再多住几日，我们商量一下，屋留给哪个住，田给哪个种，安排好了，就一道走……”

“我是要先走的。”毛泽东说，“你们随后跟上来就是了。”

毛泽东确实有事在身，他不能在韶山久留——当日晚，三兄弟在一起将诸多事商议好了，第二日又请来一些日常帮忙的乡邻表示了感谢，然后向乡亲们一一道别……

翌日一大早，毛泽东和杨开慧就带着毛泽覃、毛泽建匆匆离开了韶山冲，直奔长沙。

临行前，毛泽东再三嘱咐二弟：“你们去长沙，东西不要带多了，不然还要多出船费和脚力钱。”

毛泽民和王淑兰点头应承：“我们记下了！”

毛泽东走后，毛泽民就按照大哥的嘱咐，认真安排、打理好了家中的一切。

就要离开家了，毛泽民最舍不得的就是日常挂在屋里墙上的那两张照片，一张是父亲的留影，一张是兄弟三人同母亲的合影。他想，如果随身带走，担心途中遗失或不慎摔坏了镜框，如果留在家里，家里日后又没有人了。他左思右想，最后决定将两张照片交给两位舅父带去唐家托，交给表兄代为保管。

1921年2月末，毛泽民和王淑兰料理完家中最后的一些事情，上路了。

毛泽民对去长沙是茫然的，对到了长沙以后的生活心中更是没有底数，他认为还是应该带些粮食。因此，他担了一担米，让送他的老表也为他担了一担。除此，他们还推了两车柴，送到银田寺搭船去长沙。毛泽民想：反正少带东西是一船，多带东西也是一船，米和柴是自己的，不用花钱买，只是出几个脚力钱罢了。

临离开韶山冲时，毛泽民不像大哥那样义无反顾地毅然离去，而是几次回头留恋地观望。他仍不忍心调头就走，他看着春晖下的上屋场，觉得眼前的一切似乎比往日显得格外寂寞——内心深处，他感到了一阵阵怅然……

面对丈夫对家乡的留恋，王淑兰只得劝慰说："走么，大哥还在长沙等我们呢！日后有时间，还可以回来看看么……"

"走！"毛泽民终于调头转身不再看，迈着坚实的步履走向前方……

毛泽民一行人一到长沙，便直奔大哥事先指定的地点——小吴门外清水塘。毛泽东已在那里等候他们了。

见到二弟一家的到来，毛泽东脸上露出了欣慰的笑容。这时，毛泽东依然担任着省立一师附属小学的主事，他立刻安排二弟担任了小学校的校务，管理全校的经费，并具体负责师生们的伙食。

至此，毛泽东一家人算是彻底从韶山迁到了长沙。三弟泽覃仍在附小读书，泽建被安排到了伍家井崇实女子职业学校学习。

毛泽民和王淑兰住在妙高峰。一切安顿下来以后，毛泽民细细一想又觉得有些好笑：自己刚刚放弃了自家的一切营生，没想到跑出这么远来又干起了"管家"！

两天后，已同毛泽覃订了婚的赵先桂小姐，也被家里人送来长沙，毛泽东很高兴地安排她进了伍家井崇实女子职业学校，同毛泽建一起读书。

毛泽民在学校上任三天，就感到了压在他肩上的担子很重，着实有些"巧妇难为无米之炊"的窘迫。教师们每月领的薪水很少，很多教师还要凭着这一点薪水养家糊口，大家多是这个月便吃了下个月的粮，每一顿饭都在精打细算之中……

看着教师们的清苦，毛泽民相信了“孩子王，成天忙，养不起堂客，饿坏了娘”的传闻。他把这些看在眼里，悄悄记在心上。他常常一个人徘徊在学校食堂旁边，却一时又找不出解决问题的办法来……

已经一周了。毛泽民为着解决学校的膳食终日闷闷不乐、冥思苦想，他觉得教师们整天讲课、批改作业，肚子里却空荡荡的怎么行呢？自己是校务，既然当了这个“管家”，就要想尽一切办法让大家有饭吃，还要想办法尽量让大家吃好！

为了改善学校伙食，毛泽民常常跑去街头逛菜市，搞市场调查。很快，他发现猪蹄、猪下水很便宜，仅是猪肉价格的三分之一——他有办法了，高兴了！

一天，学校食堂冒出了新鲜事：教师们一个个瞪大了眼睛望着案桌上的肉菜，一盘盘红烧猪蹄花、一碗碗酸菜炒大肠、一碟碟色鲜新颖的时令小菜，顿时感到口齿生香。这是他们在学校里从来没有想到过的，谁也不敢前去问津，只是三三两两地议论着这桩“怪事”……

毛泽民见到大家这副样子，便走上前解释说：“今日给大家改善伙食，菜价照常便宜，不多收大家一文钱！”

教师们明白了情况，一个个都高兴极了，纷纷称赞学校从此有了一位好校务。大家说：“每月只 4 块钱，能吃上这么香、这么好的饭菜，可真叫人高兴哩！”

看着大家高兴的样子，毛泽民感到自己连日的辛劳没有白费，不禁咧开他那宽厚的嘴唇悄悄地笑了……

一天傍晚，毛泽东和杨开慧带了泽覃来妙高峰看望泽民和王淑兰。毛泽民夫妇高兴地为大家准备晚饭，一家人心情舒畅地在一起，吃了毛泽民亲手炒的苦瓜、辣椒和王淑兰煮的清水芋头。

饭后，兄弟三人漫步月下，谈今论古，感慨颇多。毛泽东望着挂上树梢的冷月，低声叹息道：“家如悬月团圆少，人似浮云散去多……”

毛泽民笑了说：“人事有代谢，往来成古今……”

毛泽东也笑了：“二弟出来了就好，学校对你是一片赞扬声哩！”

毛泽覃说：“那当然，二哥当家是一把好手哩！爸在时常夸二哥会当家……”

毛泽东问三弟：“你学习么样？有么志向啊？”

毛泽覃举头望月，煞有介事地说：“秦时明月汉时关，万里长征人未还。但使龙城飞将在，不教胡马度阴山！”

毛泽东再一次笑了：“三弟把王昌龄的诗记得这样熟，是要当大将军哩！”

毛泽民也笑了：“他从小就爱打仗！”

毛泽覃争辩说：“在乡里那是闹着玩，将来我真的要带兵打仗呢！”

毛泽东爱惜地抚摸着三弟的头，语重心长地说：“我们三兄弟，要为中华民族的解放事业、为天下的劳苦大众，舍生忘死地大干一场！”

泽民和泽覃同时说：“大哥说得对！舍生忘死、大干一场！”

毛泽东一手拉了二弟，一手拉了三弟，心情振奋地说：“难道我们还不如《三国》中的刘、关、张么？我们是亲兄弟，总比他们要强些！”

听着大哥的话，泽民和泽覃的心绪也都激动起来……

是年，毛泽东 28 岁、毛泽民 25 岁、毛泽覃 16 岁。

## 20. 爱晚亭前红霞暖 黄浦滩头党诞生

1921 年 5 月 1 日，在毛泽东等人的组织下，长沙的工人、学生举行了庆祝国际劳动节的游行示威大会。

当天晚上，毛泽东在何叔衡任馆长的通俗教育馆召集了诸多新民学会的会员开会，认真总结了白天组织群众游行示威的情况，并布置了下一阶段社会主义青年团和共产主义小组及俄罗斯研究会的工作。

会后，当毛泽东回到他所住的船山小学时，已是午夜了。

杨开慧为丈夫准备了简单但很可口的夜宵，准备了茶水。毛泽东吃过夜宵，喝着茶水，静静地对妻子说：“霞妹，现在斗争形势很复杂，今日我们组织了游行示威，赵恒惕不会善罢甘休的，我们要预作提防……”

杨开慧顺从地点点头："你说怎么办就怎么办，一切我都听你的安排。"

毛泽东握了妻子的手，轻声说："先把文件收拾一下，把该收的书籍也收拾起来，随时准备搬家。"

"嗯！"杨开慧依靠着丈夫的肩头坐下来，柔静地说，"我会认真收拾、准备的。"

屋外的夜空群星闪烁，万籁俱寂；屋内的油灯下，毛泽东又要铺纸磨墨、挥笔疾书了。

"我来……"杨开慧拿过毛泽东手中的烟墨，一边在放了水的石砚中不轻不重地磨着，一边对丈夫说，"你总这样忙，白天忙了夜里还要忙，日子久了会吃不消的……"

"不妨事！"毛泽东坐在竹椅上看着磨墨的妻子，宽慰道，"我的身体结实得很，是我在一师坚持锻炼的结果，很受益哩！"

"爸爸在世时常说你像'疯子'……"杨开慧笑语道，"也没见哪个锻炼身体像你那样的……"

"疯狂以激斗志！"毛泽东说，"明日，我们一起去爬岳麓山，放松放松筋骨！"

"嗯，我跟你去！"杨开慧睨视着丈夫，甜甜地笑了……

第二天傍晚，忙碌了一天的毛泽东偕妻子登上了岳麓山。

初夏的暖风吹拂着万绿葱茏的山峰。岳麓书院后面清风峡的小山上，高耸的爱晚亭飞檐拱翘，四周的枫林在微风中摇摆着茂盛的枝叶，发出阵阵"哗啦啦"的声响。毛泽东和杨开慧这两位爱侣乘着轻风爽意，结伴漫步在爱晚亭前，面对亭前石柱上的刻联"山径晚红舒，五百夭桃新种得；峡云浮翠滴，一双驯鹤待笼来"，毛泽东感叹道："现在桃也种不得，鹤也笼不得，么办?"

杨开慧笑道："正所谓'夕阳西下'、'小桥流水人家'……"

毛泽东携了杨开慧的手说："走，那我们就去'小桥流水人家'看看！"

说话间，二人走上爱晚亭旁的清枫桥，依栏而望，但见桥下的兰涧流水潺潺，石崖岸边草茂花红。毛泽东动情地说："这么好的地方，可惜被军阀们搅得昏天黑地，民不得安！"

杨开慧低吟道："安得广厦千万间，大庇天下寒士俱欢颜……"

“要奋斗呢!”毛泽东拉着妻子的手，走下清枫桥，“过几日我再到洞庭湖周围走一遭，搞一下农村的社会调查……”

“我也去……”

“你莫去了，学会和书社的事还需要你打理些，三弟和菊妹子、先桂那里也需要你照看呢……”

几天后，毛泽东又一次步行到了洞庭湖地区的岳阳、华容、安乡、常德、湘阴等县，认真做了农村的社会调查。

回到长沙，已是6月下旬了。

6月29日，毛泽东接到上海共产党发起组的通知，便和何叔衡商议同赴上海，代表湖南共产主义小组去出席中国共产党的第一次全国代表大会。

下午，已经搬到清水塘住的毛泽东在一师附小的房内伏案疾书，杨开慧关爱地为丈夫沏好了茶水。

毛泽东放下手中的毛笔，眼中充满了爱意说：“霞妹，你是我的妻子，又是我的帮手，我的生活和事业都少不得你啊!”

杨开慧微微一笑：“我更少不得你……”

毛泽东轻轻拉了妻子的手：“将来，我们有了孩子……”

杨开慧的脸微微一红：“想要孩子啦？将来，我们一定会有孩子的，孩子们也一定会像他们的爸爸一样，成为敢想敢闯、为国为民的人……”

“嗯!”毛泽东也微微笑着，“将来，我们的孩子也要成为革命的斗士……”

杨开慧憧憬着未来：“到那时，我为你抄写手稿，哄孩子，烧饭……”

毛泽东深情地说：“到那时的工作会更多、更忙，你也要战斗呢！在我们的革命队伍里，少不得你霞妹么!”

杨开慧甜甜地笑了：“毛泽东就是毛泽东，怪不得爸爸看中你了!”

毛泽东也笑了：“你没看中我么?”

“……”杨开慧一时语塞，情深意长地回忆道，“……‘请问，这是杨先生家么’?”

毛泽东也回忆道：“‘板仓杨寓’。”

杨开慧再忆：“‘是杨昌济先生的家吗’?”

毛泽东学着杨开慧当年的语调说：“我家世居板仓，人称家父‘板仓先生’。”并再一次笑了，“我要去上海了，家中的文件、书稿、信件，你要保管好，莫出差错……”

“放心吧!”杨开慧点头，郑重地说，“我是毛泽东的妻子，会像你一样保管这些材料的。”

“我去上海期间，你要多保重!”

“你也要保重……”

这时，有人轻轻叩门。杨开慧警惕地听了一下，随即说：“是何胡子来了!”

毛泽东点燃了一支烟，说：“他像钟表一样呢!”

杨开慧笑着去开门，何叔衡匆匆而入。

下午 6 时，毛泽东和何叔衡搭乘的小火轮在夕阳中驶离长沙，沿湘江渐渐远去……

上海，法租界贝勒路树德里三号（望志路 106 号）。

这里是上海的共产党代表李汉俊的哥哥李书城的寓所，是一栋砖木结构的二层楼房，从外望去像是一幢一上一下的石库门房屋。楼上是李书城夫妇的寝室，楼下的客堂中间摆放着一张长方形的大餐桌，室内再没有什么特别的陈设，只有十几把木椅围放在大餐桌旁。

1921 年 7 月 23 日，中国共产党第一次代表大会，就在这简单的客堂里开幕了。

出席会议的代表共 13 人，他们是：湖南的毛泽东、何叔衡，湖北的董必武、陈潭秋，上海的李达、李汉俊，北京的张国焘、刘仁静，山东的王尽美、邓恩铭，广东的陈公博，东京的周佛海，还有陈独秀指定的代表包惠僧。他们代表着全国 50 多名党员。共产国际代表马林和尼科尔斯基也出席了会议。

会场布置虽然简单，但气氛十分庄重。

会议原定由陈独秀主持，但他因广州公务繁忙不能抽身，未能出席会议。临开会前才另定了主持人选。因会议主持者必须经常与各地代表以及共产国际代表联系，而李达、李汉俊都不喜交往，与马林接触后，彼此关系也不够融洽，遂推举张国焘主持会议，毛泽东和周佛海任记录。

会中，代表们发言热烈。首先确定了会议议程：听取各地小组活动的报告，起草并讨论党的纲领和工作计划，选举党的中央机构。

几天会议，毛泽东除担任会议记录外，只做过一次发言，介绍长沙共产主义小组的情况。和其他各地小组相比，长沙的组织是比较统一而整齐的，并且已经有了实际的工作成绩。因此，毛泽东的发言给代表们留下了深刻的印象。

“一大”的中心内容是讨论正式建立中国共产党的问题。经过代表们几天的讨论，主要通过了两个文件：一是中国共产党党纲，二是《关于当前实际工作的决议》。

党纲确定党的名称是中国共产党，规定党的奋斗目标是领导中国无产阶级通过武装斗争，推翻资产阶级的国家机器，建立无产阶级专政，实现生产资料公有制，消灭阶级，最终实现共产主义。

同党纲确定的奋斗目标相适应，大会通过的《关于当前实际工作的决议》，确定党成立后的中心任务是集中力量组织工人阶级，发展工人运动。

大会选举陈独秀、张国焘、李达组成中央局。陈独秀为书记，张国焘分管组织工作，李达负责宣传工作。

从此，毛泽东作为中国共产党的创始人之一，开始了崭新的历程。

7 月 30 日，贝勒路树德里（望志路）附近出现了异常情况，租界巡捕增岗加哨，对来往行人严加盘查……

共产党“一大”的代表们迅速警惕而机智地离开了李书城夫妇的寓所。

7 月 31 日，在浙江嘉兴南湖的一条游船上，中共“一大”代表会议仍在进行中。

即日，“一大”会议在南湖的游船上宣告闭幕。

会后，毛泽东被派回湖南，任湘区党的书记，负责创建湖南地方党组织和创办自修大学训练革命青年，并集中力量领导湖南的工人运动。

中国共产党的诞生，标志着以马克思列宁主义为行动指南、以共产主义为最终奋斗目标、统一的中国工人阶级的政党在中国古老的大地上喷薄而出，并以她光芒四射的灿烂朝晖辉映着世界的东方，从此揭开了伟大的中国无产阶级革命、组织千百万民众以武装夺取政权的斗争序幕……

8 月中旬，毛泽东回到长沙，即刻开始了创建湖南地方党组织的工作，并对湖南的工人阶级状况进行全面详细的了解和调查。

此时，中国劳动组合书记部（即中国工会办事处）在上海成立，毛泽东被任命为湖南分部的主任，直接在第一线领导湖南全省的工人进行斗争。

8 月下旬，毛泽东等人在船山学社社长兼船山中学校长贺民范的支持下，正式创办了湖南自修大学。毛泽东担任教务长，具体负责主持学校的各方面工作，大力提倡理论联系实际的学风。这是中国共产党成立后，在全国范围内创办的第一所培养干部的学校，在某种意义来讲也可说是中国共产党的最初“党校”。

从这时起，身兼数职、肩负重任的毛泽东开始有组织、有计划地派出许多党、团员干部，深入工厂、矿山、铁路的产业工人中，积极创办工人夜校，以大力推动工人运动……

这时，毛泽民也从一师附小来到了自修大学担任校务。在自修大学，毛泽民既是学生，又是学校的管理人员。他不仅把开办自修大学的 400 元钱管理得有条有理，而且学习用功，更主要的是在思想上向革命迈进了一大步。

一天，闲不住的毛泽覃来到大哥大嫂住的房间，发现一只小箱子上着锁，出于好奇心，他趁哥嫂不注意将箱子藏了起来，想抽空打开来看个究竟。杨开慧很快发现丢了文件箱，急得要命，赶紧告诉了毛泽东，二人正要召集党的负责人商议应急措施时，毛泽覃胆怯地将小箱子交了出来，气得毛泽东狠狠地打了他一顿……

事后，杨开慧嗔怪丈夫不该打三弟，毛泽东说：“玉不琢不成器，润菊也不小了……”

进入 9 月，毛泽覃跟随大哥、二哥来到自修大学，一边读书，一边提高思想认识和识别事物的能力。

## 21. 湘江红叶情烂漫<br>安源路矿大罢工

10 月 10 日，毛泽东组织创建的中国共产党湖南支部成立，毛泽东任书记。

10 月中旬，毛泽东与夏明翰赴衡阳湖南省第三师范进行建党活动，向师生们演讲、宣传了进行无产阶级革命的必要性。

10 月 22 日，毛泽东在湖南第一师范同学会常年大会及欢送夏曦赴俄大会上热情地同夏曦话别，并发表讲话说："从前学校是没主义的，所标的主义又不正确，结果是莽撞瞎说，闹不出什么名堂。我们总要为有主义的进行，在法同学组织的工学世界社——革命团体——那办法很好。"

随后，毛泽东再次徒步到安源路矿进行考察，天天躬身走进低矮破旧的工棚、多次下到又脏又黑的矿井，和工人交朋友，调查工人们的状况，启发大家团结起来，为着自身的解放，同剥削者做不屈不挠的斗争。

一年一度秋风劲，又是湘江红叶时。

是年秋天，杨开慧加入了中国共产党，并担任机要和交通联络工作。从此，她跟随毛泽东奔走在救国救民的艰难征途中……

11 月，毛泽东对"湖南劳工会"的领导人黄爱、庞人铨进行了耐心细致的思想教育工作，向他们指出：第一，劳动组织的目的，不仅在团结劳动者以罢工的手段取得优益的工资和缩短工作时间，尤要养成阶级的自觉，以全阶级的大团结，谋全阶级的根本利益。这是宗旨所在，希望劳工会诸君特别注意的。第二，组织上宜一依西洋工会组织，由代表会议产生相当名额之委员付于全权组织委员会执行会务。旧的行会式的组织固然要不得，职员太多，分部太繁，权力太分也要不得。第三，工会是工人组织的，所以工人应该养活工会。要进则准备罢工基金和选举基金。

毛泽东的教导，使黄爱、庞人铨等人最终放弃了原先坚持的无政府主义，转而信仰马克思主义，争取了"劳工会"的广大群众。

冬季里，毛泽东同李立三再次徒步来到安源，住了一个星期，认真考察了工人运动。这已是毛泽东第三次到安源了。

早在 1920 年 11 月间，毛泽东就第一次到安源进行了考察，注意到了安源矿工这一大块"未被开垦的处女地"。

按照共产党中央的指示，要点燃中国无产阶级革命的烈火，首先必须从工人运动开始。

毛泽东近期两次深入安源，就是要组织和发动安源工人的大罢工，向剥削阶级发起一次强有力的猛烈冲击。

毛泽东在考察中了解到，安源路矿工人深受矿主的残酷剥削和压迫，每天劳动强度大、时间长，而且工资低微。矿井没有任何安全设备，经常发生冒顶、穿水和瓦斯爆炸等严重事故，致使矿工们不断伤亡，矿长和把头还时常无故打骂虐待工人、甚至滥用私刑，矿工们既没有生活保证，也没有生命保障。

毛泽东还注意到安源流传着这样的民谣：

少年进炭棚，老来背竹筒，病了赶你走，死了不如狗。

12 月上旬，毛泽东回到长沙后，派遣李立三到安源继续深入开展工人运动。

12 月中旬，“湖南劳工会”领导的工人运动已由安源波及到了长沙。在长沙，也开始出现了反对军阀统治的工人罢工、市民罢市、学生罢课……

1922 年 1 月，湖南省长赵恒惕下令逮捕并处死了“湖南劳工会”的领导人黄爱和庞人铨，结果引发了广泛的反对赵恒惕的工人运动。

鉴于斗争形势的需要，在毛泽东和李立三的策划下，安源很快建立了第一所工人补习学校，并成立了安源路矿工人俱乐部。

冬日里的湖南大地依然可见处处绿色。

在长沙小吴门外，清水塘边，一所不大的平房门前，杨开慧手里拿着几本书籍翘首以待，她在企盼着丈夫的尽早归来——这天，毛泽东又去自修大学了。

当她看到了丈夫那熟悉的身影时，便疾步跑上前去迎接。毛泽东远远地看着跑向自己的妻子，心想：得妻如此，更有何言！脚下不由加快了回家的步伐……

进门后，毛泽东嗅到了鱼香：“啊，今日有鱼吃！”

杨开慧摘下裹在丈夫脖间的围巾，笑道：“什么也瞒不了你！”然后为丈夫端过一盆热水，“先洗洗脸，腊鱼跑不掉，有你吃的。”并说，“润之，自修大学的经费，学联同意解决一部分。”毛泽东在炭火正旺的烘笼前坐下来说：“霞妹，你什么时候去学联了？”

“我是学联的干事嘛!”杨开慧笑意盎然地为丈夫端来了热气腾腾、香气扑鼻的饭菜，把做好的腊鱼放在丈夫的面前说，“我在学联会上提出，学联要救亡图存，外抗强敌，内惩国贼，打倒军阀和封建统治，必须首先培养革命的青年骨干，自修大学就是培养青年骨干最好的学校。因此，五四时期各界为学联捐的钱，应该拿出一部分来支援自修大学……”

毛泽东吃着香喷喷的腊鱼问：“学联的同志们怎么说?”

杨开慧眉开眼笑地说：“经过讨论，大家同意，就解决了。”

“好么，真是太好了!”毛泽东高兴地用竹筷子夹了一块鱼肉送进妻子的口中，“辛苦你了呢!”

“应该的!”杨开慧同样高兴地说，“我是党员，是毛泽东的妻子么!”

毛泽东伸手示意妻子在自己的身旁坐下来，郑重地说：“现在，湖南的教育界对自修大学众说纷纭，他们对自修大学只凭学历、不限资格的做法视为‘怪事’，对自修大学在学习上以自由研究、共同讨论为主的教育方法也颇有微词，说自修大学办得不伦不类。可是，他们并不晓得，自修大学是一种新型的、革命的大学，是传播马克思主义、培养革命干部的基地，对我们党的思想建设很重要哩!”

杨开慧深情地望着丈夫点头：“我晓得。”

入夜，毛泽东又在油灯下写东西了。杨开慧从不独自先睡，总是侍候在丈夫的身旁，或给丈夫磨墨，或给丈夫沏茶水，直到午夜过后……

冬去春来。

2 月，安源在毛泽东的布置下建立了第一个党支部，这也是湘区最早的产业工人党支部。

在中共安源路矿支部会上，毛泽东对大家讲：“不要急于把共产党的旗子打出去，要注意公开工作和秘密工作相结合，防止过早暴露党的组织。”

湖南的春天是美丽的，泛绿的原野上到处可见蓬勃绽开的各色小花。是年春天，毛泽东在湖南的大地上多处奔走，认真宣传着中国共产党所倡导的革命思想……

4 月 29 日，毛泽东在衡阳第三师范作了关于社会主义的演讲。

5 月 1 日，毛泽东在长沙《大公报》上发表文章《更宜注意的问题》，首倡了劳动法。

即日，毛泽东还在湖南学联“五一”节纪念大会上发表演讲。指出：“一个人在‘老’‘少’两段不能做工的时候应该有一种取得保存他生命食物的权利，这是生存权。若是工人有力，而社会无事可以买他的力，事实上工人不得不‘赋闲’时，社会就应该本着罪不在工人的理由，而给他们平常的工资，这就是劳动权。‘五一’这个纪念是8小时工作制的纪念。这种运动的目的在缩短工作时间以求娱乐教育，这是‘能生存’而且‘得了业’的人自然应该进而要求8小时制。至于那些不能生存的人，失业的人，问题则在如何使之生存与得业，我愿大家特别注意在这里。”

5月中旬，毛泽东再一次来到安源，召开了中共安源路矿支部会，听取前一阶段的工作汇报。会上，当他听到安源工人在“五一”这天呼着口号、冒雨举行了声势浩大的游行时，不停地点头称赞说：“好么，很好！工人们真的发动起来了！”

这时，有人说起了游行时所喊的口号，最响亮的一句是“中国共产党万岁”：毛泽东摆了摆手，表情严肃地告诫大家：“这样不可以呢！我们党暂时还不能公开，对敌斗争要胆大心细，要有勇有谋……”

毛泽东的话及时提醒了大家，使安源路矿党组织和工人俱乐部的人们从此认真注意了对敌斗争的策略。

一天，毛泽东身上穿着他那件打了好几块补丁的灰布长衫，在安源路矿的简陋工棚中，对围聚在他周围的工人们再次讲解了工人们应该得到的基本生活权利和“五一”国际劳动节中所倡导的8小时工作制的一些更宜注意的问题。

回到长沙，毛泽东继任湖南自修大学校长。

5月底，中共湘区执行委员会正式宣告成立，毛泽东任书记。这是中国共产党的第一个省委。

7月间，毛泽东得知党的第二次代表大会在上海召开，便急速赶往上海，但在匆忙中忘记了开会地点，一时又找不到任何同志，只得返回了长沙。

这时，中国共产党召开的第二次全国代表大会，根据列宁关于民族和殖民地问题的理论和中国社会的实际情况，通过了《关于民主联合战线的决议案》，决定中国无产阶级应该参加民族革命并帮助中国国民党。

9 月初，毛泽东又到安源，与蒋先云、朱少连等安源党组织和俱乐部的负责人分析了斗争形势，提出并研究了路矿工人大罢工的实施方案。毛泽东特别强调“哀兵必胜”的斗争策略，要做到“哀而动人”，以求大力争取社会舆论的广泛支持，孤立分化路矿当局。

9 月 5 日，在毛泽东的指导下，长沙泥木工会宣告成立。毛泽东亲自起草了工会章程。

9 月 11 日，刚从苏联回国的刘少奇也受毛泽东的委派抵达安源，协助李立三领导和具体组织路矿工人的大罢工。

9 月 14 日，经过充分准备的安源路矿工人正式举行了总罢工——随着汽笛长鸣，17000 多工人潮水般地涌出矿井、工棚，他们大声疾呼着响彻整个矿区的口号：

“罢工！”

“罢工！”

这一天，全矿到处张贴了“哀而动人”的罢工宣言……

路矿当局玩弄了种种手法来破坏罢工，他们软硬兼施、威胁利诱，派了大批军警进行包围镇压……

但是，罢工在毛泽东的总策划下，在直接总指挥李立三、刘少奇的领导下，工人们开展了 5 天紧张激烈而又合理合法的斗争。路矿当局最终被迫接受了工人们提出的要求，承认俱乐部有工人代表的权利。

安源大罢工取得了重大胜利！

这一胜利，是毛泽东领导工人运动的第一次伟大的胜利。消息传开，全国工人阶级一时大受鼓舞，纷纷为之欢呼并通过成立、扩大工会组织予以通电声援……

是年秋天，思想觉悟已得到极大提高的毛泽民，由代理毛泽东主持自修大学工作的何叔衡介绍，光荣地加入了中国共产党，庄严宣誓为谋求中国劳苦大众的彻底解放、为着共产主义事业而奋斗终生！

10 月 6 日，在毛泽东的直接领导参与下，长沙泥木工人宣布罢工。毛泽东不顾个人安危，亲自出任工人的首席代表，与反动政府进行面对面针锋相对的斗争，罢工行动一直坚持了 20 多天……

在毛泽东亲自发起、领导的长沙泥木工人大罢工的日子里——10 月 24

日，杨开慧生下了她和丈夫的爱情结晶——第一个儿子毛岸英。

10 月 25 日，毛泽东在《大公报》上发表了《长沙泥木工人代表呈省长文》，提出："营业自由，承认 3 角 4 分工价，以全生活而安人心。"

面对风起云涌的工人斗争形势，湖南省府被迫接受了长沙泥木工人们的基本要求。

10 月 26 日，泥木工人的罢工斗争胜利结束。

此时的湘江岸边，岳麓山上的枫林正艳，橘子洲头的橘果正黄。秋风飒飒，点点渔帆漂浮在清澈见底的江面上，点缀、映衬着沿江翠绿的竹林和山间那苍郁的松柏——惟独那一眼望不到尽头的层层枫林显得格外诱人、格外醒目。

江边指点霜天树，万木谁敌枫叶红！

11 月 1 日，毛泽东在领导安源路矿工人大罢工、长沙泥木工人大罢工取得双重胜利之后，再接再厉，又主持召开了粤汉铁路总工会成立大会。这是中国共产党领导的全国"两大产业组合"之一，也是全国铁路工人中最早的一个统一组织。

同日，毛泽东还主持召开了湖南省工人团体联合会成立大会。这是中国共产党领导的全国"两大地方组合"之一。

11 月 5 日，毛泽东在湖南省各工会第二次代表会议上，被选为省工团联合会干事局总干事。

转眼进入 12 月。

这时的毛泽覃已经 17 岁了。平日里，毛泽覃不仅知道了用心学习，凡是青年团和自修大学交给他做的事他都非常认真、积极地想尽一切办法去完成，而且干得很出色。

毛泽东看着三弟的茁壮成长，打心眼里感到高兴。

一天，在水口山铅锌矿搞工人运动的蒋先云来到自修大学找毛泽东，毛泽东便将三弟泽覃托付给他，希望三弟去工人运动的风口浪尖上闯一闯。

毛泽覃从小生性闯劲十足，如今已经 17 岁了，闯劲也更足了！

12 月 5 日，震惊中外的水口大罢工爆发了！

一时间，水口山铅锌矿区轰鸣的机器全部停止了转动，矿井也空无一人。一队队工人纠察队在各处巡逻。平日作威作福的工头们全都找地方龟缩起来。

资本家被断了财路，恨得牙根生疼，一面调兵遣将、请出军警威慑镇压，一面又发出“请帖”，邀请罢工负责人蒋先云等到矿局衙门里去谈判。

去还是不去，关系重大。在工人俱乐部，蒋先云召集了骨干来讨论这个问题。

有人说：“这是一个圈套，一去准没命。”

也有人说：“不去显得我们胆怯，况且的确需要同资本家进行面对面的谈判和斗争。”

讨论中，毛泽覃说：“去还是应该去，据理力争，壮大我们的声威！但在外面我们要把3000多工人组织好，做代表们的后盾！”说着，他从墙壁上拿下了一面铜锣，又说，“如果资本家想害咱们的工人代表，我就猛敲铜锣，纠察队员立即往里冲，坏蛋们准得乖乖就范！”

第二天，蒋先云等人昂首走进了矿局衙门，没谈几句，资本家就粗暴地逼他们下令工人复工。遭到严词拒绝后，资本家招进了埋伏好的十几个打手，准备对工人代表们下毒手。

这时，早已躲在暗处的毛泽覃见状，立即从背后取出铜锣，一阵猛敲……

铜锣声声惊天地，英雄胆魄慑鬼神！

随着阵阵铜锣声响，数不清的工人举着各式工具迅速涌进局衙，一阵阵震天动地的抗议声响彻了云霄。

资本家顿时吓坏了，乖乖地在协议书上签了字，罢工取得了决定性的胜利。

17岁的毛泽覃在斗争中经受了严峻的考验，他那临危不惧的锣声受到了所有工人的称赞。

12月11日至13日，毛泽东乘胜追击，率领各工会代表与湖南省反动当局进行了面对面的说理斗争，维护了广大工人的利益，使这一阶段的工人运动取得了完全胜利。

是年冬天，毛泽东再次到安源，在这块中国工人运动的最早发源地，总结了工人罢工斗争取得胜利的成功经验。

同时，毛泽东又派了蒋先云、黄静源、毛泽民陆续到安源开展工会工作，维护和巩固大罢工的胜利成果。

# 22. 安源创办“合作社”长沙组建国民党

1923 年初，毛泽东派共产党员刘东轩和谢怀德到衡山岳北白果一带进行农运工作，并让堂妹毛泽建做好成立湖南第一个农民工会的准备。

2 月 7 日这天早晨，灰蒙蒙的安源镇老后街上突然显露出以往不曾有过的喜庆场面：街口挤满了衣装不整的男男女女、老老少少，还有许多铁路工人和煤矿工人也都聚集在这里，人们的脸上都挂着喜悦的神情，大家在一起七嘴八舌地议论纷纷……

不知就里的人感到奇怪：今天这是怎么了？有什么事值得这样喜庆？这么多人聚在一起要干什么？

随着一阵掌声、欢呼声和鞭炮声，诸多疑问被解开——“安源路矿工人消费合作社”的大木牌被人们横挂上了临街房屋的中上方。

这时，一位身穿蓝粗布上衣的青年男子从这幢简陋的二层小楼里走了出来。他大约二十七八岁的样子，宽脸庞、厚嘴唇，一双大眼睛炯炯有神，嘴角上显露着兴奋与激动，不时伸出热情的双手向前来祝贺的人们表示谢意……

他，就是受毛泽东派遣来这里担任工人消费合作社经理的毛泽民。

随着毛泽民一句浓重而洪亮的湖南乡音当众宣布：“我们安源路矿工人消费合作社今日正式开张营业了！”工人们争先恐后地挤进了合作社，大家都想看个究竟，要亲眼看一看工人消费合作社里到底有些什么……

一看这里什么都有，米、油、盐、布、香烟、草纸、灯油……吃的、用的齐全，而且价格比别处商人便宜得多——工人们高兴了！

但人们不知道，这一切都是毛泽民费了很大的心血才做到的。为了继续维护罢工的胜利成果，为了工人们的切身利益，毛泽民自去年冬天到安源后，一直深入矿井和工人家中进行宣传，让大家自觉自愿地为成立自己的消费合作社入股。工人们在生活极其困难的条件下，你出一块、我出两块，就这样凑起了属于自己的合作社的本钱。钱虽不多，但众人拾柴火焰高，合作社就像一盆火，吸引着广大矿工的心。

毛泽民一心扑在工作上。为了能够把商品价格降得更低一些，他自己或指派专人去武汉、长沙等地成批进货，费尽心机才使价格降了许多，工人们怎能不高兴呢！

毛泽民就这样在安源办起了“中国第一个消费合作社”。随着时间的推移，消费合作社越办越大，还开设了好几个分社，毛泽民除了担任总经理外，还参加安源路矿党的工作。

正当毛泽民在安源红红火火地办起了消费合作社时，因为工作繁忙、日夜操劳，他很少有时间照看妻儿，王淑兰又是一个闲不住的人，不久便带着女儿毛远志回韶山去了。

自从 1913 年 18 岁的王淑兰嫁到毛家，10 年里她和毛泽民共生了 5 个孩子，但不幸有 4 个孩子夭折了，只存活了一个女儿毛远志。

合作社的建立和扩大，耗费着毛泽民的大部分精力和心血，不仅推动了安源工人运动的发展，而且还为党的活动筹集了一大笔资金。

毛泽民从小善于理财的本领，在此已显露出经济专家特有的“派头”了……

同是在 1923 年初春，京汉铁路工人大罢工在河南郑州爆发。

大队的军警赶来镇压。许多间工房被烧，许多铁路工人被杀、被打伤、被抓捕，著名的京汉铁路工人大罢工，遭到北洋军阀吴佩孚的血腥镇压。

发生在 2 月 7 日的京汉铁路工人大罢工遭到镇压的惨案发生后，毛泽东再次来到安源。

在安源路矿工人俱乐部，毛泽东召集工运的领导人在一起开会，认真分析了“二七”大罢工失败后的形势。毛泽东对大家说：“二七大罢工失败了，各地军阀也会效仿吴佩孚，反动势力会迅速抬头。同志们，我们必须做好充分准备，要认识到今后的斗争会更残酷，时间会很持久……”

蒋先云表示说：“请毛泽东同志放心，我们早就准备着被捕坐牢呢！就是砍头、枪毙也不怕！”

“不，不！”毛泽东严肃地说，“我们不能仅仅只做这样的准备，我们要等待时机，挽弓待发。”说着，毛泽东告诫大家，“现在，毛泽建等人已做好了成立湖南第一个农民工会的准备，我们工人和农民要联合起来，同反动派进行长期而有效的斗争!”

说话间，毛泽东点燃了一支香烟，狠吸了两口继续说：“在中国，目前工人的力量还相对薄弱，而在广大农村，生活着几万万受苦受难的农民。我们应该而且必须看到，在广大的农民身上蕴藏着无穷的力量！中国的革命如果不重视农村问题，将不可能获得成功!”

毛泽东的讲话，得到了与会者们的认同……

4 月中旬的一个夜晚，在长沙小吴门外清水塘毛泽东的住所里，杨开慧为丈夫准备好了一个小布包，几次恳切地劝说丈夫：“你是党在湖南的领导人，你的安全关系到党的事业，就是我去坐牢，你也不能去！你就听我一句话，快走吧……”

站在一旁的毛泽建也焦躁地催促道：“大哥，你就听大嫂一次，走吧!”

在灯下看书的毛泽东放下了手中的书籍，坦然地对妻子和堂妹说：“我不能走，我是领导，这里还有我的工作么！再说，他们要抓我也只是估计，毕竟还没来抓么!”

毛泽建跺了脚说：“他们要来抓你就晚了!”

杨开慧也提醒说：“赵恒惕是条披着羊皮的狼呢!”

毛泽东微微一笑：“这就对了么！我们就是利用了他的这张羊皮，才达到了罢工的目的……”

毛泽建着急地说：“别笑了，大哥！快走吧，披着羊皮的狼也是狼，更狠!”

这时候，门外有人敲门……

立刻，杨开慧和毛泽建都警惕起来。毛泽东却笑道：“莫紧张，不是来抓我的，是省工团联合会的郭亮同志来了。”

杨开慧这才去开了门，进来的人果然是郭亮。毛泽东问：“郭亮同志，有事么?”

郭亮急切地说：“毛泽东同志，请你立刻转移，赵恒惕派人要来抓你了!”

毛泽东仍然笑着：“噢……”

“你还笑!”杨开慧真的急了，“快走吧!”又对站脚未稳的郭亮说，“我和建妹子劝他半天了，他就是不走……”

“他是不放心这里的工作……”郭亮理解地说，“刚才有人送信来，说赵恒惕下了命令，一定要抓到毛泽东。我们已经紧急研究过了，毛泽东同志的安全决不能出问题，请毛泽东同志立刻去市郊！”说着，郭亮指了指门外，“护送的人就在门外，到了市郊我们可以随时联系，省工团的工作我们会去做的……”

毛泽东却神定情稳地对郭亮和杨开慧说：“现在反动派端起刺刀，镇压工人运动，我们不少群众领袖被残害，不少工会被封闭。但是，这吓不倒我们工人阶级，团结是我们工人阶级的武器。过去，全国支援了安源，我们取得了大罢工的胜利，现在，我们一定要支援全国，支援京汉铁路工人！”

杨开慧将准备好的小布包递向毛泽东，催促道：“润之，走吧！你讲的这些我们都记下了，长沙还有我们，还有大家……”

“好吧，我走！”毛泽东只得站起身来，“这样可以成全赵恒惕，让他到全省的劳苦大众中去找我毛泽东吧！”

“走吧！”毛泽建双手向屋外推着毛泽东，“我的好大哥，快走！”

10 多天后，抓不到毛泽东的湖南军阀赵恒惕开始“通缉”毛泽东。

6 月上旬，毛泽东同共产国际代表马林一道，由上海前往广州，筹备中共党的第三次代表大会。

6 月 12 日至 20 日，中共“三大”在广州召开，毛泽东出席了会议。

毛泽东在会上批评了张国焘的“左”倾关门主义观点，坚持了正确意见，论证了和国民党建立革命的统一战线的必要性，尤其强调了农民问题的重要性。

会议赞同了毛泽东的意见。

毛泽东为大会起草了《农民问题决议案》。

会议选举毛泽东为中央执行委员会委员。中央执行委员会选举毛泽东等人组成中央局，并推选毛泽东为秘书，和委员长陈独秀等人负责处理党中央的日常工作。

7 月，毛泽东由广州返回上海，以主要精力从事国共合作的统一战线工作。

9 月，毛泽东以国民党党员的身份从上海回到湖南，指导中共湘区委员会筹备组建国民党湖南地方组织。

在长沙，毛泽东多次与社会主义青年团湘区委员会书记夏曦商议、研究组建国民党的事宜。

10 月初，国民党长沙支部在毛泽东、夏曦等人的努力下成立。

12 月，毛泽东奉中央通知由长沙去上海转赴广州，参与国民党第一次全国代表大会的筹备工作。

临行前，面对妻子的深深依恋和两个心爱的幼子，毛泽东以毅然奔赴革命的决心和以革命利益为重的博大胸怀，给杨开慧留《贺新郎》词一首：

挥手从兹去。更那堪凄然相向，苦情重诉。眼角眉梢都似恨，热泪欲零还住。知误会前番书语。过眼滔滔云共雾，算人间知己吾和汝。人有病，天知否？

今朝霜重东门路，照横塘半天残月，凄清如许。汽笛一声肠已断，从此天涯孤旅。凭割断愁丝恨缕。要似昆仑崩绝壁，又恰像台风扫寰宇。重比翼，和云翥。

毛泽东走了。看着丈夫留给自己的《贺新郎》词，杨开慧好几个夜晚泪眼湿枕……

广州的冬天不算很冷，毛泽东到广州后住在了文明路 194、196、198、200 号。这里是一处并排四幢式样划一的三层楼房，三楼是中共两广区委各部门的办公室及会议室，二楼是区团委的办公室及传达室、会客室。

毛泽东一住下，即刻投入了改组国民党的紧张工作之中……

## 23. 毛润之广州开会<br>杨云锦上海助夫

1924 年 1 月 20 日至 30 日，孙中山接受中国共产党的帮助，在广州市文明路的钟楼礼堂召开了国民党的第一次全国代表大会。会议决定改组国民党，正式建立国共合作。

毛泽东等代表湖南的国民党组织参加了大会，并参加了大会的组织领导工作。毛泽东还被大会执行主席孙中山指定为《中国国民党章程草案》的审查委员之一，并在大会上多次发言，深刻阐述了国共两党合作的必要性和重要意义。

会议期间，毛泽东见到了渴盼已久的李大钊同志，两个人既兴奋又激动。李大钊见到毛泽东迅速地成长为一个真正的马克思主义者，从心底里感到高兴和快慰……

李大钊在大会发言中代表共产党重申："我等之所以加入本党，是为有所贡献于国民革命而来的。我们在加入本党的时候，先从理论和事实上做过详密的研究，不是糊里糊涂地混进来的。本党中山先生也允许我们仍跨第三国际在中国的组织。所以，我们参加本党而兼跨原有的党籍，是光明正大的行为，不是阴谋鬼祟的举动……"

听着李大钊的发言，国民党中的右派代表人物邹鲁、谢持、戴季陶等人脸色阴沉，嘴角上时而显露出充满敌意的狞笑。

李大钊注意到了这几人的面部表情，继续说："本党既允许我们参加，即不必对我们进行猜疑，进而加以防治。如果有同志认为我们加入本党不合适，尽可详细磋商。我们既可为发展本党而来，也可以为发展本党而离去。惟有猜测防治，实为本党发展前途上的障碍。决不能不在本党改造之日明揭而除之！"

李大钊的发言得到了大会多数人的鼓掌欢迎……

在涉及多数党、少数党按人数比例设立研究会和进行选举的议案中，毛泽东在发言时气宇轩昂地说："现时比例选举制系少数党所运动出来的结果。本党为革命党，不能把实行与研究分开，不能因比例关系给少数破坏革命事业的人当选的机会。凡利于革命的可以采用，有害于革命的就应该摈弃。比例制有害于革命党，因少数人当选即有力量可以破坏革命事业，是予少数派以机会也。所以，对于要不要设立研究会和按比例选举的议案，本席根本反对！以为不能讨论，不能表决！"

毛泽东还进而指出："比例选举制虽为社会党所赞成，但当其未成功时固是如此，若成功后即不尽然。此制很有害于革命之本身，盖以自由给与反对党，革命事业便十分危险。”

经过讨论表决，国民党“一大”通过了共产党人参加起草的大会宣言，奠定了国共合作的政治基础，通过了共产党员和社会主义青年团员可以以个人身份参加国民党的原则。

会议结束前，李大钊、谭平山、于树德等共产党人当选为国民党中央执行委员，毛泽东、林祖涵、瞿秋白、于方舟、张国焘等共产党人被选为国民党候补中央执行委员。

1 月 31 日，毛泽东参加了孙中山主持召开的国民党中央第一次全会。会议除了推举廖仲恺、戴传贤、谭平山为常务委员外，还任命了部长、秘书 13 人，其中共产党员 5 人，并决定毛泽东到国民党上海执行部工作，参与处理当地的党务等事宜。

进入 2 月，毛泽东由广州前往上海，以主要精力从事国共合作的统一战线工作。这时，他除了继续担任着中共中央局的秘书外，还兼任国民党上海执行部委员。

2 月 25 日，毛泽东出席了国民党上海执行部第一次执委会议，并担任记录。会议决定由毛泽东担任秘书处文事科代理主任和组织部秘书。

3 月 1 日，国民党上海执行部正式办公。

在执行部里，毛泽东的工作异常紧张。辛劳中，毛泽东等共产党人多次同国民党右派的代表人物之一戴季陶进行针锋相对的斗争。

5 月，在苏联和中国共产党的帮助下，根据国民党“一大”决定，黄埔军校正式成立。孙中山兼学校总理，蒋介石任校长，共产党人周恩来任政治部主任，聂荣臻、恽代英、萧楚女等人分别担任政治和军事教育工作。

6 月，为协助毛泽东工作，杨开慧携长子岸英和年仅一岁的次子岸青从长沙移居上海。

在上海，毛泽东一家居住在威海卫路。

对于杨开慧母子的到来，毛泽东感到了极大的欣慰和快乐。工作中，杨开慧在共产党的中央机关主要从事文书誊写和收发，尽力给丈夫最多、最大的帮助……

转眼到了夏末秋初。

一天，毛泽东的同事、老朋友邓中夏来到毛泽东的住所看望，见到杨开慧一个人在家里一边做饭、一边阅读稿件，还时不时地分心照看两个幼小的孩子，实在是很辛苦，便深表同情地说："同志嫂，也真够你操劳的了！"

腰间扎着围裙的杨开慧笑一笑说："润之在外边忙两个党的事，我在家里也得干两份工作。只是两个孩子还小，免不了手忙脚乱的。"

说着，她牵过已会走路的毛岸英："快叫邓叔叔！"

刚满两岁的毛岸英忽闪着两只大眼睛望一望陌生的邓中夏，一转身躲到了妈妈的身后……

邓中夏笑了，走上前抱起了小岸英，用脸上的胡茬子轻轻蹭着孩子的小脸说："你爸爸妈妈都忙呢！你也忙着长大吧，长大了忙着帮爸爸妈妈做事！"

岸英在邓中夏的怀抱中，小脸被邓中夏的胡茬子刺痒得忍不住放声大笑起来。

杨开慧对儿子说："快下来，邓叔叔累呢！"

邓中夏放下小岸英，笑着说："润之兄一身两任，你更是一身数职，既要协助润之工作，又要和向警予她们一道开展妇女运动，还要照看两个孩子、料理家务……"

"别再夸了！"杨开慧微微一笑，"润之快回来了，你就在这里吃晚饭吧！"

"那好！"邓中夏再去抱起了小岸英，对杨开慧说，"我看孩子，你去接着忙吧！"

杨开慧笑着转身去料理饭锅，邓中夏又说："应该请个女工帮忙才好。"

杨开慧开始准备蔬菜："想呢，只是还没有找到可靠的人……"

说话间，毛泽东回家来了。

一进门见到邓中夏，毛泽东笑问："邓康兄，今日上海刮什么风啊？"

"爱什么风就什么风吧！"邓中夏说，"润之兄，开慧做饭，我看孩子，你该干什么？"

"我么？"毛泽东笑着在竹椅上坐下来，说，"只管吃好了！"

这时，躺在一旁摇篮里睡觉的毛岸青醒了，一声啼哭唤起了刚刚坐下去的毛泽东，他赶忙伸出双手上前抱起了二儿子："乖伢子，莫哭，爸爸回来了……”

毛岸英一见，也张开两只小手叫喊起来：“爸爸，爸爸抱……”

“好嘛，爸爸都抱！”说着，毛泽东笑眯眯地腾出一只手来，从邓中夏的怀抱中接过了岸英，“这下好了——有道是‘无官一身轻，有子万事足’哩！”

“你哪里是‘无官一身轻’啊？”邓中夏笑道，“你是‘心忧天下，自苦自乐’罢了！”

听邓中夏这么一说，毛泽东索性开怀大笑起来。杨开慧和邓中夏看着毛泽东怀抱着两个儿子的高兴样，也都笑了……

夜深人静。

在毛泽东的住所里，杨开慧坐在一张书桌前赶抄文稿。床上，岸英兄弟已经睡着了。

靠近门前的两把竹椅上坐着毛泽东和邓中夏，两个人正在倾心交谈。

吸着烟的毛泽东有些激动地说：“我们党的张国焘同志只注意工人运动，却忘记了农民；陈独秀也只关心国共合作，同样忘记了农民。党的‘三大’以来，我多次提醒他们注意农民问题，可他们就是听不进去！陈独秀同志认为农民的私有观念异常顽固，不容易被发动起来进行革命，这样下去怎么行？国民党里的右派仍在极力排斥共产党，真让人担心啊！”

邓中夏深有同感地说：“共产国际也强调农民问题，孙中山先生都认识到了，农民是人民中的大多数，没有他们参加，什么样的革命都不可能成功。孙先生能如此认识，而我们党的总书记却忽视农民这个基础，真是太危险了。”

毛泽东语气深沉地说：“国民党‘一大’以后，成立了农民部，决定在农村组织农民协会和农民自卫军，开展反帝反封建的斗争。我找林伯渠同志和彭湃同志商讨过，开展农民运动，解决中国革命最主要的同盟军问题，已经是时候了。”

邓中夏点头：“时不我待啊！”

这时杨开慧已经誊写完了文稿，她起身去床前看了看两个熟睡的孩子，然后转身坐下来专心听丈夫和邓中夏的谈话。

毛泽东说：“从湖南的情况来看，农民中蕴藏着极大的革命力量。我是做过多次农村社会调查的，我相信，农民一旦起来革命，革命与反革命的力量对比就会发生根本性的变化!”

邓中夏说:“我很赞同你的这种观点!”

“那么好!”毛泽东笑了,“我们就来吃辣子,再喝一点点酒,你可赞同?”

“辣上加辣!”邓中夏也笑了,“加倍的热烈,我赞同!”

“霞妹……”毛泽东面向妻子,“你也来加入,好么?”

“什么加倍热烈?”杨开慧起身微微一笑,“是你们馋酒罢了!”说着,走去端来了酒菜放在书桌上:有一小盘炒辣椒,一小盘花生米,还有几块霉豆腐,外加一瓶烧酒。

毛泽东接过酒,倒了两杯,拿起筷子点了点辣椒:“先吃辣子,再喝烧酒,提提精神么!”

“应该先敬嫂同志!”邓中夏举杯向杨开慧,“嫂同志也来提提神?”

“你们提吧!”杨开慧笑一笑,“润之不能喝的,今日是霸蛮呢!”

毛泽东和邓中夏一听,不由同声大笑起来。这一笑,惊醒了熟睡中的毛岸英。他揉了揉睡眼坐起来,惊异地打量着兴奋中的大人们……

光阴似箭,时间飞逝。

11 月间,国民党上海执行部的工作陷入困境。

11 月 13 日,毛泽东领衔同张廷灏、罗章龙、恽代英等 14 人写信给孙中山,要求解决上海执行部的经费及管理问题。

进入 12 月,由于党内外繁重的工作和尖锐复杂的斗争严重损害了毛泽东的身体健康,共产党中央决定毛泽东离开上海回湖南“养病”。

这时的毛泽民也因拼命工作而累垮了身体。他患了阑尾炎,不得不离开安源镇回到长沙住进医院治疗。

12 月底,毛泽东携妻带子回到长沙后,同湘区书记李维汉等人就开展国民运动和农民运动等问题,进行了详细的讨论。

当病况好转的毛泽民突然见到了久别的兄嫂时,激动之情油然而生;毛泽东夫妇见到二弟的身体已见好转,自然非常高兴,尤其两兄弟谈到三弟泽覃的进步很快,已经加入了共产党,开展工人运动极有起色时,毛泽东心中更是感到一阵畅快和欣慰……

# 24. 毛泽东重返故乡搞农运韶山建党

寒去冬尽梅花放，一年一度春又来。

1925年2月6日，毛泽东携弟毛泽民、妻子杨开慧及年幼的儿子岸英、岸青回到故乡韶山冲养病。

这时的毛泽东已经32岁了。

他一改青年时头上留的短发，而蓄起了长发，身上穿一件褪了色的织布长袍，脚上穿一双旧布鞋，和二弟并肩走在回乡的小路上。

一辆牛车上坐着杨开慧和毛岸英、毛岸青，牛车在慢慢地行进途中。毛泽东和毛泽民走在车旁看着家乡的山山水水、沟沟坎坎，脸上都流露出重返乡里的激动和兴奋之情……

牛车行至一洼池塘边，毛泽东笑语向赶车的人说："庞叔侃，你还记得我们在这里游水么?"

毛泽东儿时的朋友庞叔侃纯朴而憨厚地笑道："记得，记得的！那时我们还都是小伢子，我还记得毛老伯见到你在这里游水，要打你哩!"

毛泽东随着庞叔侃的话语笑道："我下到水里不上来，他打不到么!"

听着他们的说笑，杨开慧在车上感叹道："这里的山水和我们板仓一样美……"

毛泽东也感叹道："美不美故乡水，亲不亲故乡人哩!"

庞叔侃说："山水是蛮好哩，只是日子过得苦啊!"

毛泽东的脸上没有了笑容，他想起了儿时所熟悉的一首歌谣：

韶山冲来韶山冲，
十户人家九家穷；
有山有水田里苦，

无钱无米两手空！

想起这首歌谣，毛泽东陷入了沉思……

“毛家兄弟回来了！”

一声呼喊，就像一阵春风吹遍了整个韶山冲。一时间，乡亲们纷纷来到上屋场，热情地看望毛泽东一家人……

时值春节期间，乡间正是农闲时节。乡亲们极有兴致地围坐在毛家的堂屋里，直到深夜，仍在说笑中和毛家兄弟进行着叙谈。

毛泽东一边吸着纸烟，一边对大家说：“我们韶山冲有一个最大的特点，就是穷！过年么，本该同乡亲们说句吉利话，‘恭喜发财’啦，‘见面发财’呀——可是，那也只是嘴上说说，乡亲们真的能发财么？”

人们笑了，一直未走的庞叔侃点点头说：“人人都想发财，可赵公元帅就是不登门么！”

“穷，我们一定要摆脱！”毛泽东摆明了说，“赵公元帅从来不登我们穷人的门，么办？伢子们要上学读书，家里人要有饭吃，可我们又请不到赵公元帅，为么事？因为田是财东的，山是财东的，谷米也是财东的，我们不是自己的主人。要做主人，就要起来造财东们的反，抢也要把赵公元帅抢过来！”

毛泽东的话，引起了人们的一阵骚动。毛泽东笑一笑，指着一位叫钟志申的青年人说：“你的胆子不小么！你就敢和团防局长成胥生作对，他是土豪，照样被你像赶狗一样赶跑了他的团丁么！”

被点了名的钟志申猛吸了一口自卷的纸烟，苦笑道：“那是我豁出去了！”

毛泽东的本家毛福轩也说：“我们恨透了地主老财，早就想造他们的反了！”说着又问，“润之，乡亲们一直盼着你早日回来，都晓得你见识广、胆子大，连张督军、赵省长都怕你，拿你没得办法呢！你说么，我们该怎么干？”

毛泽东指出：“我们农民的日子本来就苦，再加上天灾人祸，更是‘农民头上三把刀，债多租重利息高’，是地主老财逼得我们造反呢！”

钟志申说：“现在你回来了，你就领着我们干吧！”

毛福轩和庞叔侃等人也说：“对，你就领着乡亲们干吧！”

毛泽东点头说：“好么！大家首先要组织起来，成立农会。俗话说‘人心齐，泰山移’，只要大家团结一条心，就能打倒那些土豪和劣绅!”

“这下我们就有盼了!”庞叔侃笑了，毛福轩和钟志申也笑了，凡是围坐在毛泽东身旁的人都笑了……

在韶山，毛泽东一面养病，一面利用回乡的有利条件深入调查和进一步研究农民问题，又先后去了宁化、安化、益阳等地了解农运情况。整整一个春季，毛家两兄弟先是在韶山，继而又扩大到周围的许多乡、镇，对农民们进行了革命的宣传、发动和组织工作。

在上屋场，杨开慧利用毛家的堂屋先自试着办起了农民夜校，每晚教乡亲们认字，给大家上课、讲解革命道理……

在湘潭，湖南的花鼓戏很盛行，是乡里人很喜欢的一种民间文化娱乐活动。毛泽东兄弟俩就利用这种大家都爱看的戏剧形式，组织农民自编自演了一台叫做《农民苦》的花鼓戏。虽说这台花鼓戏用的仍是旧曲调，但却都是新内容，演出后很受农民们的欢迎，大家看后纷纷大声叫“好”，觉得戏中说出了闷在他们胸中多年的心里话……

毛泽东见到农民们的情绪高涨起来了，便首先在韶山组织起了第一个农民协会，并很快在周围地区发展到 20 多个，使韶山成为了湖南农民运动开展得最早、最好的地方……

为了扩大夜校人数和革命的宣传、教育效果，毛泽东又指示毛福轩等人，在毛氏公祠创办了韶山的第一所正式的“农民夜校”，挂牌开课。杨开慧、毛泽民负责主持夜校的工作并担任教师，向农民们大力宣传进步思想及受压迫的原因，极大地调动了人们求得自身解放的热情和提高了人们参加革命的积极性……

春去夏来。

毛泽东在韶山创办夜校、组建农民协会的基础上，又在周围乡、镇创办了 20 多所农民夜校，并派了一些有一定文化的人分头去担任老师讲课……

农民们一旦发动起来，立刻显示出了他们坚强的战斗力。见此情景，毛泽东大受鼓舞，决定尽快在农民运动的积极分子中发展部分共产党员，以便有组织、有计划、有力量地向中国农村的旧势力发起猛攻。

1925 年 6 月的一天，和风拂煦。对许多乡里人来说，这是很平常的一天，但对于庞叔侃、毛福轩和钟志申等 4 人来说，却是很不平常的一天。

当夜晚来临，皓月当空、寥星高挂时，在毛家的堂屋里却是桐油灯照得四壁通红。墙上，挂着一面鲜红的中国共产党党旗。屋内气氛庄严，毛泽东主持了庞叔侃等 4 人的入党宣誓……

中共韶山支部很快建立起来了。

韶山支部一经建立，便立即带领农民群众与土豪劣绅开展了针锋相对的斗争。

这时，中共湘区党委派人到韶山来见毛泽民，说是要他去上海担任党中央出版发行部的经理，做一名公开的老板和出版商。

毛泽民征询大哥的意见。毛泽东对二弟说："去么！这是党中央的决定，要绝对服从呢！"又说，"你这一去不知何时才能回来，四嫂一个人在家带着孩子该怎么办？我们兄弟在外面干革命，个人生死早已置之度外。你和四嫂好好商量一下，她不会跟你出去的，但凡事总得有个了断。"

毛泽民明白大哥话中的含意。他也考虑到自己日后若有不测，不想让妻子受到任何牵连。

在长期艰辛的生活和斗争中，毛泽民和王淑兰互敬互爱。毛泽民是个重情义的人，想到自己常年奔波在外，今后不会再有一个安定的家了。可王淑兰是小脚，不可能像自己一样为了革命事业整天东奔西忙，只好留在韶山冲的家里——怎么办呢？自己随时都有坐牢杀头的危险，到那时，决不能连累了她和孩子啊！

深夜，毛泽民和妻子商量。他告诉她，自己明天就要走了，何时回来很难说，能不能再回来也很难讲。王淑兰听了，只是默默地掉眼泪，她知道丈夫是留不住的，丈夫已经是全身心地交给革命的人了……

毛泽民痛下决心。他缓缓地对妻子说："莫哭么！我留给你一些钱作生活费，你把女儿带好。为了你们母女的安全，我俩离婚……"

王淑兰哭得更厉害了。她表示"生是毛家人，死是毛家鬼"！她支持自己的丈夫放心大胆地出去干革命，自己永远留在韶山冲……

第二天，毛泽民告别了兄嫂和家人走了，这一走，就再也没有回来……

7 月 10 日，在毛泽东的直接指导下，韶山党支部以"打倒列强，雪洗国耻"为口号，召开了"西二区上七都雪耻会"成立大会。会上，韶山冲和银田寺一带的乡民们来了三四百人。会中，毛泽东向人们介绍了发生在上海的“五卅”惨案的真相，号召大家更大规模地开展起反对帝国主义的革命斗争。

会后，毛泽东组织了有六七百人参加的示威游行。游行中，“打倒帝国主义”和“打倒土豪劣绅”的口号喊得震天响。这喊声，在偏僻的乡村中回荡，冲出山坳，散向四面八方……

是年夏天，韶山地区恰逢大旱。整整一个7月，天上没有降下一滴雨水，田里的禾苗全都干枯了。在这种境况下，农民们揭不开锅了，家家没有饭吃，不少人只得背井离乡外出去讨饭。

也正是在这时，地主豪绅们却哄抬粮价，并组织了人力偷运粮食去湘潭城里卖高价。

面对地主豪绅的残酷欺压，毛泽东决心领导农民起来进行斗争，并决定首先召集党支部和雪耻会的干部联合开会。

会上，毛泽东对大家说：“当前乡里缺粮，既是天灾，更是人祸。其实谷米多得很，就看大家敢不敢要。土豪劣绅家囤积了大量的谷米，那都是乡亲们用血汗换来的呀！他们现在高价出售，难道我们能不反对？他们往县城偷运谷米，难道我们就不能去阻止他们？”

毛福轩说：“求粮如救命，只要有粮，我们就敢要！”

“对么！”毛泽东说，“农民也有一张嘴，要吃饭，公公道道地出钱买他的米，他不卖，那就莫怪我们不客气了！”

庞叔侃问：“润之，你说咋办吧？”

钟志申说：“我们听你的！”

“那好！”毛泽东斩钉截铁地说，“我们党支部先作出决定，以雪耻会的名义，带领农民协会的人同土豪劣绅展开平粜斗争！”

行动方案确定以后，毛泽东立刻派钟志申和庞叔侃去土豪、韶山团防局长成胥生家和平交涉，要求成胥生把他家的谷米拿出来平粜。

成胥生早就恼恨着钟志申，现在更是不理睬他和庞叔侃，并且连夜将一大批谷米运到了银田寺镇，准备在那里装船运去湘潭……

文的不行，就来武的——这也是“先礼后兵”！

在毛泽东的部署下，毛福轩迅速集合了几百农民，他们点起了火把，集中了6杆鸟枪，带着箩筐扁担，直奔银田寺，截住了正要装船的谷米。

附近的农民也闻声赶了来，声势越来越大。人们控制了银田寺的谷米，又去围住了成胥生的家。

成胥生纠集了团丁朝天鸣枪，但要求平粜、不准谷米出境的吼声盖过了团丁们的枪声。成胥生一看大势不妙，只得忍痛答应按雪耻会的章程平粜了他剥削来的谷米。

斗争取得了胜利，三乡五里的乡亲们都高兴了。受了“损失”的成胥生不甘心，派了人到长沙去向赵恒惕密报，说毛泽东就在韶山，正组织“过激党”煽动农民造反。

赵恒惕随即下令：逮捕毛泽东。

8 月 28 日，赵恒惕的密令下达到了湘潭县。县里一位议员叫郭麓宾，是一位开明绅士。他得知消息，立刻派人给毛泽东送来一封急信：“润之兄：赵贼得成胥生密告，已电示县团防局派兵缉拿。见字后火速转移。知文不具，即日。”

毛泽东接信后，知道情况紧急——韶山冲的乡亲们都催促毛泽东夫妇带着两个孩子快走，而毛泽东却笑道：“不急么！从湘潭城里到韶山有 90 多里路，团防局的兵不认得路，等他们找到成胥生再来这里，我已经走掉了！”

闻讯赶来的毛福轩说：“县里已经派了快兵，你还是先行一步吧！”

在众人的催促下，毛泽东向毛福轩等人交代了党的工作和一些需要注意的问题，然后将杨开慧和岸英、岸青紧急转移去了安全的地方，并吩咐杨开慧说：“你把我剩下来的工作完成以后，马上去广州！”

杨开慧含泪答应下来……

一切安排妥当，毛泽东在毛福轩、钟志申的护送下，趁着朦胧的夜色离开了韶山冲。

三个人刚刚走到湖堤沟附近，庞叔侃迎面奔来报信：“快兵来了！”

毛泽东见右边的山上林深树密，便用手指一指说：“走，上山！”

四个人急速爬上山坡，隐蔽在一片松树林中。

山下，十数盏灯笼和一簇火把匆匆而过，毛泽东他们缓步走下山来，从从容容地踏上了远离韶山的大路……

## 25. 毛润之长沙抒怀 蒋介石广州发难

1925 年 9 月初，毛泽东到达长沙后，秘密地向湘区党组织介绍了韶山的农民运动，并建议多派优秀干部深入农村，大力、持久地开展农民运动，以解决无产阶级革命同盟军的问题。

一天，毛泽东独自一人轻装登上了湘江西岸的岳麓山，步游了爱晚亭和岳麓书院、云麓宫等处，然后步上西湘江中的橘子洲。望着漫山红遍的枫林和漫江碧透的江水，回想起他学生时代那些“指点江山”的激情和“自信人生二百年，会当水击三千里”的诗句，不禁豪情满怀、才思喷涌，即吟作《沁园春·长沙》词一首：

独立寒秋，湘江北去，橘子洲头。看万山红遍，层林尽染；漫江碧透，百舸争流。鹰击长空，鱼翔浅底，万类霜天竞自由。怅寥廓，问苍茫大地，谁主沉浮？

携来百侣曾游，忆往昔峥嵘岁月稠。恰同学少年，风华正茂；书生意气，挥斥方遒。指点江山，激扬文字，粪土当年万户侯。曾记否，到中流击水，浪遏飞舟？

9 月上旬，毛泽东离开长沙，经衡阳、宜章，前往国民革命蓬勃发展的根据地广州。

9 月中旬，毛泽东到达了国民政府的所在地广州。

由于毛泽东在去年 1 月国民党第一次代表大会期间就深受左派人士的赏识，所以此次到广州不久便担任了国民党中央宣传部的代理部长。

毛泽东一上任，就积极展开工作，并同国民党中的新老右派展开了激烈而卓有成效的斗争。

10 月 20 日，毛泽东开始参加起草《国民党广东第一次全省代表大会宣言》。

10 月 26 日，毛泽东在国民党广东省第一次代表大会上，宣读了由他参加起草的《国民党广东省第一次代表大会宣言》："半殖民地中国的革命，不能离开世界的革命。全世界的势力显然分成两种，即革命势力与反革命势力……中国在这种形势之中，一方面中层及下层民众的革命要求日益迫切，革命风潮日益加紧；一方面英美日法各帝国主义，全国大小军阀、安福、研究、联治各派政客，香港、上海各地买办阶级，全国土豪劣绅，完全站在反革命地位。五卅屠杀以后，革命与反革命对垒激斗的情形，实为历史所仅见……"

第二天，毛泽东又在国民党广东省第一次代表大会上发表了"关于中间派问题"的演说，指出："世界上分成两个大本营，一个是大资产阶级领袖的反革命大本营，一个是无产阶级领袖的革命大本营，两派短兵相接起来，中派的基础就动摇了……"同时指出，一些中间派"做了帝国主义军阀的走狗，完全成了民众的公敌，完全成了反革命了"。因此，他明确指出"现在的广东是完全没有敢站在中间的"。

在广州，毛泽东和三弟泽覃重逢了。不久，杨开慧也带着儿子岸英、岸青辗转来到广州，和毛泽东团聚了。

这时候的广州正是一年当中最好的季节。城里城外树绿草青、繁花似锦。宽广的珠江岸边，洋溢着革命热情的时代青年男女们，精神抖擞地行走在沿江两岸。江中的小火轮和一条条帆篷船过往穿行，到处呈现着一派蓬勃向上的腾腾朝气……

入夜时分，杨开慧常常抱着岸青、领着岸英走去珠江岸边，和孩子们一起看江水、看小火轮船。夜深人静时，当两个孩子都睡着了，她又总是陪伴在挥毫写作的丈夫身边，帮丈夫抄写文稿，或为丈夫扇扇、驱赶蚊蝇和飞虫，再或就是为丈夫磨墨、沏茶、准备夜宵……

在这段日子里，毛泽东的工作虽然繁忙和劳累，但家庭生活却充满了温馨和欢乐。两个孩子越长越大，岸英已经能够帮助妈妈做些简单的家务活，岸青也已经学会说话、蹒跚着两条小腿走路了……

11 月 21 日，毛泽东在填写《少年中国学会改组委员会调查表》时，初步提出了新民主主义革命的国家学说，即“无产阶级领导的，以工农联盟为基础的各革命阶级联合统治国家”的思想。这是中国共产党建党以来第一次有人提出这样的思想理论，在国际共产主义运动中也无先例。

11 月下旬，国民党老右派们的反共活动更加猖獗。他们的代表人物邹鲁、谢持、张继等人在北京西山碧云寺孙中山的灵前，非法召开了“国民党一届四中全会”，公开反对孙中山“联俄、联共、扶助农工”的三大政策，反对国共合作，并非法通过了《取消共产党在本党党籍案》、《开除中央执行委员之共产党谭平山李大钊案》、《鲍罗廷顾问解雇案》、《取消政治委员会案》等一系列反动议案。

国民党右派在北京召集西山会议的倒行逆施，受到了共产党人和国民党左派的坚决反击。西山会议期间，国民党中央执行委员会就致电各级党部，痛斥西山会议是非法的，所有“决议”统属无效。

12 月 1 日，毛泽东在《革命》半月刊上首次发表了他所写的《中国社会各阶级的分析》一文。

12 月 5 日，毛泽东在广州以国民党宣传部的名义创办了《政治周报》，并亲自任主编。在刊物上，他亲自撰写了大量文章，对国民党右派进行了有力的批判和斗争，积极地维护和巩固了革命的统一战线。

12 月间，中共中央及时地发出了 67 号通告，要求各级党组织推动国民党各级党部发表通告，痛斥西山会议派的一系列反动行径。

这时，陈独秀、瞿秋白、蔡和森等共产党人和毛泽东一起，先后多次发表文章，对国民党西山会议派的反动行径进行了无情的揭露和反击。毛泽东又在他任主编的《政治周报》上专门开辟了“反击”专栏，刊登文章猛烈抨击国民党右派的分裂活动。

12 月 13 日，《政治周报》第 2 期登载了毛泽东所写的文章《革命派党员群起反对北京右派会议》。毛泽东在文章中指出：“现在的中国，除了革命，决无路走，凡属革命性强固的党员，决不愿附和右派抛弃光荣的革命地位，以助帝国主义军阀张目。我们料到全国党员不但不附和，而且将因此引起一个更大的团结。”①

① 《毛泽东早期文稿》，知识出版社，1993 年版。

在这一期《政治周报》上，毛泽东同时撰文《向左还是向右》，指出："以国民党左派率领工农兵学商各种革命民众为左的一方，以军阀政客买办阶级土豪劣绅及帝国主义为右的一方，人们要么向左，要么向右。左右摇摆，居中苟且是不可能的。"①

同时，国民党本部紧急召开了一届四中全会，决定召开国民党第二次全国代表大会处理西山会议派的问题。

这时的毛泽覃结识了设立在广州越秀南路 93 号的中华全国总工会的正、副委员长林伟民和刘少奇，还结识了总工会的执行委员苏兆征和李森，其中执行委员邓中夏和李立三是他早就认识的熟人了。这样，在毛泽东的支持和大家的赞同下，毛泽覃就到省港罢工委员会里工作了。

杨开慧的工作虽然几经磋商，也曾到过河南岸的德和新街小学联系，但终因两个孩子需要照看的缘故，只得暂时留在家中料理家务、协助丈夫以全部的精力投入到革命事业中……

1926 年 1 月 1 日至 19 日，国民党第二次全国代表大会在广州召开。毛泽东出席了会议，并作了《宣传工作》的报告。

整个会议中，共产党和国民党左派占了压倒多数，保证了大会的正确方向。大会重申了坚决执行孙中山的遗嘱和三大政策，坚持反帝反封建的革命目标。大会通过了《弹劾西山会议决议案》，指出西山会议纯属非法，坚决开除邹鲁、谢持的党籍，责令戴季陶反省，对其他右派人物一一提出了书面警告。

由于毛泽东等共产党人的斗争，大会选举出中央执行委员 36 人，其中有共产党员李大钊、吴玉章、林祖涵、恽代英等 7 人，选出候补中央执行委员 24 人，其中有毛泽东、董必武、邓颖超、夏曦等共产党员。

大会还通过了由毛泽东负责起草的《关于宣传决议案》和《关于农民运动决议案》。

会后，共产党人谭平山、林祖涵仍担任国民党本部的组织部长和农民部长，毛泽东为代理宣传部长。主要抓实际工作的各部秘书，都是共产党员。

---

① 《毛泽东早期文稿》，知识出版社，1993 年版。

这次大会坚持了反帝反封建的正确方向和孙中山的三大政策，打击了国民党右派，对革命发展极为有利。但是，由于陈独秀等人的右倾退让，把本已被赶出广东的国民党右派戴季陶、孙科等人又从上海送回广州参加国民党的“二大”，还坚持把蒋介石、张静江、戴季陶、孙科等人选进中央执行委员会和监察委员会，尤其把新右派、阴谋家蒋介石选为中央执行委员，客观上为其进一步篡夺革命的领导权提供了有利条件。

这时在广州，国共两党之间的斗争依然异常激烈。在国民党内部，左派和新、老右派之间的斗争已经公开化；而在共产党内部，同样存在着坚持党的正确路线和放弃原则、一味倾向“国共合作”两种思想和两条路线的斗争。

国民党“二大”后，蒋介石随着地位的提高，篡夺革命领导权的活动也日益猖獗起来。

春节过后，国共合作的形势开始发生逆转。

3 月 18 日，蒋介石指使其爪牙以黄埔军校驻省办事处的名义，说奉蒋令通知海军局代理局长、共产党员李之龙，速派有战斗力的军舰到黄埔听候调遣。李之龙不知道这是蒋介石搞的一个大阴谋，当他派了中山舰到达黄埔后，顿时谣言四起，说他要劫持蒋介石……

3 月 20 日，蒋介石调集军警，宣布戒严，断绝交通，逮捕李之龙，拘留和搜查了中山舰，包围了省港罢工委员会和苏联顾问办事处及其住宅，扣留黄埔军校和国民革命第一军中的共产党员。

一时间，广州城里城外搞得人心惶惶，善良的市民们不知道发生了什么事情，国民党新、老右派们借机大肆散布谣言。面对突然事发，毛泽东、陈延年、周恩来等人坚决主张组织起来，以武力反击蒋介石对共产党人的进攻——分析形势和力量对比，反击蒋介石是完全可以取得胜利的，因为蒋介石刚刚当上了中央执行委员，力量有限，在国民革命军中也较孤立。毛泽东精辟地对大家分析说：“蒋介石现在掌握的实力惟第一军，而第一军的下级军官和士兵大部分是有觉悟的。就省城而言，蒋的实力是大的，但就全局而言，蒋的实力是小的。他此番制造中山舰事件，向我们突然进攻，一是威胁，二是试探。我方示弱，他就要得寸进尺；我方强硬，他就要告难而退。故我方万万不能示弱妥协，要坚决同他斗争。”

毛泽东还建议说："应该把我们所掌握的武装力量集中在粤、桂边境某个地方，同时说服国民党的左派撤出广州，争取一军以外的各军反蒋，如果一时做不到，至少也要使他们保持中立，我们名正言顺地声讨蒋介石背叛统一战线、破坏国共合作，以武力对武力，逼蒋下台，削除他的兵权！"

但陈独秀等人害怕导致统一战线的分裂，拒绝了毛泽东等人的正确意见，还认为中山舰事件的发生是因为共产党"在国民党一切工作中都太过负责任"，是蒋介石误信了"谣言"所造成……

这样，按照蒋介石的意愿，让共产党员退出第一军，部分苏联顾问也被辞退回国。共产党的力量受到了严重打击，蒋介石的阴谋得逞，汪精卫也被迫离开广州出国。

事后，毛泽东和周恩来建议把第一军和黄埔军校退出来的250多名共产党员派到其他军中去，也被陈独秀所拒绝。

形势的发展和情况的变化，促使人们进一步认识了蒋介石的右派面目。共产党人对其警惕、防范有加，而国民党中的新、老右派们却将他奉若了反苏、反共的中坚……

4月间，毛泽东多次到他所熟悉的中共两广区委所在地广州文明路去会见在那里工作的陈延年、周恩来、彭湃和恽代英等人，参加共产党的各种会议，并同阮啸仙、邓中夏、萧楚女、蔡畅、邓颖超等人商讨反对国民党右派的斗争策略。

5月3日，受国民党中央农民部的聘请，毛泽东到设在番禺学宫的农民运动讲习所去担任了第6期的所长，萧楚女任教育长，教员有周恩来、彭湃、恽代英、阮啸仙、张秋人、赵自选、周其鉴、安体诚等人。在讲习所，毛泽东讲授《中国农民问题》、《农村教育》、《地理》三门课程，授课量最大、最重，时间也最长。

由于讲习所设立在番禺学宫，毛泽东到任后，便让人用木板将学宫的大成门隔开，分为了值班室、教务部和庶务部。西耳房辟为图书馆，东耳房作为了毛泽东自己的办公室；大成殿为课堂，后面的崇圣殿作膳堂，东侧房为军事训练部，东西两庑为学员们的宿舍。

在讲习所，身穿灰布长衫的毛泽东曾形象地对学员们说："你们看，最下层是塔基，有工人、农民，还有小资产阶级，人数最多，受压迫和剥削最深，生活最苦；压在他们上面的一层，是地主阶级、买办阶级，人数不多；再上一层是贪官污吏、土豪劣绅，人数更少；更高一层是军阀，塔顶是帝国主义。压迫、剥削阶级虽然很凶，但人数很少。只要大家齐心，团结紧，劳苦大众起来斗争，压在工农身上的几重大山就可推倒。百姓齐，泰山移，何愁塔之不倒乎?”

毛泽东的话说得既形象又生动，学员们都很爱听，也很容易理解……

在这届讲习所里，所办的规模最大，学员也最多。这里是国共合作以来培养农运干部的专门学校，为全国的农民运动起了重大的推动作用。

5 月 15 日至 22 日，国民党在广州召开二届二中全会，毛泽东出席了会议。

会上，阴谋家蒋介石又以“消除疑虑，杜绝纠纷”为借口，提出了一个所谓的《整理党务案》，限制和削弱中共在统一战线中的领导地位，力图篡夺国民党党权。其中规定“共产党员在国民党各级党部任执行委员的人数，不得超过全体委员的三分之一；共产党员不得担任国民党中央各部长；加入国民党的共产党员名单必须交出；共产国际给中国共产党的指示和共产党发给加入国民党的共产党员的指示，均须交国共两党联席会议讨论通过后才能发出”等等。

出席会议的中共党团在讨论这一反动提案时，毛泽东等人愤怒地拍案而起，主张坚决反击。而张国焘按照陈独秀的让步方针，则主张接受这一反动提案，认为这样可以避免产生共产党“包办”国民党事务的嫌疑，有利于两党团结。

最后，担任中共党团书记的张国焘，按照和陈独秀商定的让步方针，板着他的一张圆脸强令与会的中共代表们签字。

但是，共产党的组织原则是“少数服从多数，下级服从上级，全党服从中央”。在表决此提案时，尽管毛泽东没有举手，但《整理党务案》还是被通过了。

从此，担任国民党中央各部部长职务的共产党员全部辞职，以蒋介石为首的右派分子掌握了国民党常务委员会的主席和中央各部部长。

这样一来，毛泽东被迫离开了国民党中央宣传部。

不久，蒋介石又当上了国民革命军的总司令，垄断了国民党政府的党政军一切大权。

## 26. 北伐战争初胜利 农民运动大潮涌

1926 年 5 月，就在国民党在广州召开二届二中全会之际，毛泽东的家乡湖南的政局发生了重大变化。

这一时期的中国，北洋军阀政府主要有三大势力：包括奉系军阀张作霖，盘踞在东北各省与河北、山东，控制着津浦路北段，拥兵 30 万；直系军阀吴佩孚，盘踞在湘、鄂、豫和河北的南部、陕西东部，控制着长江中游和京汉铁路，拥兵 20 万；还有从直系分化出来自称一派的军阀孙传芳，盘踞在闽、浙、皖、苏、赣 5 省和上海市，控制着长江下游和津浦路南段，拥兵 20 万。他们各霸一方，残酷剥削和压迫人民。推翻北洋军阀的反动统治，早已成为全国人民的强烈要求。随着广东革命根据地的巩固和统一、国民革命军的建立，以及全国工农运动的迅速高涨，进行北上讨伐封建反动军阀势力统治的条件已经基本成熟了。

当国民党召开第二次全国代表大会之际，就确定并通过了北伐的方针。随后，中共中央又在北京召开了特别会议，决定共产党在当前的主要任务是从各方面为北伐做准备，以保证北伐战争的胜利。

5 月间，在国民党召开二届二中全会的同时，第二次广东省农民代表大会和第三次全国劳动大会也在广州召开。两个大会都提出：工农商学兵结合成大联合，催促和支援国民政府从速出师北伐。

这时，直系军阀吴佩孚和奉系军阀张作霖在帝国主义的支持下勾结起来，联手出兵讨伐他们称之为“二赤”的国共两党。奉系和直鲁联军，首先进攻冯玉祥所率领的国民军，国民军因寡不敌众，撤出河南和京津地区，退往西北。

也正是在这时，共产党领导湖南人民掀起了讨伐吴佩孚、驱逐赵恒惕的运动，赵恒惕被迫下台，由倾向革命的湖南省防第四师师长唐生智代理湖南省长，唐生智即率部加入了国民革命军。

吴佩孚不甘心丢失湖南，立刻命令他的嫡系部队叶开鑫向唐生智反击，唐生智被迫放弃长沙，退守衡阳，并向国民政府紧急求援。

6 月，直系军阀首领在北京会谈，决定在北方以奉系为主继续攻打国民军；在南方，则由直系派兵继续攻打湖南，并以湖南为基地，进而进攻广东革命根据地。

在这种态势下，国民政府决定派国民革命军第四军叶挺独立团为北伐先遣队，率先入湘作战，并任命唐生智为国民革命军第八军军长和前敌总指挥，以此拉开了北伐战争的序幕。

这时在上海，毛泽民化名杨杰，主持共产党在上海的秘密发行所，从事党的出版发行工作。

一天，一位端庄大方、年轻俊俏的姑娘出现在毛泽民的面前。她带着一封中共中央组织部的介绍信，来到毛泽民开办的一家印刷厂——这位 20 岁刚出头的姑娘叫钱希钧，被领导安排来给毛泽民当助手。

1926 年 7 月 9 日这一天，广州城的东校场上人山人海、枪械林立、红旗招展，国民革命军的 8 个军、约 10 万人在这里集结，蒋介石为国民革命军总司令，统辖各路军兵，正式誓师北伐。

这时，数万名广东农民自愿帮助北伐军运送物资，共产党领导的省港罢工委员会也集合了 3000 多名工人组成运输队、宣传队和卫生队，随军出征。

北伐军根据敌众我寡和敌人内部充满派系矛盾的特点，接受了苏联顾问加仑将军的建议，采取集中兵力、各个击破的战略方针，先打吴佩孚，后打孙传芳，再打张作霖。除后方留守部队外，北伐军分西、中、东三路向北进军。

7 月间，西路北伐军由四、七、八军组成，约 5 万人，主攻西线两湖战场上的直系军阀吴佩孚。北伐军以叶挺独立团为先锋，以第四军为主力，在广大群众的有力支援下，经过两个月的英勇奋战，迅速打到长沙、攻克岳阳，进而占领了武汉三镇，吴佩孚的主力部队基本被消灭，叶挺独立团及其所在的第四军被誉为“铁军”。

8 月间，正当北伐军在北伐途中节节胜利之际，毛泽东在广州主编了

《农民问题丛刊》，先后出版了 26 种，为各地从事和研究农民运动的有关人员提供了许多指导性的文献。

9 月 1 日，毛泽东为《农民问题丛刊》撰写了序言：《国民革命与农民运动》。

9 月 11 日，第六届农民运动讲习所的学员们正值毕业。在毕业典礼上，毛泽东对大家说："现在做农民运动，是最重要的革命工作。要做好这项工作，必须放下臭架子，拜农民为老师，同农民做朋友，要敢于同恶势力作斗争，不怕艰难困苦，不怕奋斗牺牲，这样才是我们所里的好学生，才不愧学习四个月！"

9 月，中路北伐军以第二、三、六军为主力，加上第一、五军各一部和独立第一师，奋力攻打江西战场上的孙传芳。

10 月，东路北伐军以蒋介石的嫡系第一军为主力，由何应钦指挥，进攻福建和浙江。由于孙传芳在此布兵甚少，且孙传芳的部队纷纷倒戈，第一军基本上没有经过什么大的战斗，很快开进福建，攻占了福建全省。

这时在上海，工人阶级在共产党的领导下，举行了第一次武装起义。由于没有经验和准备不足等原因，起义没有成功。

10 月末，毛泽东接中共中央通知，偕杨开慧并带着两个孩子离开广州前往上海。

11 月初，毛泽东到达上海，就任中共中央农民运动委员会书记，首先主持制定了《目前农运计划》。

在上海，毛泽东见到了二弟毛泽民和钱希钧，这时钱希钧已同毛泽民结婚了。在短短几个月的时间里，毛泽民和钱希钧全身心地投入工作，把印刷厂仅有的 70 多元周转金迅速发展成为上万元的资本——毛泽东为二弟的婚事感到高兴，更为二弟的工作成绩感到欣慰……

这时，战斗在江西战场上的中路北伐军向孙传芳部发起了总攻，连克九江、南昌，后沿江东下，直逼南京。至此，孙传芳部的主力大部被歼。

就在北伐军以排山倒海之势向北洋军阀发起猛攻、节节胜利之际，为适应北伐战争胜利发展的形势需要，国民党中央于 11 月在广州召开了政治会议，决定将党中央和国民政府迁往武汉，以便更好地领导北伐战争。对此，蒋介石不仅同意，而且还是积极的倡议者。

这样，北伐军继续分三路北伐：西路以第四、八军为主力，由唐生智任总指挥，沿京汉路攻打河南之敌；中路由蒋介石兼总指挥，以第二、六、七军为主力，沿长江向江苏推进……

11 月下旬，毛泽东为实现《目前农运计划》，偕妻带子离开上海前往武汉。

12 月 1 日，湖南省第一次工人代表大会和湖南省第一次农民代表大会同时在长沙举行。由于毛泽东的崇高威望，两个大会发出专电邀请毛泽东回湘指导。

当月初，偕妻带子的毛泽东到达了已被国民革命军占领的武汉。

12 月 17 日，毛泽东和杨开慧由汉口到达长沙。

这时，长江以南大革命的形势风起云涌。在一片大好的革命形势中，农民运动也蓬蓬勃勃地开展了起来。对此，毛泽东是高兴的。毛泽东高兴，重返长沙的杨开慧自然也高兴。高兴中，杨开慧特意为丈夫做了红烧肉和炒辣椒，满心喜悦地拿给他吃……

到达长沙的第四天，毛泽东出席了湖南全省工、农两个代表大会联合召开的欢迎大会，并发表了题为《工农商学联合问题》的讲演。

毛泽东的讲演，受到了两个大会代表们的热烈欢迎。

在此期间，毛泽东以中央农委书记的身份再赴汉口，参加了中共中央召开的 12 月特别会议。

会上，毛泽东坚决主张土地革命，并支持湖南区委关于实行土地革命的建议，但却遭到了共产国际代表和陈独秀的否定。毛泽东对陈独秀的右倾投降主义很不满意，但没有展开讨论。会议规定的党的主要策略是限制工农运动的发展，以换取蒋介石向左转的右倾机会主义策略。

会后，毛泽东怀着愤愤的心情离开汉口，重新返回长沙，决心率先在湖南大力展开农运，以实际行动说服和教育存在于共产党内部的右倾机会主义者，从而尽速改变党的策略，走上革命的正确轨道。

12 月 27 日，毛泽东应邀出席湖南省工人、农民两个代表大会联合举行的闭幕典礼，作了题为《关于革命联合战线问题》的演说。

年末年初，毛泽东在中共湘区委的协助下，将参加工、农两个代表大会中的共产党员留下，办了几天短期训练班。毛泽东在班上作了三次关于农民问题和调查方法的报告，鼓励大家运用马列主义的观点认真解决农民运动中的各种实际问题。

这时，冯玉祥率领的国民军已占领了陕西全省，随之南下与北伐军合攻河南的敌军。

1927 年 1 月 4 日至 2 月 5 日，毛泽东以国民党中央候补执委的身份，在国民党湖南党部监察委员戴述人的陪同下，到湖南农村深入考察农民运动的情况。

第一阶段，毛泽东于 1 月 4 日从长沙出发，次日到达湘潭韶山。在韶山银田寺农民调查会上，毛泽东对大家说："对那些残酷杀害农民的大土豪劣绅，枪毙一个，全县震动，于肃清封建余孽，极有效力。"

在接下来的几天时间里，毛泽东又在韶山特别区第三四乡农民协会举行的欢迎会上说："如果不要农会，只要关圣帝君、观音大士，能打倒土豪劣绅吗？现在你们想减租，有什么法子呢？信神呀，还是相信农民协会呢？要我讲，只有靠农会！靠团结，靠斗争！"

毛泽东在农民协会中的几次演讲，得到了广大农民的真诚拥赞……

离开湘潭后，毛泽东又考察了湘乡、衡山两县，于 1 月 24 日返回长沙，向中共湘区委报告了考察情况。

第二阶段，毛泽东 27 日从长沙出发，考察了醴陵、长沙两县，2 月 5 日返回长沙，又将考察情况向湘区委作了详细报告。

在 32 天的时间里，毛泽东行程 1400 多里，广泛接触了农、工、青、妇组织的积极分子和负责干部，召开了各种类型的调查会，获得了关于农运的极其丰富的第一手材料。

2 月 12 日，毛泽东离开长沙回武汉，就考察湖南农民运动的情况和自己的基本观点向中央写了一个简要的报告，要求立即实行土地革命。

紧接着，毛泽东用数天时间，连夜撰写出《湖南农民运动考察报告》。在这篇重要文献中，毛泽东运用马列主义阶级分析的方法，以大量事实热情歌颂了农民运动的奇勋伟绩，坚决批驳了党内外对农运的种种责难和攻击，科学地总结了湖南农民运动的经验，明确提出了共产党领导农运的正确理论和路线，创造性地解决了中国民主革命的中心问题——农民问题。

这时毛泽东担任了全国农民协会的总干事，遂计划在武昌创办新的中央农民运动讲习所，以培养更多的农运干部领导全国的农民运动。

这样，在共产党的领导下和国民党左派的赞助下，以湖南为中心的农村大革命迅猛地发展起来。至毛泽东从长沙回到武汉时，湖南农民协会的会员已经增加到200多万人。同时，湖北、江西、河南、陕西、福建等省的农民运动也有了很大的发展……

正当农民运动在共产党的领导下、在国民革命军声势浩大的北伐进军中蓬勃开展之际，1927年2月间，上海工人阶级在共产党的领导下第二次举行了武装起义，由于敌我力量对比悬殊再次归于失败。

3月4日，湖北农民代表大会在武昌召开，毛泽东被聘为大会的名誉主席。在毛泽东的指导下，会议通过了发展农运的决议案30件。会后，湖北成为全国农民运动最发达的省份之一。

这时在全国，农民协会的会员已达到1000万人。

组织起来的农民，尤其是湖南农民，把几千年来的地主特权打得落花流水，各级农会已成为了农村中惟一的权力机构，“一切权力归农会”。他们打倒地主武装，建立了自己的武装；他们开展减租减息、退押和没收地主的财产，开展反对封建礼教和冲击各种旧秩序的斗争。在大革命的洪流中，农民们在短短的几个月里就做出了几千年来未曾有过的奇勋，冲决了几千年来封建制度的根基，从根本上动摇了帝国主义和封建主义的反动统治，充分显示了毛泽东所指出的农民在中国革命中的伟大作用和力量。

面对蓬勃发展的农民运动，地主豪绅、国民党右派和北伐军中的反动军官们诚惶诚恐，他们联合起来恶毒咒骂农民运动是“痞子运动”、“惰民运动”、“糟得很”，甚至用组织假农会、杀害农会干部等手段来破坏农民运动。民族资产阶级也起来指责农民运动太“过分”和“越轨”，并以分裂统一战线相威胁，企图迫使共产党放弃对农民运动的领导。

在这样关键的时候，毛泽东、周恩来、瞿秋白等人连续发表文章，主张坚决支持已经发展起来的农民运动，痛斥一切反动派对农民运动的诬蔑，同时批评了陈独秀的右倾投降错误。

3月5日，中共湖南区委机关刊物《战士》周刊开始陆续刊载毛泽东的《湖南农民运动考察报告》；接着，《湖南民报》和汉口的《中央日报》也相继发表了毛泽东的《湖南农民运动考察报告》的全文。

两天后，根据原定的农运计划，毛泽东在武昌原清末张之洞创办的北路学堂院中，创办了中央农民运动讲习所。

3 月 10 日，国民党二届三中全会在汉口召开，毛泽东出席了会议。会议期间，由于陈独秀等人的反对，共产党中央的《向导》周刊只在 3 月 12 日刊登了毛泽东《湖南农民运动考察报告》的前七部分，但是共产国际的人对毛泽东的《湖南农民运动考察报告》反应强烈，决定在共产国际执委会机关刊物《共产国际》（俄文版）上转载，并决定在英文版的《共产国际》上刊登。

国民党的二届三中全会开了 7 天。会中，毛泽东为会议通过维护三大政策、反对蒋介石的军事独裁等决议做出了积极的努力。会议期间，共产党人吴玉章、谭平山、董必武、恽代英同毛泽东一起，和国民党左派宋庆龄、何香凝、邓演达等人共同努力，不仅通过了维护孙中山的三大政策和加强党的集体领导的一系列决议，还对原由蒋介石任主席的国民党中央常委会和军委会决议实行集体领导，不再设主席，但仍保留了蒋介石的国民党中央常委、军委委员和国民革命军总司令的职务，这实际上是限制了蒋介石的个人独裁权力。

会议还选举了当时尚在国外的汪精卫为国民党中央和国民政府的主要领导人。会议决定要共产党人参加国民政府的领导工作，苏兆征、谭平山先后出任国民政府的劳工部长和农政部长。全会还通过了惩治土豪劣绅暂行条例和《对农民宣言》。

次日，在欢迎鄂豫两省农民代表大会上，毛泽东在致词中说：“农民利益与地主利益是相冲突的。我们要打倒土豪劣绅，就要援助主张农民利益的人。”

这时在上海，中共中央总结了前两次领导工人阶级举行武装起义失败的教训，决定举行第三次武装起义，并派了周恩来亲自组织和领导这次起义。周恩来同中共浙江区委罗亦农、赵世炎和上海总工会委员长汪寿华等人，为这次起义做了充分的准备工作。

3 月 21 日，在周恩来等人的指挥下，经过一天的激战，上海工人阶级依靠自己的力量，终于取得了武装起义的胜利，解放了上海。

这时的上海，随处可以看到飘扬着的红旗，随处可以看到人们欢快喜悦的笑脸。欢快与喜悦中——3 月 23 日，共产党人在上海领导召开市民大会，选举了市政府委员，成立了上海特别市临时政府。

这次武装起义的胜利，是对帝国主义和北洋军阀的沉重打击，有力地支援了北伐战争的胜利发展，谱写了中国工人运动史上的新篇章。

3 月 24 日，由蒋介石兼任总指挥的北伐中路军攻占南京。东路军仍由何应钦任总指挥，率第一、三军向浙江进军，3 月中旬到达上海郊区。随着上海工人阶级第三次武装起义的成功，何应钦率部迈着大步开进了上海。

至此，北伐不到 10 个月，就已消灭了吴佩孚、孙传芳的主要部队，把革命从珠江流域推进到长江流域，沉重地打击了帝国主义和北洋军阀的反动统治。

## 27. 上海滩血雨腥风 武昌城风雨飘零

北伐战争 10 个月，就已消灭了吴佩孚、孙传芳的主力部队，革命势力迅速发展到了长江流域。

这一时期，蒋介石表面上通电表示拥护国民党二届三中全会的决议，却在实际行动中更加疯狂地镇压革命势力。

子系中山狼，得志便猖狂——从根本上代表大地主、大资本家利益的蒋介石一心反共，他利用已经窃取到手的军权，于 1927 年 3 月 6 日，凶相毕露地指使其爪牙惨杀了赣州总工会委员长、共产党员陈赞贤，又于 10 天后以武力解散了拥护三大政策的国民党南京市党部，紧接着，他连续派兵捣毁了九江市总工会和国民党党部，继而又丧心病狂地捣毁了国民党安徽省党部、安庆市党部和省总工会、省农协会筹备处等革命机关和团体。

蒋介石接连在江西、安徽制造了这一系列反革命事件后，于 3 月 26 日冒着牛毛细雨到达上海。

面对蒋介石的这些反革命罪行，武汉地区掀起了声势浩大的讨蒋运动。

就在蒋介石到达上海的当天，毛泽东在武昌农民运动讲习所召开的追悼陈赞贤烈士的大会上，猛烈抨击了蒋介石屠杀工农的滔天罪行，头脑清醒地指出反革命势力正准备绞杀革命，号召革命人民警惕和团结起来，以钢铁般的意志和强有力的手段向反革命发起反击！

会后，农讲所的全体学员举行了示威游行，强烈要求惩办祸首蒋介石！

这时正是春季。面对险恶变化中的形势和共产党内陈独秀等人日益脱离工农群众的右倾机会主义错误，毛泽东穿了他的灰布旧长衫，顶着江岸如雾如烟的濛濛细雨，心情沉重地登上了武昌蛇山的黄鹤楼，放眼浩浩长江水，百感交集，遂赋《菩萨蛮·黄鹤楼》词一首：

茫茫九派流中国，沉沉一线穿南北。烟雨莽苍苍，龟蛇锁大江。
黄鹤知何去？剩有游人处。把酒酹滔滔，心潮逐浪高！

3 月 30 日，湘、鄂、赣、豫四省农协代表在湖北省农协开会，决定由各省代表和国民党中央的毛泽东等人组成全国农协临时执委会，以邓演达、毛泽东等人为常委。

这时候，郭沫若发表了《请看今日之蒋介石》的讨蒋檄文，揭露了蒋介石在安庆屠杀革命人民的真相，号召一切革命人民“打倒背叛革命、屠杀民众的蒋介石”。

4 月 2 日，朱德领导的军官教导团和工人纠察队攻入反动的国民党江西省党部；第二天，南昌各界 3 万多人召开了声讨反革命分子大会。

同一时间，蒋介石到达上海后进一步与帝国主义、大资产阶级和流氓头子相勾结。他先向帝国主义保证“决不用武力改变租界的现状”，帝国主义则答应驻上海的 2 万名侵略军帮助蒋介石镇压中国革命；大资产阶级向蒋介石表示，只要他把工农运动打下去，愿以巨款相助；流氓头子黄金荣、杜月笙成立了反动组织“中华共进会”，为蒋介石提供袭击工人纠察队的打手。

这时蒋介石在上海，电召了李济深、李宗仁、白崇禧、黄绍竑、吴稚晖、张静江等人开秘密反共“清党”会议。4 月 3 日，汪精卫应蒋介石之邀也参加了这次会议。

中国革命的形势已经到了一个十分危急的关头。中国革命的根本出路在哪里？中国革命的主力军是谁？一时间成了许多立志于中国革命的仁人志士和革命团体、党派急需从思想上和行动上解决的迫切问题。

这时候的毛泽东更加清醒地认识到，只有动员和组织起中国的千百万觉醒的农民，和工人阶级一道，联合全中国所有真正愿意革命的民众一起，才有可能真正解决中国革命的实际问题。带着这样一种认识和信念，毛泽东于4月4日在武汉中央农民运动讲习所主持举行了开学典礼。

武汉中央农民运动讲习所的学员来自17个省、共800多人。毛泽东、邓演达等人组成常委会，领导全所工作，实际上是由毛泽东主持全所工作。毛泽东亲自制定了教学方针和教学计划，聘请瞿秋白、恽代英、彭湃、张太雷、方志敏、李立三等人前来授课，毛泽东并亲自选拔学员和讲授《农民问题》、《农村教育》等主要课程，尽心尽力地为全国的农民运动造就大批骨干力量。

4月5日，共产党领导改组了反动的国民党江西省党部和省政府，并根据国民党中央的决定，由方志敏主持省党部，朱德任公安局长。

同一天，在这充满杀机的严重时刻，作为共产党的主要领导人陈独秀，不但不做应付突然事变的准备，反而与汪精卫发表了《联合宣言》。《联合宣言》对蒋介石的反革命阴谋未加任何揭露，反而说蒋介石"决无有驱逐友党，摧残工友之事"，要两党同志"不听信任何谣言"、"要互相尊敬"、"开诚合作"。这个《宣言》，掩盖了蒋介石的反革命罪行并欺骗和麻痹了革命群众，起了解除共产党和革命人民的思想武装的作用。

就在许多共产党人还没有真正看清蒋介石一心反共、反人民、反革命的"庐山真面目"之际，在上海的蒋介石为了进一步麻痹人民，有意假惺惺地派军乐队把写有"共同奋斗"的锦旗送给工人纠察队，以示"敬意"。

在短短的一个月中，中国革命的形势发生着极其动荡、复杂的变化。但通过这一系列的斗争也表明，只要共产党联合国民党左派，放手发动群众和依靠工农群众，加强工农武装，是有可能制裁和制止蒋介石发动反革命政变的——然而，可憾而又可悲的是，共产党的主要领导人陈独秀完全对蒋介石放松了警惕，也使得许多共产党人对蒋介石放松了必要的戒备……

4月8日，蒋介石开始撕去一切伪装，指使其党羽吴稚晖、陈果夫等人组织"上海临时政治委员会"，成立以白崇禧为司令的戒严司令部，下令禁止罢工、集会和游行。

当蒋介石的反革命政变准备就绪之后，他有意离开上海去南京，再次将自己“掩藏”起来，躲到幕后去了……

在这样的一种形势下，中华全国农协临时执委会的委员们于 4 月 9 日向全国发表就职通电，并推举毛泽东为组织部长，实际主持全国农协临时执委会的工作。

两天后，中共中央宣传工作负责人瞿秋白将毛泽东所写的《湖南农民运动考察报告》交长江书局，以《湖南农民革命》为书名出版单行本发行，并写了序言，热情赞扬湖南的农民运动和毛泽东的这一伟大壮举。

4 月 11 日晚，杜月笙将上海市总工会委员长、共产党员汪寿华诱骗到家中秘密杀害了。

次日凌晨，大批流氓打手胳膊上戴着白布“工”字袖章，冒充工人纠察队，向上海各区工人纠察队大打出手。工人纠察队被迫还击，大批反动军队便以调解“工人内讧”为名，收缴了双方的枪支，工人纠察队被解散，被杀者达 300 多人。第二天，为了抗议反动派的血腥暴行，上海 10 多万工人举行罢工，6 万多群众冒雨游行示威，奔向二十六军第二师司令部请愿。当游行队伍走到宝山路时，突然遭到反动军队的枪击，当场打死 100 多人，伤者不计其数。接着，上海市总工会被解散，市临时革命政府和各革命团体被查封——这就是蒋介石集团发动的震惊中外的反革命“四一二”政变。

此时，中国的大地上“白色恐怖”异常猖獗——腥风裹着血雨，血雨夹着腥风。地方上的反革命势力也趁机磨刀霍霍，加紧向革命民众和共产党人猛扑过来。

紧随蒋介石之后，广东也发生了反革命政变。共产党员和革命群众 2000 多人被捕杀，优秀共产党员萧楚女、熊雄、邓培、李启汉等 20 人也被广东反动派所杀害。

此外，广西、浙江、江苏、福建、四川等省也相继发生了反革命大屠杀。

与此同时，北方军阀也与蒋介石的反革命行径遥相呼应——4 月 6 日，张作霖派大批军警闯入苏联大使馆，逮捕了李大钊等 60 多人。

“四一二”反革命政变后，毛泽东于 4 月中旬紧急邀请彭湃、方志敏等各省农协负责人在武汉举行联席会议，制定了立即普遍解决农民土地问题的方案，并上报共产党中央和即将召开的党的第五次代表大会。

蒋介石的反革命真面目彻底暴露后，使得国民党内部一片慌乱。国民党中的左派力量立刻行动起来，开始声讨蒋介石的反革命罪行。4 月 17 日，武汉国民党中央和国民政府下令开除蒋介石的党籍，免其本兼各职，并下令通缉蒋介石，以反革命罪惩处。

面对武汉国民党中央和国民政府的罢免令和通缉令，双手沾满了革命人民鲜血的蒋介石凭借着他已经篡夺的权力和围绕在他身旁的反动势力，干脆与武汉的国民党中央和国民政府分庭抗礼，于 4 月 18 日在南京宣布成立了所谓的“国民政府”——由胡汉民任主席，蒋介石自任国民革命军总司令。

从此，全国形成了宁、汉、京三个政权相互对峙的局面。

一时间，中国的政局一片混乱。混乱中，许多共产党人和国民党中的左派人士主张立即组织力量讨蒋——4 月 22 日，汉口《民国日报》发表了毛泽东起草的《中国国民党中央委员会关于讨蒋通电》：“蒋中正（介石）由反抗中央而违于自立中央。蒋中正此种阴谋，蓄之已久，及见中央即为不便于一己之私，于是始则纠集督军团武之会议，以示反抗，继则纠集西山会议之会议以谋分裂。首与帝国主义妥协，更不惜屠杀民众。对于军队中政治工作人员，则随意逮捕，拘囚杀害。于是一切帝国主义之工具，皆麇集于其旗帜之下，以从事反革命。一切革命分子，皆被以其党或勾结其党之名，除之务尽。今已开始进行，将来必变本加厉。东南革命基础，由之崩坏，革命民众，将无噍类。凡我民众及我同志，尤其武装同志，应依照中央命令，去此总理之叛徒，本党之败类，民众之蟊贼。”①

中共中央之前发表《为蒋介石屠杀革命民众宣言》，表示完全支持国民党中央处理蒋介石的决议。之后，毛泽东、吴玉章、董必武、恽代英、宋庆龄、邓演达等人联合发表了讨蒋通电。

面对蒋介石反革命的嚣张气焰，同时也因武汉地区存在着的严重危机，四面受敌军包围和经济封锁，武汉政府已处在严重的困境和威胁之中。如何打破这种局面？是东征蒋介石，还是继续北伐北洋军阀？经过激烈的争论，最后由国共两党联席会议讨论决定，再次誓师北伐。

---

① 《毛泽东早期文稿》，知识出版社，1993 年版。

恰在这时，毛泽东的二弟毛泽民因上海已无法立足、三弟毛泽覃也离开广州，兄弟二人各自偕妻子在奔赴武汉的途中相遇，便一起来寻找大哥大嫂。在武昌城下，兄弟三人又碰面了——至此，妯娌三人也第一次同时见了面。

4 月 27 日，中共“五大”在武汉召开，毛泽东出席了会议，对陈独秀在这革命的危急关头仍坚持右倾错误进行了尖锐的批评，并提出了立即普遍解决农民土地问题的方案。

敌人仇恨革命的心态是狠毒的，手段也是极其凶残的——4 月 28 日，伟大的马克思主义者、无产阶级革命的先驱、中国共产党的创始人之一和卓越的领导人之一李大钊，以及另 19 名革命志士在北京英勇就义。

屠刀下，绞架前，革命者大义凛然。

为民族，求真理，英雄们气贯长虹！

惊闻噩耗，出席中共“五大”的全体代表心情悲怆而愤慨。而此时的陈独秀却拒绝在会上讨论毛泽东的方案。

在这革命的危急关头，中共的第五次代表大会没能提出争夺革命领导权的任何具体可行的措施，尤其对建立直接掌握的革命武装没有充分重视，更没有提出满足农民土地要求的具体政纲。所以，这次大会在关键时刻没有解决任何实际问题，没有起到挽救革命的作用。

由于大会对陈独秀错误的实质和危害认识不足，所以仍然选举他为党的总书记。

会中，毛泽东被选为中央候补委员。

5 月 9 日，中共“五大”结束。

这时，各地人民已经开展起了群情激愤的讨蒋运动。蒋介石反革命政变后，使轰轰烈烈的大革命遭到了局部失败，但是武汉国民政府所辖地区的革命运动还在继续发展。

面对如此动荡和复杂多变的形势，共产党人一面设法组织自己的力量，一面继续联合国民党左派，在湘鄂两省掀起了声势浩大的讨蒋运动。武汉、长沙先后举行了几十万人参加的反帝讨蒋大会，“打倒新军阀”的口号响遍了广大城乡。武汉地区的工农运动还在发展，武汉工人建立了 5000 人的武装纠察队。湘鄂两省的农协会员也迅速发展到了 700 多万人，他们惩治土豪劣绅，夺取地主武装，建立农民自卫军，并在不少地方由减租减息发展到没收地主的土地和财产。

中共“五大”结束的第二天，投机革命的汪精卫等人到河南与发生动摇的冯玉祥在郑州召开反共会议，决定北伐军唐生智所率领的部队撤回武汉，镇压湘鄂的工农运动，冯玉祥部继续留守河南，掌握局势。

时局对革命军已极为不利。但为了稳定业已取得的革命局势和在混乱中开创新的革命局面，在“死路中寻找生路”，武汉政府第二期北伐军 6 万多人，于 5 月中旬在河南驻马店地区分三路大战奉军，连克数城后，向开封进军。

就在这时，在汪精卫武汉政府的庇护和纵容下，从湘鄂赣跑到武汉的土豪劣绅与资产阶级右翼分子相勾结，恶毒攻击工农运动，两湖地区的工农革命军中的反动军官也相继叛变。

反革命的利益和势力是相通的。由于汪精卫的态度“转变”，武汉政府所辖独立师师长夏斗寅，趁北伐军主力开赴河南前线之际，也于 5 月 17 日勾结四川军阀杨森部在宜昌叛变，乘机进攻武汉。武昌卫戍司令叶挺，根据中共中央和国民政府的命令，率部迅速前往镇压，很快将叛军击溃。

就在 5 月 17 日这一天，武汉政府出于反对工农革命的目的，免去了鲍罗廷等苏联顾问的职务。仅仅过了两天，冯玉祥又到徐州与蒋介石会谈，通过冯玉祥的“调解”，达成宁汉合作联合反共、继续北伐的协定。随后，冯玉祥在国民军中及其所辖地区“礼送”共产党员离军出境。

5 月 21 日，驻长沙的反动军官许克祥也发动叛乱，制造了“马日事变”；江西省长朱培德也“礼送”共产党员出境，并下令停止工农运动，捣毁了省总工会和农协会，收缴了工农武装。

至此，武汉地区的形势急剧变化。

“马日事变”后，毛泽东清醒地认识到再依靠国民党或以国共两党合作的形式来实现中国革命是根本不可能的了。为此，他极力主张组织工农武装坚决反击，并召集了驻汉的湖南同志开会说：“回到原来的岗位，恢复工作，拿起武器，山区的上山，滨湖的上船，坚决与敌人作斗争，武装保卫革命！”

会后，在湘的中共湖南省委委员彭公达、郭亮、柳直荀等人组织了 10 万农军向长沙进发，但陈独秀害怕“引起整个政局纠纷”，急忙下令予以制止。

这时，毛泽民和毛泽覃来到武汉还不到一个月，毛泽民已在《汉口民国日报》社担任了总经理。

《汉口民国日报》虽说是国民党湖北省党部的机关报，实际上都是共产党人在做工作。报社社长是董必武，主编是茅盾，又是总主笔。毛泽民负责报社的出版发行等行政事务。该报的办报宗旨以及编辑方针，都是由共产党中央宣传部所确定，所以这里仍是共产党一块有力的宣传阵地。

6 月 3 日，毛泽东与蔡和森等人代表全国农民协会，通电声讨许克祥："许克祥不仅为三湘工农之凶手，更已成全体武装同志之罪人，全国民众之公敌。"

6 月上旬，毛泽东在汉口日租界再次召集驻汉的湖南同志开会，再次提出了拿起武器上山，武装保卫革命的思想。毛泽东在会上说："我们共产党人再也不能这样继续下去了！我们要组织起广大的工人革命军和农民自卫军，拿起武器向一切反动势力发起攻击！城市一时打不下来，我们就到山上去坚持战斗，等待时机再行反攻。总不能这样束手待毙，总不能眼睁睁地看着轰轰烈烈的大革命，就这样被反革命势力打下去！"

6 月 24 日，共产党中央决定毛泽东到比较安全的四川去工作，但毛泽东却主动要求改派湖南，被中央任命为湖南省委书记。

临行前，毛泽东、毛泽民、毛泽覃三兄弟在武昌农民运动讲习所院中会面，毛泽东对两个弟弟说："现在形势复杂，革命已到了危急关头，你们先暂时在这里等候，等我去到长沙组织起革命军，再通知你们一起打回去！"

毛泽民、毛泽覃两兄弟都是极端佩服和敬仰大哥的，对于大哥的嘱咐，他们表示一定等候好消息，并祝愿大哥马到成功，为工农革命打出一个新天地！

毛泽东到长沙后，立即发动群众，采取紧急措施，组织力量向反革命进行反击。

在武汉的陈独秀很快得到消息，指责毛泽东妨碍国共合作，又把他调回了武汉。

毛泽东满怀着报国为民、挽救革命于危急之时的一腔热血，竟被陈独秀的一纸调令付诸东流。他这次回长沙，仅仅工作了 10 天……

# 28. 兄弟三人再分手 大鹏折翅更待飞

1927 年 7 月 4 日，回到武汉的毛泽东在陈独秀召集的中央政治局常委扩大会议上，进一步提出了组织农民武装“上山”的问题。

在这革命万分危急的时刻，中共中央政治局常委扩大会议在陈独秀错误路线的主导下，竟然通过了一个步步退让的关于国共两党关系的决议——承认国民党“当然处于国民革命之领导地位”，共产党参加国民政府“并不含有联合政权的意义”；为避免政局纠纷，共产党员可以“请假”的名义退出政府；工农等团体均受国民党党部领导与监督，工农武装均服从政府之管理与训练等。这是陈独秀投降主义的恶性发展。

会上，任弼时代表共青团中央向陈独秀提出批评意见书，陈独秀竟粗暴地将意见书当场撕掉了！

毛泽东在会上凛然提出，农民武装可以上山或投到同党有联系的军队中去，以保存革命力量，上山可以造成军事势力基础；但这一建议，也未被重视和采纳。

陈独秀等中共中央的决策人想以投降式的让步拉住汪精卫，结果恰恰相反，更加助长了汪精卫集团的反动气焰。在这种情况下，中共中央的绝大多数领导人反对陈独秀继续担任领导。

7 月 12 日，根据共产国际的指示，中共中央改组，由张国焘、李维汉、周恩来、李立三、张太雷组成临时中央常务委员会。陈独秀停职。

第二天，中共中央发表《对时局的宣言》，揭露了汪精卫集团的反动罪行，宣布撤回参加国民党政府的共产党员。

当天，邓演达发表辞职宣言。

中共中央发表《对时局的宣言》和宣布撤回参加国民党政府的共产党员后，引起了国民党左派人士的极大震动。鉴于形势，为配合共产党的宣言，同时也是为了“警告”国民党右派，7 月 14 日，宋庆龄发表《为抗议违反孙中山的革命原则和政策的声明》，宣布退出国民党中央委员会。

随后，宋庆龄、邓演达被迫出国。

然而，汪精卫集团不顾以宋庆龄为代表的国民党左派的坚决反对，竟自召开了国民党中央常委扩大会议，悍然决定与共产党分裂。

7 月 15 日，汪精卫在武汉公开发动了反革命政变，在其“宁可枉杀千人，不可使一人漏网”的口号下，武汉地区的工会、农会和其他群众团体被查封，大批共产党员和革命群众被杀害。

汪精卫集团的叛变，标志着国共合作的最后决裂和国民革命的最终失败。

轰轰烈烈的大革命虽然失败了，但它已沉重地打击了帝国主义和封建主义的反动统治，唤醒了全国人民，在广大人民中间留下了不可磨灭的革命影响，播下了革命火种，特别是教育和锻炼了幼年的中国共产党，使共产党在以后更加残酷的斗争中能够经得起更加严峻的考验，继续领导中国革命走上复兴的道路。

下一步的具体行动该怎么办？

毛泽东虽然热血冲涌但却心境苍凉，他叫来毛泽民夫妇和毛泽覃夫妇，在武昌都府堤 41 号自己的住处，兄弟三人和妯娌三人一起，彻夜分析局势并商量各自的打算。

毛泽东首先征求三弟的去路，毛泽覃表示想打仗，愿意去军队，“拿起枪，带上万把人打他狗日的反动派！”毛泽东当场支持了三弟的选择。

毛泽东再征求二弟的想法，毛泽民说他想同妻子一起设法返回上海，继续从事党的地下出版发行工作。对于二弟夫妇的选择，毛泽东没有表示异议。

毛泽民和毛泽覃反问大哥想怎么办。毛泽东说他想回湖南韶山去，那里是他的出生地，又是他发起革命最早的地方，群众基础好，他要在家乡组织起农民自卫军，上山下乡大干一番！

毛泽东对两个弟弟说：“困难和挫折算得了么事？我们还没有死么！大鹏鸟也有折翅的时候，只要它养好了伤，会飞得更高、更远！”又说，“没有国，何以有家？我们都是热血男儿，一定要为革命事业奋斗到底！”

听大哥这样一说，毛泽民又表示要留下来和大哥一起干。毛泽东想了一下同意了。

兄弟三人合计好以后，毛泽东让二弟先护送刚生下了第三个儿子毛岸龙的杨开慧和即将临产的周文楠回长沙，安顿好她们母子以后，暂时留在长沙或在湘潭找个地方住下来等候消息。毛泽民很痛快地答应下来，并抓紧时间护送嫂嫂、弟媳和三个侄儿离开了武汉。

很快，毛泽东通过叶剑英的关系，介绍三弟泽覃去了张发奎任军长的国民革命军第四军政治部工作。

这样，兄弟三人相聚时间不长，又一次分手了。

7 月下旬，中共中央临时政治局常委会决定在南昌举行武装起义，并成立了以周恩来为书记的中共前敌委员会。

8 月 1 日凌晨，在前敌委员会的领导下，经过紧张的准备工作，南昌城内打响了武装反抗国民党反动派的第一枪！

参加起义的部队有贺龙率领的国民革命军第二十军，叶挺率领的第十一军的第二十四师，朱德率领的第三军军官教导团等，共 2 万余人。起义部队在周恩来、贺龙、叶挺、朱德、刘伯承的指挥下，经过 4 个多小时的战斗，全歼盘踞在南昌的敌军 3000 多人，占领了南昌城。

南昌起义胜利后，成立了由宋庆龄、周恩来等 25 人组成的中国国民党革命委员会，发表了宣言，提出了革命纲领。

南昌起义使国民党反动派大为惊恐。在南京的蒋介石和在武汉的汪精卫以及广东的军阀急忙调集军队，包围了南昌。

三天后，起义部队被迫开始撤离南昌。接下来，在三天的时间里，起义部队先后取道赣南和闽西，向广东进军……

8 月 7 日，中共中央在汉口召开了紧急会议。会议由瞿秋白、李维汉主持，毛泽东出席会议并作了发言，强调指出共产党必须解决农民土地问题和用枪杆子取得政权的重要性。

会议通过了《中国共产党中央执行委员会告全党党员书》、《最近农民斗争议决案》等文件，总结了国民革命失败的经验教训，纠正和结束了陈独秀的右倾投降主义错误，确定了土地革命和武装反抗国民党屠杀政策的总方针，并把发动湘、鄂、赣、粤等群众基础较好的省份举行秋收起义作为下一步行动的主要任务。

会议选举瞿秋白、李维汉、苏兆征等人组成临时中央政治局，毛泽东被选为中央政治局候补委员。

8 月 9 日，毛泽东出席临时中央政治局第一次会议并发言，要求在湖南开展武装斗争。毛泽东强调说："湖南民众组织比广东还要扩大，所缺的是武装，现在适值暴动时期，更需要武装。前不久我起草经常委通过的一个计划，要在湘南形成一师的武装，占据五六县，形成一政治基础，发展全省的土地革命。纵然失败，也不用去广东而应上山。"

会上，毛泽东下定了决心说："我要跟绿林交朋友，我是上山下湖，在山湖之中跟绿林交朋友。"

在毛泽东的强烈要求下，会议指定他为中央特派员，到湖南传达"八七"会议精神和改组湖南省委，领导秋收起义。

这时主持共产党中央日常工作的瞿秋白，认准了毛泽东是位有胆识、有卓越才能的人，他想留毛泽东在党中央工作，便在会后诚恳地对毛泽东说："润之呀，有件事我考虑好几天了，想同你商量一下。现在形势严峻，任务维艰，中央人手很缺，我看你就留在中央工作吧！湖南方面的事情可以让彭公达去完成，不知你意下如何？"

面对瞿秋白的这一要求，毛泽东一时难以表态。论交情，他和瞿秋白相谊甚厚，难以回绝；论道理，瞿秋白是党的主要领导，应该听从领导旨意。但毛泽东是一个极有主见的人，他沉默了片刻，坦诚地说："秋白，你的盛情我心领了。但目前，下面的实际斗争更需要人啊！中央不是作了决定，要我急赴湖南组织秋收暴动吗？说实话，我不愿住高楼大厦，我要上山去结交绿林好汉……"

"毛泽东就是毛泽东啊！"瞿秋白紧紧地握住毛泽东的手说，"好吧，人各有志，勉强不得。润之，你就好自为之吧！"

毛泽东坦然一笑："你也要多保重！"

瞿秋白说："彼此珍重吧！"

8 月 12 日，毛泽东结束了农民讲习所的工作，告别了中央领导和同志们，离开武汉到达长沙。

这时，毛泽民和钱希钧已经去了湘潭，周文楠也快要生产了。毛泽东将暂住在长沙北郊沈家大屋旁八角门楼的杨开慧和周文楠及岸英、岸青、岸龙作了适当安排，嘱咐妻子暂回板仓娘家，好好照看周文楠及三个孩子，坚持下来进行地下斗争。

临分手时，夫妻俩互道“珍重”，但是谁也没有想到，这竟是他们夫妻的最后一别……

就在毛泽东离开武汉到达长沙的第二天，由于在武汉的汪精卫以国民党“正统”自居，宁方中的桂系也想乘机联汪逼蒋，以控制南京政府，蒋介石迫于形势对其不利，遂通电辞职下野。

蒋介石的辞职下野并没有丝毫改变国民党继续反共、反人民的反革命本质。为此，毛泽东依然坚持他所主张的“以革命的暴力反对反革命的暴力”，并决心以实际行动实现他的这一主张——8 月 16 日，彭公达在长沙主持改组了共产党湖南省委。

8 月 18 日，改组后的湖南省委连续开会讨论秋收起义问题，毛泽东强调秋收暴动是解决农民的土地问题，重申了“政权是由枪杆子中取得的”论断，必须实行“在枪杆子上夺取政权，建设政权”。

随后，毛泽东致信中共中央，指出：“中国客观上早已到了一九一七年，但以前总以为这是一九〇五年。这是以前极大的错误。工农兵苏维埃完全与客观环境适合。我们此刻应有决心立即在粤湘鄂赣四省建立工农兵政权，此政权既建设，必然迅速的取得全国的胜利。”①

在信中，毛泽东还写道：“我们不应再打国民党的旗子了。我们应高高打出共产党的旗子。国民党的旗子已成为军阀旗子，只有共产党旗子才是人民的旗子。”

毛泽东还进一步拟出了土地纲领：

（一）没收一切土地，包括小地主自耕农在内，归之公有，由农协按照“工作能力”与“消费量”（即依每家人口长幼多寡定每家实际消费量之多寡）两个标准，公平分配于愿得地之一切乡村人民。

（二）土地分配时，由区协命令乡协按户造册，造好交于区协，由区协按册分配土地。

（三）土地分配以区为单位不以乡为单位，人口多于土地之乡，

① 《毛泽东早期文稿》，知识出版社，1993 年版。

可以移于人口少于土地之乡，必如此而后分配略得其平。至于甲区移往乙区暂不可能。

（四）土地没收之后对于地主（无论大地主）家属之安置必须有一办法，方能安定人心。

8月22日，汪精卫和南京代表李宗仁在庐山协商，决定武汉政府与南京政府合而为一。

三天后，武汉政府迁都南京，宁汉正式合流。

这时，毛泽东已派人去武汉，将改组湖南省委和决意发起秋收暴动的计划汇报给了共产党临时中央政治局。

8月30日，湖南省委决定，集中力量在湘潭等地发动起义，然后会攻长沙，并成立了以毛泽东为书记的前敌委员会，具体领导组织起义。

进入9月，毛泽东到安源张家湾主持召开了由安源、浏阳党组织和军事负责人潘心源、王兴亚等人参加的会议，研究制定了起义的行动计划，宣布暴动日期、进军路线和暴动口号，正式成立了湘赣边界秋收起义的指挥机关——中共湖南省前敌委员会，并决定边界地区的武装力量统一编为工农革命军第一军第一师，约5000人，由原武汉政府警卫团团长卢德铭任总指挥，曾在黄埔军校受过训的余洒度任师长。

在这5000人当中，主要有三部分：第一团由来自反叛了汪精卫的一部分武汉警备部队组成，第二团由武装起来的汉、冶、萍的矿工们组成，第三团是浏阳等地组织起来的农民武装，另有一部四团随军行动。

一切准备就绪——一场以农民暴动、用武力夺取政权的伟大斗争，就要在毛泽东的领导下展开了！

## 29. 机智脱险张家场<br>秋收暴动初用兵

1927年9月5日，毛泽东在安源张家湾致信湖南省委：

约定11日安源发动，18日进攻长沙。

9月8日，隐蔽在长沙的周文楠生下了一个儿子，取名毛楚雄，孩子长得很可爱，只是他的父亲没在身边……

同一天，当毛泽东离开安源张家湾前往铜鼓途中，行至浏阳与铜鼓的交界处张家坊时，被一伙地主民团的团丁武装扣押，声称要带他到团部去听候发落。

这时，国民党的地主民团并不知道他们所扣押的人中，有一位就是曾任国民党中央宣传部代理部长、全国土地委员会委员、全国农协执委会组织部长的共产党中央政治局候补委员毛泽东，只知道这位长发盖耳、两颊消瘦、肤色黝黑的高个子中年人是一个企图组织乡民暴乱的“乱党”分子，要将他押解到民团总部去就地“正法”。

在将毛泽东押往民团总部途中，团丁门脱去了毛泽东脚上的鞋子。因为，按照浏阳民间的说法，处死犯人，取走他的鞋，犯人死后的鬼魂便不能再追寻来复仇了。

毛泽东暗想，这可糟糕透了！革命事业尚未成功，秋收暴动正等待着他去指挥、去领导，可不能“出师未捷身先死”啊！于是，他故意放慢了脚步，借口脚上没鞋不好走路，边走边寻思着脱身之计……

毛泽东知道，抓到他的这些团丁都是些雇佣兵，是一群见钱眼开的人，即使这些人押去枪毙了他，他们也捞不到什么好处，倒不如先用些钱贿赂这些押送他的人，使自己能有一个脱身的机会……

被抓到的还有一些别的人，毛泽东从另一位同时被抓到的人那里公开借了一些钱，团丁们见了都有些心动。毛泽东一见有机可乘，便将借来的钱买通了押解他的团丁，答应放他走路。可是，负责团丁的队长却不敢放了毛泽东，毛泽东只好暗下决心找机会逃跑……

在被押送去民团总部的路上，毛泽东故意装着脚疼走不得路，落在后面，再一次掏出银元让押他在身旁的几个团丁看花了眼，以换得脱身逃走的机会。在离民团总部不足200米的地方，毛泽东看准了机会挣脱出来，撒腿朝田野里跑去。等毛泽东跑远了，那几个拿了毛泽东银元的团丁才大声喊叫起来：

“跑了！跑了！”

毛泽东跑到一个小高地上，见下面有一洼水塘，水塘周围长了很多很高的蒿草，便躲进草中直到太阳下山。民团团丁仍在追踪他，还强迫一些农民帮助他们四下里搜寻。有几次，团丁们已经走得离毛泽东的藏身地很近了，有一两次毛泽东差一点儿就可以用手碰到他们，有五六次毛泽东已经放弃了不被发现的任何希望，认为自己一定会再次被逮住，可是不知为什么，团丁们最终还是没有“发现”他……

天色渐渐黑下来，团丁们只好放弃了搜寻，收队离去了。

又过了好长一段时间，毛泽东耐着蚊虫的叮咬，直到一点儿人声也听不到了，才从水塘边爬了出来。他长长地呼出一口气，然后立刻翻山越岭、彻夜赶路……

这时的毛泽东赤着脚，已是一身泥污，脚伤得很厉害，想走快也走不快。当他走上一个小高地时，遇到了一位打柴归家的农民。

毛泽东停下来，对这位农民喊道：“喂，下面打仗哩！”

农民凑过来问他：“为什么打仗啊？”

毛泽东对他讲了组织工农革命军打土豪分田地的事，在谈到农民协会时，农民说：“农民协会好啊！只是不该打菩萨……”

毛泽东表示赞同说：“是么，我也反对打菩萨。我就是农民协会的委员长，今日下面喊捉人就是要捉我，你能帮助我吗？”

“好啊！”农民点头说，“怎么个帮法？”

毛泽东从身上摸出几块钱，送给农民说：“我这里有几块钱，请你去帮我买一双草鞋、一把雨伞，然后请你带路，把我送到江西地界去。”

这位友善的农民很快成了毛泽东的朋友，给毛泽东买来了草鞋、雨伞和吃的东西。在这位素不相识的农民的帮助和带领下，毛泽东安全地到达了铜鼓。

在铜鼓县城南的萧家祠堂，早已等候在那里的铜鼓、修水、浏阳的农军干部立刻聚集在毛泽东的身边，听毛泽东作军事布置。毛泽东对大家讲了党的“八七”会议精神，指明了中国革命的前途和秋收起义的意义，然后以前敌委员会书记的名义宣布：立即举行湘赣边秋收暴动，用革命的武装反对反革命的武装。

9 月 9 日，由毛泽东亲自领导的湘赣边秋收起义爆发——会攻目标是湖南省会长沙!

第二天拂晓，天蒙蒙亮，由武装起来的矿工们组成的二团便从安源出发了。战斗一开始，连战连捷，相继攻下了醴陵和浏阳。随后，不想却遭到了比他们强大得多的敌军的突然袭击，在仓促应战中损失惨重，只得被迫组织突围，团长王兴亚生死不明……

9 月 11 日，毛泽东在浏阳地方党组织、工会、农会、女子联合会负责人联席会议上讲话，要求大家坚定夺取最后胜利的信心和吸取战斗中的经验教训。会后，由浏阳等地的农民武装组成的第三团，在毛泽东的直接指挥下，从铜鼓驻地萧家祠堂出发，向浏阳白沙挺进。行进途中，根据侦察人员报告，白沙镇的守敌虽然不多，但地形复杂、易守难攻，对革命军很不利。于是，毛泽东当机立断，部队在距白沙镇 8 华里的濠溪兵分三路：左翼由张子清率领，出金坑截击敌军的退路；中路由汤采之率领，组织强攻从正面突破；其余的为右翼，走潼岭攻占制高点……

第三团在毛泽东的指挥下向白沙镇的敌军发起了攻击，顿时双方枪声大作、炮火连天，直打得枪弹横飞、硝烟弥漫。白沙镇的敌军招架不住了，丢掉阵地慌忙逃往东门市。毛泽东手持驳壳枪率领三团乘势追击，却被提前一步抢占了有利地形的敌军负隅顽抗所阻击，被迫暂时停止了进攻……

次日，毛泽东调整了兵力部署，再次强攻东门，战斗打了一天，依然不能取胜，而且伤亡大增。在这种态势下，毛泽东不得不果断下令停止进攻，随即将部队撤退到上坪休整……

这时在平江路上，一团二营进入金坪时，随一团行动的四团邱国轩部突然叛变，从背后向一团二营发起攻击。一团二营毫无防备，被打了个措手不及，损失惨重。这正应了"出师未捷先损兵"的古语，一团团长钟文璋弃离部队只身出走……

至此，工农革命军第一军第一师的三路人马虽然在起义中都打了一些胜仗，但最终还是都遭到了严重损失——一团在金坪失利，二团在浏阳溃散，三团在东门市受挫，四团叛变。此时此刻，面对着"军威不振"和"溃不成军"的残缺部队，毛泽东感觉到了"关云长兵败走麦城"的味道……

如此出师不利，是毛泽东所始料不及的——痛苦和焦灼折磨着他，令他必须速下决断，以使败下来的部队有所去向……

毛泽东就是毛泽东！在这全军面临溃散的关键时刻，他想起了自己曾对两个弟弟说过的话：大鹏鸟也有折翅的时候，只要它养好了伤，会飞得更高、更远！

主意拿定，毛泽东以湘赣边前敌委员会书记的名义通知各部队连以上干部，9 月 14 日晚到上坪参加紧急会议。

是时，全师尚存的连以上干部纷纷来到上坪开会。会上，毛泽东听取了各路人马的战斗情况汇报，然后作出决定：为安定部队情绪，必须先甩开身边的敌人，统一开到文家市去休整。

对于毛泽东的决定，卢德铭表示了赞同，不太甘心的余洒度也不得不默默地点了点头……

9 月 17 日，一师各团奉命向文家市集结。毛泽东派人到长沙送信，建议湖南省委立即停止会攻长沙的计划。

两天后，秋收起义的部队陆续到达文家市。毛泽东于当晚到达，立即组织连以上干部到里仁学校内召开扩大的前委会议。

会上，毛泽东向大家讲明了自己的想法：部队放弃攻打长沙的计划，改编后向敌人统治薄弱的农村——罗霄山脉中段进军。

对于毛泽东的这一想法，本不甘心就这样“失败”了的余洒度满脸怒气地说：“我是黄埔军校出身的军人，我的天职就是打仗、是消灭敌人，即便为国捐躯也在所不惜！现在，我是工农革命军第一师的师长，当然要对革命负责任。革命的主力军工人阶级全都集中在大城市，只有夺取大城市才能更好地发动和武装工人、夺取全国的胜利！现在起义刚刚受到了些挫折，就要放弃战斗往农村跑，请问，远离城市，躲进偏僻的山沟沟里，这是哪门子主义？‘胜败乃兵家常事’，这一跑也能算是革命？”

三团团长苏先骏臂膀上吊着绷带也说：“我赞成余师长的意见！苏联革命成功就是首先夺取大城市，军需给养也得靠大城市解决。现在我们是牺牲大了些，但有战斗就会有牺牲，我们不能就这样放弃攻打长沙的计划！”

毛泽东吸着烟，神情严肃地听着他们的讲话。

余洒度又说：“省委是要我们搞省城暴动的，不是要我们上山落草为寇！”

二团的党代表张明山反对说：“余师长，话也不能这么说。我们是工农革命军，到农村去也是为了革命，怎么能说是落草为寇？再说我们四个团，起义的有五千多人，现在损失过半，如今从浏阳到长沙，敌人处处设防，如果我们冒险再继续执行原计划，即便能打下浏阳，也未必能攻下长沙。如果硬打，后果怎样是明摆着的！因此，我同意毛委员的意见，把进军方向转向农村。”

谁也没想到余洒度会勃然大怒：“改变攻取长沙的计划是‘违抗军令’，所谓进军农村是放弃革命的逃跑主义！”

卢德铭见会议开到这个份上，火药味显然太浓了，便笑着对余洒度说：“余师长，有什么意见好好讲嘛！不要感情用事……”

余洒度余怒未消地说：“城里的敌军是很多，但他们是雇佣军，是乌合之众，根本不能同我们革命军相比，我们打仗是自愿的，是为了劳苦大众！反动派虽然嚣张一时，但我们的起义没有失败，只要我们能打到长沙，长沙的民众一接应，革命就可以轰轰烈烈地开展起来，反动派的统治就会被推翻，这也是省委决定了的！我坚持继续打长沙，不打长沙就是放弃革命！”

“那么，我们怎样去打长沙？”一位连长问后又说，“我觉得我们应该看到，敌人比我们强大，我们的部队也缺乏战斗经验，再硬拼硬打损失会更大。”

“对，不能再硬拼了！”张明山赞同道，“我们需要改变进军方向，按照毛委员的意见办，这绝不等于逃跑。”

苏先骏反驳说：“现在到处是干柴，一点就可以烧遍全中国！我们是工农革命军，要做点燃这些干柴的火种，即便把我们统统烧死，也在所不辞、死得其所！”

听到这里，毛泽东笑了说：“先骏同志讲得好么！我们是火种，我们要把这火种保护好，不能让反动势力在我们点燃革命烈火前把火种熄灭掉。我们发动起义，建立武装，是为了夺取政权，而不是为了同反动派硬打硬拼。”讲到这里，毛泽东又点燃了一支烟吸了两口，继续说，“现在，我们党虽然在各地都保存下来相当的力量，但我们也必须看到反动派的大屠杀给革命带来的后果，要看到敌人的军事实力远远超过我们，他们是希望我们硬去拼的，好尽可能地一网打尽我们！而我们必须保存好这支队伍，保存好这个工农革命的火种！”

余洒度被毛泽东说得无言以对，沉默片刻才问："改变了省委的计划，后果由谁负？"

毛泽东很从容地说："我是前委书记，改变省委计划的一切后果由我承担。我已经派人给省委送信去了，说明了现在革命正处于低潮，我们党必须认识到这一点。在敌强我弱的情况下，以一支人数不多的小部队，去打敌人重兵设防的中心城市是不可能的。"

参加会议的人都在注视着毛泽东，余洒度不说话了，卢德铭也像是在认真品味毛泽东话语中的道理……

毛泽东丢掉了手中的烟头，继续说："农村，尤其是远离中心城市的地方，是敌人统治力量最薄弱的地方，我们就是要把重心转移到那里去，在广大的农村深入进行土地革命，放手发动农民群众，坚持武装斗争，保存和发展、壮大革命力量，建立根据地。这样做，决不是失败逃跑，更不是放弃革命，而是把拳头暂时收拢起来，积蓄力量再狠狠地打出去！"

这时余洒度放缓了语气说："我还是坚持自己的意见，夺取浏阳，直攻长沙……"

毛泽东将目光投向卢德铭："你是我们这次起义的总指挥，在这革命的紧要关头，今后的道路该如何走，请你讲讲吧！"

卢德铭稍作思考，随即态度很坚决地说："我们现在虽然还没有得到省委指示，但我相信毛泽东同志的决策是正确的。暂时的退却是为了更好地发展和进攻，我们起义是为了夺取政权，不单纯是为了同反动派拼个痛快。我同意毛泽东同志的意见，向农村进军，建立根据地，同反动派展开长期的武装斗争！"

此时的余洒度心中虽然仍坚持己见，但已不再讲话。毛泽东立刻让人拿过一张草图铺在桌上，人们随即围拢过来……

张明山介绍说："罗霄山脉，北段地势较缓，易攻难守；南段地势比北段好些，但也不比中段最为险要，只是人口少、产粮也不多。"

毛泽东果断地说："北段太靠近大都会，南段离都会又太远，这样在政治上对湘赣两省的影响也小一些，我看就选择中段吧！在中段，一举一动可以影响两省，根据地建立以后，再把南段及周围地区发展起来。"

卢德铭说："好！从军事上讲，选择中段也比较理想。"

张明山详细介绍说："中段是井冈山，坐落在湘赣两省的交界处，北有宁冈，南有遂川，东有永新，西边是酃县，方圆五百多里，内多高山，有黄洋界、桐木岭、朱砂冲、双马石、八面山等五大隘口，地势非常险要。山上，有大小五井，十多个村落，住着四百多户人家，人口不满两千，产谷不满万担，但是，周围各县盛产粮、棉、油，农民群众受过大革命的锻炼，有较好的群众基础，现在还有部分革命武装。"

"好么！"毛泽东高兴地对大家说，"我们就这样决定了，兵退萍乡而后进军井冈山！"

参加会议的人都表示同意毛泽东的决定，只有余洒度没有再表态。

## 30. 毛泽东攻莲花县驻永新三湾改编

1927年9月19日，毛泽东在文家市前委会议上制定出兵退萍乡而后进军井冈山的决策，开始了共产党武装斗争从城市转向农村的伟大转折。从此，中国的革命者，在毛泽东的英明指挥下，从文家市迈出了具有历史意义的关键一步！

这时，暂住在湘潭的毛泽民得知秋收起义的战斗已经打响，便急忙召唤了一批革命同志匆匆奔向浏阳，打算追赶上毛泽东领导的起义部队，但沿途受到了反动派的重兵拦阻，只得疏散了众人，和妻子钱希钧离开湘潭、折返长沙，继续从事地下工作，等待时机重返上海。

此时此刻，已经去了国民革命军第四军政治部工作的毛泽覃随军到达九江不久，因张发奎联蒋反共，企图将四军中的共产党员一网打尽。幸亏叶剑英事先得到信息，及时通知了毛泽覃等人，毛泽覃才和政治部的几个同志赶紧化装逃离了九江。途中，他们听说了南昌起义的消息，便急速赶往南昌，到南昌后不想起义的部队已经弃城南下，南昌城内外也已被张发奎所占领，几个人只得混出南昌城，再去追赶起义部队。不料中途走散，仅毛泽覃独自一人在临川城外追上了周恩来，被安排到了叶挺指挥的十一军政治部工作……

在板仓，杨开慧也很快知道了丈夫领导秋收起义的战斗已经打响，真是又喜又惊。她庆幸丈夫实现了他自己多年的夙愿，组织工农武装夺取政权，又担心丈夫的安危和处境，日日夜夜、时时刻刻牵挂着丈夫的一切……

9 月 20 日，毛泽东在文家市集合了陆续到达的秋收起义的部队，向全体指战员作了进军井冈山的动员讲话。

毛泽东对大家讲："这次秋收暴动，虽然受了些挫折，但这算不得什么！常言道，胜败乃兵家常事，重要的是我们要认真总结经验教训。有的同志说，蒋介石现在的力量很大，我们的力量很小，怕搞不出什么名堂来。依我看，我们并不孤立，我们的斗争有湘、鄂、赣、粤四省广大工农群众和全国人民的支持！我们的斗争刚刚开始，力量小只是暂时现象。我们好比一块小石头，蒋介石好比一口大水缸，我们的这块小石头，总有一天要打破蒋介石的那口大水缸！"

听着毛泽东的讲话，一些战士笑了。毛泽东又说："按原定计划是去打长沙，但目前长沙那样的城市，敌人的力量很强大，还不是我们应该去的地方。现在我们应该到敌人力量比较薄弱的农村去，在那里找一个'落脚'的地方，先站稳脚跟，然后再逐步发展我们的力量。"

毛泽东的话调动了部队的情绪。随即，部队打上了"工农革命军第一军第一师"的红旗，分梯队向井冈山进发……

不料部队经过江西芦溪时，又遭到江西军阀朱培德的突然袭击。担任后卫的三团猝不及防，一时间溃不成军，一团团部也几乎被敌军包围夹击。部队在战斗中英勇抵抗，终因敌众我寡而损失惨重，总指挥卢德铭也不幸被流弹击中牺牲，年仅 23 岁。

这可真是"出师未捷身先死，长使英雄泪沾襟"！毛泽东在退兵、进军途中失去一位得力的军事助手，心情格外悲怆，起义的部队也陷入了更为不利的境地。

工农革命军损兵折将，情绪低落，全军上下笼罩着一片愁云。毛泽东强打精神鼓励大家收拢起来继续前行，不料行军路上天降大雨，不少人开小差跑了，有些军官和党的干部也不告而别……

风洒洒，梧桐落叶，林中竹丛啼悲鸟。

雨潇潇，天暗云低，山间小路满泥泞！

当部队退至莲花县境内的陈家坊时，伤了脚的毛泽东命令大家停下来小憩。他坐在一棵大树下的青石板上吸着烟，陷入沉思，直觉得“屋漏偏遭连天雨，船迟又逢顶头风”。面对着凄风苦雨，他不知道新的落脚点将在哪里……

正在这时，一声“报告”打断了他的沉思，只见卫生队的党代表何长工带着一个农民装束的青年人来到他面前。

“我叫宋任穷。”来人向毛泽东说明了身份和来意，“是奉了江西省委的指示，专程来寻找你们的。”

毛泽东一听不由喜形于色，立刻感到了“绝处逢生”的心绪油然而生：“好么！江西省委的同志怎么说？”

宋任穷报告说：“报告毛委员，汪泽楷书记说你们在莲花厅一带行动，让我告诉你们宁冈有我们党的武装，有几十支枪，其他的事写在信上了……”说着，从身上摸出一封信交给了毛泽东。

“宁冈？好！”毛泽东笑了，他接信在手，一扫脸上的愁云，起身握住宋任穷的手说，“宋任穷同志，你辛苦了！你来得正是时候，现在我们不愁没得落脚之地了！”

这也正应了“山重水复疑无路，柳暗花明又一村”的古诗句，兴奋起来的毛泽东立刻重新组织部队，作出了首先攻打莲花县城，进而进军宁冈的决定！

9 月 25 日，毛泽东带着脚伤率部攻克莲花县城后，随即组织人力、物力救治伤员、补充给养。攻克莲花县城的胜利，给这支残破不全、疲惫不堪的起义部队带来了继续生存和顽强战斗下去的一线希望……

第二天下午，毛泽东在莲花县城内主持召开了原党组织负责人会议，要求迅速恢复和重建党组织和群众的地方武装。

9 月 29 日，毛泽东率领工农革命军进驻江西省永新县的三湾村。

清点人马，暴动时的一个整师，如今死的死、伤的伤、跑的跑、散的散，仅剩下七八百人，总共不足一个团的兵力。这时，余洒度已是心灰意懒，不想再指挥了，而三团长苏先骏更是垂头丧气，竟和身为师长的余洒度一起撂挑子撒手而去。

面对涣散的部队和大多数人低落的情绪，毛泽东决定连夜召开前委会议，提出了他反复酝酿的整编方案——其主要内容是：将所剩人员整编为一个团，为中国工农革命军第一师第一团，团长为陈浩；在部队中建立党的各级组织，设立党代表制度；破除旧军队的带兵方法，在军队内部实行民主制度，倡导官兵平等。

毛泽东在三湾改编，从此创立了一支新型的人民军队，同时也建立了党对军队的绝对领导，确立了党支部建在连上的制度。

会议进行中，人们畅所欲言，一直开到了半夜才结束。

第二天，全体官兵聚集在三湾村前的枫树坪。毛泽东头上蓄着长久未剪的头发，上身穿一件旧夹袄，腿上绑了裹腿布，脚上穿着一双磨破了的草鞋。连日征战，再加上他昨夜几乎未睡，看上去尽显疲劳，但仍十分精神地对大家说：

"同志们！我们现在官多兵少、枪多人少，很不利于作战，因此需要整编。现在宣布，凡是愿意留下的人尽管留下来，不愿意留的人可以请假回去，凡回去的人根据路途的远近发给路费。希望走的同志回到家乡继续坚持革命，将来如果愿意，还可以再回来……"

毛泽东说到这里很动情，许多战士听得哭出了声，表示坚决跟着毛委员闹革命，无论走到天涯海角，纵便战死、饿死也决不向敌人和困难低头！

接着，毛泽东向大家宣布了改编结果，得到了全体指战员的一致认同。

10 月 2 日，部队整编后，毛泽东再一次向全体指战员作了进军宁冈的动员讲话。

次日，毛泽东率领部队到达了宁冈县的古城镇，一连三天召开了前委扩大会议，着重讨论了在井冈山建立革命根据地的问题。

会上，毛泽东对大家讲："我们这次秋收起义，现在看来军事指挥有缺点，没有高度集中部队，没有集中力量消灭敌人。军事上我们失利了，但在战略上不能说我们失败了。虽然我们的人少了，却很精干，力量还很强，大有希望。现在我们作战略上的退却，来到敌人统治力量薄弱的农村，广大的农村是海洋，我们是鱼，农村是我们休养生息的地方，是我们劳动人民的天下，不是敌人的世界。"

毛泽东进而指出："罗霄山脉中段的井冈山地势很好，我们可以关了东面打西面，关了南面打北面，敌人奈何我们不得。在这里，我们可以居高临下，看得清、打得准。现在我们要在井冈山'安家'，准备'占山为王'了！"

会后，毛泽东见到改编后的部队情绪渐渐高涨起来，心情也随之舒缓了许多。回想起这次暴动的经历，他不由感慨交集，遂作《西江月·秋收起义》词一首：

> 军叫工农革命，旗号镰刀斧头。修铜①一带不停留，要向平浏②直进。
>
> 地主重重压迫，农民个个同仇。秋收时节暮云愁，霹雳一声暴动。

不久，毛泽东得到消息，说是井冈山上已经驻有一支打家劫舍的农民武装，带头人叫袁文才，是一名共产党员，专门和土豪劣绅、地主老财们作对。毛泽东和前委的同志们商量后得出一致意见，随即给宁冈的党组织和袁文才分别写了信表示致意，并说明了工农革命军第一师第一团要进驻井冈山"安营扎寨"。

很快，宁冈县的党组织和袁文才分别派出代表来古城镇与毛泽东接上了头。

直到这时，毛泽东才长长地舒了一口气，许久以来郁结在他心中的"石头"总算落了地……

10 月 5 日，毛泽东再一次向全体指战员传达了前委会议决定：进军井冈山！

从此，毛泽东开始了一场威武壮观的创建以宁冈为中心、以井冈山为依托的"工农武装割据"的崭新斗争。

---

① 修铜，毛泽东后改为"匡庐"。

② 平浏，毛泽东后改为"潇湘"。

# 31. 袁文才设“连环计”贺子珍飞马救人

巍巍井冈山，山势险峻，树茂林深，气势磅礴。登高远眺，隐约可见山间翠竹蓬勃，听松涛赫赫；临近山崖，又见樟桂飘香，杜鹃花红……

1927 年 10 月 6 日，在茫茫晨雾中，毛泽东安排了起义的部队，只带了随身的警卫员何有富和水生，三个人一步步踏进了井冈山中段的大仓村，会见驻扎在这里的农民武装首领袁文才。

这个个子不高、面色黝黑、看上去和毛泽东年龄相仿的袁文才颇有几分才智，早已聚集了 200 多人在这里“占山为王”了。往常，他所统领的这支农民武装受尽了宁冈豪绅和民团的追剿，早想得到有力的外援。如今得知大名鼎鼎的共产党人物毛泽东率领着秋收起义的革命军要来井冈山，袁文才很是渴望结交这位久负盛名的“毛委员”，但又怕毛泽东的队伍以大吃小、以强凌弱，自己得不到帮助反而“引虎上山”——他会见毛泽东，既怀有很大的期冀，又实属战战兢兢……

毛泽东要见袁文才是出于诚心诚意，进驻井冈山也是他的既定方针。这里山高林密，民风坚韧，正是他率领部队进行休整的好地方，进可攻、退可守，可以机动灵活地打击敌人，然后广泛发动群众，建立起工农革命武装夺取政权的根据地。然而对于袁文才，毛泽东尚所知不多，只知他为人豪爽、执侠仗义，而且还加入了共产党。但他能不能让工农革命军在这里落脚，有没有“容劲旅于卧榻”、“结豪杰于肘腋”的胸怀，还不得而知，实在需要面谈。再者，革命军与“山大王”为伍、共产党与“土匪”为朋，很可能出现许多意想不到的风险，也应与之“当面锣、对面鼓”地交涉——眼前只有这条路可走，除此已别无他择。毛泽东想：“不入虎穴，焉得虎子”，既要进驻井冈山，袁文才是非见不可的……

双方事业与风险同在，且都认识到结友胜过为敌——毛泽东和袁文才在大仓村林家吊楼二楼的客厅里，终于坐下来会谈了。

两个人表面都很和气，但心里都很紧张——楼外，十几条枪明摆着，颇有一股杀气，那是袁文才布置下的“精兵强将”；山下，一支近千人的工农武装荷枪实弹，印有“镰刀斧头”的红旗迎风招展，显示着一股无坚不摧的战斗气势……

会谈中，身材矮小的袁文才见毛泽东身材魁梧，一身灰色的中式布衣穿着，颈上围了一条罗布毛巾，脚穿草鞋，长长的头发映衬着两只炯炯有神的大眼睛，整个脸庞天宽地阔、神态安详，使他感到了几分敬畏和更多的可怕……

面对袁文才，毛泽东似乎洞察了他心中所想的一切，只是不动声色而友善地听着他讲述“创业”的经历和井冈山的一切……

正谈着，村外忽然传来一通鼓响，吊楼外立刻有人惊呼了一声：“啊——”

这一通鼓响，等于宣告了毛泽东一行三人已经处在了刀口上，随时都有丧失生命的可能……

袁文才听到鼓声，心中顿时一震，他立刻站起身来，似有所感地双手抱拳向毛泽东拱一拱：“山上有虎，待我出去看看，请毛委员稍候！”

袁文才转身下楼去了。毛泽东马上机警地向站在身边的何有富、水生两个人递了一个眼色，何有富和水生随即快步走向吊楼的窗口，仔细观察楼外的动静……

袁文才走出吊楼，悄悄问他的军师陈慕平：“有多少人？”

陈慕平忽闪着他那两只不大不小的眼睛说：“起码有一个连！”

袁文才一摆头：“再探！”

陈慕平答应一声，抬腿而去。

这时袁文才开始四下里察看他预先埋伏下的枪手：只见几株又粗又高的大青树后面闪现着几支乌黑发亮的枪口，对面竹丛中的枪口也已瞄准了吊楼。他放心了，随即转身走进吊楼，在楼下正厅的八仙桌旁坐下来，吸着了一支纸烟，凝视着头顶上的楼板，思索着下一步的行动计划……

楼上的毛泽东凭直觉感到，刚才的一通鼓响事出“蹊跷”，但重任所在，一时不便下楼去问个究竟。而楼下的袁文才这样安排，其担心也并非不无道理——他亲眼见过以大吃小的事，更清楚《水浒》中晁盖等人上梁山吃掉王伦的故事，所以对于他这支只有几十条枪的队伍来说，面对着上千人的革命军不得不防……

袁文才早就听说过毛泽东，他的军师陈慕平就是一个曾念过中学、在武汉农民运动讲习所里学习过的人，毛泽东正是陈慕平的老师，经陈慕平介绍知道了毛泽东这个人志大心宽、理论水平高而平易近人，在国共两党内很得当世诸多“大人物”的推崇，湖南的工农民众更是拥戴、敬慕他。他知道毛泽东在长沙发起过“驱张运动”，知道毛泽东三兄弟毁家出山闹革命的事，还知道毛泽东领导安源大罢工和倡导湖南民众组织起来率先脱离北洋军阀统治的事，更知道毛泽东曾是国民党的代理宣传部长，也知道毛泽东是共产党中央局的候补执行委员、是全国农民协会执委会的总干事——他担心像毛泽东这样一位赫赫有名的风云人物，会看不起他这个山间的“绿林草寇”，他手下的人也担心会被起义的革命军“吃掉”，只是在陈慕平的一再“担保”下，他才相信了毛泽东“出言有信”和“决不欺弱”的为人与诺言，派人与毛泽东取得联系约定了时间和地点会谈……

俗话说“害人之心不可有，防人之心不可无”，为了慎重起见，袁文才还是做了一些事先安排——他从他的营寨茅坪和毛泽东从起义军的驻地古城镇到大仓村，双方各走一半的路，既以礼相待，又便于进退。他的军事参谋李铭面对上千人的队伍，还是担心会出“意外”，袁文才这才定下了一条擂鼓、杀猪、举手、杀人的“连环计”。

先带上一口猪到大仓村林家吊楼，四周埋伏下枪手，众人看袁文才举手行事——来者友善，举右手杀猪款待；来者不善，举左手杀人相拼！除此，袁文才还特别吩咐李铭带上20几个人、20多条枪到山口放哨，如果毛泽东只带几个人来则以礼相待，袁文才出面迎客；如果有队伍进入山口，李铭便命人击响第一通鼓，袁文才停止与毛泽东的谈话，准备动武；进入山口的队伍如果再向前进入山坳，击响第二通鼓，袁文才则举第一次手，埋伏下的各枪手一律举枪瞄准目标；如果队伍进入吊楼前边的竹林，击响第三通鼓，袁文才便举第二次手，开枪杀人！

如今第一通鼓已经响过，袁文才的心中还像鼓点一样“咚咚”直跳……

然而坐在吊楼上的毛泽东并不知道袁文才的这一切安排，他只知道刚才响过的一通鼓决非吉兆，或是同《三国演义》中的鲁肃请关羽单刀过江赴会相似，袁文才肯定设下了伏兵。他倒不担心自己的处境，因为自己满怀诚意而来，决无恶意，他只担心山下的队伍为自己的安全担忧而贸然上山，尤其是团长陈浩本不赞同与袁文才等“草寇”为伍，万一带队伍上山来则会将事情搞得一塌糊涂！

昨天在古城开前委会议时，毛泽东坚决主张与已上了井冈山的袁文才、王佐等人合作，他认为这里的山高地险，利于作战和发展，而袁文才出身贫苦，母亲被豪绅逼死后才聚众呼啸山林、与官府作对，后来还加入了共产党，并几次带人带枪下山参加永新的农民暴动，是可以同他共图革命大业的。而陈浩则认为给袁文才等人一些买路钱，在这里歇歇脚，然后另觅他途，或者干脆以武力解决，将袁文才的人马彻底消灭掉，再好好打拼自己的江山……

毛泽东不赞成陈浩的想法，一再强调说：“他们都是被逼上梁山的农民兄弟，应该把他们看做亲人么！”

“亲人？”曾在叶挺独立团里战斗过的陈浩嘲笑说，“我叶挺独立团、北伐铁军的人同山大王做亲戚？这不是天大的笑话吗？”说着拍了桌子，“我陈浩不同这些土匪做亲戚！”

毛泽东怒不可遏地也拍了桌子：“中国四万万农民都是我们的亲戚，要你当哥，你就当哥；要你当弟，你就当弟！就是当儿子、当女婿也无妨！这不但不失面子，还会添上几分光彩！”

鼻梁上架着金丝眼镜的陈浩反唇相讥：“一朝为匪，终生难改，干脆把他们杀了，一劳永逸，免得日后多事！”

毛泽东说：“袁文才也是参加过暴动的人，再说我们强龙也难压地头蛇，如今在他的地面上，你砸他一石头，弄不好要砸到自己的脚面上！”

营长张子清急忙出面劝解二人，并建议毛泽东多带几个身手好的人上山，以防不测。毛泽东坚持只带两个人去，说带多了反而不安全，只是让张子清把送给袁文才的100条快枪挑选好，明天一准及时送上山去……

现在，楼外究竟发生了什么事情，毛泽东一时之间不得而知。他起身走向窗口，没见到外面有什么动静，便又坐回到客厅中央的竹椅上。这时，负责保卫毛泽东的水生发现挂在墙壁上的一幅古画在晃动，立刻上前轻轻掀开一看，见到有个枪眼，一支枪正对准着毛泽东的座位——水生急忙示意毛泽东离开座椅，同时走上前将毛泽东同那幅古画隔开了……

此时此刻，毛泽东想起了要给袁文才送枪的事，刚才只是谈到了来这里落脚，还没有来得及谈起此事，外面的鼓声便响了——毛泽东想：是不是自己说晚了？

这时的袁文才更是坐卧不宁，他觉得毛泽东果然带了队伍来，真是太不仗义了！我袁文才虽然人少，但好歹也算是独霸一方，你毛泽东想要在我头上动土，怕也不那么容易！

恰在此时，随着几声犬吠，村口山坳里传来了第二通促人心跳的击鼓声：“咚咚咚……”

袁文才急忙走向楼口，楼上传来了毛泽东的呼唤声：“文才同志，文才同志！”

袁文才站在楼口第一次举起了左手，一动不动……

四下里的枪手立刻举起了各自手中的快枪，20 多支枪同时瞄准了毛泽东所在的吊楼二层。一旦有事，毛泽东和他的随从人员将谁也跑不出楼来……

楼上的毛泽东再次大声向袁文才喊话：“文才同志，是不是山上的老虎进村了？”

这时的毛泽东已经感到了事态的危急和严重性，他不得不向楼下走着问道：“文才同志，老虎在么地方啊？我的人是可以帮忙的……”

此时的袁文才已无心思回答毛泽东的问话，他只紧张地等待着第三通鼓响，便会再次举手，下令杀人了！

何有富和水生及时拦阻了毛泽东下楼的去路，同时向毛泽东努嘴、使眼色，要他警惕楼外的一切……

“当——当——当——”楼上的一把大挂钟突然间响了起来，把楼上楼下、楼里楼外的人都震得心跳不止……

箭在弦上，挽弓待发，稍纵即逝听音响。

弹入枪膛，手握扳机，屏住呼吸看云飞！

正在这千钧一发之际，楼外竹林边传来一阵急促的马蹄声，只见两个年轻的女子策马加鞭、飞驰而至，当先的一位挥着手向站在楼口的袁文才大声喊道：“选三大哥，枪下留人！”

紧随其后的另一位女子也在奔跑着的马上摆手向埋伏的枪手们高喊：“都

放下枪！放下枪！”

毛泽东在楼上窗口见了感到奇怪，不由暗自寻思：这哪里是老虎？明明是两个女娃子么！这个袁文才，还很会变魔术哩！

这时的袁文才依然没有放下高举着的左手，只是当那位策马跑在前面的女子跳下马、大步奔到他面前说了几句什么话之后，袁文才才把左手向楼内外缓缓地摆动了几下，表示一切行动暂时停止。

毛泽东觉得这位女子很神秘，想下楼去探个究竟，但又考虑到自己的“代表”身份，只得重新在竹椅上坐下来点了一支烟吸，等候着袁文才上楼来继续谈话。

这时，楼下飘来了那位女子爽朗的问话声：“毛委员，毛委员，哪个是毛委员？”

毛泽东起身迎向楼梯口：“哪位喊我？”

只见一位面目清秀的姑娘走上楼来，很随意地回答说：“我，贺子珍！”

定睛看时，毛泽东见站到他面前的竟是一位十七八岁的美丽少女，明眸大眼、肤色洁白，身材苗条而性格开朗，便自我介绍说：“鄙人就是毛委员、毛泽东。”

贺子珍毫不客气地上下打量着毛泽东，看了前边看后边，看了左边又看右边，围着毛泽东的身体转了一圈，然后很恬静地笑了。毛泽东被她的举动搞得有些诧异，更被她的笑声搞得有些疑惑，不由得自己也开始审视起自己来，以为自己的肩头、背后或是头上挂有什么不妥之物……

“别看了！”贺子珍打断了毛泽东自我审视的举动，笑盈盈地说，“我是想看看你脑子里怎么会有那么多的主意，写出了那么多的好文章！”

毛泽东没想到在这山坳坳里竟能遇上自己文章的知音，又是这样一位年轻的少女，不禁笑道：“如此说来，你看过拙作了？”

“不止一篇哩！”贺子珍煞有介事地说，“我背给你听听：‘谁是我们的敌人？谁是我们的朋友？这个问题是革命的首要问题。中国过去一切革命斗争成效甚少，其基本原因就是因为不能团结真正的朋友，以攻击真正的敌人’……还有，“农民的主要攻击目标是土豪劣绅，不法地主，旁及各种宗法的思想和制度，城里的贪官污吏，乡村的恶劣习惯。这个攻击的形势，简直是急风暴雨，顺之者存，违之者灭。其结果……”

毛泽东同她一起背诵道：“其结果，把几千年封建地主的特权，打得个落花流水！”

贺子珍笑了，毛泽东也笑了，就连一直护卫在毛泽东身旁的何有富、水生也笑了。这时，一个女人送了茶水上楼来，贺子珍介绍说：“这位是袁嫂子！”

袁文才的妻子谢梅香将茶水放到了毛泽东身边的木桌上：“毛委员，喝茶！”

毛泽东不失礼貌地点点头，又问贺子珍：“你是谁家的娃娃？”

谢梅香笑着介绍说：“她是永新县委妇女部长，可勇敢啦！毛委员莫要小看她……”

毛泽东再次看了贺子珍一眼，微微一笑：“是我失言了！刚才冒犯了贺部长，请莫见怪！”

贺子珍甜甜地报以一笑，随即在木桌旁的一把竹椅上坐下来。毛泽东近前去说：“来，请喝茶么！”

“你这是‘借花献佛’哩！”贺子珍说罢，端起茶碗来一口气喝下一大半，又说，“我们井冈山的茶，好喝得很哩！”

直到这时，毛泽东才问道：“你们的袁大哥呢？莫非让进村的老虎吓跑了？”

贺子珍收敛了笑容说：“都说你毛委员胸怀天下，不会真的到我们这里来以大吃小吧？”

毛泽东诧异地问：“这话从何说起？”

贺子珍伸手指向楼窗外：“刚才我就亲眼看见一队人马，带着不少的快枪进了山口！”

毛泽东挥了挥手：“误会了！那只是十几个挑枪的，是来送给你们作‘见面礼’的！”

贺子珍一听笑了，起身向楼下喊道：“选三大哥，没事的，上来吧！”

袁文才这才慢慢地踏上楼来，再次同毛泽东见面了。

毛泽东笑呵呵地说：“误会了，文才同志！我毛泽东以人格担保，我们绝不做以大吃小的事！山口那只是十几个挑枪的，我想晓得你们有多少条枪？”

袁文才见问，支吾道：“一百条左右……”

毛泽东盯了对方的眼睛再问："九十？"

袁文才一脸坦诚的样子："实不相瞒，不到九十。"

毛泽东仍然紧盯着袁文才："八十？六十？"

袁文才只是笑，并不回答。

毛泽东也笑了："太少了！请你马上派人到山口去挑枪，我送你些快枪！"

"多少？"袁文才的眼睛一亮。

"一百条！"毛泽东伸出一个手指头说。

"是好枪？"贺子珍惊喜地问。

"好枪！"毛泽东肯定地说，"你想么，我毛泽东送的枪打不响，你们还不把我赶出井冈山吗？"

贺子珍信服地笑起来，袁文才也放心地笑了。毛泽东对站在他身旁的水生说："你带文才同志的人去接枪吧！"

"是！"水生答应一声，下楼欲走。袁文才立刻走向窗口，向外大喊一声："李铭，带人去挑枪！"然后又一声高喊，"陈慕平，杀猪待客！"

这时毛泽东问："文才同志，我听'陈慕平'这个名字耳熟得很……"

袁文才回身笑道："他是你在武汉农运所的学生，在我这里当军师哩！"

"我说么！"毛泽东笑得更开心了，"不想这里还有我的学生，这可更是一家人了！"

## 32. 毛泽东送枪进山<br>袁选三茅坪迎宾

1927年10月6日上午，漫山的迷雾渐渐散去。井冈山上，大仓村中的片片竹林在秋日的阳光照射下，尤显得郁郁葱葱。在林家吊楼外的一株长势苍雄的老樟树旁，前来与袁文才会谈的毛泽东已经让人送来了100条枪。

吊楼后面的竹丛中传响着猪的嚎叫……

吊楼前、竹丛旁，李铭解开了一捆枪，取一支递给前来验枪的袁文才看。

袁文才接枪在手，顿时两眼生辉：只见乌黑的枪管被轻油擦得铮铮发亮，木制的枪托也被擦得干干净净，是地地道道的汉阳造！

袁文才拿着枪爱不释手，贺子珍上前提醒说："选三大哥，你别拿了枪发愣啊！还有别的事呢！"

一句话提醒了袁文才，他伸手把枪递还给李铭，然后招招手，让人抬来四根手腕粗细的长竹筒。

袁文才当着毛泽东和贺子珍的面，命人打开了四根竹筒的封口，倾斜着往一只大竹篓里一倒，白花花的银元倒了一竹篓，全是地地道道的"袁大头"。

袁文才向毛泽东抱拳拱手说："承蒙毛委员看得起我袁文才，派人送了枪来，我也不客气，全收了！但我也晓得起义军的开支大，这是一千块大洋，杯水车薪，算是我袁某人的一点心意，日后在井冈山，起义军的粮油我全管了！"

毛泽东大喜过望："那我代表起义的全体官兵谢谢文才同志了！"随后又对站在一旁抿着嘴笑的贺子珍和谢梅香说，"两位是天上下凡来救我一命的活菩萨，刚才那阵马蹄声响得大家心跳哩！"说着，又定睛向贺子珍，"马骑得好，枪法如何？"

袁文才兴高采烈地挥着手说："贺家妹子的枪法好哩！趁今日大家高兴，我们就来当场试一试！"

"咋试法？"贺子珍用手挽着衣袖问。

袁文才四下里看了看，抬手指向一片竹林说："看到么——那竹丛边上的四杆竹子，你和你嫂子跑马打枪，每人两杆！"

语音一落，两个女人笑盈盈地去骑了马跑动起来。随着由近而远的马蹄声，"叭叭——叭叭——"四声枪响，只见被袁文才指定的那四杆翠竹全被打折，丰盈的竹枝拖挂着茂盛的竹叶从空中齐刷刷地翻折下来……

"好身手！"毛泽东不禁夸道，"真是女中豪杰哩！"

袁文才见毛泽东盛赞贺子珍，便乘兴介绍了贺子珍的一些事：她15岁时就当了永新县城中学的团支部书记，16岁时加入了共产党，17岁率领着永新县的共产党人，与王佐、袁文才等人举行了永新起义。她的哥哥贺敏学、妹妹贺怡和她，一时在永新县被传为美谈，人称"永新三贺"和"贺氏三杰"。

当地人尤其推崇贺子珍，说她是“神枪手”、“双枪女将”，老百姓们喜欢她、称道她，地主老财们对她是又气又恨、还害怕得很哩！

听了袁文才的介绍，毛泽东羡慕地对袁文才说：“你们有这样一个好妹子，是很大的福气哩！”

袁文才满心喜悦地说：“我教她骑马，南斗大哥教她打枪……”

毛泽东问：“哪个‘南斗’？”

袁文才说：“就是王佐。”

这时，贺子珍和谢梅香已经骑马回来了。下马后，贺子珍走在前面，听到毛泽东和袁文才正在谈论自己，便有意岔开话题大声说：“四个月前我们劫狱救出来的永新县干部，都躲在这里呢！”说着拉了走在她身边的谢梅香的手，又说，“我每逢缺吃少穿，就来这里找我这位好心的嫂子！”

谢梅香向毛泽东解释：“我家文才同她哥哥是中学同学，比亲兄弟还亲；文才同王佐是结拜兄弟，我们都把她当自己的亲妹子哩！”

毛泽东有意招手让贺子珍在自己面前就地转了一圈身子，然后笑道：“你脑子里的主意也不少么！会骑马，会打枪，会造反劫狱，还会到这山坳坳里来找两位大哥！”

听了毛泽东的话，大家都非常开心地笑了……

中午了，在林家吊楼有酒有肉的饭桌上，毛泽东向袁文才、陈慕平、李铭、贺子珍、谢梅香等人讲了他想把留守人员和伤病员留在茅坪。没等袁文才、陈慕平、李铭和谢梅香等人开口，贺子珍便喜形于色地抢先说：“太好了，选三大哥和我们都求之不得啊！”

袁文才也连连说：“求之不得，求之不得！”又端了酒说，“陈军师，毛委员是你的老师，你该敬酒么！”

陈慕平和袁文才轮流向毛泽东敬酒。陈慕平端着酒碗向毛泽东说：“老师，学生晓得你不胜酒力，这碗酒我先干了，算是学生的一片仰慕之情和敬意！”

说罢，陈慕平将碗中酒一饮而尽。毛泽东也举着酒碗说：“今日高兴，我总得喝一点么！”

毛泽东喝下一口酒，又感谢袁文才说：“我们来借你们一块宝地，歇歇脚，借一条大路，到南边去找贺龙、叶挺的部队。承蒙文才同志慷慨允诺，我毛泽东代表全体起义军官兵，敬你一碗!”

端着酒碗的袁文才高兴地说：“毛委员光临穷山僻壤，我们山牯佬三生有幸啊!”说罢，仰头喝尽了碗中酒……

贺子珍见大家都高兴，自己心里也充满了无限的欢乐——多少天来，她从来没有像今天这样欢快过。她料定眼前这位见过大世面、写过许多好文章的共产党的大干部，会给她和永新、莲花一带的共产党人和民众指点迷津，或许还会带他们同他领导的起义军一起去走南闯北地打天下！果真那样，她就再也不用钻山沟了，这几个月来天天在深山老林中喂蚊子、整日天昏地暗的，日子显得特别长……

“贺妹子……”一句话打断了贺子珍的思绪，袁文才正端着酒碗招呼她，“你也该向毛委员敬酒啊!”

贺子珍脸红红的，端起酒碗忙向毛泽东敬酒：“毛委员，我敬你……”

“应该是我敬你才对!”毛泽东将自己的酒碗举向贺子珍，“要谢谢你的救命之恩哩!”

一句话，把在座的人都说笑了……

在毛泽东举碗喝酒时，贺子珍发现他的衣服袖子上破了好几个小洞，若不是初次见面和有众人在场，她真想让他脱下来为他缝补缝补……

下午，毛泽东带着何有富、水生离开大仓下山去了。贺子珍也告辞了袁文才等人，纵马跑向后山的象山庵，向躲藏在庵中的永新、莲花的共产党员和干部讲了毛泽东和袁文才在大仓的会见。

几个月来一直藏在深山里的两县干部们听了，都像是长久阴沉的天空突然间放了晴，个个眉开眼笑起来。尤其是贺子珍的哥哥贺敏学，不禁咧着大嘴说：“这就好了，这就好了！我们再也不用当‘尼姑’、当‘和尚’了，可以离开这个尼姑庵了!”

10 月 7 日清晨，毛泽东率领的工农革命军就要进驻井冈山北麓的茅坪了。

这里地处宁冈县城东南约 30 华里，四周群山环抱，青竹绿树掩映着一处处简朴的庄舍。一条被称作“茅坪河”的小溪清澈见底，像一条银链从村中潺潺流过，是世代居住在这里的人们生活中取之不竭的自然源泉……

这一天，贺子珍早早地来到了茅坪，先是在袁文才家里帮助谢梅香炒豆、炒花生，然后又急匆匆地赶到村西的攀龙书院，协助袁文才安排革命军的吃住，吩咐乡亲们准备柴草、打扫慎公祠堂……

这时的袁文才已经派出人去到各乡收粮，将附近十几个乡的公产包括桥会、路会、坡会、宁冈龙江书院的学租和各地的神产，包括观音会、禄母会以及各乡的族产，包括用作祠堂祭祀的谷子统统收上来。挑粮的人们一队队、一行行川流不息地来到茅坪，一时间整个茅坪村像是开了锅的热水，沸沸腾腾地热闹极了……

上午的太阳斜照山坡，毛泽东率领着革命军的队伍打着红旗向茅坪村口走来——早已等候在那里的袁文才连忙带人迎上前去，直到这时他才发现毛泽东的脚有伤，走路有些跛，便急忙让他的人绑了一把竹椅当成轿子，要抬了毛泽东进村。毛泽东哪里肯坐，只换上了袁文才让人送来的一双新布鞋……

袁文才的手下杀猪宰牛，把血泼在路上，用欢迎贵宾的礼仪欢迎着毛泽东的队伍。

十几根长长的竹竿上挑着拖地的鞭炮点燃了，“噼里啪啦”的响声连同一起敲响的锣鼓声，震得茅坪村一阵轰鸣；八面大云锣敲得更是震天响，“哐——哐——哐——”的锣声传得又广又远，简直比“钦差大臣”出巡还要威风……

革命军进村后，贺子珍已经把攀龙书院八角楼上的房间收拾干净，并且挑水擦洗了桌椅和楼梯。这里，是袁文才特意给毛泽东安排的住处。

毛泽东和袁文才来了，贺子珍和谢梅香站在楼梯口，满怀喜悦地表示欢迎……

进楼后，袁文才指一指空空的四壁，深表歉意地对毛泽东说：“简陋得很……”

毛泽东环视四周，从窗口看向八角形的明瓦说：“很好么，很好！真要谢谢文才同志了！”

这时贺子珍问毛泽东：“毛委员，我有一个谜解不开，想请教……”

毛泽东笑着向贺子珍摆了摆手：“我也有一个谜没得解开，也想请教你贺部长哩！”

袁文才笑对二人，点头向毛泽东说："你是客人，有什么解不开的谜尽管先讲！"

"强宾不压主么！"毛泽东谦让道，"还是贺部长先讲。"

"那我可说了……"贺子珍问毛泽东，"毛委员为什么不在大城市，硬要钻到这深山坳里来？"

"英雄所见略同呵！"毛泽东笑了，对袁文才和贺子珍说，"我的问题是一样的，你一个女娃子，为什么不在城里，反要跑到这大山里来？"

袁文才哈哈大笑起来："你们怎么不问问我，我这山里人为什么不到城里去？"

进楼的人都笑了。毛泽东请袁文才、贺子珍和同自己一起来的人都坐下来，自己也坐下说："我也是从山里出来的人哩！父母、兄弟都是种田的，只是长大了才读了些书、进了城、参加了革命……"

说话间，毛泽东对袁文才讲："你提的问题，我想找个时间同永新、宁冈和莲花的干部们谈一谈。"

袁文才指一指楼窗外的后山说："他们都在后山的象山庵里呢！"

"好么！"毛泽东很高兴地说，"今日晚上，我就同他们谈谈！"

"急什么？"贺子珍问。

"事情是这样的……"毛泽东告诉大家说，"如今，唐生智同李宗仁打仗，张发奎同李济深也在打仗，我们正好利用他们混战的机会，向南发展。革命军在这里休整几天，要去打茶陵和酃县，我们总不能长期住在这里吃文才同志的粮油么！还得要去湘东打土豪、充军饷，要开仓放粮，把谷米分给贫苦的农民，尽快建立地方政权，武装民众。"

袁文才听得直点头，贺子珍听得入了迷。毛泽东又说："我还要派出人去打听贺龙和叶挺的下落，要晓得他们队伍的去处。我是想同革命大军一起，在中国搞一场轰轰烈烈的工农大革命，武装夺取政权……"

讲到这里，毛泽东抬了抬自己的脚笑道："只是眼下我的脚不那么听使唤！"

袁文才立刻说："毛委员正好利用这个机会把脚伤治好，我们这里有老中医，山里的草药多得很！"

贺子珍也说："我和妹妹去采药！"

“你的妹妹在哪里呀？”毛泽东好奇地问贺子珍，“我只晓得你有个妹妹，是不是也像你一样能骑马、会打枪啊？”

“她的妹妹也很有本事呢！”没等贺子珍开口，袁文才便回答说，“她妹妹叫贺怡，也跟她一样，骑马打枪样样都强，现在正组织永新的民众，在乡里筹粮闹革命哩！”

“好么！”毛泽东称赞说，“贺家一龙二凤，今日更晓得厉害了……”

“毛委员——”一句喊话，打断了毛泽东的话语，是陈浩找来了。这时，袁文才和贺子珍起身告辞，并告之毛泽东和陈浩中午在一起吃饭，为他们“接风洗尘”……

当天晚上，毛泽东在袁文才和贺子珍的协助下，召集永新、宁冈、莲花三县的部分党员干部座谈，研究了迅速建立地方党组织的问题……

## 33. 毛润之月夜写信　茨坪镇王佐下山

1927年10月中旬，毛泽东率领秋收起义的部队进驻茅坪后，他的脚伤在袁文才找来的中医医治下，渐渐有所好转。贺子珍和妹妹贺怡经常按照老中医开出的药方去山里采药，精心为毛泽东敷治脚上的伤口……

革命军总算暂时安顿下来，毛泽东再次给党中央政治局和湖南省委写信，详细汇报了秋收起义的经过和自己要在井冈山建立革命根据地的计划。每当夜深人静，他又总是想起两个弟弟，不知他们现在何方、身在何地，更思念和牵挂着杨开慧和他们的三个儿子，想知道他们母子的一切……

秋风萧瑟，又是子规啼月夜之时，茅坪村上攀龙书院八角楼里依然亮着灯光，暗淡的桐油灯下，毛泽东正在给妻子写信……

前几天，他在给中央和省委写信时，下笔千言，洋洋洒洒不能停笔，一写就是十几页纸。如今，他要给妻子写信了，却握笔在手，一时不知该如何写起……

楼外的秋风阵阵，吹打得丛林和竹叶微微作响；山间的杜鹃鸟一声声啼叫，传响得整个山林一派凄凉……

毛泽东此时想起了唐朝大诗人杜甫的一首五言律诗：

戍鼓断人行，边秋一雁声。
露从今夜白，月是故乡明。
有弟皆分散，无家问死生。
寄书长不达，况乃未休兵。

又想起了南唐冯延巳《浣溪沙》中的两首词句：

醉忆春山独倚楼，远山回合暮云收。波间隐隐仞归舟。
早是出门长带月，可堪分袂又经秋。晚风斜日不胜愁。

转烛飘蓬一梦归，欲寻陈迹怅人非。天教心愿与身违。
待月池台空逝水，荫花楼阁漫斜晖。登临不惜更沾衣。

最后，他终于用暗语给杨开慧写了一信，大意是："我在这里做买卖，赚了钱，生意兴隆"，而且提到了自己的脚伤，"一时不便回去探望"……

在白天的时间里，毛泽东一方面组织部队学习，一方面多次找到袁文才等人进行团结、教育和由浅入深的思想融通工作。

一天，贺子珍来见毛泽东，两个人在攀龙书院谈了起来。毛泽东夸赞贺子珍"敢同梁山好汉为伍，实在不寻常"和"难得"，贺子珍却叹息道："我们是被迫逃到这里来的！自从打了永新县城，劫了狱，只能躲到井冈山来打埋伏……"

毛泽东问："这里有什么不好啊？"

贺子珍直言道："我们的人几乎天天在讨论以后该怎么办，总不能'埋伏'在这里当山大王啊！大家都快愁死了，一听说你们来了，人们又都活跃起来，都说毛委员一定会给我们指条明路，带我们出山……"

毛泽东摆了摆手说："不对，你们想错了。"

贺子珍失望地问："怎么不对？"

毛泽东郑重地说："我是不会带你们出山的，相反还要劝你们继续呆在山里……"

贺子珍瞪大了眼睛问："为什么？"

毛泽东解释说："当山大王有么事不好？我们要当的不是一般的山大王，而是革命的山大王。我领导的起义军一路败退到这里，好不容易找到这座大山，哪舍得走么！"

贺子珍再问："你们不走了？不去打城里的敌人了？"

毛泽东进一步解释说："城里的敌人是一定要打的！走也是要走的，但不是现在。现在敌强我弱，人家几万、几十万的兵力，我们才几百、几千人，叫花子同龙王斗宝，斗不赢么！"

贺子珍有些情急地问："那咋办？"

"进山！"毛泽东指明了说，"山里有么事不好？全国的大山大湖多得很，有多少山、多少湖，就有多少农民、渔民，我们的希望就在这山里、湖里！"

"这就是你说的希望？"贺子珍似懂非懂、似信非信地再问，"也包括我们？"

"对！"毛泽东肯定地说，"也包括你们永新县的党员、干部和袁文才，我还想见见王佐。"

"当真？"贺子珍又来了精神，"南斗大哥在黄洋界只服天管，不服人管，我还担心你看不上他，不肯同他来往呢！"

毛泽东反问道："你贺部长可以找了袁文才、又找王佐，我毛泽东为么事不可以？"

贺子珍笑了，但对于毛泽东的问话，她没有作答……

离开攀龙书院，贺子珍立刻去找了袁文才，将毛泽东想见王佐的事告诉了他，并说毛泽东是真的要在这里落脚，诚心同他袁文才和王佐合作，共同干一番大事业，袁文才听罢又惊又喜，立刻拍了大腿说："我看毛委员就是个办大事的人，果然名不虚传！既然这样，我马上派人给南斗大哥送个信去！"

"就派我和嫂子去吧！"贺子珍调皮地一挥手，语气坚定地说，"我去游说南斗大哥，保证马到成功！"

"也好……"袁文才看着贺子珍的兴奋劲儿，高兴地答应下来，"就派你和你嫂子去!”

10 月中旬末的一天，贺子珍和谢梅香骑着两匹快马来到了井冈山的黄洋界。

这里，距井冈山的中心茨坪镇约 30 华里，是江西宁冈和湖南酃县通向井冈山的咽喉要隘，为井冈山的五大哨口之一。两个女人策马上山，勒住马缰站在黄洋界口举目观看，但见峰峦叠翠、数百里群山起伏，一眼望不到尽头的白云在山间缭绕、翻滚，犹如一片迭荡的汪洋大海……

山高林密，踏遍云海无寻处。

隘口险要，树蔽石遮苍翠中。

近处，峻峭的山崖和茂密的山林间传响着继续前行的马蹄声。山道两旁，全是望不透的密树茂竹、苍松翠柏，再有就是那漫山遍野的青藤和蔓草、蓬茸的杂荆和一簇簇灌木丛，将整个大山融成了一派绿色，只有傲立在山崖端的几树红枫，使看惯了大山密林的两个女人感到了些许的畅意……

日将午，二人来到茨坪王佐的团防部门前，贺子珍勒住马大声高喊：“南斗大哥!”

谢梅香也停住马高喊了一句：“南斗兄弟!”

听到喊声，白白胖胖的王佐穿着一身直贡缎的黑色短衣长裤、肩头斜挎着一支新式的驳壳枪走了出来。一见是她们两个，王佐立刻满脸堆笑地拱起了双手：“嫂子和妹子光临，有失远迎，还望恕罪!”

下了马的谢梅香笑道：“不兴戏台上的礼了!”

中等身材的王佐也笑了：“自家人，我就不客气了，快请!”又对下了马的贺子珍说，“让我来给妹子牵马!”

“还是我牵吧!”贺子珍说着，同王佐和谢梅香一同进了栅寨门。

几个团丁立刻走上来，有人去牵了谢梅香和贺子珍的马，正要再往里走，贺子珍招呼王佐说：“且慢! 小妹听说南斗大哥把手下的兵都练熟了，个个一身本事，跑路能飞檐走壁，打枪能百步穿杨，我今天倒要见识见识……”

王佐一听就乐了，立刻拍巴掌喊道：“小的们，把你们的功夫拿出来，让我这嫂子和小妹指点指点!”

王佐的话音一落，从两边房里很快跑出来一伙留着长发的团丁，他们大声呼喝着分成两队，刀对刀、枪对枪、枪对刀地对打了一通，直看得谢梅香和贺子珍一阵眼花缭乱……

“打得真好呢！”贺子珍赞罢又说，“早就听说南斗大哥一身的好本事，今天能不能让小妹开开眼？”

王佐来了精神，答应一声“好”，随即脱了外衫，只穿着一身短打，让团丁们挥刀舞枪地向自己打过来。说时迟、那时快，只见王佐侧身抄起一把竹椅，把团丁们打来的刀枪挡开，然后飞步蹿到房前抢过一根竹竿，用力一撑，随即弹跳上了房顶……

栅院中，谢梅香和贺子珍笑着鼓掌：“好啊，是真功夫哩！”

王佐得意地在房顶上一招手：“把我的枪扔上来！”

房下的一个团丁立刻去拿了王佐的驳壳枪扔上房。

王佐接枪在手，打开保险，推上子弹，斜眼瞄了瞄天空，然后一手撑着竹竿往房下跳，一手举枪打向天空：“啪——”

枪声响处，一只小鸟从天上掉了下来，王佐也稳稳地站到了地上。

栅院中又是一阵叫好声，王佐满脸笑着把谢梅香和贺子珍让到团防部的房内，让人沏了一壶好茶，连倒三碗，然后伸手对两个女人说：“请！”

三个人喝着茶，王佐问：“嫂子和小妹今日来，一定有事？”

贺子珍递上了袁文才写给王佐的信：“选三大哥想请你下山见见面……”

王佐接信粗略地看了一遍，然后放下信说：“你们知道，我认不得几个字，还是你们说吧！”

谢梅香说：“毛委员来了……”

王佐立刻问：“你们请他进了茅坪？”

“是的！”贺子珍快人快语，将自己所知所见袁文才请了毛泽东进山的事一一讲了出来。当讲到毛泽东送枪给袁文才时，王佐瞪大了眼睛问道：“好枪坏枪？”

贺子珍坦然一笑：“当然是好枪啦，一律的汉阳造！”

王佐闻听大吃一惊：“一百条枪，我的天公啊！”想了想又说，“莫不是先礼后兵，今日送了，日后还要收回去？”

谢梅香忙说：“不会的，我和选三都认定毛委员不会那样做！毛委员已经把指挥部、医疗队和革命军的后勤设在茅坪了，还想办个军装厂。”

王佐思忖着说：“我早就听人们说起过毛泽东，他是城里人，共产党的大人物，为什么要到山里来同我们这些‘乱世头’交朋友？”

贺子珍开导说：“大哥别多心，毛委员亲口对我说过，他很想见见你。他说，别小看这大山老林，没有大山老林里的革命，就进不了大城市！”

“我去见他也无妨……”王佐又想了想，然后说，“他敢送我一百条枪，我就信他有诚意，不是来吃我们的！”

贺子珍顺口说道：“我想他一定会送的。”

“那好！”王佐来了精神，伸手取杯喝了一口茶水，“一百条，少一条我也得再想想！”又说，“今日你们先住下歇歇脚，明日一早我陪你们下山。再说见了毛委员，我也得准备几条山竹做见面礼呀！”

“一言为定！”贺子珍笑了，“我已经对选三大哥说了，我和嫂子来，一准儿能请得南斗大哥下山！”

第二天，王佐骑了马带人下山。跟他的五个人每人背了两根短竹筒。

谢梅香和贺子珍骑马跟在王佐的身后，一行人快马跑离了茨坪，山谷间传响着一阵急促而清脆的马蹄声……

不多时来到茅坪的攀龙书院，正在这里的袁文才闻声迎了出来。

王佐跳下马，一把拉了袁文才的衣襟说：“袁猴，我的好老庚——你想过没有，他毛泽东会不会把我们吃掉？他可是有上千号人啊！以大吃小的事我们听得、见得多了，不可不防啊！”

袁文才笑了，坦言对王佐说：“老庚，我看毛委员不是那种人，人家是革命军，是要做大世界的。”又对谢梅香和贺子珍说，“还是你们有本事，真的把老庚请下山了！”

王佐也笑了：“有你相请，我能不来么！”

袁文才提醒说：“毛委员那里没说的，只是这几天我见他身边的周团长，一个戴金丝眼镜的人，像是不太友善。”

王佐来了火气：“是哪个？让我王佐见他一见，先给他狗日的一拳！”

袁文才微微一笑：“他是毛委员的部下，打狗也得看主人么！”

王佐轻蔑地撇了撇嘴，不屑道：“好狗自然要看主人的面，劣狗就只有打了！”然后转身对跟他来的人说，“你们在下厅等着，听我的招呼，没有我的招呼，谁也不要动！你们带在身上的一千光洋，可不是拿来打水漂的。”

袁文才悄悄地问：“你带了钱来？”

王佐狡黠地一笑："我也想得一百条枪哩！"

袁文才会意地笑了，随即领王佐进了攀龙书院。

八角楼的楼厅中，毛泽东正在桌前写信，见袁文才等人进来，急忙起身相迎。

袁文才向王佐介绍说："这位就是毛委员。"

一见毛泽东高高大大的身材，王佐顿时拱手施礼，同时近前一步，深深弯腰一揖："在下王佐拜见毛委员。"

毛泽东没料到王佐会来这样一手，也随即抱拳拱还一礼："久闻壮士大名，今日终得幸会，实属快慰平生啊！"

众人落座后，王佐像唱戏似的念着台词对毛泽东说："久闻毛委员大名，如雷贯耳。今日得见尊颜，好比拨开云雾见了青天，足慰生平！"

毛泽东笑了说："是我刚才那几句话，引得王佐同志唱起戏来了！"

听毛泽东这么一说，在座的人都笑起来。王佐见毛泽东如此平易近人，一时忘了来时的戒备之心，不由得向楼门外一招手，大声喊道："小的们，把竹筒抬上来！"

跟王佐来的五个人很快跑进厅来，每人抱着两个竹筒走向王佐。王佐一一打开竹盖，五个人往毛泽东面前的桌上一倾，只见滚出来的全是白花花的"袁大头"和金灿灿的金戒指、金耳环、金链子……

王佐再次拱手向毛泽东："山野粗竹，不成敬意，请毛委员务必赏脸收下！"

毛泽东也起身再次拱手还礼："王壮士果然豪爽过人，多谢多谢！鄙人也有一百条枪相送，明日请派人到砻市去挑。"

王佐闻言大喜，对在座的袁文才、谢梅香和贺子珍说："老庚，这下我们人多枪多，就再也不怕他狗日的尹道一了！"

袁文才忙向毛泽东解释："尹道一是周围四县民团的总团长，南斗从小就受他们亲族的欺辱。尹道一专门勾结湘赣的军队，常来找我们的麻烦。"

毛泽东当即表示："既这样，那我们就设法打掉尹道一！"又说，"民团勾结军阀，欺压民众，是你们的敌人，也是我们革命军的敌人！我们要团结起来，认真部署兵力，一举吃掉它，为开辟我们的根据地打下一个好基础！"

王佐端起茶杯举向毛泽东："有毛委员这句话，我王佐就是上刀山、下火海，也在所不辞!”说罢饮干了杯中茶，又说，“毛委员看得起我王佐，你就放心好了！我们兄弟一定同你有盐同咸，无盐同淡!”

“放心，放心!”毛泽东爽朗地笑道，“要打天下，就要靠千百万民众一条心么!”

这时王佐见毛泽东穿的长衫不太合身，便不客气地对袁文才说：“袁猴，你怎么不找几件合身的衣服给毛委员？这样的长衫，你也拿得出手?”

毛泽东说：“这就很好了，有衣就能挡寒么!”

袁文才低声对王佐说：“毛委员的衣衫不好找，南人北相，帝王之态啊！有毛委员在，你我兄弟当个把赣西总指挥，是手到擒来的事!”

王佐听袁文才这样一说，竟当着毛泽东和众人的面开心地大笑起来……

## 34. 革命军攻克茶陵<br>井冈山兄弟重逢

毛泽东在茅坪站稳脚跟后，又应王佐之邀，准备率工农革命军进驻井冈山上最大的村镇——茨坪。

1927 年 10 月 24 日，毛泽东率领革命军由江西遂川县荆竹山准备向井冈山进发时，向部队宣布了三条纪律：

第一，一切行动听指挥；

第二，不拿老百姓一个红薯；

第三，打土豪筹款要归公。

三天后，毛泽东的部队到达了群山环绕、峰峦叠嶂、树茂林深的茨坪，从此开始了创建中国第一个农村革命根据地的活动。

11 月初，毛泽东在贺子珍等人的陪同下，骑马又返回了茅坪，一面进行社会调查，一面对袁文才的队伍进行改造工作，他想尽快争取把袁文才、王佐的两支农民武装编入到革命军中来。

这次到茅坪，毛泽东见到了贺子珍的妹妹贺怡。

就在这时——正当毛泽东在井冈山上深入发动民众、开始创建中国工农革命的第一个农村根据地时，中共中央临时政治局扩大会议在上海召开了。

11 月 9 日至 10 日，以瞿秋白为代表的第一次“左”倾机会主义在共产党内占了统治地位，会议以湖南的秋收起义失败为由，给予毛泽东党内处分：“开除中央临时政治局候补委员”。

远在江西的毛泽东并不知道共产党中央临时政治局在上海决定的内容，仍在茅坪象山庵里几次召集了宁冈、永新、莲花三县的原党组织负责人开会，研究如何建立和尽快恢复这些地方的党组织问题……

11 月 18 日，毛泽东派部队攻克了井冈山西北侧的湖南茶陵县城，收缴了当地民团的大批物资和枪支、弹药，同时打开了城里豪绅的粮仓，向穷苦的农民发放谷米……

在此期间，毛泽东还去了宁冈县城砻市的龙江书院，在龙江河畔创办起了一个训练军队干部的教导队，这也是在共产党领导下的革命军队中的第一个教导队。同时，毛泽东还对宁冈、永新两个县的阶级关系和土地占有情况进行了调查，开始为土地革命做准备。

11 月 28 日，在毛泽东的指导下，茶陵的工农兵政府成立，在湘赣边界建立起了第一个由共产党领导的红色政权，并选举谭震林为共产党领导下的第一位工农兵政府主席。

转眼进入了 12 月，井冈山的大山里开始冷起来了。

一天黄昏，贺子珍的妹妹贺怡离开象山庵到茅坪去找姐姐，刚刚走到茅坪的山路口，迎面见到一位穿着一身国民党军官服的青年军官，立刻上前仔细盘问，不料这位英俊、潇洒的国民党军官不愿多说话，只是说：“不要多问了，我是来找毛泽东的。”

贺怡拦住他不让进村：“那不行！你是国民党的人，这里是共产党的天下，不问明白了不能让你进到村里去！”

来人见眼前这位身材苗条的漂亮姑娘很认真的样子，又见她的年龄和自己差不多，话语之间充满着一种坚毅和妩媚，不像是有意为难自己，便告诉说：“你快带我去见毛泽东，我是他弟弟！”

贺怡一听，将他上下打量了一下，笑道："嘿，没想到毛委员还有一个国民党的弟弟哩！"

来人急了，说："什么国民党，我这是化装前来，路上吃了好多苦，你能晓得吗？我来这里找大哥是有重要事情商量的，快带我去吧！"

贺怡被他的神情吸引了，认定他说的是实情，便答应道："好吧，你跟我来！"

两个人进村后一直向西走，引得村上的人都显露出了奇异的目光，有人问贺怡："贺家妹子，你身边这个国民党来做么事？"

还有人打趣说："贺家妹子的本事就是了不得，俘虏了一个国民党军官哩！"

贺怡只是微微笑着，并不多答话，而走在她身边的这位国民党的年轻军官，竟被围观、追随的人们说得哭笑不得……

两个人来到攀龙书院门前，贺怡问站在门口的一位革命军战士："毛委员呢？"

战士指向不远处的茅坪河边："和你姐姐在桥上呢！"

"来！"贺怡招呼自称是毛泽东弟弟的人，"你跟着我去找他们！"

"站住！"不想攀龙书院门前的战士不放行，用手中枪拦住道，"这个国民党不能过去，得在这里等着！"

没办法，贺怡只得一个人跑去报告情况了……

这时，毛泽东正同袁文才和贺子珍在茅坪河的小桥上说事，只见贺怡快步向他们跑来，贺子珍见妹妹跑得很急，便大声问："有事吗？"

"有事！"贺怡气喘吁吁地说，"我找毛委员……"

毛泽东问："什么事？"

"来人啦！"贺怡跑到毛泽东的面前，没站稳脚跟便说，"说是你弟弟……"

"弟弟？"毛泽东一怔，有些不相信地再问，"哪个弟弟？"

"……"贺怡不清楚毛泽东有几个弟弟，一时语塞，只是用手指向八角楼的方向说，"在那儿哪！"

毛泽东远远看见攀龙书院门前站着几个人，其中像是有一个穿国民革命军军服的年轻军官。那军官也像是认出了什么，立刻推开围在他身边的人，放开脚步向毛泽东奔来……

毛泽东随即挥手一声高喊："润菊——"

那年轻军官也高声呼喊着扑上前来："大哥——"

来人正是毛泽东的三弟毛泽覃！

兄弟俩意外重逢，犹如喜从天降。毛泽东大步上前，一把拉住弟弟的手，激动得许多话语一时不知从何说起……

毛泽覃眼里噙着泪花，忍了半天最终还是忍不住，扑簌簌的眼泪直淌下来："哥……"

"好了，好了……"毛泽东安慰着三弟，对身边的人介绍说，"这是我三弟，莫看他穿了一身国民党的军衣，也是一名共产党员哩！"

袁文才和贺家姐妹都被眼前见到的情景感动了，他们很能理解毛泽东兄弟俩现在这种"异地逢亲人"和"他乡遇故知"的心情，便急忙劝他们快回到攀龙书院去。很快，毛泽东领着毛泽覃进到攀龙书院，兄弟俩一起上了三楼……

刚刚坐下，贺家姐妹为毛泽覃打来了洗脸水。毛泽东向弟弟介绍了贺家姐妹，毛泽覃笑着指一指贺怡："我们早认识了！"

毛泽覃洗过脸，贺子珍和贺怡下楼去了。毛泽东将目光移到弟弟的身上，不禁说道："很潇洒么！"

"别提了！"毛泽覃说，"就因为穿了这身军装，那女娃子硬不让我进村哩！"

说着话，兄弟俩重新坐下来，毛泽东又问："武汉一别，从此再无音信。怎么，你还在张发奎的第四军么？"

毛泽覃也看了看自己一身的国民党军装，知道大哥误会了，便哈哈笑了说："哥，张发奎那狗日的早就反共了！他哪里还容得下我？"

"么回事？"毛泽东催促弟弟，"快讲来听听！"

毛泽覃叙述说："我们到九江不久，张发奎就想把四军中的共产党一网打尽，多亏了叶剑英同志及时通知了我们，我才和政治部的几个同志化装后逃离了九江。路上，我们听说我们党要在南昌起义，就急忙赶往南昌……"

"喔？"毛泽东被三弟的经历吸引了，"你们参加了南昌起义？"

"咳，别提啦！"毛泽覃叹了一口气，说，"赶到南昌，却没能赶上起义！"

毛泽东有些吃惊："怎么回事？"

毛泽覃继续说："真他娘的倒霉！起义部队南下了，城里城外全被张发奎占领了，同我一起逃出来的几个同志也走散了。我一看大事不妙，就准备赶紧混出城去追赶起义部队，不想到了城门口，又被守城的士兵喝住了要搜身检查……"

毛泽东有些担心了："又捉住你了？"

"没有……"毛泽覃笑一笑说，"一个兵突然从我内衣口袋里掏出件东西，他们看了反而一下子愣住了。我一瞧原来是四军军部发的上尉书记官的证件，我化装时匆匆忙忙地忘了扔掉，没想到这东西反而成了我的一道护身符！"

直到这时，毛泽东的脸上才恢复了笑容："好险喔……"

毛泽覃接着说下去："我马上把脸一翻，冲他们就骂。这一骂还真管用，真把那几个兵给唬住了！他们一个劲儿地向我赔不是，还向我立正敬礼，我就让他们'稍息'了，然后大摇大摆地出了城……"

说到这里，毛泽覃得意地笑了，毛泽东望着弟弟调皮的样子也笑了……

这时，有人给他们送来了茶水。毛泽覃喝了一口茶，继续向哥哥讲他的经历："唉，离开南昌后我就一路打听一路追，饿了就向小摊上讨口饭吃，困了我就倒在田埂上睡一会儿，就这么日追夜赶，总算在临川城外追上了起义的部队！"

"好么，好！"毛泽东赞许地点点头，"你进的哪个部队？"

"别提啦！"毛泽覃又一次摆了手，"谁知我们的兵比军阀的兵盘查得还厉害！他们见我像个叫花子，就把我当成了奸细，不问青红皂白，又踢屁股又打耳光，把我打得好惨。我被打急了，叫他们押我去军部，他们硬是不押我去，还说'你这奸细还想去军部？先打死你再说！'……"

"那怎么办啊？"毛泽东又一次为弟弟担心起来，"共产党不许打人么……"

"还好……"毛泽覃又喝了一口茶水，"幸亏周恩来从旁边路过，他一眼认出了我，这才算消除了怀疑。周恩来听了我的汇报，就把我安排到叶挺军长指挥的十一军政治部了。"

"哦！"毛泽东彻底地放下心来，"后来的情况如何呀？"

"我在汕头……"毛泽覃继续讲述着他的传奇经历，"当时我军主力在汤坑被黄绍竑埋伏的部队包了饺子，接着又在流沙被打散，全军覆没。不想黄绍竑狗日的随后又亲自率领着三个师的兵力直取潮州，这一下汕头全乱套了，谁也找不到谁，指挥部的头头们也都跑散了，敌人一进城就到处追杀我们的人……”讲到这里，毛泽覃深深地叹了一口气，“这个只红了七天的潮汕一下子又变成白色恐怖了……”

毛泽东又问：“你是从汕头逃出来的?”

“逃是逃出来了……”毛泽覃继续说，“我们几个同志一起，在路上又会合了几百人，一路打打藏藏地辗转到了饶平，在那里遇到了朱德同志的部队。他的部队在三河坝同敌人钱大钧部激战了三天三夜，突围后经饶平想赶赴潮汕同主力会师。遇到我们后，他们才知道潮汕已经失守，朱德同志就率领我们向闽西赣粤边转移……”

听到这里，毛泽东关切地问：“朱德同志那里有多少人，都还有谁?”

毛泽覃说：“开始时有一两千人，后来死的死、伤的伤、逃的逃，到了江西安远县的天心坪整编时，就只有七八百人了。”

“哦……”毛泽东听到这里惊讶地叫了一声。他奇怪地发现，朱德率领的这支部队竟然同他率领的秋收起义的部队有着十分相似的经历，突然使他产生了一种患难与知音的感觉，不禁问道，“怎么同样也是七八百人?”

毛泽覃不大明白大哥的问话，直说道：“是七八百人呀！本来还多些，朱德同志发现有些人还很动摇，整编时就说，‘要革命的跟我走，不革命的可以回家’，所以又有一些人离队了，只整编了一个团。朱德任团长，陈毅任指导员，王尔琢任参谋长。”

毛泽东喃喃地自言自语道：“越说越像了么……”

“什么越说越像?”毛泽覃不解地问，“像么事?”

“你说，你说!”毛泽东催促三弟继续说下去。

毛泽覃又说：“一天，朱德同志把我叫去，指着一张刚缴来的报纸说，‘看么，你大哥带着秋收起义的部队上了井冈山，敌人拿他没办法。泽覃，你立即动身，到你大哥那里去联系一下两军会师的事’……”

“好哇!”毛泽东这才明白了三弟的来意，“原来你是特遣大使呀!”

毛泽覃颇有些得意地笑了笑，从衣袋里取出一张名片，递给了大哥。毛泽东接过来一看，见名片上印着“国民革命军第十六军少校副官——覃泽”。

“怎么会是十六军?”毛泽东问。

毛泽覃便又把朱德的部队目前隐藏在十六军的情况说了一下。

毛泽东把拿在手里的名片再看了看，笑道:“你把名字颠倒，也学会本领啦！很聪明么!”

“还多亏了这个!”毛泽覃得意地拍了拍身上的军服说，“这一带的地主武装就吃这个，都像龟儿子似的，摆酒接风，设宴款待，这才打听到你们!”

毛泽东不由得哈哈大笑起来，接着又问:“朱德同志他们想怎么办?”

毛泽覃说:“我们在国民党第十六军隐蔽不过是权宜之计，朱德同志想找个既能屯兵，又能打仗的地方，所以让我来找你联系，看这里怎么样?”

“这里很好哇!”毛泽东简要地介绍说，“这里进山有奇险可守，出门四处可攻，地盘也大，群众基础也好，藏千军万马不成问题!”

毛泽覃听大哥这么一说，心中万分高兴。这时，楼下上来人叫他们去吃晚饭了……

在饭桌上，袁文才、陈慕平和贺家姐妹陪同毛家兄弟一起吃饭，毛泽覃乘兴还对大家说了一件很可笑的事:“你们晓得吗？我还做过县太爷哩!”

“呀——”贺怡好奇地盯着他问，“你怎么做的?”

毛泽覃很神气地说:“我们攻下大庾时，县太爷跑了，朱德同志让我去做县太爷，天天击鼓升堂、审案问案……”

“你这是胡闹!”毛泽东打断了弟弟的话，很严肃地说，“我们夺取政权，是要为人民办事情的!”

毛泽覃见大哥不高兴，赶紧收敛了笑容。袁文才和陈慕平赶紧从中相劝，贺子珍只是笑，没说什么，只有贺怡打抱不平地说:“审案问案有什么不好?要为人民办事，不审清问明了怎么办啊?”

贺子珍制止妹妹:“你莫多嘴!”

毛泽覃也说:“我也烦死了，三天后我们就离开了，县太爷我也只做了三天嘛……”

一听这话，大家又一同大笑起来……

饭后兄弟二人走出攀龙书院，毛泽覃问哥哥:“哥，大嫂和三个侄儿有消息吗?”

毛泽东见问，突然沉下脸来，面对着苍苍大山难过地摇了摇头，没有作声……

毛泽覃知道大哥心里难过，便没再问，也没有问及周文楠，免得大哥心悲。过了一会儿，毛泽东抬了眼皮说："润菊，汉朝有个大将军霍去病说过，'匈奴不灭，何以为家'？你我弟兄都已投身革命，革命不成也实在难以回家呀！听说湘潭的土豪把我们家的田亩全占去了，湖南军阀悬赏了几十万银元要我的脑袋，你嫂子带着孩子们恐怕难以幸免……我写过两次信，也不晓得她还能不能见到，更不晓得文楠现在怎样，如果平安的话，我想早该生伢子了……"

毛泽东有些说不下去了，毛泽覃也不想再说什么，兄弟俩就这样默默无语地并肩走着，面对着百里井冈山上的瑟瑟竹林、赫赫松涛，一时无言以对，双双陷入了对亲人们的无限思念……

过了好一会儿，毛泽东才说："润菊啊，革命者难以顾及我们个人的一家一户呀！你我也要随时准备为革命掉脑袋的……"

"这我懂……"毛泽覃坚毅地点了点头。

当日晚，兄弟二人在攀龙书院的八角楼里又谈了整整一夜，其中有悲有喜，有革命的豪情也有同胞亲情，还有对妻子和孩子们的不尽思念……

## 35. 杨开慧板仓思亲<br>毛泽东宁冈除奸

1927 年 12 月上旬，毛泽东根据共产党的"八七"会议精神，开始在井冈山地区开展土地革命。

12 月中旬，毛泽东陆续从革命军中抽调了几批有经验的干部，直接深入到农村去帮助地方开展建党工作，其中，有毛泽覃和原二团的党代表张明山。

这时在湖南板仓，化装成农妇的杨开慧正领着年龄尚小的岸英在田野里挖野菜。她一手抱着二儿子岸青，嘴里招呼着满地里跑着找野菜的岸英，一手挽着个竹篮子在田野间寻觅着可吃的野菜……

“妈妈，我又挖到了一些！”小岸英抓着一大把野菜跑回到妈妈身边，将野菜放进篮内，又要转身跑去继续挖，被妈妈叫住了：“好伢子，今日我们不挖了。”

寒风萧瑟，夕阳西下。杨开慧母子三人离开凄凉的田野，沿着一条清冷的小路走到一间破旧的农舍前停住了脚步。杨开慧四顾无人跟踪，这才小心翼翼地抱着岸青、领着岸英走了进去。

房内，一位叫陈玉英的大嫂抱着毛岸龙正在烧火煮水，进房来的杨开慧放下竹篮在一条短凳上坐下来，抱着岸青，与几位前来看望她的农民说起了悄悄话。

杨开慧对农民们说：“革命失败是暂时的，穷人的苦日子也是暂时的。革命的火种没有熄灭，大家要坚持斗争，团结起来，不能动摇。将来，我们一定会取得最后胜利的！”

一位农民点着头说：“霞姑，我们也挂念着毛泽东同志，他现在安全么？有信来么？”

这时陈玉英来给大家送水，抢先说：“有，有信来。”

陈玉英是来替杨开慧看孩子的，夫家姓孙，她也是几次见过毛泽东的板仓人。这时杨开慧凄楚地一笑说：“是有信来，不过，信上没说什么，只说他的‘生意兴隆’，像是打了些胜仗，已经找到了落脚的地方。只是，他的脚好像受了伤，信上说他的脚正跛着……”

又有人说：“那得抓紧治啊，冬天不容易好哩！”

“我想他会治的……”杨开慧安慰众人说，“只要有武装，就好办事了。”

几位农民渐渐高兴起来，有人轻声问：“有枪杆子啦？”

还有人问：“占了地盘啦？”

杨开慧微笑着点了点头……

一位农民依然显得很忧心：“霞姑，我也听人说了毛委员在井冈山，力量越来越大，这是好事。可是，现在我们这里的风声越来越紧，反动派更没得人性了，你们要千万小心，再找个地方躲一躲才好……”

杨开慧安慰大家说：“谢谢乡亲们对我这么关心，我想，我没有犯罪，不怕他们抓我。”

另一位农民关心地说：“板仓已经发现告示了，是昨日贴出来的，要通缉毛泽东同志，你们母子还是躲一下吧！板仓也有坏人，不可不防啊！”

“我会在意的……”杨开慧答应着。

有人提议：“干脆到井冈山去么！”

“怎么去得了呢？”陈玉英说，“霞姑带着三个孩子，一上路就得被反动派捉了！”

“再等等看。”杨开慧说，“等形势缓和些了，我想润之会派人来找我们的。”

众人走后，杨开慧和陈玉英一起，安排三个孩子吃了晚饭……

夜晚，在昏暗的桐油灯下，岸青和岸龙在简陋的木床上睡着了。年仅 5 岁的毛岸英努着吃了野菜的小嘴站在地上，忽然扑到妈妈的腿上，问：“妈妈，我想爸爸，他什么时候回来呀？”

杨开慧坐在木床边，轻轻地抚摸着儿子的小脸，低声说：“快了，好伢子，爸爸也在想我们啊！”

岸英的鼻子一酸，竟呜呜地哭了起来……

杨开慧连忙哄儿子：“莫哭，好伢子，爸爸干大事去了。你也要学爸爸，爸爸是从来不流泪的……好伢子，莫哭……”

杨开慧哄得儿子不哭了，自己的眼睛却红了，但她在儿子面前还是强忍着没有掉泪……

陈玉英在一旁看着这母子二人思夫想父的情景，忍不住大滴大滴的眼泪直淌下来……

夜深人静，星空寂寥征人远。

陋室孤灯，万千思绪走关山。

12 月下旬的一天，正在井冈山麓茅坪村的贺子珍突然发起了疟疾，忽冷忽热的闹得她直想发脾气。毛泽东让革命军卫生队的人给她吃了仅存的几粒奎宁，才算是渐渐止住了她的病情。

永新县的县委书记刘真和贺子珍的哥哥贺敏学要回永新县去开展党的工作，他们要贺子珍留在茅坪治好了病再回永新去。正好袁文才需要她协助搜集宁冈县的基本情况，这样她便留了下来，和袁文才一起奉毛泽东之命准备去各乡、镇作调查……

这天，贺子珍感到自己的病况好多了，便离开设在攀龙书院八角楼底楼的卫生队，拿了一只竹篓下到茅坪河中去捡田螺，还捉到了一些泥鳅，准备做给毛泽东吃。当她抱着满竹篓的田螺和泥鳅回到攀龙书院时，迎面碰上了下楼来的毛泽东，便笑着说："毛委员，今日可以打牙祭了！"

毛泽东见她卷着裤褪，满身上下都是泥，便冷冷地说："拿给伤病员们去吃吧！"

贺子珍见毛泽东不大高兴的样子，觉得很奇怪，便近前托了竹篓给他看。毛泽东只得看了看，仍显心烦意乱地说："没得胃口，吃得再好也没得用处，眼睛都瞎了……"

贺子珍不明白毛泽东话中的含意，眨巴着一双丹凤眼走进八角楼，见毛泽东的警卫员何有富正在擦枪，便说："毛委员很不开心，他说自己的眼睛瞎了，我看他的眼睛好好的么！"

何有富笑着解释道："这是毛委员的老毛病了，五天不看报就发急，十天不看报就骂人。只要他看了报纸，晓得了敌人的活动，才好用计谋啊！"

贺子珍这才明白了毛泽东心中烦躁的原因，便将竹篓交给何有富，自己快步跑去找她昨天用来包盐巴的报纸。她把盐巴倒在了一个罐子里，用手抚平了报纸，又把另几片破了的报纸凑起来，一起拿了去找毛泽东。

毛泽东一看是一张《申报》，高兴了："子珍同志，你很能干么！你替我找人开会、抄文章，还替我找报纸，以后就留在前委工作吧！"

贺子珍见毛泽东高兴了，自己也感到高兴，又听说要她留在前委工作，这正是她求之不得的，这样就可以经常在毛泽东的身边了，竟使她高兴得喜形于色……

这时，正在看报纸的毛泽东并没有注意到贺子珍的感情变化，只是指着报纸说："你看，蒋介石要同宋美龄结婚了，你晓得这里面有么奥妙么？"

贺子珍摇摇头说："不晓得，反正他们都不是好人……"

毛泽东说："宋家是美国豢养出来的代理人、大买办，新军阀和大买办结合了，就是说，蒋介石不但有日本人撑腰，更有美国人为他撑腰了！"

"蒋介石不是下野了吗？"贺子珍问，"他不是跑到日本去了吗？"

"又回来了……"毛泽东说，"国民党的三个派系分了合、合了又分，内部纠纷不断。汪精卫又跑回了武汉，南京的国民党为了摆脱不利局面和控制桂系势力的发展，支持蒋介石重新上台、领导反汪。北方的冯玉祥、阎锡山也希望蒋介石尽早复职，共同讨奉。这样一来，蒋介石是要重新掌权的……”

“那我们怎么办？”贺子珍问。

“他打他们的混战，我搞我们的革命！”毛泽东说，“我们正好可以利用湖南和两广军阀之间的矛盾，在井冈山一带大发展，但不能走得太远，否则会遭到敌人的围剿。”他看了贺子珍一眼，问，“你说对么？”又大声对楼里说，“何有富，把田螺、泥鳅煮了！多一些送给伤病员，少留一些自己吃！”

毛泽东的湖南话把“吃”字说成“掐”，而且说得很重，把贺子珍和何有富都说笑了。贺子珍在笑声中调皮地说：“呵，胃口又好了！”

不想看着报纸的毛泽东又突然失声道：“糟了，方鼎英的部队从安仁逼近茶陵了！”

贺子珍忙问：“陈浩团长不是带兵到茶陵去了吗？会跟敌人打起来？”

毛泽东反复读着三个字：“方鼎英……方鼎英……”忽然间，他收起报纸，起身对何有富一挥手，果断地说，“马上出发，去茶陵！”

贺子珍觉得奇怪，不禁问道：“出了什么事？”

毛泽东只简单地说：“我们的队伍在茶陵，如果失去这个团，我们就失去了一切！”

贺子珍有些担心：“你的脚？”

毛泽东头也不回地说：“脑袋都顾不得了，哪里还顾得上脚！”

贺子珍莫名其妙地看着毛泽东急促地向院外奔去，何有富随后背着褡裢、带着雨伞也跑了。贺子珍无精打采地拿起了何有富丢下的装有田螺和泥鳅的竹篓，慢步走向卫生队的房间——攀龙书院的八角楼下是卫生队，因打摆子躺在这里床上的水生见贺子珍满脸没精打采的样子，便问她为什么事不开心。贺子珍向他述说了毛泽东带着何有富急促赶去茶陵的情况，她不明白毛泽东为什么这样急着去茶陵……

水生想了想，告诉说：“这你就不晓得了，毛委员有千里眼！”

贺子珍似信非信：“千里眼？你别乱吹！”

水生一本正经地说：“真的，毛委员就是有千里眼！在铜鼓和浏阳，他就看到了井冈山，要不，他怎么会把队伍带到这里来？这次，他一准儿又看到了茶陵的情况。不信，你就等着听消息吧！”

贺子珍有些担心：“不会出什么事吧？”

"你放心！"水生自信地说，"毛委员'吉人自有天相'！天大的事，他也能办妥了！"

这时，袁文才的军师陈慕平来看水生，几个人谈起了毛泽东赶去茶陵的事。陈慕平想了想，然后推测说："那个叫方鼎英的国民党，原来在黄埔军校时曾是陈浩的老师，这次他带了兵来茶陵、安仁一带，万一陈浩带了我们的革命军去投奔他，那不就糟了吗？"

"哦，我明白了……"直到这时，贺子珍才有些明白了毛泽东急着赶去茶陵的原因，他是去阻止陈浩叛变啊！

果不其然——实际情况正像陈慕平分析的那样，一直不甘心上井冈山的陈浩听说方鼎英的部队到了茶陵，就阴谋带了部队去投降。幸亏毛泽东连夜快马赶到茶陵的湖口追上了部队，先让何有富叫来了营长张子清和两个营的党代表张明山和何长工，悄悄向他们布置了任务，然后分头按计划行事——张子清带人捉到了方鼎英派来找陈浩的联络副官，从他身上搜出了陈浩写给方鼎英的投降信。

证据在手，毛泽东立刻走进团部。对于毛泽东的突然到来，陈浩着实吃了一惊。但他觉得自己的行动计划尚未暴露，所以故作镇静地派人安排毛泽东吃饭，意欲先稳住毛泽东。

毛泽东也不急于打草惊蛇，将计就计地通知陈浩要召开一个全团军官会议，说是有重要军情需当众宣布。陈浩不知就里，很快召集全团连以上干部来到了团部。

毛泽东见来的人多是共产党员和参加秋收起义的骨干分子，心中有了底数，他当着全团军官的面，十分严肃地宣布："我们好不容易找到一面墙，靠着墙好打狗。凡是来修墙的我们都欢迎，不管他是神是鬼；凡是来拆这面墙的，那就不客气了，不管他是不是神仙——"话说到此，他猛地一挥手，向何有富和张子清下达了命令："下枪！"

陈浩猝不及防地被下了枪，他的两个同伙，包括副团长和参谋长顿时脸如死灰，吓得双腿不停地哆嗦，等于提供了人证。

陈浩清醒过来，自我壮胆地冷笑一声："燕雀安知鸿鹄之志哉！"

毛泽东哑然失笑道："鸿鹄？纸糊的吧！"

陈浩恼羞成怒，喊叫道："会有人来踩平你这面破墙的！"

“不打自招么!”毛泽东当众揭露了陈浩等人的投敌事实，并让张子清亮了陈浩写给方鼎英的信。在场的军官们气愤了，异口同声地要求当场枪毙了陈浩等人。毛泽东劝止了大家，说总得开个公审大会，开过大会之后再宣判，这样可以教育革命军的全体官兵。

陈浩挣扎着说:“国民军就要打过来了，你毛泽东也决然跑不掉!”

毛泽东索性坐下来开始吸烟，冷静地说:“你以为老鼠们来了，能跑跳多远多久?这全要看猫的胃口……”他指了指在场的张子清等人，又说，“我毛泽东就是猫，不是家猫是山猫呢!我现在的胃口很好，可以评个甲等吧!把老鼠吓跑了，是下策;把老鼠咬伤了，是中策;把老鼠吃掉了，是上策……”

在场的军官们都笑了，纷纷说:“还是上策吧!我们的胃口也都很好呢!”

随后，毛泽东命令战士们捆绑了企图叛变的陈浩等人，把处在险境的部队安全地带回到了宁冈县城。

1927年12月末，毛泽东在宁冈县城砻市主持召开了有群众参加的革命军全体官兵大会，揭露了陈浩等叛徒的投敌罪行，果断地处决了陈浩等革命败类，并在会上提出了工农革命军“打仗、筹款”和“做群众工作”的三大任务。

毛泽东在大会上说:“同志们!我们是工农革命军，是人民的子弟兵，它区别于中国历史上任何旧式的军队。因此，这就要求我们每一个干部和战士，不只是单纯地会打仗，还要会宣传群众、组织群众、武装群众，帮助群众建立革命政权和党组织以及各种群众组织，发动群众起来和我们一道革命。我们只有充分发动群众、紧密团结群众，革命才会胜利!”

毛泽东的话，说得在场的干部战士和老百姓们越听越爱听。毛泽东明确指出:“我们工农革命军有三大任务，这三大任务就是——第一，打仗消灭敌人;第二，打土豪筹款子;第三，宣传群众、组织群众、武装群众，帮助群众建立革命政权!”

这时的天气虽然有些冷，但会场上人们的情绪却很高涨。随着毛泽东的讲话，一阵阵欢呼声和口号声传出会场，激荡在龙江河畔，回响于茫茫的井冈山……

# 36. 出奇兵攻占遂川<br>大陇寨成立新团

1928 年 1 月 5 日，毛泽东带着未曾治愈的脚伤，率领工农革命军出奇兵迅速攻占了江西省的遂川县城。随后，毛泽东按照预定计划，指挥部队继续“分兵发动群众”……

1 月 14 日至 21 日，毛泽东带队到草林圩搞调查研究，深入发动群众，打击土豪劣绅，并在他亲自主持召集的遂川、万安两县党的联系会议上第一次提出了保护中小工商业的政策。

会议中，当毛泽东听取万安县委书记张世熙汇报说“与敌人搏战的策略是‘坚壁清野，敌来我退，敌走我追，敌驻我扰，敌少我攻，因此相持半月，敌军无可奈何”时，很感兴趣。毛泽东当即指示说：“希望万安的同志很好地运用‘敌来我走，敌驻我扰，敌少我攻，敌退我追’的十六字诀，坚持斗争，积极与反动派作战。”

后来，毛泽东将万安的经验和井冈山斗争的经验融合在一起，经常向人们讲述对敌作战的这“十六字”方针……

1 月 24 日，在毛泽东的指导下，遂川召开了工农兵政府成立大会。会前，毛泽东为大会写了两条联幅，派人用纸贴挂在了大会会场的两边：

想当年，你剥削工农，好就好，利中生利。
看今日，我斩杀土劣，怕不怕，刀上加刀。

会上，毛泽东发表讲话说：“今日遂川县工农兵政府成立，我们工农群众掌了权，这是我们劳苦大众千百年来所一直盼望的，今日终于在共产党的领导下，在革命军的帮助下实现了！我向大家表示热烈的祝贺！”

毛泽东的话，引得了人们热烈的鼓掌声和激动的欢呼声……

毛泽东又指一指坐在大会主席台上的新任县长说："这位就是我们的新县长！前天他正在挑大粪，今日脚上还穿着草鞋，腿上还有泥巴。如今农民当县长，这是自古以来没有的大事情！大家要支持和爱护自己的红色政权，团结一致同反动派作斗争！"

随着毛泽东的讲话，一阵阵口号声响彻云霄：

"坚决支持工农兵革命政府！"

"坚决拥护工农兵革命政府！"

"打倒军阀！"

"打倒国民党反动派！"

"跟着毛委员干革命！"

……

第二天，毛泽东在遂川县李家坪向部队宣布了六项注意：

一，还门板；

二，捆铺草；

三，说话和气；

四，买卖公平；

五，不拉夫、请来夫子要给钱；

六，不打人、骂人。

攻克遂川后，毛泽东的武装行动越搞越大，革命军的力量也越来越强，众多的民众积极参加到了革命的队伍中来。这时的袁文才和王佐知道了毛泽东枪毙陈浩等叛徒的事，对毛泽东佩服得更是五体投地，也都想带了自己的人马参加革命军。

袁文才和王佐合计好了，委托贺子珍去给毛泽东送信。贺子珍感到奇怪，反问两位"大哥"为什么不派个"后生仔"骑马去。

袁文才颇有心计地说："不，信写不清楚，你亲口讲更明白，就说我们都同意革命军派了教官来指导，给我们派了党代表来也欢迎。"

王佐也说："贺妹子，你就去一趟么！毛委员在遂川一带打了胜仗，看样子要把井冈山搞成个铜墙铁壁。他想了解宁冈、永新一带的敌情，你去最合适！再说，你不仅是永新县的县委委员，也是革命军前委的委员么！”

见两位“大哥”都这么说，贺子珍只得带了病愈的水生和几个伤愈的战士一起动身，赶往遂川给毛泽东报信去了。

几天后，毛泽东果然派了何长工来茨坪当王佐等人的党代表。

中等身材的何长工是个精干、老练的共产党人，原名何坔，湖南华容人。早年他曾为了赴法国勤工俭学，在北京长辛店做工备课，两次同在北京期间前去看望他们的毛泽东进行了畅谈，深为毛泽东那种视天下大事了然于胸的气度所折服。临去法国，他和他同行的人在上海又得到专程相送的毛泽东的资助，更为毛泽东那种自己身无分文、却将上万银元拱手送给他们这些穷学生的慷慨之举所感动。从法国回来后，他在湖南华容一带搞农民运动，被反动派宣布为“大暴徒”之一。后来他到了武汉警备团受训，几次去见毛泽东，毛泽东要他改个名字，并说：“你在长辛店做过工，就叫何长工好了。”从此，他叫了何长工，并随毛泽东一起参加了秋收起义，一路上搞联络，张罗食宿，来到井冈山后，贺子珍见过他几面，也认为他精明能干，平易近人，是位很富言谈风趣的好同志。

何长工见到王佐以后，王佐向他提出了要打尹道一的事，何长工想了想说：“要消灭尹道一，也不算难！”

王佐一听就乐了，问：“党代表有何妙计？”

何长工指点说：“请毛委员略施小计，小试牛刀吧！”

恰好第二天毛泽东带了人来看望王佐和何长工等人，王佐和何长工同时向毛泽东提出了想打尹道一的事。毛泽东对他们说：“我让张子清给你们派一个排来，够么？”

何长工说：“够了，加上南斗兄的团防，足够了。”

毛泽东临走时，王佐下山送行，随口说道：“尹道一很凶，我每次下山经过他的地面，他总要追到这里，太欺负人了！”

毛泽东问他：“他亲自来追？”

王佐回答：“只要听说是我，他一准儿来追。”

毛泽东一听放了心：“这就好，就怕他不追！”

王佐纳闷道：“来追还好？”

毛泽东淡淡地一笑，对一起相送的何长工说："这件事就交给你了，我到茅坪去见袁文才同志，有事派人送信到茅坪。"

何长工答应着，向毛泽东行了个军礼……

三天后，王佐带着几个人骑马来到茅坪，径直奔向攀龙书院。

袁文才听说后迎了出来，贺子珍也闻声跑了出来。

王佐一见袁文才和贺子珍，立刻下马，喜形于色地大声说："哈哈，毛委员果然厉害！他一句话，老何带队就把尹道一引到了山坳口，把这条恶狗给宰了！"

袁文才和贺子珍听了都很高兴，袁文才拍着手掌说："太好了！为我们大家除去了心头之患，毛委员用兵如神啊！"

王佐表现得更是高兴："今晚上，全山寨点火把、唱戏、舞狮、喝酒、吃肉，好好热闹热闹，你们都要去！我还要去请毛委员，请他大驾光临……"

这时，毛泽东也闻声迎了上来："王佐兄弟来了？"

王佐见到毛泽东，猛然向前一个深揖，随即单腿跪地，纳头便拜："王佐谢过毛委员！"

毛泽东连忙扶起王佐说："壮士何必行此大礼！"

王佐激动地说："毛委员替我报了两代的冤仇，大恩大德王佐没齿难忘！"说罢，他命随从奉上来一个包袱，亲手打开来取出一件长衫，双手递给毛泽东，"毛委员，请赏脸！这是我亲自连夜做的，不成敬意，还望笑纳！"

毛泽东接过长衫，当众穿在身上，竟非常合身："多谢王佐兄弟费心！"

袁文才对王佐说："你的手艺还没丢么！"又向毛泽东介绍，"他是裁缝出身呢！"

"马马虎虎……"王佐说，"毛委员，今晚山上唱大戏，为党代表庆功！我特意来请你去看看，我老庚和贺妹子都去！"

毛泽东问贺子珍："我们都去看看热闹？"

说者无意，听者有心——贺子珍见毛泽东不问袁文才而单单问自己，又以"我们"相称，顿时红了脸说："去就去呗！"

知趣的袁文才见了大笑，连声说："都去，都去！"

王佐也随着大笑起来……

2月上旬，井冈山地区下了一场春雨。这时，在毛泽东的组织和指导下，统一改编了袁文才和王佐的农民武装，成立了工农革命军第一师第二团，袁文才任团长，王佐任副团长，何长工任党代表。

在大陇寨召开的二团成立大会上，王佐的人马和袁文才的人马站在一起，个个精神抖擞，脸上的表情都快活极了……

当毛泽东来到会场时，王佐的部下习惯地大声齐呼："大吉大利!"随后鼓了三次掌，跺了三次脚，接着还想再来一次，"大吉……"

王佐红了脸制止说："免了，免了！现在我们是革命军，统统鼓掌欢迎!"

一阵掌声顿时如鞭炮爆响似的响了起来，同时响起了锣鼓声和器乐声，将整个大陇寨震得一片山响……

二团的队伍排列整齐了，袁文才、王佐、何长工站在了队伍的最前列。

毛泽东上前，把"中国工农革命军第一师第二团"的大红团旗郑重地授给了袁文才，袁文才将大旗交给王佐后，又从毛泽东的手上接过了二团的大印。

这时候，全场响起了惊天动地的掌声，随之响起的鞭炮声传遍了山野。附近的老百姓也高高兴兴地赶来看热闹，众多的吹鼓手憋足了劲儿把唢呐吹得绕山响，直吹得井冈山枫红、杜鹃花盛、白云飘动……

## 37. 集中兵力打新城<br>龙江河畔杜鹃红

1928 年 2 月中旬，赣南的敌人惊恐于毛泽东领导的革命军在井冈山一带的活动，趁工农革命军分兵发动群众之际，急忙调集了军队和民团进驻宁冈的新城，准备会合永新、莲花的敌人对革命军实施"进剿"。

2 月中上旬，已在革命军一团担任营党代表的毛泽覃带领着自己的队伍，日夜兼程赶到了宁冈县城，按照大哥交给的任务突袭进驻在城里的敌军。

当毛泽覃的队伍到达时，敌人竟毫无察觉，正在城外的场坪上进行整队训练。

毛泽覃佩服大哥的判断正确，立即命令部队：“打！”

毛泽覃一声令下，密集的子弹愤怒地射向了场坪上的敌军。敌军被打了个措手不及，许多人还没有回过神来便被子弹击中，躺倒在血泊中。

没被打死的敌人慌忙撤回城里，依靠城墙的保护，居高临下，疯狂地向革命军扫射，进行着最后的负隅顽抗……

毛泽覃马上组织火力压制敌人，十几个革命军战士冒着枪林弹雨冲到城墙下架好了云梯，奋勇攻城。爬到最上面的两名战士被敌人的枪弹打了下来，下边的战士又往上爬，眼看就要登上城墙了，云梯却被城上的敌人用木棍掀翻了……

毛泽覃一看不能继续硬攻，便冷静下来仔细观察了周围的地形。很快，他发现附近有一幢带阁楼的大房子，比城墙还要高出一些，便向各连重新布置了任务，要大家听候他的命令再一起向城里冲……

毛泽覃亲自带领着十几个战士，扛着机关枪登上了那幢阁楼。只一会儿工夫，阁楼上的机枪便居高临下地向城墙上的敌人扫射起来，打得敌人没了命似的直往城下躲……

毛泽覃看准时机一挥手，早已准备好了的革命军战士们立刻将一架架云梯搭上了城墙，进了城的几十名战士很快打开了城门，革命军的大队人马随即冲了进去——一面鲜红的军旗在县衙上空高高地升了起来！

在革命斗争的磨练中，毛泽覃迅速成长为一名赫赫有名的革命军战将，时年 26 岁。

迎枪林，冒弹雨，冲锋陷阵争奋勇。

经百炼，始成钢，赤胆忠心为人民。

胜利归来，毛泽东看着三弟的成长，高兴地赞誉说：“好么，咱们毛家出了一个大将军！”

2 月 17 日，毛泽东在茅坪召开军事会议，决定集中优势兵力，彻底围歼退守宁冈新城的强敌。

第二天，革命军按照毛泽东的部署，一举全歼了新城的国民党敌军，当场击毙了敌人的统兵营长，活捉了国民党的宁冈县长，俘敌上百人，彻底粉碎了敌人对革命根据地的第一次“进剿”。

毛泽东指挥的新城一战，打得迅速而漂亮，收缴了敌人的数百条枪和大批弹药，充分装备了新整编的部队，进一步增强了革命军战胜任何敌人的勇气。新城战斗，充分体现了毛泽东提出的“分兵以发动群众，集中以应付敌人”的战术原则。

战后，在庆功会上，毛泽东为革命军制定了对待俘虏的四项政策，明确了宽大、释放、医治和教育等条款。

毛泽东关于对待俘虏的政策具体内容是：第一，不打、不骂、不杀、不歧视、不虐待、不搜腰包；第二，政治和生活方面的待遇和革命军平等；第三，愿去愿留自愿。愿去者，发给路条、路费、敲锣打鼓热烈欢送；愿留者，开“欢迎新兄弟”大会，热烈欢迎；第四，热情、积极治疗伤员，并和革命军战士享受同样的医疗待遇；治愈者，亦分愿去愿留两种。

2 月 21 日这天，宁冈县的天空格外晴朗，上万名民众满怀着欢快、喜悦的心情，聚集在宁冈县城砻市镇，参加在这里召开的宁冈县工农兵政府成立大会。

会上，毛泽东宣布从即日起宁冈县的工农兵政府正式成立，并发表了热情洋溢、鼓舞人心的讲话。

面对欢呼跳跃的革命军官兵和挥舞着一面面红旗的民众，毛泽东在讲话中说：“我们共产党领导人民闹革命，就是要打倒土豪劣绅，打倒贪官污吏，打倒军阀，打倒帝国主义，建立自己的红色政权。现在我们有军队，有群众，有政权，只要大家团结起来，同心协力，革命就一定会胜利!”

至此，茶陵、遂川、宁冈三县红色政权相继建立，标志着以宁冈为中心的湘赣边界的“工农武装割据”已基本形成，使毛泽东所倡导、发起和亲自领导的工农革命武装有了坚实的根据地。

2 月下旬，毛泽东率领着工农革命军第一师第一团到永新县秋溪乡一带进行社会调查，并亲手建立了秋溪乡的第一个党支部和农民暴动队。

在召集农民暴动队的干部们开会时，毛泽东向大家提出了同敌人“打圈子”的战术。毛泽东生动地对大家说：“打圈子是个好经验。打圈是为了避实就虚，歼灭敌人，使根据地不断巩固扩大。强敌来了，先领他兜圈子，等他的弱点暴露出来，就要抓得准，打得狠，要打得干干净净、利利落落，要缴到枪，抓到人。打得赢就打，打不赢就走，赚钱就来，蚀本不干，这就是我们的战术。”

2 月底，在以毛泽东为书记的前委领导下，湘赣边界各县的共产党组织都初步恢复和重建起来。

就在毛泽东领导着湘赣边界的革命民众轰轰烈烈地开展革命斗争之际，共产党湖南特委的一些头脑发热的人错误地认为，毛泽东在井冈山地区搞的对敌斗争仍不够“激进”，尤其对毛泽东在草林坪提出的“保护中小工商业”的政策极为不满，他们诬蔑毛泽东是“改良主义者”，要求对地主和土豪一律实行抢、烧、杀的恐怖政策，以此来使敌人丧胆。

3 月上旬，根据中央指示，中共湖南特委派了周鲁到井冈山，推行那些脱离实际而头脑发热的人的“左”倾路线，撤销了以毛泽东为书记的前敌委员会，另行成立中国工农革命军第一军第一师党委，由何挺颖任书记，毛泽东任师长，还错误地传达了共产党临时中央对毛泽东的党内处分，将“开除中央临时政治局候补委员”宣布为“开除党籍”。

周鲁的到来，使井冈山的革命军民在对敌斗争的情绪上受到了很大的干扰，大家对周鲁所宣布的“中央决定”极为不满，甚至有人闹情绪提出来要“撂挑子”不干了。在这样的情况下，毛泽东虽然也被“开除党籍”所苦恼，但仍劝说、鼓励大家振作、团结起来，不要因为受到一点点挫折就灰心丧气，既要允许党中央犯错误，更要相信党中央会在今后的实践中改正错误而继续执行正确路线，井冈山的斗争终会取得越来越大、越来越多的胜利……

3 月中旬的一天，周鲁和何挺颖来到茅坪步云山革命军前委指挥部的所在地谢家祠堂，安慰毛泽东说：“毛泽东同志，我们也晓得你很辛苦，这段时间没完没了地引军打仗，听说你的脚也受了伤，我们是同情你的……”

听了周鲁和何挺颖的话，毛泽东只得苦笑着说：“这倒不坏，还让我当师长！这段时间我们找了个立足点，使革命军有了根据地，我要再写报告给湖南省委和中央，说明不打长沙和南下井冈山的必要性，说明我们党必须要保护中小资产阶级利益的必要性！”

周鲁是个 20 岁刚出头的年轻人，满脸还带着青年人的浓重稚气，但他的目光是真诚、明亮的，说话的口气也显得很坚决：“我们总是要坚决执行中央政策的，这是无产阶级革命的铁的纪律！当然你可以写报告，说明和申诉你的理由，但在中央或省委没有新的指示到来之前，委屈你还要坚决执行现在的一切决定！”

心中本不痛快的毛泽东有些恼火了："我并没得讲我不执行中央决定么！可中央的决定明明错了，难道还要错误地去执行？难道要我们眼睁睁地看着不易得来的革命成果再遭受损失？"

何挺颖听人说起过毛泽东这个人"性格执拗"和"脾气暴躁"，湖南特委会议上也有人告诫他对毛泽东"决不能心软"、要"坚决执行无产阶级铁的纪律"，现在见到毛泽东果真如此，便挑明了说："毛泽东同志，不是我们要你怎么样，我们也是执行中央和省委的决定。今后我们在一起工作，你这脾气也得改改么……"

"改改脾气还是可以的……"毛泽东耐着性子说，"但你也晓得'江山易改，本性难移'的古语，对于中央错误的决定，我毛泽东保留说明情况和申诉的权利！"

"你不是党员了，但申诉权利还是有的。"周鲁语气平和地说，"今天我们来通知你湖南省委的另一项决定……"

"又是什么决定？"毛泽东有所警惕地问。

"离开井冈山！"何挺颖态度坚决地说，"第一师立即开到湘南去，支援湘南暴动！"

"屁话！"毛泽东一听就急了，"这是么子决定？错误的么！部队一走，附近几个县刚刚建立起来的地方政权就会丧失，农民分田分地的事更谈不上了。一旦脱离了老百姓，革命军将寸步难行！这样的决定，我不执行！"

见到毛泽东翻了脸，周鲁不得不强调指出："省委认为，你们这支军队还不是真正的无产阶级革命军，流氓无产者占了很大成分，也没有进行过无产阶级革命式的正规战斗，只是土匪式的行为罢了，还属于旧军队的性质，缺乏必要的无产阶级革命的再改造……"

毛泽东被气得脸色发青，大吼道："那就开到湖南去，让国民党彻底消灭掉，这样就改造好了！"

这时贺子珍来送茶水，听到毛泽东的吼声，惊吓得将茶壶、茶碗全丢在地上摔碎了。听到瓷器的破碎声，毛泽东强压下了满腔的怒火，开始狠劲儿地吸烟……

周鲁却说："毛泽东同志，不要发这么大的脾气么！虽然你不是党员了，但只要认真执行决议，坚决革命，还是可以重新入党的！请你先冷静下来，不要急躁，也不要灰心，这是‘天之降大任于斯人也’……”

一听这话，毛泽东的火气又翻了上来：“什么‘天之降大任于斯人也’？你们这是军事投机主义！上次让我们千把人去攻打长沙，这次又要让我们这千把人去打湘南，一次失败还不够，损失得还不彻底，还非得要再来一次失败、再损失得彻底些么？”

“你怎么晓得这次要失败？”周鲁反问道，“湘南特委是代表省委的，省委代表中央，中央代表共产国际！”

“共产国际代表上帝？”毛泽东反唇相讥，“你这特派员就是天使，就是钦差大臣！打倒了一个封建皇帝，莫非又来一个赤色皇帝？”毛泽东说话间，恨不得把周鲁这个年轻伢子揪过来扳倒了打他的屁股，但他最终没有下手这样做，只是大声向外吼道，“来人！把这里的东西全部搬出去，露营！”

随着毛泽东的吼声，革命军中的参谋、秘书、警卫、通讯战士跑来一大拨人，他们都被毛泽东的吼声惊呆了，既莫名其妙，又不得不执行命令……

一直站在谢家祠堂外面的贺子珍也弄不明白里面到底发生了什么事，更不明白毛泽东为什么要人搬出东西来露营，她带着满心的疑惑，只得去找二团的党代表何长工了……

3 月 16 日，根据湖南特委的指示，毛泽东被迫率领工农革命军离开井冈山向湘南挺进。行军路上，许多干部、战士想不通，毛泽东向大家解释说：“下级服从上级，这是我们党的纪律。但我还是师长么，我相信我们还会打回来的！”

3 月 18 日，毛泽东率部队进驻湖南西南部的酃县地界，在农村开始了打土豪、分田地的实际行动。

在酃县南部中村宿营时，毛泽东强压着心中的郁闷，召集了部队的一些同志开座谈会，鼓励大家说：“革命要有根据地，就好像人要有屁股。人若没有屁股，便不能坐下来；要是总走着，总站着，定然不会持久；腿走酸了，站软了，整个身子就会倒下来。革命有了根据地，才能够有地方休整，恢复气力，补充力量，再继续战斗，扩大发展，走向最后胜利。大家不要灰心，井冈山的根据地是我们辛辛苦苦创建起来的，几个县的老百姓都站在我们这一边，根据地不会丢的！”

座谈中，毛泽东见大家的情绪渐渐被调动起来，又说："上级让我当师长，但是，本人'军旅之事，未之学也'。可是，中国有句俗语，叫做'一个篱笆三个桩，一个好汉三个帮'，还说'三个臭皮匠，赛过诸葛亮'。我们有这么多的战士，这么多干部，大家都来当参谋长，大家都来当师长，只要群策群力，不愁打不好仗！"

何长工也说："我也不愿意离开井冈山，但只要有毛委员领导着我们，我们就什么也不怕！我们总会再打回去的！"

毛泽东凄楚地笑一笑说："莫再叫我'毛委员'了，叫'毛师长'吧！"

"我这样叫习惯了，改不了！"何长工继续说，"这次到湘南，先打几仗再说！打胜了，可以扩大革命军的影响；打败了，我们再回井冈山！"

王佐说："只要跟着毛委员，让我打到哪里都行！"

见到王佐能这样讲，毛泽东有些放心了："好么！只要我们上下齐心，就没有过不去的火焰山！我相信，革命总会成功的！"

袁文才也说："想当年李自成也是打遍了大半个中国，最后才打到北京去的么！我们今日跟着毛委员，从小也会打到大，也要打遍全中国！"

听了袁文才的话，在座的人们都笑了，毛泽东却说："我们不要学李自成，要学就学刘备，先建立根据地，后学朱元璋，打遍全天下！"

王佐拍了大腿说："我们都听你的，先建立根据地，然后打遍全天下！"

袁文才问王佐："打了天下你做什么？"

王佐看了毛泽东一眼，回答袁文才说："我还回井冈山……"

一句话，说得人们都大笑起来……

3 月下旬，为了强调纪律，更好地提高部队的战斗力，毛泽东向部队正式颁布了"三大纪律、六项注意"。

3 月末，毛泽东得到湘南起义失败的消息，立刻率领部队继续向湘南疾进，以接应和掩护朱德、陈毅的部队和湘南农军向井冈山转移。

行军途中，毛泽东得到了三弟的妻子周文楠因叛徒告密已被敌人逮捕的消息。这时的毛泽东既无法打听到周文楠的确切下落，又无法派人去营救，只得强忍着心中的愤慨与创伤，率领部队继续与敌人迂回作战……

进入 4 月，经过 20 多天的辗转战斗，毛泽东的部队终于策应了湘南起义失败的部队转移到了赣西南。

4 月 28 日这一天，中国历史上一个伟大的时刻终于到来了！

当天上午，朱德、陈毅和毛泽东率领的两支工农革命军先后到达了宁冈县城砻市镇，从此实现了中国革命历史上著名的“井冈山会师”。

这天，毛泽东刚刚远征归来，听说朱德、陈毅等人已经到了宁冈县城龙江河畔的龙江书院，立即策马匆匆赶到龙江书院来与他们见面。这时，朱德已经等候在那里了，两位神交已久的伟人早已互相倾慕，此时相见更是心潮起伏、激动万分……

毛泽东下马后快步走到龙江书院的状元桥头，朱德抢先几步，毛泽东也加快了脚步，两个人同时伸出手来奔向对方。刹那间，两位巨人的双手紧紧地握在了一起……

面对此情此景，跟随在毛、朱身后的人们也都激动起来。双方各自介绍完随行的干部之后，毛泽东和朱德两人并肩而行，走下状元桥，径直向龙江书院后面走去……

龙江书院在清朝曾是湘赣边界宁冈、酃县、茶陵三县的最高学府，占地面积很大，分前、中、后三进，中间均有天井，两边各有厢房，身后是三层楼房，名“文星阁”，是书院的中心。毛泽东和朱德穿过厅堂，登上文星阁，居高远眺，宁冈的百里风光尽收眼底。

“真是个好地方！”朱德赞叹道。

“山水相宜，名不虚传啊！”随后上楼来的陈毅也高兴地说。

“龙争虎斗，以此为家！”毛泽东笑道，“这里就是我们革命军的大本营了！”

说话间，走上楼来的人们一个个高兴地依次坐下来，互相谈论起了军情，气氛显得十分热烈而融洽……

交谈中，朱德盛赞毛泽东领导湖南省前委开辟了这样好的一个革命根据地，毛泽东却感叹道：“中央已经把我毛泽东开除出党了，我现在只是一师的师长……”

朱德奇怪地说：“没有的事嘛！我们在安远时听说，只是撤销了你候补中央执委，没有开除你的党籍嘛！”还说，“湖南特委的人简直是乱弹琴！”

陈毅也说：“周鲁是假传圣旨！老毛，你还是响当当的共产党、革命军中的党代表嘛！”

毛泽东一听来了精神："是他们假传圣旨？"

陈毅大着嗓门问在座的何挺颖："你们听哪个传达的中央指示？有没得中央文件？"

在座的何长工气愤地说："没见到文件就瞎传圣旨，你们这是'左'倾机会主义，害得我们丢了井冈山！"

"算啰，算啰！"朱德说，"已经过去的事了，我们还是商议大事吧！先把我们的大事定下来，然后再向中央写报告汇报这里的情况。"

"要得！"陈毅说，"毛委员是豁达之人，以天下大事为己任，受一点窝囊气算不得啥子！"

毛泽东笑了："听二位这么一讲，我毛泽东真如拨开云雾，又见青天！"

这时整个宁冈县城早已呈现着军民同乐的一派欢腾景象……

当日晚，根据毛泽东、朱德的意见，两军干部和党代表在龙江书院的明道堂里举行会议，开始商讨两军合并、尽快成立中国工农革命军第一军和军党委等重大问题。

毛泽东在会议中指出："要建立革命军，我看对外不要称第一军，应该称第三军或第四军，这样敌人就不晓得我们究竟有多少人马了！"

陈毅赞同道："虚虚实实，我们已经拥有了上万人马，既可以威慑敌人，又可以调动民众！"

经过讨论，大家一致同意从即日起成立中国工农革命军第四军，同时组建中国工农革命军第四军党委。经毛泽东提议，也是众望所归，由朱德出任第四军军长，毛泽东在大家的拥戴下出任第四军党代表兼军委书记。

接着，会议选举王尔琢为军参谋长，陈毅为军政治部主任。

从此，"朱毛"成了中国工农革命军的象征——敌人闻之丧胆，人民则欢欣鼓舞，家家户户开门迎"朱毛"，男男女女争相当红军。

这时正值春末，龙江河畔的竹翠柳绿，漫山遍野的春杜鹃红了，红得如火如云……

## 38. 湘赣边武装割据根据地全盛时期

1928年5月2日，毛泽东以中国工农革命军第四军军委的名义，向江西省委和中共中央写报告，汇报了井冈山斗争的情况，并提出了坚持井冈山斗争的方针。

5月4日，朱、毛两军胜利会师暨工农革命军第四军成立大会在宁冈县砻市镇的龙江河畔召开，面对红旗翻卷、枪械林立、纵情欢呼的数万军民，毛泽东发表了鼓舞军心、民心的重要讲话。他指出：我们的军队，不只是要会打仗消灭敌人，而且还要会做群众工作，担负起宣传群众、组织领导、武装群众、帮助群众建立革命政权以至于建立共产党的组织等项重大的政治任务。只要我们善于发动群众、依靠群众，有群众的支持，我们就能有如来佛的本领，我们就一定能够胜利！

朱、毛两军的胜利会师和工农革命军第四军的成立，极大地鼓舞了井冈山地区的革命民众，同时也震撼了敌人。面对共产党军队的不断壮大，湘赣两省的敌人惊恐万分，急忙调集了军队向井冈山扑来……

5月上旬，毛泽东、朱德率部队粉碎了敌人向井冈山的第二次“进剿”，并一举占领了井冈山北麓的江西省永新县城。

5月上旬晚一些时间，革命军大部队离开永新返回宁冈县城大本营，赣西的国民党军队乘机向井冈山反扑过来，重新占据了永新县城……

5月中旬，毛泽东乘敌人立脚未稳，率领部队杀了一个“回马枪”，再次攻占永新，消灭掉敌人的全部有生力量，粉碎了敌人对井冈山根据地的第三次“进剿”。

在永新县委组织召开的庆祝革命军再占永新的群众大会上，毛泽东发表讲话指出：敌人怕的是什么？怕的是我们手里的武器。我们为什么能打垮敌人？也因为我们手里掌握着武器。因此，只要大家都拿起武器，就不愁打不垮反动派！我们这样的行动叫什么呢？这叫枪杆子里面出政权！

听了毛泽东的讲话，会上的群众振臂高呼：

“拿起武器！”

“打垮反动派！”

“枪杆子里出政权！”

……

5 月 20 日至 22 日，湘赣边界党的第一次代表大会在宁冈的茅坪召开，毛泽东主持会议并作报告。会议总结了创建井冈山根据地的经验，着重讨论了深入开展土地革命的问题。会议还选举产生了中共湘赣边界第一届特别委员会，毛泽东当选为特委书记，毛泽东第四军军委书记的职务则改由陈毅担任。

不久，湘赣边界工农兵政府成立，毛泽东任政府主席。

这一时期，随着朱德、陈毅部队的到来和革命军第四军的建立和扩大，使坚持井冈山斗争的人们在极其艰难的条件下更加困苦。首先是没有粮吃，毛泽东调动了宁冈、永新、莲花以及遂川的党组织和民众向革命军筹粮，革命军以略高于周围地区的粮价收买。即使这样，粮食依然短缺。

为了解决生活困难，毛泽东发动第四军的战士们，利用一切可以利用的条件各处种菜、种南瓜，以此来战胜饥饿、坚持斗争。在茨坪，每当有人送了粮来到黄洋界口，毛泽东和朱德、陈毅等人总要拿上扁担亲自下山去挑粮。

每次挑粮上山，跟随朱德的人感到他上了些年纪，总要抢他的扁担，或者干脆把他的扁担藏了，不让他去挑。为此，朱德在自己的扁担上写了“朱德”两个字，这样一来别人就不好再藏匿他的扁担，也无法阻止他去挑粮了……

挑粮路上，经由茅坪、白露等地入山的一条小道上，边侧有一高达 10 余丈的木荷树，树身粗阔，要三个人合抱才能围拢过来。这棵大树长得枝繁叶茂，伞盖如云，毛泽东、朱德、陈毅等人挑粮上山时，常常在这里歇脚……

站在黄洋界上，面对林山云海，陈毅总是说：“将来不打仗了，革命成功了，我要带着老婆孩子住到这里来呢！”

毛泽东又总是说：“将来革命成功了，你就更没得时间好来这里住了，回来看看还是办得到的……”

朱德又常为挑粮所感叹："现在缺粮，战士们总吃南瓜、喝南瓜汤，时间长了也不是办法……"

面对困难，前委召开会议决定：成立公卖处，积极收购粮食、棉花；设立被服厂，为部队缝制服装、被子；开办教导队和党团训练班，提高干部、战士的政治素质和军事素质；分兵出击打土豪劣绅，收缴谷米和钱财补充部队的给养……

5 月下旬的一天，毛泽东在宁冈龙江书院召集特委的几名同志开会，告诉大家要把今后发展党组织的重点放到农村去，着重发展农村中优秀的工农分子，以此来改变党的成分构成。

会中，特委决定毛泽东的三弟毛泽覃和另外几个人到宁冈县的乔林乡去，开展农村党支部的建设工作，抓好试点，取得经验，以便推广。

几天后，毛泽覃收拾好了行装，到龙江书院来向哥哥辞行。

毛泽东很高兴见到三弟愉快地接受了特委交给的任务，一边为他送行，一边叮嘱说："三弟，我晓得你想打仗，你在部队的时间长，这次派你去乔林做些政治工作，对你也是一个很好的锻炼。你们这次的担子并不轻啊，下去以后，要迅速发动群众打土豪，在斗争中物色、培养积极分子入党。这项工作，我也没得好多经验，也还是在韶山时我们兄弟一起搞过的那些，这次一切全靠你自己去办了。要慎重，注意工作方法，我晓得你一贯胆子大……"

毛泽覃认真地听着大哥的叮嘱，不时点头答应着："放心吧，大哥！"并说，"大哥，你也要保重啊！"

两个人一边走一边说，兄弟之情，溢于言表。最后，兄弟二人站在龙江河畔的一株大青树下相视良久，毛泽覃等人才转过身去走向远方……

乔林乡位于井冈山黄洋界的山脚下，是宁冈大陇寨的一个边远山区，全乡有十几个村子，共 2000 多人。

毛泽覃一行来到乔林后，立即深入各村，接触群众，了解情况，首先恢复了农协夜校，在县委组织部长刘克犹的家里办学、上课，很快就同当地的农民群众搞熟了。

接下来，毛泽覃又组织了近千名农民手持大刀、肩扛锄头，涌向了大土豪陈云开的家，把陈云开吓了个半死，瘫倒在地上动不了身。暴动的农民们打开了陈家的粮仓，毛泽覃叫人把谷米、菜油、腌肉、火腿等物全部分给了农民。

这样一来，乔林乡的贫苦农民们乐了，毛泽覃也乐了。山里的农民们感情淳朴，爱憎分明，阶级觉悟提高得很快，毛泽覃适时地发展了十几名贫苦农民加入了共产党。

不久，乔林乡建立了党支部，毛泽覃担任支部书记。从此，乔林乡成为了湘赣边界农村革命斗争的一面旗帜。

毛泽东在宁冈县城得到汇报欣喜万分，立即将乔林建党的经验向湘赣边界各地推广……

6 月中旬，毛泽东在龙江书院主持召开边界特委和革命军军委会议，研究部署粉碎敌人第四次“进剿”的方针。同时，会议正式决定工农革命军改称工农红军，第四军称红四军，从此中国红军的名字便传遍了全中国，并迅速传向全世界……

一天傍晚，毛泽东在宁冈县城的龙江书院处理完了红四军的军情大事和边界特委的工作后，夜间竟久久不能入睡：他为根据地的巩固和发展形势感到高兴，但为湖南省委一再来信要求红四军出兵于湘南的催促而感到烦恼——他失眠了，一支接一支地吸烟，在房间里来回踱步，即便躺倒在床上也是辗转反侧，从此落下了不吃安眠药便不能入睡的顽症。

第二天，当朱德知道了毛泽东昨夜一直未曾合眼时，便关切地责怪说：“润之，天大的事也要休息么！你一夜不休息、两夜不休息，时间长了如何吃得消？”

毛泽东知道朱德是好心，只得笑一笑说：“玉阶兄，我也想困一觉，可实在是困不着么……”

朱德想了想说：“我看这样吧，准备下几片安眠药，实在困不着时就吃一片，免得影响了身体健康，这可是我们革命的本钱啊！”

毛泽东应道：“那就按你说的办。”

朱德又说：“你昨夜一夜没睡，我也没合几下眼……”

毛泽东问：“想些么事？”

朱德微微一笑：“写了一首诗，要请教你哩！”

毛泽东也笑一笑说：“快拿来看看么，何谈‘请教’二字？”

朱德从衣兜里拿出一张写了毛笔字的纸递给毛泽东："有感而发，也算是一点心得吧！"

毛泽东接诗在手，只见朱德写的是一首七言绝句：

红军荟萃井冈山，主力形成在此间。
领导有方经百炼，人民专政靠兵权。

毛泽东看罢连声称赞："好诗，好诗！玉阶兄实为一代英才！"

朱德摆手道："班门弄斧了！"又说，"你是我们军中的大手笔，也写一首嘛！"

毛泽东摇摇头："容日后再写，今日没得心情……"

"那就只好如此了！"朱德见毛泽东似有心事，也不再强求……

6月18日，中国共产党的第六次代表大会在共产国际的帮助下，在苏联的莫斯科举行。

6月23日战斗在井冈山地区的毛泽东、朱德率领部队取得了龙源口大捷，歼敌1000余人，乘胜第三次进占永新县城，粉碎了敌人的第四次"进剿"。

战斗间隙，毛泽东在永新召开红四军班以上干部、地方党和地方武装负责人的联席会议，研究部署了红四军在短期内分兵发动群众的问题。

在欢庆胜利和进一步发动群众的日子里，毛泽东和贺子珍结婚了……

月末，毛泽东在永新县城主持召开了边界特委、红四军军委和永新县委联席会议，讨论湖南省委要求红四军向湘南发展、支持湘南起义的"左"倾盲动指示。多数同志支持毛泽东继续留在湘赣边界，建设巩固根据地的正确主张。

7月初的一天，毛泽东向湖南省委写报告，阐明了红四军主力不能冒进湘南的理由。

7月11日，中共"六大"在莫斯科结束。大会通过了《政治决议案》以及苏维埃政权组织、土地、农民、职工等问题决议案，修改了党章，选举了新的中央委员会。

毛泽东在党的"六大"上被选为中央委员。

中共“六大”是在国民革命失败后的历史转折关头召开的，大会制定的政治路线基本是正确的，对共产党领导新时期的革命起着十分重要的指导作用。但是，“六大”对中间阶级的两面性和反动势力的内部矛盾缺乏正确的估计和政策，对农村革命根据地的重要性和民主革命的长期性认识不足，片面强调领导干部工农成分的意义，因而妨碍了对“左”倾错误的彻底纠正。

这时在中国国内，湘赣边区各县农民在以毛泽东为书记的湘赣边特委的领导下，广泛开展起了插牌分田的运动，摧毁了数千年的封建土地制度，解决了农民的土地问题，促进了各项革命事业的蓬勃发展——从这时起，井冈山根据地进入了全盛时期。

## 39. 敌军围困万千重　红军回师破“会剿”

1928 年 7 月中旬，湘赣的国民党反动派慑于中国工农红军在井冈山的发展壮大，汇集了大部分兵力扑向莲花和永新，准备向朱、毛领导的红军进行“会剿”。

这时，红四军内部也存在着两种倾向：一种是赞同湖南省委原先的主张，出强兵立即进攻长沙；另一种是向南撤退到广东境内，会合在海陆丰坚持对敌斗争的广州起义失败的革命军。对于这两种倾向，毛泽东和朱德都坚决地抵制了。第一种，朱、毛认为是冒险主义，决不可取；第二种，朱、毛认为是“退却逃跑主义”，更不可能被采纳。朱、毛认为，现阶段红四军的主要任务只有两项：分田地和建立苏维埃政权。

在坚持井冈山的对敌斗争中，毛泽东领导湘赣边特委和红四军积极武装群众，加速农民分田和建立农村革命政权的进程，并严格执行同周围地区自由买卖和优待敌军俘虏的政策，使井冈山根据地的革命形势得到了迅猛发展。

7 月中下旬，为了打击敌人的第一次“会剿”，毛泽东率红四军一个团进击永新。

这时，湖南省委派驻红四军的代表杜修经等人趁毛泽东统兵离开宁冈之际，极力引导朱德和陈毅率领驻扎在酃县的红四军主力冒险挺进湘南，结果在郴州受挫。这样一来，朱德和陈毅不得不率余部辗转作战，准备转移去桂东……

当红四军主力被杜修经等人引导去湘南时，毛泽东指挥着不足一个团的红军，在广大群众的密切配合下，用四面游击的战术，把敌军的 11 个团牢牢地围困在了永新县城附近的 30 华里以内地区……

直到 8 月上旬，毛泽东统领红军围困敌军已达 25 天之久。面对绝对优势的敌军，毛泽东只有不足一个团的兵力不能冒险出击，为了保存实力只得率部退至井冈山的险要地带坚持斗争。至此，由于红军主力已经远去湘南，湘赣边界各县的县城和平原地区全部被敌人重新占领，造成了“八月失败”。

8 月中旬，毛泽东在小西江区九陂村召开红军连以上干部和有地方负责同志参加的紧急会议，讨论湖南省委要求红军立即开往湘南的指示。会议否定了湖南省委的错误主张，决定由毛泽东率领部队去湘南寻找朱德和陈毅的部队，然后一起打回井冈山。

8 月 23 日，毛泽东与朱德、陈毅在桂东会合。陈毅紧紧握住毛泽东的手，淌着两行热泪说：“你来得正好！没有你，我和玉阶兄不晓得如何回井冈山呢……”

面对着毛泽东的一身征尘，朱德也激动万分：“当初坚持听你的话，顶住杜修经就好了！”

毛泽东微笑着安慰说：“朱毛、朱毛，我们已经分不开了！现在我们合兵一处，重新返回井冈山，继续发展我们的事业！”

“要得！”陈毅破涕为笑地对毛泽东说，“我记得你讲过的话，只要我们有武装，就不愁打不下天下来！”

深林中、大树下，朱、毛、陈三人的三双大手又紧紧地握在了一起。站在他们身边的红军战士们，看到流露在他们三个人脸上坚毅的神情，一个个也都安下心来……

稍后，大家为参谋长王尔琢在战斗中的不幸牺牲表示哀悼，并在林中就地举行了追悼会。

追悼会上，毛泽东亲笔写了挽联：

一哭同胞，再哭同胞，同胞今已矣！留却工农难承受。

生为阶级，死为阶级，阶级念如何？得到解放方甘心！

8 月 25 日，在桂东会合后的部队，在毛泽东、朱德、陈毅的带领下回师井冈山。

月末，红军返回赣南。

9 月 8 日，毛泽东、朱德率领红四军主力返回了井冈山。

这时正是初秋时节，八百里井冈一派葱郁，漫山遍野的映山红开得格外诱人，尤其开在山崖上和涧溪边的那些火红火红的花朵显得特别鲜艳，一团团、一簇簇，在满目的苍翠中焕发着无比盎然的生机……

从 9 月中旬开始，经毛泽东和朱德、陈毅等人周密计划，向前来“会剿”的敌军发起了有步骤的强有力的反攻……

9 月 26 日，毛泽东在率军取得破敌胜利后返回井冈山大本营途中，得知黄洋界保卫战和整个井冈山地区即将取得反第二次“会剿”的胜利消息，激动的心情溢于言表，欣然写下了《西江月·井冈山》词一首，并拿给朱德看说：“玉阶兄，前些日子你要我写诗，我那时没得心情，今日还愿了！”

正在山林间聚兵休息的朱德接了毛泽东写的词，立刻很高兴地走到一株大松树下，在一块青石板上铺开来看，只见毛泽东写的是：

山下旌旗在望，山头鼓角相闻。敌军围困万千重，我自岿然不动。

早已森严壁垒，更加众志成城。黄洋界上炮声隆，报道敌军宵遁。

看罢毛泽东写的词，朱德赞不绝口：“好一首《西江月》！既有大气磅礴，更有军民一心，我老朱自愧不如啊！”赞罢又连声说，“好词，好词！”

毛泽东收起了写着《西江月》词的墨纸说：“玉阶兄的诗也很有气魄，至今我还记得哩！”

“不要谈我……”朱德说罢，挽了毛泽东的手又说，“借你词中的气魄，我们登上山去看看黄洋界！”

“就依尊意!”毛泽东高兴地同朱德步上临近的一座山峰，二人并肩眺望八百里井冈，但见壑峻峰险、群峦积翠，茫茫云海间显现着突出山崖的一簇簇映山红，开得格外娇艳……

朱德感叹道：“这就是我们消灭敌人的战场啊!”

毛泽东也说：“这就是我们革命的根据地……”

听着两位最高指挥员的谈话，随行警卫的红军战士们也都心情振奋地笑了……

10 月 4 日至 6 日，毛泽东在宁冈茅坪的攀龙书院主持召开了湘赣边界党的第二次代表大会。大会通过了《决议案》，其中重要部分是毛泽东亲自起草的《政治问题和边界党的任务》(即《中国的红色政权为什么能够存在?》一文)。会议选举毛泽东为第二届特委委员，并在毛泽东的提议下选举谭震林为书记。

这时在长沙板仓，杨开慧化装躲避着敌人愈来愈严的四处搜捕，她和陈玉英带着岸英、岸青、岸龙藏在一户贫苦的农民家中，在极端困苦的条件下，艰难度日。敌人的白色恐怖越来越紧，日日夜夜，她怀念着毛泽东——自从去年冬天收到过毛泽东写于秋上的一封辗转来信后，至今已经近一年的时间了，她再也没有收到过丈夫的来信……

她相信丈夫一定写了信来，但不知信在谁人之手，也不知信在何方。她从敌人的报纸上得知丈夫仍在井冈山坚持战斗，她知道丈夫已经同朱德会师组成了中国工农红军，正在同敌人作战，她坚信红军一定会胜利，有朝一日一定会来打长沙……

这时又是秋风萧瑟，渐入寒冬。她牵挂着丈夫的战斗生活，记挂着丈夫去年受了伤的脚——夜深人静，三个孩子在冰冷的小木床上盖着薄薄的被子都睡着了，睡梦中还相互依偎着身躯借以取暖。她坐在床边为孩子们掩掖被角，紧裹寒衣久不能寐，思念丈夫的一腔悲苦化作止不住的热泪任凭着满腮流淌。她拿起笔给丈夫写信，写了烧、烧了又写，写好的信也不知交与谁手、送往何方……

在无限的凄楚与不尽的思念中，她写下了这样的一首长诗：

天阴起朔风，浓寒入肌骨。

念兹远行人，平波突起伏。
足疾已否痊，寒衣是否备？
孤眠谁爱护，是否亦凄苦？
书信不可通，欲问无人语。
恨无双飞翮，飞去见兹人。
兹人不得见，惆怅无已时。

她恨自己没有双翅，如果有，她一定会带着三个孩子腾空而起，纵便万水千山，也要飞去见她的丈夫……

10 月中旬的一天傍晚，已经重新回到红军部队里来当了一名指挥员的毛泽覃到茅坪来找大哥，在攀龙书院底楼遇上了正在卫生队护理伤病员的贺怡，两个人一见面话就特别多。贺怡明知故问毛泽覃：“你又来干什么？”

“呵，这是我的家么！”毛泽覃也故意抢白说，“我想来就来，你管得了么？”

贺怡不甘示弱：“这里现在是红军指挥部、是边界特委会，不是你随便来的地方！”

“这倒怪了！”毛泽覃反驳说，“我是红军指挥员不能来，那你来这里干什么？你也是红军？”

“当然是啦！”贺怡得意地扬起了红扑扑的小脸，神气地说，“我早就是红军了！”

毛泽覃又有意逗她说：“我刚来茅坪时你拦住我不让进村，现在你为么事又要拦我？”

“这……”贺怡快步去挡住了楼梯口说，“楼上是我姐姐家，我偏不让你上去！”

毛泽覃一听笑了：“这里是我哥哥家，我偏要上去呢！”

“哪个在楼下吵啊？”楼上传来了毛泽东的问话声，毛泽覃立刻答道：“是我，这里有个女娃子拦住不要我上去！”

“小妹，你又在闹？”这时楼上传出的是贺子珍的声音，“别闹了，你们都上来吧！”

贺怡答应一声，立刻抢先一步跨上了楼梯，临上楼还转过身来向毛泽覃做了个鬼脸，然后笑着踏上楼去了。毛泽覃也微微一笑，紧跟着贺怡的脚步踏上楼来……

见到贺子珍，毛泽覃不习惯地叫了一声："三嫂……"然后又叫了毛泽东一声，"大哥！"

贺怡在一旁感到奇怪："你叫我姐夫'大哥'，怎么叫我姐姐'三嫂'？"

贺子珍笑了说："你姐夫在家排行老三，当然要叫'三嫂'了！"

毛泽东也笑了，随口对贺怡说："你若是嫁到我们毛家，也不会叫你'三嫂'，要叫'五嫂'哩！"

在场的贺子珍、贺怡和毛泽覃三人，谁也没有想到毛泽东会说出这样一句"玩笑"话来，一时间都愣住了。贺怡和毛泽覃被说得红了脸，倒是贺子珍先吐了一口气，说："就看你们两个的缘分了！"

"姐……"贺怡更加羞涩起来，涨红着脸跑下楼去了。楼上，再一次传出了毛泽东夫妇的笑声，但没有听到毛泽覃的声音，他也是没有一点儿心理准备呢……

11月2日，边界特委收到了中共中央6月4日对前委的一封指示信，按指示信的要求，11月6日重新组建了前敌委员会。根据中央规定，由毛泽东、朱德等5人组成新的前委，毛泽东任书记，统一领导边界特委和红四军军委。

月中，中共红四军第六次代表大会开始在宁冈召开。

11月14日，毛泽东在红四军党的第六次代表大会上发表讲话时，指出只有完成民主革命"才能培养出中国革命的社会主义前途"，"若果否认民主革命的阶段，认为中国革命已经到了社会主义革命的时机，这种误解对于中国革命极有害"。

毛泽东的讲话，批评了存在于党内一部分人头脑中的"左"倾错误思想和急于进入向反动派大举进攻的冒险主义阶段，稳定了红军继续坚持井冈山斗争的情绪，促进和推动了根据地的收复和各项工作的开展。

这时，在毛泽东等人的指挥下，红四军经过连续作战，已经取得了一个个胜利，粉碎了敌军重兵进犯的第二次"会剿"，基本恢复了井冈山根据地的原有地区，并略有拓展。

11 月 25 日，毛泽东代表前委向中央写了一份长篇报告《井冈山的斗争》。

《中国的红色政权为什么能够存在?》和《井冈山的斗争》这两篇历史文献，提出了关于中国红色政权的理论，为探索适合中国国情的独特的革命道路，迈出了具有决定意义的第一步。

12 月，中共“六大”关于土地问题的决议案传达到井冈山根据地后，对井冈山地区开展土地革命斗争起了很大的促进作用。

土地问题是中国民主革命的基本问题。毛泽东在领导湖南农民运动、全国农民协会工作和井冈山的土地革命斗争中，进行了大量的农村调查，不断总结经验，丰富和发展了“六大”关于土地革命的基本原理和政策，使土地革命的路线和政策不断得到完善。

接到中共“六大”关于土地问题的决议案后，毛泽东很快又起草了《井冈山土地法》，并以政府的名义正式公布。这是共产党制定的第一个土地法。

《井冈山土地法》规定没收一切土地归工农民主政权所有，分配给农民耕种。

临近年末的一天，从相识、相熟到相恋的毛泽覃和贺怡两个人，终于自由结婚，在大家的祝贺下完成了一桩美好的姻缘。

这时，彭德怀、滕代远、黄公略等人率领着于 7 月 22 日发起湖南平江起义后成立的红五军主力来到井冈山，与红四军会合，进一步加强了井冈山根据地的武装力量。

面对《土地法》的颁布和红五军的到来，再加上毛泽覃和贺怡的结婚与新一年的即将来临，正所谓“四喜临门”。毛泽东在宁冈龙江书院中召开的欢迎红五军主力到来的大会上多喝了一些酒，竟当着众位将领的面，情不自禁地唱起了京剧《空城计》中诸葛亮的唱段：

我本是卧龙岗散淡的人，
学天书玄妙法博古通今；
先帝爷下南阳御驾三请，
算就了汉家业鼎足三分。
官封到武乡侯执掌帅印，

南北征东西剿保定乾坤。
周文王访姜尚周室大振，
俺诸葛怎比得前辈先生！
……

听了毛泽东酒后的这段唱，众人止不住一起叫起好来。陈毅大笑着说：“我们的毛委员博学多才，很是当代的一位大军事家哩！”

朱德也说：“润之才思敏捷，智慧过人，可说是我们这些人当中最有志向、最有抱负的人啊！”

在众人的赞誉声中，毛泽东的酒劲有些醒了，惶恐道：“酒后失态，献丑了，献丑了！”

彭德怀大笑着说：“别人都说你这也好、那也好，我说你唱得就不怎么好么！满口的湘潭乡音，哪里像京剧？倒像是湖南的花鼓戏么！”

一句话说得满座又大笑起来，毛泽东说：“我是唱过花鼓戏，还亲手写过戏词哩！”

说笑间，整个龙江书院洋溢着一派热烈而无拘无束的革命亲情……

## 40. 兵出闽赣击敌后 挺进瑞金占龙岩

1929 年 1 月 4 日至 7 日，为粉碎敌人的第三次“会剿”，毛泽东在宁冈柏露村主持召开了前委、特委、红四军、红五军及各县党组织负责人联席会议。

会上，毛泽东和大家一起认真分析了敌情，然后对大家说：“以一部分红军坚守井冈山，进行内线防御；而红军主力则打到敌人后方去，以求在外线牵制敌人，并调动和分散敌人围攻井冈山的兵力。这样内外结合，就可以打破敌人对井冈山的第三次‘会剿’；同时，又可以乘机开辟新的革命根据地。”

毛泽东的话得到了大家的一致赞同。这样，会议决定采用毛泽东提出的“围魏救赵”、“攻势防御”的战略，即由毛泽东和朱德等人率红四军主力出击敌后，彭德怀等人率红五军留守井冈山。

联席会议结束后，各部队按照会议决定的战略部署，开始了紧张的战前准备工作。这次军事行动，已升任红四军参谋长的袁文才随毛泽东、朱德等人执行“围魏救赵”的战斗方案出击敌后，已经加入了共产党的王佐则带领一个营的兵力留下来协助彭德怀率领的红五军坚守井冈山。

1 月上旬末，即将统兵出发进击敌后的毛泽东突然接到了湖南省委派人转送来的一份中共“六大”文件，文件中的第 10 条内容令毛泽东很生气，他不得不连夜找来朱德和陈毅，三个人共同商讨对中央文件第 10 条内容的一致意见。

在柏露村的宿营地，朱德和陈毅一起走进了毛泽东临时居住的房间。贺子珍给朱、陈二人准备了茶水，毛泽东对她挥挥手说：“你先到伍大姐那里去坐坐吧，我们要开个会。”

贺子珍预感到了问题的严重性，便不动声色地退出了房间。贺子珍走后，朱德问毛泽东：“润之，有什么事情这么重要？”

陈毅也问：“连子珍同志也不能听？”

“这件事绝对不能让她晓得！”毛泽东语气坚定地说，“湖南省委转来了中央的一份文件，‘左’得很，对袁文才和王佐很不利。子珍同他们两个人亲如兄妹，这样的文件还是不让她晓得为好。”

陈毅再问：“么样的文件？有这么严重？”

毛泽东从衣兜里取出了中央文件，抖开来说：“这第 10 条上说——”然后念道，“土匪式类似的团体联盟，仅在武装起义前可以适用，武装起义后宜解除其武装，并严厉的镇压他们”；毛泽东念文件的语气很沉重，“他们的首领应当作为反革命的首领看待……均应完全歼灭……”

陈毅吃惊地问：“杀头？”

毛泽东痛心地点点头：“就是这个意思吧！可袁文才同志早就是共产党员了，还参加了永新暴动，现在是红四军的参谋长；王佐最近也入了党，对我们创建井冈山革命根据地是做过很大贡献的人……”

朱德接过了毛泽东递给他的文件，看了一眼说：“这个文件太主观了，不符合当前革命的实际情况么!”

陈毅从朱德手中接过文件看了看，生气地说：“简直是乱弹琴，啥子问题也不能一概而论嘛!”

毛泽东狠狠地吸着烟说：“唉！是他们帮我们在井冈山站稳了脚跟，我们才有了今天的局面，绝不能把他们同一般的土匪首领等同起来。”

“放下屠刀，立地成佛!”朱德赞同毛泽东的看法，“实事求是嘛！宁教天下人负我，我们决不能有负帮助过我们的人!”

“玉阶兄——”毛泽东此时再一次直呼了朱德的名字，“我看，还是你出面，叫来彭德怀和滕代远他们，我们几个前委的人统一一下认识，作出对袁、王两个人的妥善安排为好。”

“我去叫他们来!”陈毅抢先说道，“我想他们也不会同意这个文件的第10条!”边说边走出了房间……

深夜，冷风呼啸。在毛泽东居住的房间里，陈毅很快找来了尚未离开柏露村的彭德怀和滕代远等几个前委成员，大家在一起统一了认识，决定文件保密，对袁、王二人绝不能像文件所说的那样不公正地对待。

1月14日，毛泽东、朱德率领红四军主力向赣南进军，揭开了创建中央根据地的序幕。

随后，毛泽东将原先向部队颁布的“三大纪律、六项注意”补充、修改为“三大纪律、八项注意”。

进入赣南后，在近一个月的时间里，战斗频繁，生活艰苦，毛泽东多次遇险，有两次是被已怀有身孕的贺子珍单人匹马抢救下来的，充分体现了她对敌斗争英勇顽强、临危不惧和机智善战的女中豪杰形象……

只是在一次残酷的转移战斗中，朱德的夫人伍若兰负伤后坚持战斗到弹尽，被敌人团团围住，最终没能撤出阵地。已经转移到赣南大余县附近的朱德得到消息，一时竟惊得目瞪口呆，半天没有说上一句话来……

毛泽东得到伍若兰被敌人捉去的消息后也很吃惊，但事已至此，他只得安慰朱德说：“玉阶兄，这是打仗啊！我们再派人去打探消息，想方设法也要把伍大姐营救出来……”

朱德沉痛地说：“润之，你也不要劝我了，战场上生死咫尺，瞬息万变，有谁能料得到呢!”

贺子珍听说后哭了起来，被毛泽东训斥说："哭么事！你哭就能救出伍大姐吗？这是战场！"

贺子珍立刻翻了脸："我伤心还不许哭？哪里来的这规矩？你要是被敌人打死了，我也会哭的……"

"屁话！"毛泽东也翻了脸，"我毛泽东还死不了呢！你不要跟着我了，去找袁参谋长吧！"

陈毅赶来劝解说："不要吵么，我们看看还是怎样进行下一步行动吧！"

朱德强忍悲痛说："按原定计划不变，兵发闽赣！"

2 月 10 日，这一天正是春节。毛泽东指挥部队向东进袭宁都，在大柏地击败尾追的国民党赣军刘士毅部，歼敌近两个团。这是进入赣南后的第一个胜仗，扭转了红四军主力离开井冈山以来的被动局面。

2 月 16 日，红四军在转向闽赣山区途中，得到消息证实说伍若兰被敌人俘获后宁死不屈，于 2 月 12 日壮烈牺牲，头颅被敌人残忍地割下来挂上了赣州城头……

惊闻噩耗，骑在马上的朱德险些从马背上跌下来。毛泽东、陈毅、贺子珍等人赶忙下马扶住了朱德，并让朱德下了马在树林丛中坐下来休息，部队也停止了前进……

稍事休息后，最终还是朱德下了命令："部队继续前进！"

途中，毛泽东对陈毅说："玉阶兄铮铮铁骨，竟也凄然泪下……"

陈毅怅然说："伍大姐有身孕了，他能不悲么！"

"哦……"毛泽东默然了，久久没有再说话……

2 月 25 日，毛泽东、朱德等人率红四军转向闽赣边界的山区展开游击战争。

3 月上旬，在通过大柏地突袭赣东南龙岗的一次战斗中，红四军二十八团团长林彪被敌刘士毅旅所包围，毛泽东率领红军第三十一团强行破敌解围救了林彪。战斗中，贺子珍不顾自己的身孕纵马双枪驰骋疆场，打得刘士毅的人马纷纷躲闪。当敌人看清了骑在马上冲锋陷阵的竟是一个女红军时，竟调集了足有一个连的骑兵尾随追赶，子弹打得"嗖嗖"响，却被镫里藏身的贺子珍几次反手举枪撂倒几个，敌人才不敢再追了……

山苍苍，忍疾苦耐艰辛出生入死，终生奋斗。

野茫茫，历危难经考验险象环生，勇敢牺牲！

当贺子珍甩掉敌人后与毛泽东、林彪等人会合时，毛泽东见到她平安归来，高兴地开玩笑说：“你没有死啊？”

“我才死不了呢！”贺子珍在马上爽朗地一笑说，“选三大哥教的骑马，南斗大哥教的打枪，再多几个敌人也不是对手！”

看着贺子珍的满头大汗和汗湿的马背，林彪感谢说：“多谢贺大姐挺身相救……”

“谢什么！”贺子珍跳下马来说，“你二十八团平日里很能打么，今日这是怎么了？”

“我……”林彪想说什么，却被毛泽东把话岔开了：“育容①还是很能打的，只是今日敌人上来得太多，打不过来么！”

贺子珍一听笑了，林彪也只得略显尴尬地跟着笑了两声……

3 月 14 日，毛泽东、朱德指挥红军取得长岭寨大捷，进驻闽西长汀县城。

随后，红四军在长汀城进行了整编，毛泽东继续担任红四军的党代表。

3 月 20 日，毛泽东在闽西汀州主持召开了红四军前委扩大会议，决定在敌人力量薄弱的赣南、闽西 20 多个县创造和发展新的农村根据地，使之与井冈山根据地连接在一起，形成一个更大范围的红色堡垒。

3 月下旬，红四军挥师赣南瑞金。

4 月初，红四军前委在瑞金收到中共中央 2 月 7 日发来的指示信，毛泽东立即召开前委会议讨论。

4 月 5 日，毛泽东代表红四军前委复信中央，不同意中央对中国革命形势的悲观估计和对红军行动方针的错误主张，提出在农村更广阔的范围内开辟新的根据地，以促进全国革命高潮的到来。

4 月中旬，毛泽东率部队西进到达赣南兴国县城，这时，贺子珍的身子已显得沉重了。

行军、作战中，毛泽东没有时间照顾贺子珍，便叮嘱贺怡多看护她。只

---

① 育容，即林彪。

是贺子珍天生一副好动的性格，只要一听说“有情况”或一听到枪响，任谁也劝不住、拦不住她，她总要冲出去打——对于贺子珍这样的“脾气”，毛泽东也没有什么好办法……

4 月 15 日，毛泽东宣布成立县革命委员会，建立了赣南第一个县级红色政权。

4 月下旬，毛泽东深入兴国农村调查研究，制定和颁布了《兴国土地法》，把“没收一切土地”改为“没收一切公共土地及地主阶级的土地”。

进入 5 月，赣南第二次党代表大会召开。大会根据毛泽东的指示确定了各项革命任务，使整个赣南的革命斗争更加广泛深入地开展起来。

5 月 18 日，毛泽东在瑞金叶坪主持召开红四军前委扩大会议，决定红四军开辟闽西革命根据地。

会议进行中，有人不慎将中央以前的一份关于歼除土匪武装和坚决镇压土匪首领的文件拿给参加会议的袁文才看了，以为他是红四军的参谋长，应该让他了解文件内容。殊不知，袁文才看了文件中的第 10 条后，精神完全崩溃了……

袁文才已加入共产党多年，深知党的许多过激的“左”倾政策，并不怀疑文件的真实性。他想去找毛泽东交谈此事，以讨得一个红四军和前委对他和王佐的“处理意见”，但又觉不妥，他相信毛泽东，但不想使毛泽东为难——他不了解毛泽东、朱德、陈毅、彭德怀等人已经就此事召开了前委会议，更不了解彭德怀和留守井冈山的红五军接到这样的中央文件后会如何“处置”他的王佐兄弟，担心王佐会遭“不测”……

袁文才再无心思开会，他独自一人神情恍惚地回到住处，匆匆给贺子珍写了一封“诀别”信，请她转告毛泽东：他走了。

他觉得他不能去见毛泽东，怕毛泽东不让他走而耽误了他“救”他的兄弟王佐。他也不愿意走，他舍不得离开毛泽东和贺子珍，舍不得离开红军，但又觉得不得不走……

他知道，明天红四军就要开赴闽西了，他不能再待下去，否则会越走越远、越危险……

临走前，他留下了身上仅存的 6 块银元，要贺子珍好好保重身体。他要连夜赶赴井冈山，单枪匹马冲破敌人的重重阻障去见王佐，以“解救”与他患难多年的结拜兄弟……

就这样，袁文才走了，趁着夜色、骑着快马、一个人悄悄地走了。他身上没有一块铜板，只有一把驳壳枪和几十发子弹……

夜深沉。当袁文才的警卫员发现了袁文才留下的那封信，便急忙报告了贺子珍。贺子珍大吃一惊，立刻跑去找了正在开军委会议的毛泽东……

“你来做什么?”毛泽东很不高兴，责怪她不该擅闯军委会议，“我们正在开会，你晓得么?”

“选三大哥跑了!”贺子珍失声道，“快派人去追吧!”

“袁参谋长跑了?”毛泽东也大吃一惊，“糟了，他晓得了……”

“他晓得了什么?”贺子珍感到奇怪，又觉得必然事出有因，便大声问，“他为什么要跑？你快说!”

朱德上前劝慰说：“子珍同志，先冷静下来。追是追不上了，听大家详细给你解释……”

陈毅也劝说道：“不要急么，袁参谋长也不会跑到哪里去，一定是回井冈山了……”

红四军的军委会议是开不成了——待贺子珍冷静下来，参加会议的何长工拿出了那份中央文件让她看，她一看就火了，冲着毛泽东大骂起来：“你们这是背信弃义、过河抽板！没有大仓村相会，没有南斗大哥让了茨坪给你们落脚，你们能有今天吗?”

贺子珍越来越激动，禁不住声泪俱下：“你们太没有良心了！现在革命还没有成功呢，你们就这样对待与你们同生共死、一起共患难的弟兄……”

在场的人都被贺子珍说得很被动，毛泽东也沉不住气地吼了起来：“前委是开会研究过的，我们并不同意中央文件上讲的！现在大家都在场，你可以问么！你这样子闹，能解决么问题？你还有没有组织纪律？整个会议都被你搅了，我要处分你!”

“你敢!”贺子珍怒视毛泽东，“你们研究了为什么不告诉他？为什么还要瞒着他？现在他跑了，你要负责!”说着，她又不解气地骂了一句，“你们这是忘恩负义!”

毛泽东一听大怒，顾不得众人在场，抓起一把竹椅要打贺子珍，被朱德、陈毅、何长工等人强行阻拦住。贺子珍一见更加上火，伸手抓了眼前桌上的一只茶碗狠狠地摔在了地上——争闹中，还是毛泽东先被众人劝止了满腔的怒火，贺子珍也被大家劝得渐渐消了些气……

袁文才的走，使毛泽东和朱德、陈毅等人都感到很内疚，认为是他们没有适时地做好他的思想工作。没办法，最后大家只好商定，等赣南、闽西的根据地建立起来了，再派人把袁文才和王佐一起“请”回来……

5 月 19 日，毛泽东、朱德率红四军第二次挺进闽西。

经过 4 天的急行军和紧张战斗，毛泽东率红四军迅猛进占闽西龙岩，又于 26 日进占永定。

第二天，毛泽东在永定万人大会上发表了极其鼓舞人心的演说，同时宣布永定县革命委员会成立。

6 月 2 日，毛泽东等人指挥红四军再占闽西龙岩，并在万人大会上宣告龙岩县革命委员会成立。

## 41. “九月来信”正方向<br>“古田会议”指航程

1929 年 6 月 19 日，毛泽东等人指挥红四军第三次攻占龙岩。战斗中，毛泽东缴获了一匹极其健壮的黄骠马，从此换掉了他从井冈山骑来的那匹“白龙驹”。

6 月 22 日，红四军在龙岩召开第七次党的代表大会。此次会议偏离了正确方向。由于领导者之间对建军原则和建立根据地等问题认识不一致，毛泽东被迫离开了红四军的主要领导岗位。会上，毛泽东发表讲话说：“红四军实行的是党委领导下的分工负责制，而不是‘家长制’。现在我们的红军还是要根据我们历来的斗争经验，加强党的领导，加强政治思想工作，执行三大任务，要讲三大纪律八项注意。我们的红军一定要按这个来做！”

会中，毛泽东被选为前委委员，陈毅任前委书记。会后，前委决定毛泽东前往上杭县的蛟洋农村，一面养病，一面指导闽西特委开展工作。

7月20日，在毛泽东的指导下，中共闽西第一次代表大会在上杭蛟洋召开。

临近月末的一天，陈毅到蛟洋文昌阁，会同毛泽东一起召开前委紧急会议，研究打破敌人三省“会剿”的方针。

会后，毛泽东到达苏家坡，一面养病，一面继续指导闽西特委工作。

这时，贺子珍在龙岩生下了一个女儿，由于贺子珍在长时间艰苦的战斗环境中总是行军、打仗，身体已经相当虚弱，孩子一生下来就没有多少奶吃，只得寄托在一位农民大嫂家中代为抚养……

8月下旬，红四军前委放弃到浙赣皖边界游击的计划，返回闽西。

在此期间，毛泽东深入福建上杭、永定广大农村进行社会调查，指导土地革命斗争。

一次，毛泽东到乡里搞调查，向一位青年农民打听乡长的名字，对方竟自报家门说：“我就是乡长啊！”

毛泽东问他：“你叫什么名字呀？”

乡长回答说：“我叫罗瞎子。”

毛泽东笑了，说：“这只是个绰号，你总还得有一个真名么！”

罗瞎子摇摇头说：“从小家里穷，没上过一天学，斗大的字认不得几个。大家见我不认字，就叫我罗瞎子喽！”

毛泽东又问：“你现在当乡长了，还要这么叫么？”

罗瞎子诚恳地说：“就这么叫，从小就这么叫惯了。如今在乡里当乡长，更不能叫官名，要不，人家会说我摆架子哩！再说，自家人这样叫我，随随便便，怪亲热哩！”

“说得好！”毛泽东赞叹道，“你这是‘苟富贵，毋相忘’哩！就是日后革命成功了，我们也不能像陈胜那样，忘了自己共患难的父老兄弟！”

罗瞎子听了仰脸大笑起来，紧紧拉着毛泽东的手说：“你是红军里的大人物，若是以后你当了皇帝——不，若是革命成功了，你管天下，我该怎么称呼你呢？”

毛泽东说：“那你照样喊我‘老毛’就是了！”

罗瞎子高兴地说：“我记着你的话了！”

9月28日，中共中央作出给红四军前委的指示信（即“九月来信”），充分肯定了毛泽东关于“工农武装割据”的思想、建党建军的原则和红四军两年来的斗争经验及对中国革命的重大贡献，正确解决了红四军党的“七大”前后争论的主要问题。同时，指示信坚决支持毛泽东重返红四军继续主持前委的工作，要求红四军全体指战员维护毛泽东、朱德的领导。

这时，仍在上杭、永定、龙岩一带农村搞社会调查和指导土地革命斗争的毛泽东，面对在美国和华东财阀支持下的蒋介石与在英法、两广豪绅支持下的桂系军阀争夺华中的大战感慨万分、痛心万分，而对于闽西地方工作取得的重大进展，又令他感到很大的鼓舞和欣慰。为此，他写下了《清平乐·蒋桂战争》词一首：

风云突变，军阀重开战。洒向人间都是怨，一枕黄粱再现。
红旗跃过汀江，直向龙岩上杭。收拾金瓯一片，分田分地真忙。

10 月重阳节前后，毛泽东在闽西农村见到工农政权已相继建立和不断得到巩固与发展，革命力量迅速壮大，被压抑的心情渐渐舒缓开来，禁不住又提笔赋词一首：

**采桑子·重阳**

人生易老天难老，岁岁重阳。今又重阳，战地黄花分外香。
一年一度秋风劲，不似春光。胜似春光，寥廓江天万里霜。

11 月 18 日，红四军前委在上杭官王庄召开会议，决定由陈毅前往蛟洋向毛泽东传达党中央的“九月来信”，并亲自迎接毛泽东回红四军复职。

这时毛泽东的心情极为舒畅，在交代地方工作和准备行装前往上杭的行动中，他兴奋地对陈毅说：“我们党也不总是犯错误，斗争实践教育和锻炼了人民和军队，也教育和锻炼了我们的党啊！”

“回去吧，润之兄！”陈毅也高兴地说，“玉阶兄和红四军的广大干部、战士都在盼着你回去呢！”

毛泽东拍着陈毅的前胸说：“好，我同你一道回去！”兴奋中，他又情不自禁地吟出了杜甫的一首诗：“剑外忽传收蓟北，初闻涕泪满衣裳。却看妻子愁何在，漫卷诗书喜欲狂。白日放歌须纵酒，青春作伴好还乡……”

陈毅接吟道：“即从巴峡穿巫峡，便下襄阳向洛阳！”

随后，两人同时放声大笑起来……

11 月 26 日，毛泽东在陈毅和福建省委巡视员谢汉秋的陪同下抵达汀州，与红四军会合。

两天后，毛泽东主持召开红四军前委扩大会议，着重研究贯彻中央“九月来信”的问题，并决定召开红四军党的第九次代表大会。

毛泽东重返红四军，使全军上下一片欢腾。只是在这时，从兴国县赶来参加会议的东固山红二团团长李文林向毛泽东报告了一个令他感到十分震惊的消息：“井冈山失守了！”

李文林的一句话，令毛泽东顿时愣呆了……

李文林报告说：“袁参谋长赶回井冈山以后，和王佐带领着七八百人对付敌人的两万多人马，打得很艰苦，打了足足有半个月，最后实在坚持不住，失守了……”

毛泽东急切地问：“那么红五军呢？”

李文林说：“彭军长他们撤走了……”

毛泽东又问：“袁参谋长和王团长他们呢？”

李文林低声说：“老庚他们化整为零，还在山上同敌人打圈子呢……”

毛泽东还是不放心：“他们人少，不是很危险么？”

毛泽东这样一问再问，李文林反倒镇定下来：“倒不会出什么大事，他们人熟地熟。再说，敌人几万人马留在山上没什么用，彭军长一撤，也就撤了，留下小部分敌人，那就不怕了，还不够老庚他们打圈子呢……”

听李文林这样一讲，毛泽东才多少放下一些心来，感叹道：“袁、王二人都是革命的好同志啊！我们要想办法尽快打回去，把他们重新请回来，把井冈山再夺回来！”

11 月末，红四军整装待发。就要离开龙岩了，由于是战斗行动，一路上带不得孩子，贺子珍只得去看望了她寄养在农民大嫂家中的女儿，放下了她身上仅有的 15 块银元，其中有 6 块还是袁文才临离开前留给她的……

12 月 3 日，毛泽东率领红四军进驻闽西连城县的新泉镇，开始从政治和军事两个方面进行整训。

在新泉，毛泽东多次召开各级干部会议和各种类型的座谈会，详细了解红四军存在的各种问题，同大家分析问题产生的原因和纠正的方法。毛泽东还多次深入连队，听取战士们的意见和反映，为召开红四军党的第九次代表大会做了重要的思想、组织准备。

12 月中旬，毛泽东在上杭古田镇主持召开了红四军各级党代表联席会议。毛泽东将会议分成纠正党内非无产阶级思想意识、党的组织等八个专题小组，对存在的问题找出根源、危害，并提出纠正方法。会议还酝酿了新前委的候选人名单，为进一步开好红四军党的第九次代表大会做了充分准备。

古田镇坐落在彩眉岭的笔架山下，是上杭县的一个不小的村庄，有上千户人家。村前四野广阔，村后杉柏参天。村中有一座廖家祠堂，由前后厅和左右厢房组成，后厅于民国初年曾作为和声小学，后来改为曙光小学。这里，是一处交通方便、风光秀丽、民风淳朴的好地方。

这时，闽、粤、赣三省敌人纠集的重兵已向闽、粤、赣边界猛扑过来，妄图“会剿”红四军。面对强敌，毛泽东适时地作出了红军主力部队继续向西挺进的决定……

12 月 28 日至 29 日，毛泽东在古田镇曙光小学主持召开了中共红四军第九次代表大会。毛泽东在会议上首先作了政治报告。会议通过了毛泽东起草的《决议案》，并选举毛泽东为前委书记。

古田会议决议创造性地、系统性地解决了在农村战争环境条件下，用无产阶级思想建设党建设军队的问题，是建党建军的伟大纲领。这个决议也是毛泽东关于农村包围城市的道路的理论的一个重要组成部分。

会后，毛泽东率领第二纵队留驻古田，掩护主力西进。

1930 年元旦，林彪给毛泽东送来了一封“新年贺信”，信中流露出不少的右倾悲观情绪。为此，毛泽东结合党内、军内存在的右倾悲观思想，决定给林彪写一封复信，以批评林彪及一些人的不良情绪和诸多错误观点。

1 月 5 日，毛泽东在写给林彪的复信中不仅对林彪本人的悲观情绪提出了严肃批评，同时也对党内、军内存在的右倾悲观思想作了严肃批评，深刻阐述了“以农村为中心”的思想，批评了“以城市为中心”的错误观点，明确、系统地提出了关于农村包围城市道路的伟大理论。

信中，毛泽东明确指出：“星星之火，可以燎原。”

给林彪写信的第三天，毛泽东率第二纵队撤离古田，前往江西广昌同主力军会合。至此，敌人的三省“会剿”行动随即宣告破产。

1月15日，毛泽东率领第二纵队在月色中行军。毛泽东骑在黄骠马上举头仰望星辰，但见皓月当空，月圆得格外明朗，不由感叹道：“多好的月色啊，这是我有生以来见到的一次最大最圆的月亮了！”

听到毛泽东的话，一些红军战士也说：“今夜的月亮真的比往常又大又圆呢！”

是夜，红军战士在皎洁的月光下走得又快又急……

1月下旬，毛泽东率领第二纵队和红四军主力在广昌的东韶胜利会师。

会师时，朱德跳下马来紧握着毛泽东的手说：“古田会议开得好啊！这次挺进闽西的决定也作得好，使敌人又白白跑了两个多月的路！”

面对红军的大队人马和迎风飘舞在军中的一面面红旗，早已下了马的毛泽东也十分高兴地说：“玉阶兄，我们又在一起了！这次，我们一定要在江西搞出些名堂来，尽力为中国的革命事业多做一些贡献！”

冷风中的朱德同样高兴：“听你的口气，一定又是成竹在胸了？”

已就任红六军党代表的陈毅也纵身跳下了战马，大步近前对毛泽东说：“既然这样高兴，润之兄当咏诗一首，以振军威！”

朱德赞同道：“要得，要得！润之这次一定不会推托了？”

“好！”毛泽东容光焕发地说，“承蒙两位兴致好，我就勉为其难了……”

说着，毛泽东抬手正一正自己头上的八角帽，面向行军中的部队、面向大山，一字一句地吟道：

宁化、清流、归化，路隘林深苔滑。今日向何方，直指武夷山下。山下山下，风展红旗如画！

细细听了毛泽东吟咏的诗，陈毅不禁赞道：“这是一首《如梦令》，好词句！既豪情满怀，又简洁明快，很是一幅气势壮观的行军图呢！”

“夸奖了！”毛泽东笑道，“你陈毅在红军中是赫赫有名的儒将，谁人不知、哪个不晓？也该有诗作么！”

“我是引火烧身！”陈毅笑着抬手推了推军帽说，“我没得曹子建的才华，也没得润之兄的本领，一时作不来喔……”

朱德在一旁解围说：“我们在打汀州、龙岩时，你作的那一首就蛮好，再说来听听么！”

陈毅看了毛泽东一眼，见他还在注视着自己，只得说：“就依玉阶兄所说，我吟一首旧诗算喽！”说罢，将大手一挥道：

闽赣路千里，春花笑吐红；铁军真是铁，一鼓下汀龙！

“有气魄！”毛泽东笑道，“好就好在‘一鼓’二字，把红军的战斗气势全都表现出来了；‘下’字用得更好，实为点睛之笔啊！”

说笑间，三个人一起翻身上马，豪情满怀地进入了红旗招展的万马军中……

# 42. 星火燎原开基业　挥师西进打长沙

1930 年 2 月 6 日至 9 日，毛泽东在吉安县陂头村主持召开了红四军前委、红五军和红六军军委及赣西特委联席会议，主要研究以江西为中心的闽、粤、赣、浙、湘五省武装斗争形势。

会上，毛泽东作关于政治形势和今后任务的报告。毛泽东在报告中说：“发动广大群众，广泛在农村中建立群众的基础，深入土地革命，彻底分配土地，扩大土地革命影响于全国，普遍地建立小块红色政权、红色武装，并使小块苏维埃与零星的红色武装继续发展，渐次汇为一个总流，然后结合着城市暴动逐步夺取全国政权。”

会议把毛泽东关于建立小块红色政权与逐步争取全国胜利的思想进一步具体化，为实现“争取江西，同时兼及闽西、浙西”的战略计划作出了重大贡献。

会议中，决定在红四军前委基础上扩大成立新的前委，毛泽东为书记，统一指导当前的斗争。

2 月 14 日，以毛泽东为书记的总前委发布了攻打吉安的通告。战前，毛泽东等人采取了先围后攻的谨慎态度。

第二天，在去攻打吉安的行军路上，天降大雪，部队在风雪中急速前进。随军行动的毛泽东骑在马上不畏艰难地策马前行，山中的风雪正疾，将行军中的一面面红旗吹展开来，飘飘荡荡，伴着洁白的雪，尤显出一派壮观的行军画卷……

连日来，毛泽东的心情一直很好。面对当前蓬勃发展的革命形势和日益壮大的工农武装力量，他这次率领红四军从闽西回师江西，意欲夺取吉安地区，建立以吉安为中心的连成一片的农村革命根据地和红色政权。此次行军，是他实现这一战略设想的具体行动。见到红军将士们斗志昂扬地顶风冒雪前进，他又一次诗兴大发，遂在马上吟成《减字木兰花·广昌路上》词一首：

漫天皆白，雪里行军情更迫。头上高山，风卷红旗过大关。
此行何去？赣江风雪迷漫处。命令昨颁，十万工农下吉安。

当日晚，在毛泽东的参加指导下，赣南工作会议在兴国县召开，以贯彻陂头会议精神和解决赣南存在的问题。

2 月下旬，江西军阀张发奎调集了多于红军数倍的敌军增援吉安，毛泽东不得不临时变动作战计划改攻赣州。敌军听说后又快速进逼赣州，使毛泽东不得不主动撤回了强攻赣州城的红军部队。

撤离途中，朱德在马上见到红军队伍中有一名十七八岁的女战士，一个人背了两支枪，便打马向前问道：“小鬼，为什么背两支枪啊？”

女战士响亮地回答：“报告军长，战友病了，正躺担架呢！”

朱德见她很神气，说话简洁，性格开朗，便下了马再问：“当红军，不怕流血牺牲么？”

女战士依然回答得很干脆：“报告军长，怕死就不来当红军了！”

朱德笑了：“你叫什么名字啊？”

女战士回答："我叫康克清，万安来的。"

朱德高兴地点点头，然后上马继续前进了。

策马行进在军中的贺子珍见了眼前的情形，把这一切默默地记在了心上……

又是春暖花开时节。赣南的群山峻岭在春日阳光的照射下显得一派葱绿。山间茂密的竹林中，一场春雨过后的竹笋纷纷破土而出，在温暖、湿漉的春风中节节拔高，带着泥土的芳香、挂着林中的湿露，长向空中、迎向阳光……

3 月 18 日，毛泽东在赣州城外的楼梯岭主持召开了红军干部和地方干部联席会议，改变了集中兵力攻打中等城市的方针，再次决定将工作重点放到巩固和扩大农村的革命根据地去。会议根据毛泽东的提议，还决定红军第四、五、六军进行大规模的分兵运动，以打通闽、粤、赣三省的联系。

第二天，总前委发出《前委通告（第三号）——分兵争取群众的意义及工作路线》。这是毛泽东关于农村包围城市道路理论的具体应用和发展。

3 月底，毛泽东身边调来一名勤务员，叫陈昌奉，是个很机灵的小伙子。陈昌奉来到毛泽东身边后，发现作为前委书记的毛泽东的行装很简单，只有两床半毛半线的毯子、一条很普通的布被单、两套和红军战士一样的灰军装，再有就是一件银灰色的毛衣。他还发现，毛泽东用的东西只是一把已经用线缝过了的破雨伞、一个吃饭用的缸子和一个灰色的有九个口袋的公文包，毛泽东日常用的地图、文件、书籍总是把这个公文包装得满满的。每当行军、作战，毛泽东总是坚持自己背着他的这个公文包和那把破雨伞，陈昌奉则背着毛泽东的其他东西。

在料理毛泽东的日常生活中，陈昌奉渐渐发现毛泽东夜里很少睡觉，吃过晚饭就点上小油灯，打开那个有九个口袋的公文包，拿出地图、文件、纸、笔开始工作。由于陈昌奉的年龄小，不能熬夜，时间不长就伏在毛泽东的身边睡着了。有时在半夜，毛泽东偶尔会轻轻地唤醒陈昌奉，说："搞点水来吧！"

这时陈昌奉就去提着小木桶打来一桶凉水，毛泽东则用凉水蘸湿了毛巾擦一擦脸，有时也擦一擦澡，以此来提提精神。凡是在这时，毛泽东擦过脸也就觉得饿了，陈昌奉便会把下午留下来的很简单的一缸子饭菜拿去热一热给他吃。有时一缸子吃不了，毛泽东就用纸盖起来，留着以后再吃，从来不准陈昌奉随便倒掉。吃过东西后，毛泽东又去看书、看文件或是写东西，而这时的陈昌奉早已歪倒在毛泽东身旁的任何一个可以睡觉的地方，躺下去睡着了……

4 月间，通过贺子珍的“牵连”，朱德和康克清进一步认识了，并互为加深了了解和感情沟通……

5 月，毛泽东率红四军在闽粤赣边界分兵游击期间，抓紧机会进行了寻乌调查。这是毛泽东第一次对城市进行系统、全面和大规模的调查。

转眼进入了 6 月中旬。中共中央在上海召开政治局会议，通过了《新的革命高潮与一省或几省的首先胜利》的决议案，标志着以李立三为代表的“左”倾冒险主义路线在共产党中央占了统治地位。决议案中指责毛泽东“以农村包围城市”的理论“是一种极端错误的观念”，强令毛泽东及赞同毛泽东主张的人执行他们“会师武汉，饮马长江”的攻打中心城市的“左”倾冒险主张。

6 月 11 日至 13 日，毛泽东在长汀南阳主持召开了前委和闽西特委联席会议。会议后来移至汀州继续进行。毛泽东在会议中作了形势、任务和斗争经验的报告。会议通过了《富农问题》和《流氓问题》两个文件，发展和完善了党的土地革命政策。同时，会议遵照中央关于整编的决定，成立了红军第一军团，毛泽东任政治委员和前委书记。

会后，毛泽东又就土地革命问题进行了一系列社会调查，写了许多重要的调查报告，回答和解决了土地革命斗争中的许多具体政策问题。

6 月 22 日，根据中央指示，毛泽东率红一军团向南昌、九江进军，以配合红三军团的行动进而攻打长沙。

这时，担任红三军军长的黄公略正在按中央指示组织部队攻打长沙。

在进军南昌、援助红三军团的行军途中，毛泽东在马背上又吟成《蝶恋花·从汀州向长沙》词一首：

六月天兵征腐恶，万丈长缨要把鲲鹏缚。赣水那边红一角，偏师借重黄公略。

百万工农齐踊跃，席卷江西直捣湘和鄂。国际悲歌歌一曲，狂飙为我从天落。

7 月 24 日，毛泽东指挥部队攻克了敌人有重兵盘踞的樟树镇。

这时正值盛夏，在以毛泽东为书记的总前委领导下，赣西南、闽西革命根据地分别形成，后来合并，称“中央革命根据地”。至此，毛泽东提出的“争取江西，同时兼及闽西、浙西”的战略计划基本实现。

这时，纵观全国的革命斗争形势，除井冈山革命根据地外，中国共产党在全国已经创建了诸多的革命根据地，红军和革命根据地已有了相当大的发展。全国红军已发展到 13 个军 10 余万人，开辟了大小 15 块革命根据地，遍及 10 多个省、300 多个县，其中主要有：

中央革命根据地。它位于江西南部、福建西部，由赣南、闽西两大块根据地合成。1927 年 10 月至 1928 年 3 月，赖经邦、李文林、古柏等人领导的赣西南武装起义，开创了东固山、桥头等革命根据地。1928 年 3 月至 6 月，郭滴人、邓子恢、张鼎丞等人领导了闽西地区的武装起义，建立了红军游击队。1929 年 1 月，毛泽东、朱德、陈毅等人率领红四军主力离开井冈山到赣南、闽西，在上述起义和根据地的基础上，又先后开辟了赣南、闽西革命根据地。这时赣南、闽西地区的红三军、红四军、红十二军已合编为红一军团。随后，红二军、红二十二军也编入了红一军团，同时红五军、红八军组成了红三军团。是年 8 月，红一军团与红三军团合编为红一方面军，朱德任总司令，毛泽东任前委书记兼总政委。

湘鄂西革命根据地。它位于湖南、湖北西部边界地区。1928 年初，贺龙、周逸群回到湘鄂西。在 1927 年 9 月段德昌、段玉林等领导当地农民起义的基础上，发动了荆江两岸的年关暴动和湘鄂边起义，先后开辟了湘鄂边和洪湖革命根据地，建立了红四军（以后改为红二军）和红六军。1930 年 7 月两块根据地发展为湘鄂西革命根据地，红二军与红六军合编为红二军团，贺龙任总指挥，周逸群任政治委员（后为邓中夏）。

鄂豫皖革命根据地。它位于湖北、河南、安徽三省边界的大别山区。1927 年 11 月，潘忠汝、吴光浩领导了湖北黄安麻城地区的武装起义，开辟了鄂豫边根据地。1929 年 5 月，徐子清、肖方等领导了河南商城南部地区的农民、士兵起义，开辟了豫东南根据地。同年 11 月，舒传贤、周狷之等领导了安徽六安、霍山农民、士兵起义，开辟了皖西根据地。他们各自建立了 1 个师的红军。1930 年 4 月，中共鄂豫皖边区特委成立，郭述申任书记，同时成立了工农红军第一军。6 月，成立鄂豫皖苏维埃政府，甘元景为主席，鄂豫皖革命根据地正式形成。

闽浙赣革命根据地。它位于福建、浙江、江西三省边界地区。1927 年 12 月，方志敏、邵式平等在江西弋阳、横峰领导起义，创建赣东北根据地。同年 10 月闽北崇安农民起义，建立闽北根据地。1930 年 7 月，两个地区连成赣东北根据地，成立红十军。

左右江革命根据地。它位于广西西部左江、右江和红水河流域的大部地区。1929 年 12 月，邓小平、张云逸、韦拔群等领导百色起义，建立了红七军和右江工农民主政府。翌年 2 月，邓小平、李明瑞、俞作豫等发动龙州起义，建立红八军和左江革命委员会。不久，在优势敌人进攻下，左江根据地丧失，红八军余部转移到右江编入红七军，韦拔群等率领一部分武装在右江地区坚持游击战争。

此外，较大的根据地还有：在原井冈山根据地基础上恢复并发展起来的湘赣根据地，王首道、任弼时先后任中共湘赣省委书记。刘志丹、谢子长领导的陕甘边和陕北根据地。彭湃领导的广东海陆丰根据地。冯白驹领导的海南岛琼崖根据地。再有就是彭德怀、滕代远、黄公略发动平江起义后，建立起来的湘鄂赣根据地。这一时期，中国共产党还创建过江苏南通、如皋、泰兴游击根据地和鄂豫陕游击根据地等。

7 月 30 日，毛泽东认为暂时不宜直攻南昌，乃率部西渡赣江，进抵南昌对岸的万寿宫地区，随后，毛泽东率红一军团转入安义等地区休整，避免了强攻南昌、九江可能遭到的损失。

8 月中旬，为援助红三军团攻打长沙，毛泽东等率领红一军团西进，8 月 23 日在浏阳永和市与红三军团会师。

会师后，两军团组成红一方面军和中共第一方面军总军委，毛泽东任方面军总政治委员和总前委书记；同时成立了统一指挥红军和地方政权的中国工农革命委员会，毛泽东任主席。

从这时起，就有不少人开始直接称呼毛泽东为毛主席了……

8 月 29 日，根据中央指示，毛泽东率红一方面军再次进攻长沙，结果受挫。部队于 9 月 12 日主动撤离对长沙的围攻开始转移，再次避免了强攻中心城市可能遭受的损失。

在进攻长沙的日子里，毛泽东、朱德等人多次派人去到板仓、湘潭等地寻找杨开慧和她身边的三个孩子岸英、岸青和岸龙，但都无果而归……

这时杨开慧带着三个儿子仍在板仓，只是躲藏得很隐蔽。当她听人传说毛泽东已经带领着红军的大部队来攻打长沙了，一颗激动的心简直要跳了出来——她真想不顾一切地冲出去，冲到有红军的地方去寻找自己的丈夫，但又舍不下三个孩子，也无法闯过敌人的严密封锁和沿途盘查。她焦急、她渴望、她兴奋、她激动，然而这一切都无法使她见到毛泽东，只能使她更加意志坚强地耐心等待，等待合适的时机再去见她日夜思念的亲人……

9 月中旬，毛泽东在株洲、袁州等地连续主持召开总前委会议，说服了部分受李立三路线影响的干部，决定先取吉安，然后再相机攻打南昌、九江。

会议中，毛泽东再次见到了已调去红三军团任第八军军长的何长工，终于清楚地知道了袁文才和王佐二人已经不在人世的事。

何长工心情沉痛地告诉毛泽东，当袁文才知道了中共“六大”有关歼除土匪首领的决议跑回井冈山后，同王佐商量了决不离开井冈山，他们时时刻刻提防着共产党会派人去杀了他们，同时也提防着国民党派兵进剿。他们两个手下的人知道了“共产党”要杀他们的情况后，有人提议他们俩“不如投奔国民党算了”，但被大怒中的袁文才和王佐拔出枪来当场毙掉了。袁文才说：“我生是共产党的人，死是共产党的鬼，决不投降国民党!”王佐也说：“我和国民党反动派有世代冤仇，毛委员和共产党对我有再造之恩，我决不能对不起毛委员、对不起共产党!”

后来，特委的人找了个借口，说是要把袁文才和王佐的部队改编为红六军第三纵队，袁为司令，王为副司令，去打吉安，还说是毛委员的指示，要他们把部队带到永新。袁文才和王佐二人听说是毛委员要他们去，便相信了，很爽快地带部队离开了井冈山。

两个人被骗到永新后，特委的人利用袁、王二人酒后熟睡，趁着夜色派人去枪杀他们。袁文才还在梦里就被打死了，王佐听到枪声，马上“就地十八滚”闯出房间跑到东门过河，不想中间的桥板被人拆了，王佐不会水，掉到河里淹死了……

毛泽东听后掉了眼泪，沉痛地说：“杀错了，杀错了！特委的人做了蠢事么！国民党反动派做不到的事情，我们的人倒帮他们做到了，这多令人痛心啊……”

何长工和袁文才、王佐两人的情谊颇深，也曾为他们如此死去而心中难过，此时见毛泽东垂泪，便愤愤地说：“这件事太不公平了！更大的问题是明明不公平的事，还硬要说是公平的，还不准人说不公平，这太让人气愤了！”

“气愤又有什么用啊？”毛泽东也说，“世间的事很少有公平的，我们共产党人就是要解决这个人世间的不公平才组织起来、领导人民闹革命的么！可我们党内的一些人，总是凭想象办事，睡着觉制定政策，忽‘左’忽右，搞得许多人无所适从，误了多少大事啊！”

当贺子珍从毛泽东的口中知道了袁、王二人已经死去的消息，竟哭得泪流满面。她忘不了袁、王二人为她做过的一切，忘不了他们为革命作出的贡献，她越想越伤心，越伤心越泪流不止：“没有大仓村的会见，会有井冈山根据地吗？”她抽泣着说，“他们身上就是有缺点、有错误，也不该杀了他们呀！世界上哪有没缺点、没错误的人啊？再说他们对革命是有很大贡献的……”

毛泽东想劝慰贺子珍，但一时又无法开口，因为他也有和妻子同样的感受和认识，正深深地刺疼着他的心……

## 43. 反动派毒刑用尽　杨开慧宁死不屈

1930年9月24日至28日，中共六届三中全会在上海召开，结束了李立三“左”倾错误路线。会议选举毛泽东为中央政治局候补委员。

9月29日，中央长江局代表带来中央要红一方面军继续围攻长沙的指示。总前委只得再次开会，经毛泽东耐心说服，长江局代表才同意了总前委的决策。

10 月 4 日，毛泽东等指挥红一军团攻占了赣西重镇吉安县城。

10 月上旬的一天深夜，板仓的一名地痞范觐溪偶然发现了杨开慧的藏身之地，立刻冒出了坏主意，想捉住杨开慧去长沙“报功请赏”，便得意地对常围在他身边来聚赌的人说：“当局悬赏了重金要捉拿毛泽东，可毛泽东统领着数万红军，怎么捉得到？我看，捉不到毛泽东，捉到他老婆也行！弟兄们，卖些力气，事成之后必有重金相酬，这是何省长的命令！”

第二天深夜，刚刚躺下的杨开慧被房外的狗叫一惊而起，立刻披衣下床……

门被范觐溪带人砸开了，荷枪实弹的敌人一拥而入。敌人发现，在杨开慧的身边有只脸盆，盆内有一堆刚刚烧尽的纸灰，纸灰上还残留着点点红光……

带队的敌军用手枪对准了杨开慧的胸膛，杨开慧大义凛然地横眉以对。范觐溪没想到杨开慧如此刚烈，便上前说：“霞姑，这怪不得我，你得跟我们到长沙去一趟。”

杨开慧怒目范觐溪：“你这条狗！”

几个拿长枪的敌军士兵一拥而上，捆绑了杨开慧和房中的陈玉英。

三个孩子被惊醒了，毛岸英跑上前去抱着妈妈的腿大声哭喊：“妈妈，妈妈……”

范觐溪伸手抓起了毛岸英：“走！小崽子，你也得跟着去！”

陈玉英大叫：“你快放下他！他还是个伢子，你们抓他做么事！”

这时，被惊动了的农民们闻声赶来，团团围住了敌军和范觐溪一伙人。

见到杨开慧和孙嫂被捕，农民们愤怒地责骂敌人和范觐溪：“她们只是女人家，又拖儿带崽的，你们还有没有良心啊？”

“良心？”范觐溪争辩道，“什么叫良心？有良心她男人就不会带人暴动造反了……”

这时，杨开慧和陈玉英被敌人拖出了房门，一位农民大声喊道：“不要这样拖她们！”

另外有人走到范觐溪的面前，咬着牙一字一顿地说：“范老板，你行行好，让我们用牛车送她一程吧！”

范觐溪迟疑片刻，想到总须给自己留一条“后路”，便说：“好吧，就把她们押上车吧!”

杨开慧用不忍离去的目光望着乡亲们，被敌人强行押上了一辆牛车。陈玉英和依然哭叫的毛岸英也被敌人拖上了车，杨开慧大声对毛岸英说：“乖，不要哭！是反动派抓我们，我们没有做坏事，做的都是好事……”

夜茫茫，星空点点，火把闪着红光。乡亲们眼含热泪目送着杨开慧母子和孙嫂被敌人押出了村子、渐渐消逝在黑暗中……

第二天，杨开慧她们被押上了一辆大车，被拖到了火车站，又将她们押上了火车。

火车开动了。杨开慧的心就像被火车的铁轮碾压着，昏昏沉沉地被送到了长沙北门外的火车站。车站上早已停着囚车，无情地将她和陈玉英、毛岸英一并吞入，送到了长沙国民党的监狱中……

到了监狱，陈玉英和杨开慧母子被敌人强行分开关押。几天后，陈玉英被传讯到监狱的办公室，见到躺倒在墙角的杨开慧已是满身血迹，她忍不住扑上前，抱着遍体鳞伤的杨开慧大哭起来……

正在这时，小岸英也被敌人带了进来。他一见妈妈被敌人打得浑身是血、是伤，立刻扑倒在妈妈的怀中放声大哭……

杨开慧见到儿子，嘴唇动了动，两行热泪猝然而下。见到妈妈落泪，岸英渐渐忍住不哭了，伸出小手轻轻为妈妈拭去脸上的泪珠……

几天里，杨开慧被敌人挟在刑讯室中毒刑拷问，她一直咬着牙，表现得坚贞不屈，又总是死去活来后挺着胸、昂首怒目着这些拷打她的刽子手。敌人见她什么也不招，竟恼羞成怒，再一次将她打得昏死过去……

10 月下旬，红一方面军在新余地区集结，以毛泽东为书记的总前委决定停止执行进攻南昌、九江的计划，避免了可能的损失。

10 月 30 日，毛泽东在新余县的罗坊主持召开了总前委会议，研究打破敌人第一次“围剿”的问题。会议进行中，毛泽东灵活地抵制了李立三路线，为正确开展党内斗争提供了宝贵经验。最后，会议通过了毛泽东提出的“诱敌深入”的战略方针。

11 月 12 日，在长沙敌人的监狱里，杨开慧已被敌人打得满身血迹，身体也已显得异常瘦弱、脸色憔悴。这时的她正躺倒在牢房墙角的一张破席子上，半睁着眼，神情显得十分痛苦。陈玉英也被囚在了与杨开慧母子同一间牢房里，也被敌人打得浑身是伤，衣裳破碎。敌人要她同杨开慧作伴，要她发现“意外”情况及时喊人……

这时的小岸英依偎在妈妈身旁，嘴里不停地轻轻呼唤着：“妈妈，妈妈……”

杨开慧痛苦地扭动了一下身子，慢慢地睁开已显塌陷的双眼，艰难地伸出颤抖着的手，吃力地放到了儿子的头上。

小岸英轻轻地抱着妈妈的手臂，见到妈妈的手臂上全是带着血痂的伤痕，便低了头用嘴为妈妈吹抚创伤，边吹边说：“妈妈，痛吗？我给你吹吹……”

杨开慧苦涩地微微一笑，颤抖着开裂的嘴唇轻声说：“伢子，记着！当个好男儿……当个好共产党员……跟着你爸爸，为穷人……打天下!”

岸英淌着眼泪将小脸贴上了妈妈的脸，低声抽咽着说：“妈妈，我记着……”

躺在一旁草席上的陈玉英看着眼前的杨开慧和毛岸英，想挪动身体凑上前，却无一点力气移动，只是说：“岸英，好伢子……”

夜深沉，空中繁星闪烁；牢房外腥风凄凄，铁窗内寂静无声。

这时，小岸英躺卧在妈妈和陈玉英的身子中间，依偎着妈妈的伤体睡着了，小脸上还留存着未干的泪痕。杨开慧疼惜地看着儿子，迷蒙中，她仿佛见到儿子变成了伟岸、高大的毛泽东，耳边仿佛又响起了毛泽东临走前的嘱托：“先回板仓吧，照看好五嫂和三个伢子，坚持开展地下斗争。你要多保重身体。我会回来接你们的……”

似醒非醒中，杨开慧喃喃地呓语：“来接我们，来接我们……”

朦胧中，陈玉英凄楚地看着躺在她身边的岸英和杨开慧，止不住泪水又默默地挂上了脸颊……

11 月 14 日凌晨，天蒙蒙亮，关押着杨开慧、毛岸英和陈玉英的牢门被打开，四个全副武装的国民党军警走进来，上前拖起了遍体鳞伤的杨开慧。此时的杨开慧已无力支持自己的身躯，她只是两眼依恋地望着儿子，脸上满带着凄楚的苦色，被军警拖架而起……

陈玉英拼命挣扎着扑向牢门，苦苦地哀呼：“你们不要杀她，不要杀她，要杀就杀我吧！杀我吧，我来替她……”

一名军警转回身狠踢了陈玉英一脚，吼道：“滚回去！”

这时杨开慧开始振作起来，面对死亡，她扭回头大声地叮嘱陈玉英：“孙嫂，不要求他们！你带好岸英，带好三个伢子……”

岸英哭喊着扑向妈妈，也被军警用枪托打倒在牢房中。杨开慧奋力挣扎着，高喊：“岸英，好伢子，你一定要去找爸爸……”

在岸英的哭喊中，杨开慧被敌人凶狠地带出了牢房，最后一次被带进了监狱的办公室。

敌人最后一次诱供杨开慧：“何键省长讲了，只要你声明与毛泽东脱离关系，就马上放了你！”

杨开慧凛然道：“死不足惜，但愿润之革命早日成功！”

敌人被激怒了，他们无论如何也想不明白，这样一个柔弱女子竟有如此的铮铮铁骨和钢铁般的意志。敌人无奈，只得下令将杨开慧带出了监狱的铁门，带向了曙光微露的长沙浏阳门外的识字岭——那里，是反动派枪毙人的刑场。

晨风中，朝阳下，杨开慧大义凛然，沾满了血迹的秀发在她脸前飘摆着，仿佛在轻抚她心中的一切悲怆和苍凉，又仿佛在召唤她昂头挺胸、慷慨赴死、奔向理想中的远方……

一声罪恶的枪响，结束了杨开慧的生命——这位共产党的优秀女儿，毛泽东的妻子、同志和亲密战友，就这样壮烈地倒在了敌人的枪口下、牺牲在了晨阳中，时年 29 岁。

11 月中旬，集结在赣西新余地区的红一军团在毛泽东的组织下多次召开会议，认真研究战略退却的终点问题。

12 月 1 日，红军主力全部由新余地区转移到宁都的黄陂、小布地区待机歼敌。

上旬，毛泽东在黄陂主持召开了总前委扩大会议，着重研究了战略反攻问题。

12 月 25 日，毛泽东在小布主持召开了“苏区军民歼敌誓师大会”，并作了重要的动员讲话。

会前，毛泽东为大会拟写了一副对联：

敌进我退，敌驻我扰，敌疲我打，敌退我追，游击战里操胜算；
大步进退，诱敌深入，集中兵力，各个击破，运动战中歼敌人。

一场“围剿”与反“围剿”的大战就要开始了……

# 44. 诱敌深入反“围剿” 人民拥戴毛主席

1930年12月27日，毛泽东主持召开了军事会议，向红一方面军的指挥员们反复说明了“慎重初战”和“初战必胜”的道理，要大家耐心待机，不要鲁莽从事，不要急于出战。

这时，刚刚结束了“蒋冯阎①大战”的蒋介石迫不及待地调集了10万军队，以江西省主席鲁涤平为总司令，以十八师师长张辉瓒为前线总指挥，采取“分进合击”的战法，由北向南气势汹汹地向中央革命根据地猛扑过来，妄图一举消灭红军主力于龙冈境内……

此时此刻，根据地的万众军民在毛泽东的统一部署下，早已森严壁垒、更加众志成城！

12月30日至1931年1月3日，毛泽东亲临前线，和朱德一起指挥、调动红军主力部队，把敌人引到龙冈山区，选择有利阵地猛烈发起反攻，一举歼灭敌人9000余人，活捉了敌前线总指挥张辉瓒。接着，红军又乘胜追击溃逃的敌军，在东韶歼敌谭道源师的一半——两个战役仅用了5天时间，共歼敌15000余人，彻底粉碎了敌人的第一次“围剿”。

得胜的红军战士们在押解张辉瓒走向龙冈指挥部途中，被许多民众包围

① 蒋冯阎，指蒋介石、冯玉祥、阎锡山。

了不能脱身。愤怒的人群拥上前暴打张辉瓒，负责押解张辉瓒的红军战士们阻拦不住，不想张辉瓒竟被人们不慎殴打死了……

毛泽东听说后，一方面狠狠批评了负责押解张辉瓒的红军战士，另一方面派人去耐心说服教育群众，告诉大家红军必须执行“优待俘虏”的政策。同时，毛泽东也深深地自责说：“这要怪我们事先没得做好群众工作呢！这样的事，以后决不能再发生了！”

朱德也说：“对部队也要加强教育，必须严格执行军队的各项纪律和政策……”

首战告捷，中央根据地的军民一片欢腾！

欢庆胜利中，毛泽东提笔填词《渔家傲》一首，命题为《反第一次大“围剿”》：

万木霜天红烂漫，天兵怒气冲霄汉。雾满龙冈千嶂暗，齐声唤，前头捉了张辉瓒。

二十万军重入赣，风烟滚滚来天半。唤起工农千百万，同心干，不周山下红旗乱。

1931 年 1 月 15 日，中共苏区中央局在小布成立，周恩来任书记，周恩来未到之前由项英代理书记；同时成立了中央革命军事委员会，项英任主席，毛泽东任副主席兼总政治部主任和红一方面军政治委员。毛泽东为书记的红一方面军总前委同时撤销。

1 月下旬至 3 月间，毛泽东、朱德命令红一方面军转入攻势作战，接连摧毁了三都等地地主武装盘踞的土围子，在广昌、宁都等地发动群众数十万，巩固扩大了苏区。

在这段时间里——1 月，中共六届四中全会在上海举行，以王明为代表的“左”倾冒险主义路线在中央占据了统治地位。会议继续选举毛泽东为中央政治局候补委员。2 月、3 月，中央陆续发出指示和训令，要求红军在反第二次“围剿”时先发制人。苏区中央局的主要领导人和中央代表团的一些人也对毛泽东提出的“诱敌深入”的战略方针提出了诸多非议。

2 月 2 日，毛泽东在去年寻乌调查的基础上，写成了著名的《寻乌调查》

报告，为共产党进一步制定更加完善、更加符合中国实际的土地革命政策，提供了可靠的依据。

2 月间，毛泽东还写了《调查工作》一文，提出了“没有调查，就没有发言权”的著名论断。文章批判了教条主义，标志着毛泽东关于调查研究理论科学体系的创立和形成，也标志着共产党的实事求是思想路线的形成。

2 月 27 日，毛泽东就“地权问题”给江西省苏维埃政府写了一封题为《民权革命中的土地私有制》的信，圆满地解决了自“八七”会议以来一直没有正确解决的土地所有权问题。

3 月中旬至 4 月末，由于存在严重分歧，苏区中央局多次举行扩大会议，反复讨论第二次反“围剿”的战略方针。

会议中，毛泽东坚持自己提出的“诱敌深入”的战略方针。会议最后重新确定继续采用毛泽东制定的这一正确方针。

这时蒋介石不甘心他第一次的失败，又调集了 20 万军队，由何应钦任总司令，采取“步步为营、稳扎稳打”的战术，对中央革命根据地进行第二次“围剿”。

4 月 20 日，毛泽东、朱德率红一方面军主力实行战略退却，在龙冈、东固等地集结待机。

5 月 16 日至 31 日，毛泽东、朱德指挥红一方面军采取集中兵力、先打弱敌，在运动中各个歼灭敌人的方针，15 天内由赣南的东固、富田向东横扫 700 里，势如破竹，连续取得中洞、白沙、中村、广昌、建宁等五次战役的胜利，歼敌 3 万余人、缴枪 2 万多支，彻底粉碎了国民党的第二次“围剿”。

红军第二次反“围剿”的胜利，是红军建军以来消灭敌人最多、缴获军械最多、自己消耗最少的一次重大战役胜利，极大地鼓舞了根据地的军民，调动了千百万民众的参战热情，进一步促进了根据地苏维埃政府各项工作的开展。

欢庆胜利中，毛泽东又即兴咏填《渔家傲·反第二次大“围剿”》词一首：

白云山头云欲立，白云山下呼声急，枯木朽株齐努力。枪林逼，飞将军自重霄入。

七百里驱十五日，赣水苍茫闽山碧，横扫千军如卷席。有人泣，为营步步嗟何及！

5 月下旬，苏区中央局留驻龙冈，另组成以毛泽东为书记的中共红一方面军临时总前委，负责领导前线作战和领导战区的地方工作。

6 月间，蒋介石趁红军苦战后未得休息，又纠集了 30 万军队，亲任总司令，分兵三路，长驱直入，企图一举消灭红军主力。这时，整个赣南、闽西、粤北上空烟尘蔽日，国民党的军队拖着重炮、扛着机关枪一队队地逼向苏区……

敌人重兵来犯，中共中央决定由毛泽东接替项英代理苏区中央局书记。

月末，临时总前委决定继续采取“诱敌深入”的方针，以打破敌人的第三次“围剿”。

进入 7 月，中央红军按照毛泽东的统一部署，开始调动军队，准备迎击蒋介石的亲自到来。

7 月中旬的一天傍晚，在红一方面军总指挥部驻地叶坪村的村口，毛泽东穿着一件发了白的旧灰布衬衣、一条膝盖上补了两大方块补丁的土布裤子，在陈昌奉的侍卫下，走向一片开满了金黄色野菊花的山地间。他一面在战地赏菊，一面细细思考着采取什么样的具体作战方法和步骤、调动敌人和更有效地打击敌人、粉碎敌人第三次“围剿”的行动计划……

这时，他又一次万万没有想到，红十二军军长谭震林陪同一位身上穿了一身西服的人来找他了——定睛一看，竟是与他分别达 4 年之久的二弟毛泽民！

毛泽东惊喜万分，三步并两步地奔出菊花丛向二弟跑去。毛泽民也呼喊着“大哥”，张开双臂向他奔来……

兄弟俩拥抱在一起，又捶胸又握手，双双张了几次嘴却都没有说出一句别的话来，除了“大哥”还是“二弟”……

站在一旁的谭震林和陈昌奉，见到毛泽东兄弟二人这久别重逢后激动的样子，也都为他们感到高兴……

夜里的时间，兄弟俩整整说了一夜的话。毛泽民先是告诉大哥，自从秋收起义他没有赶上暴动的队伍，不久就和妻子一起离开了长沙，这 4 年来他一直在上海主持中央出版发行部的工作。后来由于上海的秘密印刷厂暴露，他和钱希钧就暂时转移到了天津，继续办地下印刷厂，后来重新回到上海，在地下党的领导下仍然主持中央的秘密出版发行工作。不想，1931 年 4 月间，原任共产党中央特科的负责人顾顺章在武汉被捕，叛变了革命。周恩来知道此事后，立刻采取了一系列果断措施，通知他和钱希钧立即去香港，因为顾顺章认得他和钱希钧。更不想，顾顺章也到了香港，这时中央发急电指示他和钱希钧再次转移。很快，他和妻子由地下交通员陪同，先由香港乘船到汕头，然后经潮安、大埔、青溪，辗转进入中央苏区永定县；然后再经上杭、长汀直接来到江西瑞金。7 月份，他刚刚到来便担任了闽粤赣军区的经济部长……

毛泽东听了二弟的述说，百感交集，高兴地说：“周恩来是一个大好人啊！润菊在临川被他认了出来，免去了一顿痛打，你又在上海被他救了一命，可见他对革命、对同志的一片赤诚之情……”

接着，毛泽东向二弟讲述了他从秋收起义到现在的大概经过，其中多有兄弟二人的感慨、兴奋和遗恨……

最后，毛泽东告诉二弟：“目前正准备反蒋介石的第三次‘围剿’，过段时间要召开第一次苏维埃共和国代表大会，你来得正好，立刻投入工作吧！就由你来负责这次会议的筹备工作，这可是有 600 多人参加的大会呦！特别是这么多代表的吃、住，你要统筹安排，尽力把这项工作做好！”

毛泽民被苏区的形势所感染、所冲涌着，二话没说，便答应了大哥的安排：“好，我一定尽力！”

这时候，天已经亮了……

7 月 28 日，毛泽东、朱德指挥红一方面军到达兴国县高兴圩地区，胜利完成了回师集中的任务。

8 月初，毛泽东指挥红军主力部队跳出了敌人的包围圈。

8 月 7 日至 11 日，毛泽东指挥红军在莲塘、良村、黄陂三战三捷，在战场上争得了主动权。

8 月 15 日，毛泽东、朱德等人率领红军主力再次巧妙地跳出敌人的包围圈，隐蔽休整；另以红十二军佯装主力向东北方向前进，以调动敌军。

月末，就在毛泽东、朱德等人领导着中央根据地的军民万众一心、同仇敌忾地与蒋介石统领的敌军英勇作战之际，共产党中央却在王明的把持下，发出了《中央给苏区中央局并红军总前委的指示信》，对红军和中央根据地各方面的工作全面加以指责，强调指出目前党内的主要危险是“右倾机会主义”。

进入 9 月，毛泽东率红军主力转移到均村、茶园冈地区，继续隐蔽待机。蒋介石被红军打怕了，被迫下令结束第三次“围剿”，开始实行总退却。

9 月 7 日至 15 日，毛泽东和朱德等人率领红军主力部队迅速出击，连续取得老营盘、高兴圩和方石岭战斗的胜利，胜利结束了敌人重兵进犯的第三次“围剿”。

至此，红军在毛泽东的英明领导和亲自指挥下，采取避敌主力、打击薄弱的方针，从闽西绕道千里，回师敌人的后侧于赣南兴国地区，并在敌人的退却中适时出击，夺得了又一次更大的胜利，共计歼敌 3 万余人。

胜利了，又胜利了！根据地的民众们满怀着喜悦的心情欢庆胜利，人们载歌载舞，敲锣打鼓，并放起了鞭炮。这时，毛泽东已在人们的心目中树立起了英明、伟大、用兵如神的高大形象……

在中央红军连续粉碎国民党军队三次“围剿”的同时，鄂豫皖、洪湖、湘鄂赣、赣东北等根据地的红军也英勇地反击了国民党军队的多次“围剿”，取得很大胜利。

这时，赣南、闽西两大块根据地连成了一片。以瑞金为中心的中央革命根据地已包括了 21 个县，民众计 250 万人。

在鄂豫皖根据地，红一军与在蕲春、黄梅、广济地区活动的红十五军合编为红四军，并成立了鄂豫皖中央分局，张国焘任书记兼军委书记。

在闽浙赣根据地，成立了赣东北省苏维埃政府，方志敏任主席。

9 月 18 日，中国东北的日本驻军“关东军”炸毁了南满铁路柳条湖的一段铁路，反诬是中国军队破坏，并以此为借口，向中国东北军驻地北大营和沈阳城发动进攻，制造了震惊中外的“九一八”事变。

“九一八”事变激起了全中国人民一浪高过一浪的反日怒潮……

这时的国民党政府只顾“围剿”红军，面对日本帝国主义在东北三省日益野蛮的侵略行径，却通电东北军少帅张学良“绝对抱不抵抗主义”、“一切对日交涉，听候中央处理”……

11 月 1 日至 5 日，中共中央苏区第一次代表大会在瑞金县叶坪召开，会议由中央代表团主持，毛泽东代表苏区中央局向大会作了报告。令许多人没有想到的是，会议根据中央 8 月 30 日的指示信通过了各项文件，指责毛泽东的正确主张是“狭隘经验主义”、“富农政策”和“极严重的一贯右倾机会主义”。会议撤销了毛泽东苏区中央局代理书记的职务，同时还撤销了红一方面军总部的建制，这实际上也撤销了毛泽东的红一方面军总前委书记和总政委的职务。以毛泽东为代表的马克思主义路线同以王明为代表的“左”倾冒险主义路线，开始了直接的长期而复杂的斗争……

11 月 7 日至 20 日，中华苏维埃第一次全国代表大会在瑞金召开。毛泽东代表苏区中央局作政治问题的报告并致闭幕词。

这次会议通过了《宪法大纲》等文件，选举毛泽东等为中华苏维埃共和国临时中央政府中央执委会委员。

这时鄂豫皖根据地传来消息，红一军与红十五军合编为红四军的红军部队已扩编为红四方面军，徐向前任总指挥，陈昌浩任政委。

11 月 27 日，中华苏维埃共和国中央执委会召开第一次会议，选举毛泽东为执委会主席。中执委下设人民委员会，为共和国的行政机关，毛泽东又当选为人民委员会主席暨中央工农民主政府主席，项英、张国焘为副主席；同时组成了以朱德为主席，王稼祥、彭德怀为副主席的中央革命军事委员会。

从这时起，称毛泽东为毛主席的人就更多、更普遍了。

在这次重要的会议中，中央临时政府决定，由毛泽民负责筹建中华苏维埃国家银行。

这时，被蒋介石派到江西来进攻红军的国民党第二十六军近 2 万人在赵博生、董振堂的领导下，响应中国共产党的号召，在宁都起义，参加了红军，极大地震动了国民党政府……

在接见赵博生、董振堂二人的谈话中，毛泽东先是紧紧地握了赵博生的手说：“将军能毅然率部起义，实为民族解放的大义之举，实在令泽东钦佩!”

赵博生先是气愤地说：“蒋介石独裁专横已非一时一日，实在是令人气愤!”继而又十分谦逊而恭敬地说，“我们到红军中来，能得到红军的真诚欢迎和毛主席的热情接待，实为三生有幸……”

毛泽东又极其热情地握着董振堂的手说：“董将军果真是来自燕赵大地的

豪爽之士，不仅有侠肝义胆，而且胸怀天下，装着劳苦大众，泽东要向将军学习啊!”

董振堂情绪激昂地说：“为国为民，虽肝脑涂地，在所不惜!”

这一年，毛泽东的第三个儿子毛岸龙不幸夭亡在上海的广慈医院。

## 45. 毛泽东挥军南下遭排挤被撤兵权

1932 年 1 月初，苏区中央局在瑞金开会，研究贯彻中央关于攻打赣州等中心城市的命令。毛泽东在会上坚决反对攻打赣州。会议否定了毛泽东的正确意见，决定攻打赣州。

1 月 28 日在上海，日本侵略者向驻守上海的国民党第十九路军发起了突袭攻击。十九路军在蒋光鼐、蔡廷锴的率领下，同上海人民一道奋起抗战，沉重地打击了日本侵略者。

2 月 4 日至 3 月 7 日，进袭江西的红军久攻赣州不下，遭受很大伤亡，被迫撤退。这是王明路线开始给中央苏区造成的恶果。

3 月中旬，苏区中央局在赣州江口圩召开了扩大会议，讨论中央红军今后的行动方针。毛泽东提出红军应集中力量向敌统治力量薄弱、党和群众基础好、地势有利的赣东北方向发展，“以求在赣江以东、闽浙沿海以西、长江以南、五岭山脉以北的广大范围内，建立和发展农村革命根据地”。但中央局多数人坚持临时中央的军事冒险主义，否定了毛泽东的正确意见，坚持主力向北发展，逐次夺取赣江流域的中心城市。

3 月下旬，第一个属于中国工农民众的国家银行在瑞金成立，毛泽民出任中华苏维埃国家银行第一任行长。钱希钧也被分配在银行里协助丈夫工作。

见到二弟当了国家银行的行长，毛泽东叮嘱说：“润莲，你要当好我们苏区百万军民的家呀！柴米油盐酱醋茶，枪炮弹药槌镖叉，担子不轻哩!”

毛泽民向大哥吐露了他的心情：“是呀，所以心里着急么……”

毛泽东十分自信地提出了自己的意见："创业总是艰难的，但必须发挥苏维埃银行的作用，统一财政，统一货币，搞好银行内部的各种财会制度，筹款支援前线。"

毛泽民听了，心中豁然开朗："对呀！应该按照市场需要的原则，发行适量数目的纸币，吸收群众的存款，贷款给有利的事业，有计划地调剂整个苏区的金融……"

毛泽东高兴地说："在这方面你比我强，你就尽心去干吧！"

很快，毛泽东以中央政府主席的名义向各级财政部门发出了"统一财政，筹款支援前线"的指示。

毛泽民上任伊始，首先建立起了国家金库，草立了国家金库条例，同时制定了金库制度，使金库管理合理化。

3 月 30 日，毛泽东提出直下漳州、泉州，调动敌人，求得以战争展开时局的主张，被苏区中央局接受。毛泽东随即直接指挥东路军，包括一军团和五军团作战，于 4 月 1 日进抵长汀。

4 月 4 日，临时中央机关报《斗争》发表了题为《在争取中国革命在一省数省的首先胜利中中国共产党内机会主义的动摇》的文章，点名批评毛泽东的主张是"右倾机会主义"。

面对党内发来的指责和批评，毛泽东感到苦恼和气愤，但他没有改变自己的正确主张，继续指挥东路军向东南方向挺进。

4 月 10 日，毛泽东指挥东路军再次占领龙岩。

这时，在县里忙着为红军筹粮筹款的贺子珍惦记着她寄养在这里乡间的女儿，便去找到旧日的那位农家大嫂询问孩子的下落，得到的答复竟是"孩子早已不在人世了"……

4 月 20 日，毛泽东指挥东路军占领漳州。

第二天，毛泽东在漳州召开师级以上干部会，讨论下次作战的行动计划。

会中，毛泽东得到了红军派往长沙侦察敌情的人员送回来的准确消息：杨开慧已于 1930 年 11 月 14 日被敌人杀害于长沙的郊外刑场，牺牲前表现得大义凛然、宁死不屈……

惊闻噩耗，毛泽东止不住热泪纵横——他痛苦、他悲愤，一连两天两夜没吃一口饭、没合一下眼，他又一次严重地失眠了。陈昌奉小心翼翼地劝说毛泽东应该想办法休息，贺子珍更是为毛泽东的身体健康所担心，而她自己这时也正为失去了亲生的女儿而悲痛……

毛泽东面对这一切，党内党外、军情敌情、国事家事，再加上生活条件的艰苦和长期战争环境的折磨，竟一病不起……

见到毛泽东病了，中央决定他暂时离开部队到长汀老古井休养所去休养。

在休养所，他凄楚地对贺子珍说："开慧之死，我毛润之百身莫赎啊!"

贺子珍也垂泪说："霞姐是我们党的好女儿，只是死得太惨了。我真想替她去死，让她回来……"

"莫讲傻话了!"毛泽东无可奈何地长叹道，"革命总会有牺牲，这使我又想起了李大钊，想起了朱老总的夫人伍大姐……"

贺子珍恨恨地说："这个国民党政府，真是太残忍了！我们非要把它打倒不可，不然人民永远没得好日子过!"

在接下来的日子里，毛泽东一方面养病，一方面走出休养所，经常去和附近的农民一起劳动，进行社会调查，征求农民们对苏维埃政府和对红军的意见……

6 月，蒋介石放弃对日本侵略中国东北三省和侵略上海的抵抗，又纠集了 63 万兵力，向根据地发动了第四次"围剿"。在第四次"围剿"中，蒋介石首先集中兵力进攻鄂豫皖、湘鄂西和湘鄂赣根据地……

7 月，毛泽东向苏区中央局提出建议：红军北上应先打敌军守备薄弱的乐安、宜黄等地，扫清北进的道路，打通与赣东北的联系。但苏区中央局却要求红军北上后迅速夺取赣江流域的中心城市。

7 月 21 日，苏区中央局书记周恩来到前线去考察工作，任弼时开始在周恩来离任期间代理苏区中央局书记的职务。周恩来到前线后，经过实地考察和研究，同意了毛泽东的战略思想。

7 月 25 日、29 日，周恩来两次提议由毛泽东任红一方面军总政委。

8 月上旬末，苏区中央局接受了周恩来的提议，任命毛泽东为红一方面军的总政治委员，并下达了展开乐安、宜黄战役的训令；同时决定，在前方由周恩来、毛泽东等人组成最高军事会议，负责处理前方的行动方针和作战计划。

8 月 17 日至 23 日，在毛泽东等人的指挥下，红一方面军连续攻克乐安、宜黄、南丰三城，使中央根据地得到巩固和扩大。

8 月下旬，根据敌情变化，红一方面军最高军事会议改变计划，命令部队撤退到有利地形休整。但临时中央和苏区中央局却一再催促红一方面军继续向北威胁南昌。这样，以临时中央和苏区中央局为一方，以前线的周恩来、毛泽东等为一方，在作战方针上发生了明显分歧。

进入 9 月，毛泽东等复电湘鄂西中央分局，指出湘鄂西红军应尽快摆脱与敌人纠缠，设法突出重围，集中力量相机打击敌人，不要分散与持久硬打。湘鄂西中央分局没有听取这个正确的指示，结果在第四次反“围剿”中遭受了严重挫折。

9 月 13 日至 14 日，在敌人重兵“围剿”下，鄂豫皖中央分局书记张国焘惊慌失措，连电中央告急求援。毛泽东等接到中央转来的电报后，复电要求红四方面军迅速、果断、秘密、机动地各个击破敌人。然而张国焘并未贯彻这一指示，结果未能打破敌人的第四次“围剿”。

9 月 26 日，前方指挥机关根据形势变化，抵制了后方苏区中央局的错误意见，以红一方面军总司令朱德、总政委毛泽东的名义，发布了《在敌人尚未大举进攻前部队向北工作一时期的训令》，为第四次反“围剿”规划出了实施作战的蓝图。这个训令是毛泽东为第四次反“围剿”战争胜利作出的一个重大贡献。在发布这个训令时，朱德曾说：“红军中离不开润之啊！”

然而，9 月 29 日、30 日和 10 月 1 日，一连三天，苏区中央局连电周恩来和毛泽东等人，坚决反对这个训令。

10 月上旬，苏区中央局全体会议在宁都召开，中心议题是确定第四次反“围剿”的军事方针。“左”倾教条主义者对毛泽东进行了更为激烈的指责和批评，号召对毛泽东进行“及时和无情的打击”。会议在“左”倾机会主义者的把持下，完全否定了毛泽东的正确主张，再一次排挤了毛泽东对红军的正确领导，要求红军在敌人合围前就去粉碎敌人的进攻，夺取中心城市，使王明“左”倾冒险主义路线在中央苏区进一步得到贯彻。

这次会议，取消了前线最高军事会议制度，提出由周恩来实施战争总负责，留毛泽东在前方“助理”。但后来会议又批准毛泽东暂时“请病假”，必要时再到前方，这实际上决定要毛泽东离开红军的领导岗位，回到后方去主持政府工作。

10 月 12 日，中央军委发布通令，毛泽东的红一方面军总政委一职由周恩来代理。至此，毛泽东在党内、军内的领导职务全部被撤销，只保留了中央政府主席一个职务。

由此，毛泽东再未能回到前方。

会后，毛泽东带着郁闷的心情，告别了朱德和周恩来，并特别告别了已经加入了红军的赵博生和董振堂，回到后方，在闽西汀州的福音医院养病……

11 月，毛泽东在汀州养病期间，和同时住院治疗枪伤的福建省委代理书记罗明谈话，指出福建省委应在龙岩、永定、上杭一带积极开展游击战争，以保卫闽西苏区以至整个中央苏区。罗明认为很有道理，很认真地接受了毛泽东的正确意见。不久，福建省委便派罗明直接领导以上三地的游击战争……

也正是在这时候，贺子珍生下了她和毛泽东的第二个孩子。因是男孩，毛泽东把他和前三个儿子的名字并列，取名毛岸红，乳名“毛毛”。

小毛毛长得端端正正，眼睛很大，额宽鼻直，很像毛泽东，深得毛泽东和贺子珍的喜爱。这在毛泽东遭打击、受排挤的日子里，多少给他们夫妻的精神生活带来些许的安慰和乐趣……

这时贺子珍经常对丈夫说：“怕什么！我们有儿子，你再好好养病，俗话说‘留得青山在，不怕没柴烧’！这还是我妈常对我们兄妹讲的呢！”

“是么！”毛泽东也附和道，“留得青山在，不怕没柴烧……”

1933 年 1 月，由于王明“左”倾冒险主义在共产党内的影响，使共产党丧失了组织抗日民主统一战线的有利时机，客观上为蒋介石稳定时局造成了有利条件。蒋介石在帝国主义支持下更加疯狂地向革命力量进攻，致使抗日民主运动遭到很大挫折。在此情况下，共产党在国民党统治区的组织几乎全部遭到敌人破坏，中共临时中央被迫由上海迁到中央根据地瑞金，同苏区中央局合并，改称中共中央局。

自从中共中央局在瑞金正式开展工作后，王明的“左”倾错误路线开始在中央根据地全面贯彻开来。

2 月 15 日，中共中央局作出《关于闽粤赣省委的决定》，严厉指责福建省委“形成了以罗明为首的机会主义路线”，随后在党内开展了所谓反对“罗明路线”的斗争，在江西开展了反对所谓以邓小平①、毛泽覃②、谢维俊③、古柏④为代表的“江西罗明路线”的斗争。这场斗争实质上是反对以毛泽东为代表的正确路线。

这时，在中央苏区，“莫斯科的马列主义”压倒了“山沟里的马列主义”，王明的代表博古大张旗鼓地掀起了“集中火力反右倾”的斗争。在这党内两条路线斗争的风口浪尖上，在江西中央苏区，凡是与毛泽东有联系的领导人，几乎都受到了株连。

在这样的形势下，毛泽东住的地方再也不像以往那样高朋满座了，登门的人日渐稀少。毛泽东为了不牵连别人，也不再和同志们多说话，他除了同贺子珍交流思想外，平常就与二弟和钱希钧、三弟和贺怡两家见见面——贺怡这时担任着中共瑞金县委组织部副部长的职务。

贺子珍这时总是安慰、鼓励丈夫：“好好养病！我们有儿子，‘留得青山在，不怕没柴烧’！只要我们是正确的，历史总会……”

“时间不等人啊！”毛泽东又总是感叹，“全国的形势不等人啊……”并直呼了贺子珍的乳名说，“桂圆，这段日子也多亏了你照顾我……”

贺子珍却说：“我们是革命夫妻，就该患难与共！”

在这段日子里，毛泽民照常向大哥谈论他所了解的各方面情况，商讨财政方面的困难和问题，向大哥讨个主意。他和三弟都是绝对信任大哥的，但有时也不免向大哥诉几句苦、发几句牢骚。每当这时，毛泽东总是耐心地告诫两个弟弟，凡事要冷静，不要耍性子，尤其对三弟泽覃，更是叮嘱他不要意气用事。毛泽东自己心中虽然感到郁闷和窝火，但他还是一再叮嘱两个弟弟，务必保持革命的坚定性，认为事实终究会澄清、历史自有公论。

这时毛泽民仍然担任着中央苏区国家银行的行长，不仅是中央苏区卓越的经济领导人之一，而且是苏区军民一致公认的第一位金融家和实干家。在他的组织、筹划下，中央苏区的财政积累已达数百万元，还有大量的布匹、

① 邓小平，时任会昌、寻乌、安远中心县委书记。

② 毛泽覃，时任苏区中央局秘书长。

③ 谢维俊，时任江西省苏维埃政府委员、乐安中心县委书记。

④ 古柏，时任总前委秘书长、江西省苏维埃政府委员。

食盐、粮食和衣物等等，并且发行了印有“中华苏维埃共和国中央政府”字样的纸币、银元和铜板，同时发行了经济建设公债，极大地稳定和促进了中央苏区的经济发展，有力地支援着红军的对敌战斗。

对待毛泽民，共产党内的教条宗派主义者们虽然也批评他提出过的“打土豪筹款子”的经济政策是“建立在沙坝上的，像上海的帮头一样，钱来得不光彩”、把苏区发行的纸币说成是“向石印机瞄准”，但还不敢太为难他，因为他们也知道毛泽民所担负的工作的分量。

然而对待毛泽覃，“左”倾路线的执行者们可就“不客气”了。他们撤销了毛泽覃苏区中央局秘书长的职务，要他承认“反党活动”，声称要“开除”他的党籍。毛泽覃历来性情火暴，这时也不会屈服，但他记住了大哥的话——凡事冷静、历史自有公论。

2 月 20 日，正是农历的大年初五。这一天，毛泽覃还没有吃完早饭，就有两个人走来找他。其中一个人阴沉着脸，十分严厉地说：“毛泽覃，你在永、吉、泰期间，是不是将一床从敌人手里缴获来的鹅绒被子送给了一个富农?”

毛泽覃一时被这突如其来的问话弄蒙了，他仔细回忆，怎么也想不起曾有过这么一回事!

来人继续说：“那里有不少同志反映你在永、吉、泰任职期间执行的是富农路线，你认真反省反省吧!”说完，一拍屁股走了。

这真是无中生有的事! 毛泽覃被气得脸色发青，将碗筷往桌上一砸，一句话也说不出来。倒是贺怡在一旁安慰他，说：“你在永、吉、泰时我也在，没有的事，不怕他们瞎栽赃!”

可是没过几天，那位执行“左”倾路线的领导人又来找毛泽覃，要他将在江西永新、吉安、泰和工作期间的情况向组织写一份书面报告。同一天，他又接到一份《斗争》杂志，上面刊登了一篇《什么是进攻路线》的署名文章，公开把矛头直指邓小平、毛泽覃、谢维俊、古柏。看完全文，毛泽覃气得发抖，浑身的热血直往头顶上冲……

3 月 21 日，红一方面军由于有前一时期毛泽东军事思想的深刻影响和朱德、周恩来等人的具体指挥，取得了草台岗大捷，基本上打破了敌人的第四次“围剿”。

然而，红军军事上的胜利并没有使王明的“左”倾路线推行者们冷静下来考虑以后的重大问题，他们不去考虑日本侵略中国的国难当头如何尽快建立抗日民族统一战线、不去考虑如何总结以往红军战斗中的经验和教训以便重新组织力量准备应付敌人可能发起的再一次“围剿”，而是错误地把斗争矛头集中指向以毛泽东为代表的正确路线和勇于坚持真理的革命同志……

4 月间，一股批判中共福建省委代理书记的“罗明路线”的恶性风潮刮遍了中央苏区党政军的每一个角落，一时间，恐怖气氛笼罩着整个苏区。

4 月 15 日，毛泽覃接到要他回江西省委参加会议的通知。会议根据王明“反右倾”的错误纲领，把邓小平、毛泽覃、谢维俊、古柏打成“罗明路线在江西的创造者”、“反党派别和小组织的领袖”，对他们四个人进行了“集中火力的斗争”。

历时 5 天的会议充满了“批判”、“揭发”和“斗争”的火药味，毛泽覃几次想站出来据理力争和加以反驳，但他想起了大哥的话，冷静下来，一次又一次地强压了心头的怒火，一直一言不发……

面对王明路线的残酷迫害，虽然毛泽民所受到的打击较轻，但他内心却很痛苦——外有敌人的军事进攻、经济封锁，内有自己同志的打击和迫害，自己所尊敬的大哥和疼爱的弟弟等亲人被整，他精神上承受的巨大压力常使他痛苦不堪……

但他毕竟久经考验，只要还让他工作，他始终是一心一意、全力以赴地投入。他牢牢地记着大哥的一句话：历史自有公论！在这艰难、困苦、复杂的斗争日月里，他夜以继日所集中考虑的问题首先是如何使苏区的经济更快地向前发展。

4 月下旬的一天中午，毛泽民突然收到第九区的一份报告，说是在毛泽覃曾经工作过的泰和县的小龙一带发现了钨砂！

发现了钨砂几乎就等于发现了黄金——毛泽民当即决定：开采泰和小龙钨矿！

# 46. 毛泽覃含冤罢职 陈昌奉费愤难平

1933年5月，病情略有好转的毛泽东到瑞金武阳区，对该地的春耕生产情况进行调查。

这时，“反毛”斗争还在继续。

5月17日，《斗争》杂志发表了《毛泽覃同志的〈三国志〉热》一文，胡诌八扯地说“毛泽覃的游击主义和诸葛亮式的机会主义的战略战术，就是害怕有伤亡、打滑头仗，怕有疲劳反对追击的狭隘投机理论，必须完全、彻底地抛弃”。

看了这些，毛泽覃清楚地知道了这些人提的所谓反“罗明路线”，实际上是反对他大哥毛泽东的路线。很明显，他们向罗明、邓小平、谢维俊、古柏和自己“开刀”，是要将认真执行毛泽东路线的人统统打倒。

这时的毛泽覃、毛家的大将军反倒更加坚定了。

5月20日，毛泽东在暖阳的沐浴中在武阳区主持召开了江西、福建两省八县农业生产代表会和武阳春耕生产赠旗大会，并作了查田等问题的报告。会议有力地推动了革命根据地的生产运动。

5月下旬的一天，毛泽覃接到苏区中央局和江西省委《对毛泽覃所犯错误的组织处理决定》。来送《决定》的人告诉毛泽覃：“从即日起，免去你中共苏区中央局秘书长等职务，责令你到兴国县去接受劳动改造，并继续交代问题，如果不交代清楚，将重新考虑你的党籍。”

来人说完后，又收去了组织上配发给毛泽覃的手枪。

毛泽覃面无表情地送走了前来传达《决定》的人，然后拿出贴身收藏着的共产党员党证，看了很久很久……

这次受到牵连的还有早已随红军来到中央革命根据地的贺子珍的父母、哥哥贺敏学和贺怡。

贺子珍的父母这时在东固区委当勤杂工，做刻钢版、印文件之类的工作，现在也不再让他们干了；贺敏学是红二十四师的代理师长，也被免去了职务，调到红军大学去学习……

贺怡既是毛泽东的妻妹，又是毛泽覃的爱人，依然担任着瑞金县委组织部副部长的职务。王明路线的执行者要她与毛泽覃划清界限，揭发毛泽覃的“罪行”，她断然拒绝，并明确地告诉说：“我是了解毛泽覃的，他是个好同志，不是什么反党派别和什么‘小组领袖’，我也没看到他同其他人搞过什么反党活动。他干的是革命，我完全支持他。我们之间没有什么界限要划清！”

这一下可把王明路线的执行者惹火了。没过几天，贺怡的职务被撤销并被责令去中央党校“学习”，在党校，她遭到了极其严厉的“重点”批判。

这时，贺怡已是第二次怀孕了。第一次怀孕后生下一个女儿，因患伤寒而死去。这次，她很看重肚子里的这个即将出世的孩子。可是，王明路线的追随者们夜以继日地审查她，使她心力交瘁。一些人还说毛泽覃的“错误”就是贺怡的“错误”，必须老实交代。每当这时，她总是高昂着头，斩钉截铁地说：“你们这是无中生有地诬陷好人，是要负责任的！”

党校副校长董必武相信贺怡，更相信毛泽东和毛泽覃。他总是在贺怡最苦恼的时候安慰她：“孩子，要挺住。是非曲直早晚会弄清楚，要经得起考验啊！”

这时在中央苏区，王明路线的执行者们独揽了苏区的党务、政治、军事大权，大反“右倾机会主义”和“富农路线”，并在《红色中华》期刊上连篇累牍地发表文章，号召“彻底进行老苏区的查田运动”，文章中称，要以“布尔什维克的战斗”，“合奏最后胜利的壮曲”……

毛泽东离开了他心爱的军队，心情十分郁闷，身体状况也一直不好。恰在这时，他又得知了他的第三个儿子毛岸龙早已不在人世的噩耗，郁闷的心情犹如雪上加霜，悲愤而痛苦——而这些自封为“布尔什维克”的王明路线的执行者们，却在这时高唱着“反击右倾”的“凯歌”，并以中央的名义逼迫毛泽东受命领导他们推行的查田运动。

毛泽东在党内没有了任何职务，悲愤与痛苦中，他的工作十分艰难。他既不能公开反对临时中央的指示，又不想违心地去执行这些人的错误决定，更想在一些重大问题上力图纠正“左”倾错误。这时的他，夜里失眠的时间更长了，同时产生了便秘……

6月1日，共产党临时中央命令中央政府发出了《关于查田运动的训令》，错误地认为苏区的土地革命执行了一条“不正确的路线”，又一次不点名地批判了毛泽东曾经提出过的“抽多补少”、“抽肥补瘦”的土地革命政策。文件强调这是一场激烈的阶级斗争，要检举出“每一个隐藏着的地主”与“分得好田的富农”。

查田风声一起，群众立刻产生了恐慌，以为是再分田，或是没收后重新再分。毛泽东不得不用极大的精力和耐心，不断地告诉群众：查田运动是查阶级，不是按亩查田，是查地主、查少数人，不会挨门逐户去查。经过毛泽东这样反反复复的解释，群众的顾虑才渐渐被打消了……

一年一度酷暑热，难得夏雨落日凉。

是年夏天，毛泽东在被迫进行的查田运动中，又一次来到了他当年曾经战斗过的地方——瑞金城北的大柏地。

适逢雨后放晴，面对葱绿的竹林和郁郁群山，再看了大柏地村前留下的战争创伤，不由得毛泽东触景生情，抚今追昔、感怀万千，随即吟诵出一首《菩萨蛮·大柏地》词：

赤橙黄绿青蓝紫，谁持彩练当空舞？雨后复斜阳，关山阵阵苍。
当年鏖战急，弹洞前村壁。装点此关山，今朝更好看。

在查田运动中，毛泽东的许多正确想法和主张没有得到临时中央的重视和采纳，也没有得到具体组织者们的实行，相反，在“左”倾错误的压力下，一些县、乡、村更加出现了许多“左”的提法和“左”的行动。中央苏区八县查田大会甚至制定了查田运动的竞赛条约，结果变成了查地主、富农数字的竞赛，好像谁查出的地主、富农越多，谁越可能被评为“模范”……

面对查田运动中出现的种种“左”的错误行为和举措，毛泽东想了种种办法极力进行补救和改正，但哪能全都补救和改正得过来呢！毛泽东在党内已被撤销了一切职务，他的力量有限，已无法阻止“左”倾主义者们越搞越烈的错误蔓延……

7、8、9三个月，是查田运动高涨的三个月，也是“左”倾错误最严重的三个月！

在这期间，贺怡在党校生下了她和毛泽覃的第二个女儿，由于早产，孩子很瘦弱。贺怡把她视为掌上明珠，耐心地抚养。由于孩子是在贺怡和毛泽覃处境最艰难的时刻出生的，贺怡给孩子取了一个很有意义的名字：毛雪英。

只是，贺怡这时还不能随便见到她的丈夫，她感到十分悲怆。终于有一天，她避过众人的耳目，偷偷地抱了孩子去见毛泽覃。毛泽覃抱着女儿亲了又亲，夫妻俩相对无言，只有泪如雨下……

这时在中国的各革命根据地，由于“左”倾错误导致了军事上的一败涂地，各根据地内部已经变得不安宁了。而且，战争形势也越来越紧张，红军的处境越来越糟，敌人趁机步步紧逼，各革命根据地日益缩小，“左”倾分子已缺少了推行他们主旨的地盘……

在这样的情况下，查田运动不得不草草结束。

是年秋天，在毛泽东的直接领导下，中央根据地开展了一次自下而上的声势浩大的普选运动。

9 月，蒋介石亲任总司令，调集了 100 万军队、200 架飞机，疯狂地向中央革命根据地发动了大规模的第五次“围剿”，意欲彻底扫灭中央苏区。

此次“围剿”，蒋介石采取了“碉堡推行、步步为营”的战术，在根据地周围修筑了近 3000 座碉堡，层层包围，逐步紧缩，企图逐渐消耗红军的有生力量，然后寻找红军主力决战，达到一举消灭红军的目的。

“左”倾冒险主义者自大而愚蠢！

面对十倍于己的敌人的重兵进攻，王明的追随者们竟然照搬了苏联红军的作战经验，用堡垒对堡垒，实行正规战、阵地战，同敌人拼消耗，结果是根据地越打越少，红军越打越少……

尽管毛泽东这时在军事上已经没有了发言权，但他仍然心急如焚地屡次向中央建议，面对强敌，必须采取积极防御、诱敌深入的战略方针。而王明路线的领导者拒绝采纳毛泽东的建议，极力主张实行消极防御的路线，先是实行进攻中的冒险主义，提出“御敌于国门之外”的口号，命令红军“全线出击”。红军屡战不胜，陷于被动挨打的局面，王明路线的领导者又实行节节抵御的军事保守主义，致使红军屡遭失败。

10 月初，在一次军事会议上，毛泽东不顾某些领导者的阻止，强行发言，再三提出必须采取红军一贯的游击战和运动战的战术，硬拼是绝对不可取的；指出敌人的战法是稳扎稳打、步步为营，妄图以碉堡战和持久战来消耗红军，如果红军同敌人硬碰硬地去打、去拼，是要吃大亏的。结果，毛泽东的正确主张再一次被斥责为“改不了的游击主义”和“诸葛亮式的机会主义”的战略战术，是“怕有疲劳反对出击的狭隘投机理论”，被王明路线的领导者、自封为“布尔什维克”的人们所不取……

无奈，毛泽东只得将他的工作重心放回到土地革命上来，以保证苏区在战争条件下的稳固和发展。他利用几天的时间，在大量的农村调查的基础上写了《怎样分析农村阶级》一文，提出了一条基本适合中国国情的完整的土地革命路线：

依靠贫雇农，联合中农，限制富农，保护中小工商业，消灭地主阶级。

10 月 10 日，中央工农民主政府批准了以毛泽东起草的这个文件作为划分农村阶级成分的标准，有利地纠正了查田运动中的各种偏差，挽回了 7、8、9 三个月查田运动中“左”的不良影响，使土地革命斗争走上了更正确的轨道。

这时贺子珍又生下了一个男婴。只是因为早产，孩子太弱，贺子珍不得不对她的这第二个儿子倍加呵护、精心照看，生怕他有什么不测。毛泽东也几次疼惜地看着他的这个儿子，皱着眉头对贺子珍说：“桂圆，这个伢子在这个时候来到世上，生不逢时啊！但我们一定要想尽一切法子养活他，不能再失去了……

这时的贺怡已经在党校接受了 4 个月的“教育”，由于她“表现不好”，险些被开除了党籍。董必武知道此事后，气得立刻找到校长博古，担保说：“贺怡从小投身革命，是一个难得的优秀妇女干部！她的思想、品行我完全清楚，我以一个老党员的身份予以担保！”

贺怡的党籍是保住了，但给了她一次党内严重警告处分，接着下放她到瑞金下肖区去做群众工作。这样，她又可以自由地见到丈夫毛泽覃了。

毛泽覃夫妇俩虽然蒙冤，但仍互相鼓励，努力工作。很快，他们各自获得了一枚银质奖章，两个人捧在手上相视而落泪，一股安慰之情浸透了他们那两颗遭受着严重创伤的心……

这时的毛泽东依然没有恢复党内和军队中的职务。世态炎凉，人情淡薄，在革命队伍中也在所难免。陈昌奉跟随在毛泽东的身边，见到一些人趋炎附势地躲避着毛泽东夫妇，心里很替毛泽东夫妇难过和气愤。当有人“好心”地劝说他调离毛泽东身边时，他看不起劝他的这种势利小人，只是冷冷地说：“我哪儿也不去！”

一次，物资供应部门的一些人有意不按标准发给毛泽东所配给的物品，气得陈昌奉跟他们大吵起来：“你们凭什么少给东西？毛委员虽然不在军队了，但他还是中央政府主席呢！没见过你们这帮人这么狗眼看人低！”

总务处的人也被骂火了：“我还就是少给了，有本事你到中央告我去！”

贺子珍得知此事，急忙放下怀中吃奶的孩子，跑去制止了陈昌奉，并反复叮嘱说：“这些事千万不能让毛委员知道，他的心情本来就不好，不能再给他添痛苦了……”

贺子珍心里也很看不惯物资供给部门一些人的做法，她只是不愿意陈昌奉同这些势利小人吵架。事后，她去找了总务处的傅公侠，傅公侠表示一定按以前的供给标准给“毛主席”。

这时的毛泽东心情一直不好，吃饭也很少，经常看着他的刚刚出世的小儿子发呆，他见这个孩子瘦小的身躯远不如他的哥哥毛毛，便让贺子珍想方设法为儿子多增加些营养，可红军吃的都是糙米饭，每天的饮食连菜也没有，哪里去找营养品啊？

想来想去，贺子珍只得去找了福建省苏维埃政府主席邓子恢，要来一点东西补给小儿子吃……

毛泽东想着前线，总是悒悒郁郁，自从他的对敌作战建议在军委会议上被否决，便总在晚上独自一人拿了一支久未吹抚的长箫坐到月光下去吹。长箫被他吹得呜呜咽咽，像是古战场上的金戈铁马发出的幽幽声响在月光下的竹丛中回荡……

有时，毛泽民晚上来看望大哥，听到大哥的箫声，看着月光下大哥独自一人卧坐竹丛青石吹箫的身影，不禁凄然泪下。只是那箫声，如“萧何月下追韩信”，又像是“十面埋伏困霸王”，忽而行云流水，忽而迭宕起伏，才使得毛泽民又激动起来——他相信大哥，他记得大哥曾说过的话："困难和挫折算得了什么?""大鹏鸟也有折翅的时候，只要它养好了伤，会飞得更高、更远!"

这时，毛泽民领导开发生产的泰和小龙钨矿，连同先后开发的 7 个集体经营性质的钨矿，再加上一个专加工精矿的白鹅洗砂厂，钨矿产量比过去大幅度上升。1932 年钨矿产量为 648 吨，到 1933 年的现在已上升到 1800 吨。

有了钨矿就有了光洋，有了光洋就可以买到苏区急需的各种物资，就可以更有效地保证红军的对敌作战……

## 47. "左"倾错误招失败 红军将士别瑞金

1933 年 11 月，毛泽东率中央政府检查团深入苏区模范单位——江西省兴国县长冈乡和福建省上杭县才溪乡进行了详细考察。

这时，发生了"福建事变"。

参加"围剿"红军的国民党第 19 路军将领蒋光鼐、蔡廷锴等与国民党内的反蒋势力李济深等人合作，公开宣布抗日反蒋，在东方前线调转枪口向蒋介石反戈一击，而且宣布成立"中华共和国人民革命政府"，并同苏区中央工农民主政府和工农红军签订了抗日反蒋的停战协定。

毛泽东得到这一消息，十分兴奋，几次找到博古和李德，积极进言，提出建议，要红军抓住这一天赐良机，出动主力部队突进到以浙江为中心的苏浙皖赣地区去，将战略防御变为战略进攻，向广大无堡垒地带寻求作战……

12 月 20 日，毛泽东以中华苏维埃共和国临时中央政府的名义，向"福建人民革命政府"与 19 路军发出了第一封电报：

"我们苏维埃政府和工农红军，准备在任何时候同你们联合，订立作战的军事协定，以反对与打倒我们共同的敌人——日本帝国主义与蒋介石的南京国民党政府。"

然而，博古和李德等人根本听不进毛泽东的任何建议，反而把19路军看成是“中间派”，认为“中间派”是最危险的敌人。

结果，红军丧失了粉碎敌人第五次“围剿”的绝好时机。

面对博古和李德等人的愚蠢和顽固，毛泽东不由得仰天长叹：“若这等无知之徒继续掌握兵权，红军势将一败涂地！”并说，“竖子不足与谋！”

有人将毛泽东的这两句话报告了博古和李德，博古竟说：“他毛泽东是搞农民暴动出身，只懂得游击战，懂什么叫大兵团作战？他发牢骚，也只能是‘免冠徒跣，以头抢地’尔！”

李德也嘲笑说：“苏联红军的战术，他永远也掌握不了！”

李德之所以敢于“嘲笑”毛泽东，是由于他自恃为共产国际派来的代表，利用中国同志对共产国际的尊重，狂妄自大地取消军委的集体领导，实行个人专权，专横跋扈、独断专行惯了的原因。他名义上是“军事顾问”，而实际上是“统帅”，是“太上皇”。其实他并不是苏联人，而是一个出生在奥地利的德国人。第一次世界大战中，他在德奥部队中服役，与俄国作战时被俘，后来，俄国发生了十月革命，1918年2月成立了红军，李德就此加入了红军部队。在苏联的国内战争中，他当过一个骑兵师的参谋长，后来被派到莫斯科陆军大学学习，1932年被派到中国来，先到上海，然后才到了中央苏区。而中央苏区的博古不懂军事，又要标榜自己“忠于”共产国际，便把李德捧为最高顾问，任其指挥一切。李德妄自尊大，自以为是，但他根本不懂得什么军事，既不了解中国的国情和中国革命战争的特殊性，又完全拒绝中国红军历次战斗所取得的经验教训，更听不进毛泽东等人的正确意见和建议。用毛泽东的话说，他不过是个只会“纸上谈兵”的“书呆子”！

这时的毛泽东，抱病回到住处，在昏暗的桐油灯下，在贺子珍和陈昌奉的陪伴中，写出了《长冈乡调查》和《才溪乡调查》两个著名的调查报告。

1934年1月，蒋介石集重兵打败了19路军后，迅速调转部队，继续向中央苏区猛扑过来。直到这时，博古和李德等人才认识到，他们失掉了一次战胜敌人的大好机会。

1月15日至18日，中共六届五中全会在瑞金召开。会议通过了一系列“左”倾错误理论和政策，是第三次“左”倾路线发展的顶点。

毛泽东没有出席这次会议。由于毛泽东的威望所在，被选为中央政治局委员。

这时，贺子珍生下的第二个儿子，由于体质太弱，不幸夭折了。

1 月 22 日至 2 月 1 日，第二次全国苏维埃代表大会在瑞金城外西南 4 公里处的沙洲坝村召开。这里，也是毛泽东从去年 4 月便由叶坪迁来的中央工农民主政府的办公地。会上，毛泽东代表中央执委会和人民委员会作了两年来的工作报告，阐明了经济建设的原则和政策，初步形成了新民主主义革命的经济建设思想。

毛泽东在报告中说：推翻地主资产阶级在全国的统治，驱逐帝国主义出中国，将几万万民众从帝国主义国民党统治的压迫剥削之下解放出来，阻止灭亡中国的殖民地道路，建立自由独立领土完整的新中国！

毛泽东还向大会作了关于中央执委会与人民委员会报告的结论，着重阐述了“关心群众生活、注意工作方法”两个问题。

会议选举毛泽东等人为中央执委会委员。

2 月 3 日，中华苏维埃第二届中央执委会召开第一次会议，选举毛泽东为执委会主席。毛泽东原任的人民委员会主席则由张闻天担任。

这表明，以博古为首的“左”倾领导集团要进一步排斥毛泽东在政府中的领导作用。

面对大战在即的严峻形势和博古、李德等人的盲目自大、自以为是的“左”倾主义，毛泽东感到焦虑和忧心忡忡。这时他的身体状况依然没有多大起色，饭吃得少、觉睡得也少，而且便秘。

陈昌奉侍卫在毛泽东的身边，他既为毛泽东的身体健康而担忧，更为周围的一些势利小人疏远毛泽东而感到气愤。但他也没有什么好办法，只能是尽心尽力地尽好自己的职责罢了……

这时的敌军正在向根据地步步进逼……

4 月中旬，国民党的军队集中了 11 个师的兵力进攻广昌，企图从北面打开苏区大门，进而占领瑞金。据守瑞金的“左派”们也摆开了架势，要和敌人“决战”，一场惨烈的大战即将发生……

面对强敌，不懂军事的博古、李德等人竟荒谬地高喊：“为着保卫广昌而战，这就是为着保卫中国革命而战！”同时喊出了“胜利或者死亡”的极不负责任的口号。他们调集了红军一、三、五、九军团 9 个师的兵力，企图与敌人死打硬拼……

毛泽东几次赶往临时中央军事委员会，要求改变打法，无奈博古、李德丝毫听不进毛泽东的忠告！

结果，敌人每天用三四十架飞机对广昌实施狂轰滥炸，造成了红军的极大伤亡。只会纸上谈兵的共产党国际代表李德，指令一个营的红军在工事里守备，结果全部壮烈牺牲……

广昌保卫战前后共进行了 18 天，虽歼敌 2600 多人，但红军自身伤亡多达 5000 余人，约占红军参战人数的五分之一。最后，红军被迫退出了广昌城……

当广昌陷落的消息传到毛泽东的身边时，他一连几天说不出一句话，只是一个人走到一株百年的老樟树下，有时一坐就是半天，一支接一支地吸烟。陈昌奉看着毛泽东脸上痛苦的表情，知道他心里难过，但又不知该如何近前去劝说……

此时此刻，夏初的风吹打得老樟树的茂密枝叶“哗哗”作响，毛泽东手上的纸烟冒出的青烟，随即被风吹散——毛泽东终于不吸烟了，他用脚狠劲儿地踩灭了丢在地上的烟头，先是昂首凝视天空，继而又远望原野，看着广袤的大地、山川，不禁愤愤说道：“这简直是个灾难！这简直毫无意义！”

广昌保卫战的严重失利，也引起了苏区广大军民的强烈不满，尤其是参战的红军将士们，更是对博古、李德等人怨声载道。

彭德怀在广昌失利的当晚，当着李德的面斥责说：“你们的作战指挥从一开始就是错误的！这种主观主义，是纸上谈兵的战术家！”最后，他还气愤地指着李德吼了一声，“崽卖爷田不心疼！”

曾经支持过“左”倾错误主张的张闻天，也公开批评广昌战役是“不对的”，并开始认识到了“左”倾冒险主义军事方针给革命事业和红军造成的严重危害……

广昌战役后，蒋介石又下令加紧“围剿”，从六个方面向中央根据地的中心兴国、宁都、石城等地突进。

5 月，在敌人重兵向中央苏区全面推进的险恶情况下，毛泽东到达会昌，一面养病，一面继续进行调查研究、指导南线的工作。他和前线指挥员一起制定了切实可行的作战计划，抵制了王明的错误路线，使中央苏区南线暂时出现了比较稳定的局面。

7 月，正当第五次反“围剿”处于极其严重的紧要关头，毛泽东亲临会昌城外的文武坝参加中共粤赣省委扩大会议，进行调查研究和指导工作。

7 月 23 日，毛泽东和参加会议的一些同志一起登上会昌城外的岚山岭，放眼苏区的壮丽河山，想到中国革命一定会不断蓬勃发展的未来，遂情不自禁地赋词一首：

**清平乐·会昌**

东方欲晓，莫道君行早。踏遍青山人未老，风景这边独好。

会昌城外高峰，颠连直接东溟。战士指看南粤，更加郁郁葱葱。

8 月，蒋介石的 100 万军队和 200 架飞机一齐出动，整个空间安排周密，空中、地上，四面八方同时向中央苏区进逼。东路有蒋鼎文、南路是陈济棠、西路何键、北路是顾祝同，他们仍按老战术，步步为营、碉堡推进。

毛泽东再次向博古、李德建议：“敌人从一路来，我们应避开他的先头部队，也不打他的后续部队，而只需打他最后的接应部队；敌人从几路来，我们同样不打他的先头部队，只要集中兵力突击打他侧面的一路，敌人必败！”

可是博古、李德依然妄自尊大、我行我素，竟然又命令红军“分兵把口”，形成“六路分兵”、“全线防御”。结果，红军进一步陷入了被动挨打的局面……

9 月初，紧张不安的气氛越来越浓。瑞金以北的宁都、石城相继失陷，东部敌军已开始向根据地中心长汀的白衣岭发动进攻，南部粤军也已逼近会昌一带……

中央苏区已濒临绝境！

月底，毛泽东在于都患了严重的恶性疟疾，冷时冷得他“牙关错”，热时热得他“蒸笼里坐”，且连续高烧 40℃。毛泽东感到自己实在抵抗不住疟疾的侵袭了，又想到敌军的大举进攻，不禁咬牙垂泪道：“天亡我也！”

贺子珍日夜守护在毛泽东的身边，每当毛泽东被病痛折磨得实在难受时，她便总是淌着眼泪安慰、鼓励丈夫：“别悲观，润之！你会好的，一定会好的！不说革命离不开你、红军离不开你，就是我们母子也离不开你呀！还有霞姐的两个孩子……”

听到贺子珍这样讲，毛泽东不禁凄然泪下……

在毛泽东大病缠身、生死存亡的危难时刻，幸亏苏区的著名医生傅连暲十几天的抢救治疗，才使得他渐渐脱离了危险。

这时，苏区的老百姓们人心惶恐，大路上也忽然出现了一些指向西方的路标，写着“长江”或“黄河”的纸条埋在地上，而且这样的路标和纸条一天天多起来。

人们开始怀疑地望着这些西指的路标箭头，虽然没有人出面做任何解释，但也能让人们感觉到形势已经不妙。人们一天天悄悄地传言、议论起来：“看样子要行动了!”“恐怕红军要走了……”

根据地已危若累卵，红军真的要走了!

而临时中央对人们的说法是要进行“战略转移”，中央决定西征去湘鄂西，与二、六军团会合。但参加“战略转移”的人员却严格保密，把持中央领导岗位的极“左”路线的执行者们经过选择，把他们认为犯有“错误”的人员统统排斥在外，强行留在中央苏区断后和坚持对敌斗争……

在被留下来的人员中，有毛泽覃、何叔衡、古柏等人，还指令项英、陈毅率领16000多名红军战士在苏区坚持战斗。刘伯承因为反对过李德的瞎指挥，也被划入了“留守”人员的名单中，只是经过周恩来的极力争取，才又被允许随红军主力“转移”。

本来，毛泽东也没有被列入“战略转移”人员名单，“左”倾领导者们先是想把他送去苏联“养病”，但共产国际不同意，说现在苏区离不开毛泽东，后来又打算把他留在中央苏区，但又考虑到毛泽东在党内和军队中的崇高威望，并且担任着中央人民政府主席，留下实在不妥，才临时勉强允许他一起“转移”。

临出发前，毛泽东在瑞金附近的一个山林间，召集政府各部领导人开会，着重向大家说明了两点：第一，革命是有前途的，大家要有信心；第二，要把各部的善后工作做好，使留下来的同志们能够更好地继续革命斗争。说这些话时，人们看得出毛泽东的心情很沉重……

这时，红一军团已奉命回到瑞金集结待命。聂荣臻和林彪提前一天赶到瑞金，周恩来先找他们两个单独谈了话，说明了中央决定要作“战略转移”，要他们暂时保密并做好准备，目前尚不能向下透露，也没有讲明转移方向。

红一军团到达瑞金后，首先需要到兴国去抗击敌军，并迟滞敌人对瑞金的进攻，以掩护各路红军到预定的地区集结。

聂荣臻和林彪离开了周恩来，又专程去看望了尚在病中的毛泽东。毛泽东见到他们两人去看望他，很高兴，笑着对二人说：“你们的胆量不小么！还敢来这里看望我，许多人都不敢到我这里来‘沾毛’了！”

聂荣臻安慰毛泽东说：“我们是我们，他们是他们。他们不敢来，是他们别有用心，我们来看看你，是我们完全了解你，相信你！”

毛泽东感慨道：“前些日子赵博生和董振堂两位将军来看望我，也亏得他们一片赤诚，给我带来一些好药……”

聂荣臻说：“他们都是有血气的革命军人啊！”

这时候毛泽东笑对二人：“你们这次为么事回瑞金啊？”

聂荣臻回答说：“周恩来找了我们，交代了新任务。”

毛泽东反问：“么事任务？”

林彪说：“要转移。”

毛泽东再问：“你们晓得了？”

聂荣臻答：“也只是知道个大概，周恩来同志只说是要转移。”

毛泽东不再往下问，也不继续谈“转移”的事，而是提议他们两个陪他一起去看看瞿秋白在瑞金办的一个图书馆……

三个人在陈昌奉和警卫人员的跟随下，一起走出了毛泽东的住处。在去往图书馆的路上，聂荣臻想：在如此紧迫的危难时刻，毛泽东竟还有心思去看图书馆，这得需要有多么宽广的胸怀啊！只有毛泽东能够这样遇大事而不惊、处险情而不慌，其他人是很难做到的……

而这时候，被确定随红军一起转移的毛泽民正忙得不可开交。上级指示他“要把财产清理好，什么都要带走”；毛泽民不分昼夜地指挥着国家银行的人们分工清理银元和纸币，有的人去拆卸石印机、造币机，能装箱的就装箱，不能装箱的就用绳子捆绑起来等待处理。

财产还没清理完，就足有上千担了。毛泽民想，这上千担的挑夫到哪儿去找啊？再说挑这么重的担子还怎么行军、打仗呢？

这时，邓子恢来告诉他说：“把能带上的带上，不能带上的埋掉算了！”

按照邓子恢所说，毛泽民分别对各职能部门做了具体安排。

钨矿公司不能留给敌人，就是一颗钨砂和一粒粮食也不能留下。毛泽民让人把这里不能带走的东西，全都埋藏在了废窟里和房中的地底下。

白鹅洗砂厂里的钨矿太多了，足足堆满了三间大房。毛泽民索性在门前贴了一张通知，告诉乡亲们可以随意将钨矿挑走，不计数量；剩下的钨矿让同志们埋藏在沙滩里，或者隐藏到水田下面。

中央造币厂也把铸造银元的机器拆了，分别捆绑好装入木箱。有的木箱被抬去会昌县白鹅乡，埋藏在山沟里，也有的被运到于都的龙山村，埋在了山坡地中。

忙完之后，毛泽民和钱希钧一起去云石山看望大哥，不巧，毛泽东不在，只有贺子珍在。贺子珍告诉他们：“你大哥到于都去了，我随着总卫生部的休养连走。”

毛泽民问：“毛毛呢?”

贺子珍告诉他：“三弟和怡妹子被留下来，我和你大哥商量好了，把毛毛交给他们带。”

“也好……”毛泽民知道贺子珍此时又已怀有身孕，便安慰说，“行军路上要多加小心，一定多保重！”

钱希钧也说：“大嫂一定要多保重！”

毛泽民和钱希钧走后，贺子珍又抓紧时间去看了看她留在妹妹和毛泽覃身边的毛毛……

毛泽覃被留下来担任了苏区中央分局委员和红军独立师师长，他率领留守部队将转战在闽赣边界和武夷山区。

这时的毛泽覃为了忘我地投入到对敌作战中去，也是为了贺怡和毛毛、女儿毛雪英的安全，只好将他们以及贺怡的父母一起转移出去。

贺怡十分舍不得毛泽覃。自从她与毛泽覃结识以来，无论怎样险恶的环境都是同舟共济、患难与共，从来没有分开过，这个时候分开，她不知道何时再能相见——想到这里，她难过得泪水顺着脸颊直往下淌……

很快，毛泽覃按组织安排，将贺怡一行带到了会昌城外的白鹅渡口。分别前，他紧握着妻子的手说：“怡妹，父母和孩子全都托付给你了，你要保重再保重，照看好毛毛和我们的女儿，无论遇到什么情况都要坚持住啊！”

贺怡悲怆而坚强地点了点头，并抱了女儿让毛泽覃亲了亲脸蛋，再抱起大哥、大姐托付给的小毛毛让毛泽覃亲了亲，然后才不忍离去地与毛泽覃分了手，不想此次分手竟成永诀……

红军就要撤离瑞金了。毛泽民领导的国家银行被编为中央纵队第 15 大队，他任大队政委。15 大队的任务十分明确，除了和部队一起行军打仗外，最主要的就是要保护好国家的资产，沿途还要筹划部队所需要的钱粮……

肩负着银行的队伍要行军打仗，行军打仗的队伍又要肩负着一个国家银行，古往今来，国内国外，恐怕只有毛泽民一人担当过如此重任！

红军要走了，红军真的要走了！

中央苏区的老百姓们舍不得红军走，红军也不愿意走，可不走不行啊！敌人已重兵压境，革命的力量要保存，只要能保存力量，革命终有一天会胜利！

苏区的群众纷纷拉着红军的手，追问红军战士们何时才能打回来？战士们回答说：“三五年之内，我们一定打回来！”

三五年，这要等多久啊……

## 48. 红军不怕远征难 万水千山只等闲

1934 年 10 月 10 日，中共中央和红军总部率领红军主力 5 个军团及后方机关 86000 余人，分别从瑞金、于都地区出发，开始了后来震惊世界的壮举——长征！

中央机关和红军主力撤走后，苏区的形势急转直下，瑞金很快落入敌人之手。留下来坚持战斗的毛泽覃恐怕走漏了消息，担心大哥的孩子小毛毛会遭不测，就派人快马去通知了已经转移去了会昌的贺怡，要她设法先把小毛毛再次转移出去。

10 月中旬的一个夜晚，贺怡打点好小毛毛的衣物，还特意煮熟了十几个鸡蛋，会同事先找好的孩子的保姆和两个负责护送的游击队员，抱着小毛毛连夜赶到距离瑞金城 13 公里的武阳河渡口。在武阳桥边一株百年的老樟树下，贺怡三番五次地交代着一位叫刘锡福的人和护送人员，一定要将小毛毛安全地转移出去。

夜色中，贺怡直愣愣地望着载了刘锡福和小毛毛的渡船驶向远方……

不想，刘锡福抱着小毛毛转移到福建长汀后，很快被敌人盯上了。刘锡福怕小毛毛遭毒手，就把孩子秘密地送到了他的一个亲戚家里。不久，刘锡福被国民党捕获并杀害，小毛毛从此下落不明……

10 月 18 日，毛泽东根据中央指示离开于都，加入了长征行列。

这时，跟随在毛泽东身边的人有他的侍卫员陈昌奉，还有他的马夫侯登科，一位来自河南的红军老战士，年龄比毛泽东还要大些。

这时，一眼望不到尽头的红军队伍迤迤逦逦地行走在山谷间。路旁的山坡上，一处处站立着含泪相送的男男女女、老老少少，他们有的挥着手，有的一言不发、直愣愣地望着从他们身边走过的红军队伍……

沿于都河谷向西，转过一个山口，河边传响了民主政府宣传队的青年男女们编写的一首山歌：

一送（哩个）红军（皆支个）下了山，
秋风（哩个）细雨（皆支个）缠绵绵；
山山（哩个）野鹿声声哀号，
树树（哩个）梧桐叶呀叶落完。
问一声亲人红军啊，
几时（哩个）人马（皆支个）才回还？
……

听着这首歌，骑在马上的毛泽东眼睛湿润了……

风咽咽，雨茫茫，凄风苦雨人断肠。

路迢迢，马啾啾，泥路征马泪难收！

入夜，赣南的山路上火把通明，行进中的几万人马拥挤不堪。大部队走走停停，人们的说话声、口令的传递声、战马的嘶鸣声混合在一起，再加上临时停下来的部队就地燃起的缕缕炊烟，远远望去简直是乱了阵脚……

这时，毛泽东想起了《三国演义》中描写刘备被曹兵追赶、携带数万黎民百姓逃离新野县的情景，不禁感叹道："这哪里是转移么？完全像是逃跑的样子！这样的队伍遇上敌人，还能打仗么？"

侯登科卷了一支旱烟说："主席，现在又不让你指挥了，你只管跟上队伍走就是了，反正现在离火线远一些，左有一军团和九军团，右有三军团，后面还有五军团压阵，你还担哪门子心？"

"话不能这样讲……"毛泽东也卷了一支纸烟吸着，缓缓地说，"蒋介石不会让我们走得痛快，他前面要派兵截，后面要派兵追，中间还要打我们的伏击，我们要准备打仗呢！"

"要打仗也是没办法的事！"陈昌奉气不平地说，"要是让主席指挥第五次反'围剿'，红军也到不了今天这样！"

侯登科也发牢骚说："这还不知道走到哪一站、哪一处是头呢！"

"这也太难了……"陈昌奉说，"蒋介石调集了一百多个团围追堵截我们，什么时候才能突得出去呀？"

毛泽东此时的心情虽然也很烦躁，但还是鼓励他身边的人说："我们都是红军，是共产党领导的革命队伍，要有信心，不要怕困难么。相信红军总会突出去，我们总会胜利的！"

听毛泽东这样讲，陈昌奉和侯登科才不再说别的了……

10 月 21 日起，红军迅速攻占了王母渡、韩坊、固坡、新田等地，突破了蒋介石设在江西阻截红军西进的第一道防线。

进入 11 月，红军主力部队急速行军进入赣南。在汝城以南的天马山至城口间，经过两天三夜的激烈战斗，蒋介石设在赣南的第二道碉堡工事和机枪阵地防线，也被英勇的红军所占领。

11 月 15 日，红军先头部队迅速攻占了湖南良田至宜章之间的咽喉要冲，突破了敌人的第三道封锁线，随即进入临武、兰山和嘉禾地域。

这时候，蒋介石已经任命何键为"追剿"军的总司令，指挥西路军和薛岳、周浑元两部所统的 15 个师，极力阻截红军；同时电令陈济棠率领粤军的大部队进至粤、湘、桂边设阵地实施截击，并命令桂军的白崇禧以 5 个师的兵力牢牢控制了灌阳、兴安、全州至黄沙河一线……

11 月 18 日，掌握着红军指挥权的博古、李德等人把希望完全寄托在了与湘鄂川黔边界的红二、六军团会合的基础上，强令红军“夺路西进”。红军只得兵分两路，先后占领了道县和江华，随之渡过潇河。

25 日，红军先头部队在广西的兴安、全州之间与设伏的粤军展开激战，红二师、红四师各一部于 27 日渡过湘江，并迅速控制了界首至觉山铺之间的渡河点。这时，湖南和广西的敌军分两路向红军发起了疯狂的猛攻，妄图夺回渡河点，阻止红军西进……

大敌当前，重兵“围剿”，红军的后卫部队也与一路跟进、追击的敌军展开激战——除被红军控制了的界首至觉山铺之间的渡河点外，湘江沿岸的所有船只几乎全被敌人收缴了，面对浩浩的湘江水和敌人的围追堵截，要不要继续渡江和怎样渡江，一时间在红军的领导层中展开了激烈的争论……

时间不容人多想，必须采取果断措施——博古和李德这两个不懂军事的人，竟不顾毛泽东等人的坚决反对，命令部队全线压上强行渡江——这样一来，一场空前惨烈的战斗便在湘江岸边展开了！

战斗中，敌人动用了他们在沿江一带所有可以动用的兵力，同时紧急增派了不少的飞机、大炮，集中了全部的轻重机枪，对红军实施了疯狂的轰炸、炮击和轮番扫射，妄图一举将红军消灭在湘江岸边。红军战士们英勇顽强地冲杀着、抵抗着，无数的鲜血流淌在沿江岸边、流淌在湘江中，染红了滔滔的湘江水……

枪声、炮声、喊声，声声撕心裂肺，惊天地，泣鬼神，英勇悲壮。

激烈、惨烈、壮烈，烈烈雄风酹血，映山川，染江水，气贯长虹！

从 11 月 25 日战斗打响截止到 12 月 1 日，中央红军在湘江战役中遇到敌人的重兵堵截和围击，损失惨重，由出发时的 86000 多人锐减到只剩了 30000 多人。这时，虽然蒋介石设在湖南的最后一道防线也被红军击破了，但由于伤亡太大，也促使红军的广大指战员逐渐觉悟到这是排斥了以毛泽东为代表的正确路线、贯彻错误路线所致，部队中明显滋长了要求改变红军领导的情绪。

博古这时候也感到了责任重大，可又一筹莫展。在行军路上，他拿着一支手枪像是痛心疾首地朝自己瞎比划。骑马走在他身边的聂荣臻见了，叫他冷静点，别开玩笑，防止走火，并对他说："这不是瞎闹着玩的！越在困难时刻，作为领导者越要冷静，要敢于负责任。"

听了聂荣臻的话，博古无可奈何地垂下枪，显露出一副颓唐的神情……

11 月下旬至 12 月上旬这段时间，毛泽东和张闻天、王稼祥一起行军、一起宿营，三个人互相谈心。毛泽东使张闻天和王稼祥从"左"倾领导集团中分离出来，并站到自己一边来同"左"倾错误路线展开斗争——这样一来，由于张闻天和王稼祥的思想转变，为促使毛泽东能够尽快重新指挥红军、摆脱当前的困境奠定了基础。

张闻天深感后悔地对毛泽东说："润之啊，早听你的就好了！"

王稼祥也感叹道："李德是个书呆子，他有什么资格指挥红军？早就该把他抛到一边去，尽早让毛主席重新执掌兵权！不然，红军就完了……"

毛泽东说："我们共同努力吧！我相信，红军不会完！中国的革命不会完！"又说，"仗不能再这样打下去了！我们不能像现在这样盲目地跑，我们要提出口号来团结部队、鼓舞军心，也要向沿途的群众和全国人民进行革命宣传，红军不是逃跑！是为了革命！"

听了毛泽东的话，张闻天和王稼祥同时为之一振，都说毛泽东的想法好，不仅思路对头，而且是既能鼓舞军心、又能团结民众，更能唤起全国人民支持的惟一正确主张……

就在毛泽东和张闻天、王稼祥等人研究着红军将士如何在极其艰难困苦的时候团结一心、革命到底的战略方针时，瑞金城里已被国民党"清剿"的部队翻了个底朝天。敌人到处张贴标语："人要换种，草要过烧，石头要过刀！"

一时间，红区成了白区，四处都是碉堡、铁丝网、步哨和关卡；大街小巷血流成河，城外村口人尸成堆，苏区群众遭到了空前的浩劫……

这时毛泽覃率领的独立师战斗频繁，生活极其艰苦。在山上，没有粮食就挖竹笋、摘野果子充饥；没有衣服被褥，就穿着破旧的单衣在山林间和岩洞中裹着茅草和树叶过夜。这时天气已经很冷了，凄风苦雨雾凋零，夜无衣被腹中空。在如此艰难困苦的斗争环境中，毛泽覃怀着一腔誓死报国的决心和对革命事业的无限忠诚、怀着对革命事业必定胜利的坚定不移的坚强信念，率领部队克服着一个又一个难以想象的困难，英勇顽强地同残暴的敌人进行着周旋和殊死搏斗……

12 月上旬，毛泽覃率领着部队突袭到瑞金城边去解救群众，赶到城边遇上了敌人。战斗一开始，毛泽覃先让一部分部队保护着被解救的群众快速撤离，然后组织火力阻击敌人的追赶。战斗中，毛泽覃发现在平地上同敌人交火，敌强我弱，红军会吃亏，便指挥部队撤退到临近的谢坊小镇，这里山高林密，是个打伏击的好地方……

毛泽覃在谢坊的山林间布置了一个伏击圈，不久，负责牵制敌人的红军战士按计划把敌人引了过来，只见 400 多敌兵在几名军官的指挥下，杀气腾腾地追了上来，一头扎进了伏击圈。

毛泽覃立刻打响了信号枪。顷刻之间，一串串愤怒的子弹、一颗颗复仇的手榴弹猛烈地向敌人打去。接着，毛泽覃当先率领部队向敌人发起了冲锋，这一仗红军大获全胜！

12 月 18 日，在红军的长征路上，主力部队和中央机关向西穿过湘南到达了贵州东部的黎平县境内。

在黎平县城，周恩来主持召开了中共中央政治局会议，肯定了毛泽东的正确主张，第一次响亮地提出了红军要“北上抗日”的战略方针，否定了博古、李德坚持会合红二、六军团的错误意见，决定绕道向贵州北部前进，并通过了相应的决议，正式改变战略，从而扭转了形势，开始争到了与敌人斗争的主动。

这时留在瑞金地区的毛泽覃接到苏区中央分局的命令，要他率领的部队与福建省委书记万永诚率领的部队会合整编。整编后，毛泽覃被任命为福建军区司令员，建议万永诚分兵进行机动的游击战争，而万永诚则主张合兵进击，结果毛泽覃的正确意见被否决，万永诚率领福建军区直辖的两个主力团在四都与敌人硬拼了一场，几乎全军覆没。

毛泽覃得报，急忙率领部队把万永诚和几十名战士接应回了山林，再次劝说万永诚不能硬拼，必须进入深山进行游击战争……

1935 年 1 月 1 日，红军主力部队到达贵州猴场。毛泽东出席了中央政治局召开的会议，会议决定“创建川黔边苏区根据地”。

会后，红军继续向黔中挺进。沿途崇山峻岭，长长的大部队急速前行在险峰恶涧之间。毛泽东骑在马上听当地的向导说："这里的山很险呢！我们这里有句民谣，说是'上有骷髅山，下有八宝山，离天三尺三，人过要低头，马过要下鞍'哩！"

毛泽东听罢感慨有加，遂咏《十六字令》词一首：

山，
快马加鞭未下鞍。
惊回首，
离天三尺三。

## 49. 遵义会议指航向　四渡赤水出奇兵

山陡峭，路难行。红军在长征路上急速向乌江挺进……

时逢天降大雨，山间的小路水流如注、湿滑难行。人们有的穿着蓑衣，更多的人则没有任何遮雨的雨具，只是扛着枪、背着米袋子和行装，深一脚、浅一脚地踏着泥泞冒雨前进……

好不容易不下雨了，队伍还没有走出多远，敌机又来了，人们赶紧疏散、隐蔽。敌机飞离后，人们一个个已被弄得浑身泥、满脸的污浊。好在敌机一时没有扔下炸弹，队伍继续前进……

1935 年 1 月上旬的一天深夜，红军临渡乌江前，贺子珍在一户山间的农舍中生下了一个女儿。孩子降生后，贺子珍想到是在长征路上，根本无法带孩子，便忍痛将女儿送给了农家看护她的大嫂。

在接下来的几天时间里，红军队伍继续艰难地前进。一路上山高岭险，峰峦叠嶂。国民党的追兵虽无法追赶和"围剿"，但红军行走亦见艰难……

走在山间，红军战士们互相拉扯着迤逦前行。多少草鞋底子早都被乱石磨穿了，脚上淌着血，依然不停步地攀登着；身上的衣服破了，抵御不了山间的寒风，人们就扯下几片芭蕉叶或束几多茅草裹在腰间御寒……

行进中，有战斗，也有伤亡；有饥饿、困苦和寒冷，更有意志。

1 月 7 日，红军先头部队突破敌人重兵设防的安顺场后，迅即占领了黔中的重镇遵义城。

1 月 15 日，中共中央政治局扩大会议在遵义召开。会场设在老城子尹路原黔军第二师师长柏辉章的官邸，是一座砖木结构的曲尺形二层楼房。会议在楼上的一张椭圆形桌前进行。

参加会议的人员有毛泽东、李德、博古、周恩来、张闻天、王稼祥、朱德、陈云、刘少奇、邓发、凯丰、刘伯承、李富春、彭德怀、林彪、聂荣臻、邓小平、杨尚昆、李卓然等近 20 人，伍修权任翻译。

会议由张闻天主持。博古作为党中央书记作总结报告，强调指出第五次反“围剿”的失败“是帝国主义和国民党的力量强大，苏区物质条件太差，各方苏区军队相互之间配合不够”，完全不承认他和李德领导的错误，反而“认为在中央军委领导下，李德同志指挥的军事路线是没有错的”。周恩来作为军委负责人之一，向大会作了第五次反“围剿”的补充总结报告。

对于博古的报告，众人反应不一。

张闻天不失时机地代表毛泽东、王稼祥和他本人，向大家宣读了一份反对“左”倾路线的报告提纲，顿时使会场变得骚动起来；接着，毛泽东作了重要发言，一针见血地指出了李德和博古的“左”倾错误路线是导致第五次反“围剿”失败的根本原因，并明确指出李德“不懂得中国革命战争的特点”，是个只会“纸上谈兵”的人，同时指出博古“盲目地跟着外国人指挥棒走”，“搞得党内毫无民主作风”，“压制和报复”敢于坚持正确路线的人，面对敌人的重兵“围剿”先是“主观冒险”、后是“惊慌失措”。在发言中，毛泽东对“左”倾错误路线进行了全面的、深刻的、切中要害的分析批判，正确阐述了中国革命战争的战略问题，指明了今后的正确方向。

毛泽东的发言，引起了会场上的一阵活跃……

王稼祥紧接着发言，表示赞同毛泽东的意见，并指责和批评了李德和博古的种种错误做法。随后，张闻天表示拥护毛泽东和王稼祥的发言。

会议的气氛热烈起来。博古感到意外，他涨红着脸，感到无话可说。李德听李卓然翻译了毛泽东、王稼祥、张闻天的发言，先是吃惊、后是消沉，无可奈何地跷着二郎腿狠劲儿地吸烟……

这时，周恩来起身，表示完全拥护和赞同毛泽东和王稼祥的观点，并作了自我批评……

1 月 17 日，遵义会议否定了博古所作的报告，实际上也就是否定了 1931 年以来以王明为代表的六届四中全会的错误路线；会议增选毛泽东为政治局常委，并为周恩来军事指挥上的协助者，使毛泽东重新走上了指挥红军的主要领导岗位。

遵义会议，胜利地结束了王明“左”倾机会主义路线，确立了以毛泽东为代表的新中央的领导，从而在危急关头挽救了共产党、挽救了红军、挽救了中国革命，为中国革命开辟了通向胜利的航程……

毛泽东重新掌握了红军的军事指挥权之后，用高超的游击战术率领红军继续前进。他出奇制胜，忽进忽绕，一再回旋，使敌军迷离彷徨，摸不清楚红军的去向和动态，使红军离开遵义后纵横驰骋，在万山丛中犹如一条舞海蛟龙，再也无法抵挡和束缚……

1 月 19 日，中央红军按照毛泽东的部署分左、中、右三路向赤水方向进军，准备经川南渡过长江，北上与红四方面军会合，在川西北建立新的革命根据地。

毛泽东率领部队抵达土城后，得知川军的“模范军”郭勋祺部尾追而来。毛泽东遂即分兵，派林彪率一军团继续北上抢占赤水城，派彭德怀和董振堂率三军团和五军团占领土城以东西侧的高山，要给国民党刘湘的“模范军”郭勋祺部一个“下马威”……

为了打好这一仗，为北渡长江创造条件，朱德和中央红军参谋长刘伯承亲自披挂上阵、全副武装地策马军中，使全军震动。

行军路上，面对穷山恶水和艰难险阻，毛泽东又激情满怀地续写了《十六字令》词二首：

山，
倒海翻江卷巨澜。
奔腾急，

万马战犹酣。

山，
刺破青天锷未残。
天欲堕，
赖以拄其间。

1 月 28 日凌晨，红军第三、第五军团按照毛泽东的指示向防守在土城以东的青杠坡之敌发起了进攻。战斗打得异常激烈，红军一度占领了敌人的主要阵地——银盆顶，但这时敌人赶来了大批援兵，红军阵势立刻处于危急之中……

毛泽东发现情况有变，敌人原有的 2 个旅 4 个团变成了 4 个旅 8 个团，感到红军在局部中已处于劣势，便当机立断派了干部团出击打乱敌人的反进攻。干部团在团长陈赓、政委宋任穷的率领下，一阵猛冲猛打，以其出色的战斗力迅即击溃了敌军。

即刻，毛泽东向聚在他身边的周恩来、王稼祥、张闻天等人提出："原定由赤水北上，从泸州到宜宾之间北渡长江的计划不行了，为了打乱敌人的追击计划，变被动为主动，红军不应再与郭部恋战，作战部队和军委纵队应立即轻装，从土城渡过赤水河西进。"

毛泽东的提议，得到了周恩来等人的赞同。

1 月 29 日，毛泽东指挥中央红军首次渡过赤水河北上，进入了四川南部地带，然后集中主力部队于云南扎西。

2 月 18 日至 21 日，毛泽东指挥在扎西休整后的红军兵分两路，调头向东，经古蔺、叙永，在太平渡、二郎滩二渡赤水，打了敌人一个措手不及。

战斗进行中，红军将士们冲锋陷阵、奋勇杀敌，喊杀声惊天动地……

毛泽东率红军杀"回马枪"重返贵州，破了蒋介石的合围计划。

2 月 25 日至 28 日，毛泽东、周恩来、朱德等人指挥中央红军进行了遵义战役，攻占娄山关，重新占领了遵义城，取得了长征以来的最大一次胜仗。

至此，中央红军全军上下一片欢欣鼓舞。跟在毛泽东身边的陈昌奉和侯登科更是高兴，就连长征以来一直为毛泽东的安全提心吊胆的贺子珍，这时也难得地露出了笑容……

高兴之中，毛泽东挥毫写下了一首气吞山河的词：

**忆秦娥·娄山关**

西风烈，长空雁叫霜晨月。霜晨月，马蹄声碎，喇叭声咽。

雄关漫道真如铁，而今迈步从头越。从头越，苍山如海，残阳如血。

3月4日，中央军委决定特设前敌司令部，委托毛泽东为政治委员。

3月11日，由毛泽东、周恩来、王稼祥组成的中央三人军事领导小组在贵州的鸭溪、苟坝一带成立。这在如此紧张、复杂、残酷的战争环境中，实际上成为了全党全军最高最主要的领导机构，也是全党全军最高的统帅部。

3月16日至17日，毛泽东率领中央红军出敌不意地在茅台附近三渡赤水，再次进入川南。

这样一来，完全打乱了国民党对红军围追堵截的方略和部署，敌人完全不知道该如何阻击红军前进，更不知道该如何追击红军，要打也不知道该从哪里下手了……

这时，毛泽东趁敌人乱了阵脚、不辨红军去向之际，又大胆而巧妙地声东击西、指南打北，率领部队大踏步地挥戈东进……

3月21日至5月初，毛泽东率中央红军再扑太平渡和二郎滩，四渡赤水河，继而飞兵南渡乌江，佯攻贵阳，将滇军调出；又乘云南敌军增援贵阳之际，命令部分红军急速行军直插云南，威胁昆明；随后，红军主力向北疾进，九天九夜巧渡金沙江而未失一人一骑，完全跳出了数十万敌军围追堵截的圈子，取得了长征途中具有决定意义的胜利。

毛泽东如此用兵，可谓出神入化，旷古绝今！

遵义会议后，毛泽东指挥的四渡赤水之战，充分显示了他杰出的军事指挥才能，全军上下一片赞誉之声，纷纷伸了大拇指说："要说毛泽东用兵，神了！"

也正是在这时，在毛泽东率领红军设法摆脱敌人的"追剿"之际，他的三弟毛泽覃也正在瑞金的险恶环境中战斗着……

## 50. 毛泽覃瑞金牺牲<br>毛泽东雪山豪情

1935 年 4 月，留在瑞金苏区的毛泽覃率领独立师和福建军区的部队退守山林，无奈福建省委书记万永诚极力主张与敌人硬拼，毛泽覃多次劝阻无效，万永诚一意孤行，很快将他带出的部队拼得只剩下了 40 多人，万永诚自己也战死了。

毛泽覃悲痛地掩埋了战友们的尸体，带着仅存的几十个人进入深山密林中继续与敌人周旋。他坚信，总有办法与项英、陈毅的部队取得联系，总有办法突出去，等待时机再打回来……

4 月 25 日这天，毛泽覃身边只剩了 11 名红军战士。

当日晚，他们来到瑞金红林山区的黄狗窝一个槽房中休息。

十几个人烧了一堆火，大家席地而坐。毛泽覃派了一名战士去找陶古游击队，约定好天一亮就去攻打黎子岗炮楼，从那里冲出敌人的封锁线。

第二天黎明，山谷间突然枪声大作。原来，派出去的那名战士被敌人抓到后经不起拷打当了叛徒，并带着敌人来包围了房子。

毛泽覃机警地冲到前边门口，命令其他人赶快从后门撤往山上，他自己端起机枪向门外的敌军一阵横扫，打得敌军没有一个人敢往前靠……

敌军官用手枪督着士兵们往房前爬："给我冲，抓住毛司令有重赏!"

最后，毛泽覃的子弹打光了，他只好抓了一支步枪、上起了刺刀，准备同敌人进行白刃战。就在这时，一颗子弹击中了他的右腰上方，一直穿过前胸，迫使他魁梧的身躯重重地倒在了血泊中，手中还紧握着那支上了刺刀的步枪……

这一年，毛泽覃 29 岁，时任福建省军区司令员、红军独立师师长。

毛泽覃牺牲的时候，正是毛泽东率领着红军四渡赤水的时候。

5 月 12 日，中央政治局扩大会议在会理铁厂召开，毛泽东出席了会议并讲话。会议批评了林彪等人反对毛泽东、反对机动作战的错误，维护了党和红军的团结。

会后回到驻地，林彪来向毛泽东承认错误，毛泽东对他说："你懂什么？你还是个娃娃么！以后不要乱发言、乱表态……"

5 月中旬，毛泽东率领红军到达大凉山彝族地区。刘伯承率先头部队与彝族兄弟歃血为盟，保证红军主力部队顺利地通过了大凉山。

5 月下旬，毛泽东率领红军强渡大渡河，勇夺泸定桥，突破了川中的第一道天险。

在勇夺泸定桥的战斗中，敌人为了阻止红军渡河而拆掉了桥上所有的木板，只剩下 10 几条晃晃悠悠的铁索链横亘在湍急的河面上。红军先遣团派出 21 名战士冒着敌人机枪喷射出的火蛇，英勇地攀着铁索冲向敌岸，三名战士中弹掉进了铁索下的激流中……

当红军终于胜利地消灭了大渡河对岸的敌人时，毛泽东和朱德、周恩来等人踏上了用一块块门板重新铺设好的泸定桥桥面。面对桥下激流翻滚的大渡河水，毛泽东感慨地说："敌人绝想不到我们的战士会抢险夺桥，更不会想到我们红军敢于爬铁索链！"

朱德的一只手紧紧地抓着他身边的一条铁索，另一只手指一指毛泽东说："是你老毛下了死命令，我们的红军才创造了这次军事上的奇迹！"

周恩来也说："蒋介石是想不到我们这么快就能够胜利地渡过大渡河的！"

毛泽东说："这就是我们红军同国民党军队的区别，是本质上的区别……"

望着红军的大队人马从身边走过、从泸定桥上走过，毛泽东和朱德、周恩来那消瘦的脸颊上都露出了欣慰的笑容……

6 月上旬，红军开始翻越终年积雪的夹金山。

红军已经走得太疲劳了。无日无夜的行军作战，风餐露宿，沐风栉雨，部队早已没有了粮食，全靠战斗中缴获敌人的军粮，或是挖了野菜来吃……

面对皑皑雪山，但见白茫茫一片，寻路无路，觅途无途，全靠了向导在前引路开拓前进。雪深山陡，走在前面的人尚有积雪拦身，走在后面的人因雪被长长的队伍踏实了，又坚又滑，稍不留神就有翻下山去的危险……

雪山口上的风很大、很冷，吹得红军战士们一个个睁不开眼睛；耳朵被冻硬了，脸和嘴唇被冻僵了，人们依然顶风冒雪继续翻越着一眼望不到尽头的大雪山。队伍中的红旗在风雪中晃动，一点点、一点点，在白白的雪的世界里显得格外醒目，激励着人们咬牙坚持着前进……

人们的手脚早已被冻僵，只是靠着两条大腿的移动而向前挪动着身躯。到了向山下行进时，人们走得更艰难、更小心了，稍有不慎，便有被雪山吞没的危险——已经有人和战马翻滚下了山底，再也没能爬上来……

这时的毛泽东，先是用手抓了他的黄骠马的尾巴一步步走着；后来，干脆用一根绳索捆绑了自己的腰，让马拖着前行。

下山时，毛泽东风趣地对陈昌奉说："昌奉啊，等革命胜利了，我还要带你来这里踏雪哩！"

陈昌奉见毛泽东充满了革命的乐观主义，只是抖着嘴唇说："我可是……不来了……"

见陈昌奉被冻得浑身打颤，连说话也发抖，毛泽东竟豪情地大笑起来，并开口高喊了他自己写过的两句诗："漫天皆白，雪里行军情更迫；头上高山，风卷红旗过大关！"

这时的毛泽东充满着伟大的革命豪情，但他决然想不到的是，他的三弟毛泽覃已经为革命壮烈牺牲，他的两个儿子——岸英、岸青在上海，也已被敌人的便衣特务逼迫得流落街头……

当时，共产党为救济革命烈士的后代，在上海成立了一所地下托儿所，收留了彭湃、郭亮、毛泽东等人的孩子。托儿所的名称叫"大同幼稚园"，最先由何叔衡领导，地址设在上海法租界的一座院落中。

后来何叔衡去了中央苏区，孩子们交由20岁刚出头的陶锡琪看护。陶锡琪是一位很负责任的姑娘，对孩子们极尽爱心，孩子们也都很喜欢她。

再后来，国民党特务盯上了这所托儿所，声称要查明孩子们的来历。陶锡琪另外得到消息，说敌人已经把这里的几个孩子列为了"赤匪家属"，要对孩子下毒手。陶锡琪无奈，为了孩子们的安全，只得领着孩子们离开了"大同幼稚园"。

从此，岸英和弟弟岸青开始了流浪的生活……

毛泽东率领红军翻越了白雪皑皑的夹金山后，在山脚下停止了前进。

部队就地宿营休息。刚才，山上冰铺雪盖，寒风刺骨；现在，山下骄阳似火，气候炎热。红军战士们为了躲避炎热，只得四下里去找土洞子和跑到光秃秃的山石后面避热；实在没地方可找的人们，便就地搭起了简陋的篷帐，用来遮挡火辣辣的太阳。

第二天，部队离开夹金山麓，向前走了不远又停了下来。

在一座喇嘛庙内，毛泽东、周恩来、王稼祥、朱德等人在开会；庙外，中央红军的战士们已是议论纷纷。

有人说："四方面军的同志们也到了，他们的枪支比我们的还多呢！"

还有人说："那才好呢，这一下我们的力量就更强大了！"

站在人群中的陈昌奉却说："我们是中央红军，别看人少，可质量是高的！"

又有人说："反正大家都是红军，都打国民党！"

正在战士们议论纷纷时，毛泽东和周恩来等人已经走出了喇嘛庙。听了大家的议论，周恩来先对战士们说："一方面军和四方面军都是亲兄弟嘛！红军是一样的，都是共产党领导的革命队伍，不分彼此嘛！"

毛泽东也对大家说："我们都是来自五湖四海，为了一个共同的革命目标走到一起来了，大家不要把一、四方面军分得那样清楚；会师后，大家就更是一家人了！"

周恩来笑着说："现在也是一家人。"

毛泽东也笑了："恩来说得对，现在我们就是一家人，永远是一家人么！"

听着中央首长的讲话，红军战士们都欢心地笑起来……

6 月 12 日，中央红军和红四方面军一部会师。

6 月 16 日，毛泽东等人代表中央红军致电红四方面军领导人，指出一、四方面军总的方针应是占领陕甘川三省，建立三省苏维埃。而四方面军的主要负责人张国焘却不愿意接受毛泽东等人的建议，单方面主张向川康边退却。

次日晚，毛泽东、周恩来、朱德等人到达达维镇，受到四方面军同志的热烈欢迎。

18 日，毛泽东率红军主力到达懋功，见到了在此迎候的红四方面军第十三军政委李先念。毛泽东见他很年轻，便问："你今年多大？"

李先念回答："25 岁。"

毛泽东赞叹道："前途无量啊！"

李先念笑着说："我手下还有更年轻的，十八师师长熊厚发刚刚 20 岁，那才是我们的小老虎呢！"

毛泽东很高兴，夸赞四方面军有人才，并向李先念询问了部队的诸多情况，接着又对他讲了四方面军今后的行动方针——那就是"北上抗日"，建立川陕甘革命根据地。

同一天，毛泽东再次致电张国焘，申明北上方针。张国焘接电后保持沉默。

两天后，毛泽东又一次致电张国焘，请他来懋功，共商战略大计。

24 日，毛泽东和周恩来、朱德亲临两河口镇，并叫总政治部的同志们在镇上布置了欢迎会场。

在欢迎会上，张国焘一说话就亮出了底牌，气势逼人："这里有广大的弱小民族，有优越的地势，我们具有创造四川、西康、新疆大局面的更好条件。"

尽管毛泽东不同意张国焘的主张，但仍设了晚宴招待他。然而，张国焘在宴席间与同时参加"一大"的毛泽东交谈时，总是摆出一副不感兴趣的态度。

6 月 26 日，中央政治局在两河口召开会议，毛泽东出席会议并讲话，主张红军继续北上，到陕甘边建立革命根据地。毛泽东在讲话中说："根据地是依靠进攻去创建的，因此，只能向前去打击敌人，不能后退和避战；红军应集中兵力迅速攻打松潘，消灭胡宗南的部队，力争经松潘开到预定的地区去。"

张国焘开始时死活不同意北上，但见到没有几个人支持他，才勉强同意了毛泽东等多数人的意见。但人们看得出，他不愿意到陕甘边去……

这时的张国焘看到一方面军经过长征的损耗，人和枪都比四方面军少，便野心勃勃了。他公然提出了两军统一指挥权的问题，但遭到了中央政治局的拒绝。

28 日，毛泽东等人率领中央红军自懋功北上，翻越了梦笔山、长板山、打鼓山等雪山。

这时的张国焘依然滞留在原地按兵不动。

## 51. 张国焘要挟中央 毛泽东领军北上

1935 年 7 月初，中革军委把攻打松潘的任务交给了红四方面军，同时增补张国焘为军委副主席。

7 月上旬，毛泽东等率领中央红军到达四川松潘附近的毛儿盖，耐心等待故意延宕的张国焘。

张国焘依然拖延，并令其追随者致电中央，要求四方面军的陈昌浩任红军总政委。

7 月 18 日，中央为了顾全大局，在芦花召开了中共中央会议，展开讨论，提了许多方案，张闻天甚至想把总书记的位置让给张国焘，以换取四方面军的北上。毛泽东主张可以把总政委的职位让给张国焘，表现了高度的原则性和灵活性。

尽管中央作了让步，但张国焘还是不甘心，还要求提拔四方面军的 9 名干部进入中央政治局。中央一让再让，只得让陈昌浩、周纯全进入政治局，又增补了四方面军的几名中央委员。

在这场斗争中，毛泽东在作让步的同时，也同张国焘进行了针锋相对的“交锋”。毛泽东在会议上当众指责张国焘说：“你这是开的督军团会议！”周恩来、朱德等人也批评了张国焘依仗四方面军人多而向党夺权的错误。张国焘被迫表面上“接受了”批评。

这时，共产国际在莫斯科召开了第七次代表大会。大会制定了建立世界反法西斯统一战线的策略和方针。

8 月 1 日，中国共产党根据共产国际“七大”的精神，结合“九一八”事变后特别是华北事变后的政治形势，发表了《为抗日救国告全体同胞书》——即“八一宣言”。

“八一宣言”揭露了日本帝国主义企图灭亡中国的野心，指出中华民族正处在千钧一发的生死关头，抗日则生，不抗日则亡，抗日救国已经成为每个同胞的神圣职责和义务；号召全国一切爱国同胞，一切愿意抗日的党派和团体，团结起来，一致抗日，组织国防政府和抗日联军；呼吁各党派、各军队，摒弃前嫌，以“兄弟阋于墙外御其侮”的精神，为抗日救国事业而奋斗。

8 月 3 日，红军总部制定了进军甘肃南部的“夏（河）洮（河）战役”计划，决定把一、四方面军混编成右路军和左路军。

右路军由毛泽东等率领，包括一方面军的一、三军团和四方面军的四军、三十军及军委纵队一部，中共中央随右路军行动。

左路军由张国焘率领，包括四方面军的三十一军、三十二军、三十三军和一方面军的五、九军团及军委纵队一部，红军总司令朱德、总参谋长刘伯承随左路军行动。

这样，红军兵分两路，直进巴西。

在以后的三天时间里，中央政治局在毛儿盖附近的沙窝召开会议，毛泽东出席会议并讲话。会议重申了两河口会议确定的北上战略方针。

8 月中旬，在前往毛儿盖的途中，毛泽东、周恩来和朱德等人共同商讨了红军北上的具体行动计划……

8 月 20 日，中央政治局在毛儿盖召开扩大会议，毛泽东作夏洮战役后行动问题的报告。毛泽东在报告中明确指出：“红军向北行动以后，应积极占领以岷州为中心的洮河流域东岸，并以此为依托向东、向陕甘边发展，以实现创建川陕甘革命根据地的战略目的。”

会上，张国焘再次提出与中央意见相左的建议，遭到了中央的反驳。

第二天，毛泽东率领右路军从毛儿盖出发，开始跋涉渺无人烟的茫茫草地……

所谓草地，实际是一片一眼望不到尽头的长满了荒草的沼泽地。这里，天上的乌云压得很低很低，举目四野茫茫，脚下是深深浅浅的泥潭和黑黑的水流，一片片、一簇簇半人多高的荒草被风吹曳着，迷乱和阻挡着红军战士们前进的方向和道路……

拿着许多涂有红色标记木棍的战士们走在长长的队伍前面，边走边用木棍试探着水中草地的深浅，遇到深处便插上一根标记，然后再试探着继续前进。跋涉途中，轻装的战士们脚下还灵活些，而那些伤病员则吃尽了苦头，负责抬担架的人更是步步艰难……

高原气候缺氧，更给行进中的红军战士们造成了生理上的诸多不良反应，人们张着嘴大口地呼吸着坚持前进。陈昌奉手中拿了两根木棍，一根探路、一根用来拉扯毛泽东；侯登科则一手牵了负重的黄骠马，一手拄着木棍紧随在毛泽东的身后，三个人带马互相牵引着深一脚、浅一脚地向前移动着……

一天、两天、三天，大队的红军完全进入了沼泽地带。晴天、雨天、白天、黑夜，战士们饱尝了蚊虫的叮咬、暴雨的冲刷和寒冷的侵袭，尤其在雨夜更是苦不堪言……

夜宿草地，头上点点繁星亮，身边堆堆篝火红。夜深了，篝火熄了，蚊虫开始肆虐，一阵阵凄风苦雨吹打着一座座四面透风的简陋帐篷，无情地搅扰着疲惫不堪的战士们的梦乡……

四天、五天、六天，许多人的脚上早已丢掉了鞋子，被硬草根和荆棘枝子刺划得溢血不止。更令人难以忍受的是，粮食早就没有了，大家只得吃草根、啃树皮、嚼牛皮带充饥……

跋涉中，陈昌奉和侯登科屡屡劝说毛泽东骑到马上去，可毛泽东就是不肯，并总是说："脚板下的泥没得深浅，马比人重，又驮了那样多的东西，我怎么可以再骑上去呢？就这样走么，与人与马两相宜……"

艰难地行进，顽强地拼搏，有的战士被沼泽所吞没，再也没能爬起来。当毛泽东听到有的战士在草地牺牲了，消瘦的脸颊上挂上了豆粒大的泪珠。他侧目长空，对病魔缠身的周恩来说："世界上还从来没有哪一个军队能够像红军这样，勇于战胜困难，勇于自我牺牲……"

躺在担架上的周恩来也十分感慨地说："这也证明了红军是不可战胜的！"

毛泽东说："一首《国际歌》，'要为真理而斗争'，鼓舞着我们这些不要命的人啊！"

8 月 27 日，右路军终于穿过了荒无人烟的大草地，到达班佑、巴西地区。但这时仍不见张国焘的动静，毛泽东和周恩来等人不得不再次以极大的耐心等待着……

9 月 3 日，张国焘终于有了回音，但他却以种种不便为借口，不按中央的计划行进，使毛泽东真的急了。不久，张国焘又以红军司令部的名义，致电党中央和右路军南下。

这时，中央和张国焘的北上、南下之争已发展到了剑拔弩张的地步……

9 月 9 日，张国焘又致电在右路军的陈昌浩、徐向前，令他们率部南下，企图分裂中央。叶剑英接到电报后，立即报告了毛泽东。

毛泽东火速赶到周恩来处，两个人商议后立即召开紧急会议，会议决定为避免红军内部发生火拼，应连夜率一、三军团以及军委纵队一部迅速北上。

事不宜迟，毛泽东率部队悄悄出发了。

出发不久，陈昌浩、徐向前大惊。陈昌浩欲率兵追赶，被徐向前严厉地阻止了："天下哪有红军打红军的道理！无论如何都不能打！"

陈昌浩只得放弃了追打毛泽东的行动，从而避免了红军内部的一场血战。这时的徐向前心中暗自舒了一口气，他为保证了毛泽东等人的安全感到一些安慰……

9 月 12 日，中央政治局在甘肃省迭部县俄界召开扩大会议，毛泽东作《关于与四方面军领导者的争论及今后战略方针》的报告。

5 天后，毛泽东率红一、三军团攻占了天险腊子口。

18 日，毛泽东率领部队翻越岷山雪山。当不畏艰难险阻的红军战士们登上了皑皑雪山，毛泽东站在雪山之巅，面对横空出世的莽莽昆仑，由此想到了中华民族的历史，想到千百年来特别是帝国主义欺凌的近代以来中国人民的深重灾难，想到了今天迫在眉睫的抗日救国大业，更想到将来在全世界最终消灭帝国主义、实现天下大同的共产主义理想，于 10 月抒怀，咏作《念奴娇·昆仑》词一首：

横空出世，莽昆仑，阅尽人间春色。飞起玉龙三百万，搅得周天寒彻。夏日消溶，江河横溢，人或为鱼鳖。千秋功罪，谁人曾与评说？

而今我谓昆仑：不要这高，不要这多雪。安得倚天挥①宝剑，把汝裁为三截？一截遗欧，一截赠美，一截留中国②。太平世界，环球同此凉热。

---

① 挥，后来毛泽东将"挥"字改为"抽"字。

② 留中国，后来毛泽东改为"还东国"。

毛泽东率红军部队翻越岷山雪山后，到达了甘肃南部的哈达铺，遂改编为中国工农红军陕甘支队，毛泽东兼任政治委员，彭德怀任司令员。

9 月 20 日，毛泽东在哈达铺召开的团以上干部会议上讲话，号召红军指战员到陕北建立新的根据地。

27 日，陕甘支队到达榜罗镇。

在榜罗镇，中央政治局召开会议，毛泽东出席会议并讲话。会议正式决定以陕北为领导中国革命的大本营。

这时，蒋介石亲自出任“西北剿匪总司令”，急调嫡系胡宗南和东北军、西北军主力以及宁夏地方部队二三十万人马，一面“围剿”共产党人刘志丹领导的陕北根据地，一面设置层层封锁线阻止红军前进。毛泽东指挥红军佯进天水，以急行军在武山、漳县间通过了渭水封锁线……

进入 10 月，红军陕甘支队在毛泽东、周恩来的率领下经回族区连续突破了会宁、静宁间和平凉、固原间的封锁线。

10 月 2 日，陕甘支队离开甘肃通渭。

7 日，红军陕甘支队开始攀越六盘山。登上六盘山，毛泽东面对山峦大川和行进中的红军部队，激情满怀、壮志不已，遂赋《清平乐·六盘山》词一首：

天高云淡，望断南飞雁。不到长城非好汉，屈指行程二万。

六盘山上高峰，旄头①漫卷西风。今日长缨在手，何时缚住苍龙？

之前，张国焘在卓木碉成立了所谓的“党中央”、“中央政府”和“中央军委”，并自封为“主席”，同时以“中央”的名义，宣布“开除”毛泽东、周恩来、博古、张闻天的党籍，并下令“通缉”。与此同时，杨尚昆、叶剑英被“免职查办”，而且还致电中央，反叫中央不能再“冒”中央的名义，同时威逼他身边的朱德，要他发表反对毛泽东的“宣言”。

---

① 旄头，后来毛泽东改为“红旗”。

朱德严词拒绝，威严地说："你可以把我劈成两半，但你绝对割不断我和毛泽东的关系。朱毛、朱毛，人家外国人都以为'朱毛'是一个人，哪有朱反对毛的！"

张国焘恼羞成怒，竟采取卑鄙手段，对朱德肆意攻击、百般刁难，甚至蓄意陷害。

对于张国焘所做的这一切，朱德坚持斗争、依然主张北上，后在任弼时、贺龙等人的共同斗争下，张国焘被迫取消了伪中央，同意北上与中央会合……

不久，毛泽东率领的红军部队进入了陕北苏区。

这时，宁夏的国民党军马鸿逵、马鸿宾派了一个骑兵团尾追而来，毛泽东得到情报后给彭德怀拟写了一份电报，主张给马家军一个打击，以防把敌人带进革命根据地。

彭德怀接电报后，率领陕甘支队很快在吴起镇外歼灭了马家骑兵。毛泽东得到捷报，高兴地给彭德怀拍发了一封电报表示祝贺：

山高路远坑深，
大军纵横驰奔。
谁敢横刀立马？
唯我彭大将军！

彭德怀接到电报后，把诗的末句改为"唯我英勇红军"，然后将原诗送还了毛泽东。

10 月 19 日，陕甘支队在吴起镇与红十五军团的地方部队赤卫队胜利会师。

胜利中，毛泽东在一次排以上干部会议上，充满豪情地朗诵了他新作的一首七言律诗《长征》：

红军不怕远征难，万水千山只等闲。
五岭逶迤腾细浪，乌蒙磅礴走泥丸。
金沙水拍云崖暖，大渡桥横铁索寒。
更喜岷山千里雪，三军过后尽开颜。

# 52. 凯歌高奏直罗镇 红旗飘舞瓦窑堡

1935 年 10 月 22 日，中央政治局在吴起镇召开扩大会议，毛泽东、周恩来等人出席。会议指出今后的战略任务是建立西北根据地，领导全国的大革命。

会议进行中，毛泽东听到陕甘宁边区的干部反映，刘志丹、杨森等大批陕北根据地的党、政、军负责同志在一个月前被中共陕甘宁边区保卫局的人所逮捕，有的甚至被杀害了。毛泽东立即指示“刀下留人”和停止捕人，并派王首道、刘向三和贾拓夫等人去接管陕甘宁边区保卫局的工作，先把事态控制下来。

出发前，毛泽东对王首道说：“杀头不像割韭菜，韭菜割下了还可以长起来，人头落地就长不拢了。如果我们杀错了人，杀了革命同志，那就是犯罪行为。大家要切记这一点，要慎重，要做好调查研究工作。”

王首道等人说：“我们一定按照党的政策办事，认真做好调查研究。”

11 月 3 日，中华苏维埃共和国中央政府决定成立西北革命军事委员会，由毛泽东任主席。

同日，西北革命军事委员会宣布恢复红一方面军的番号，毛泽东任政治委员。

11 月 5 日，毛泽东在象鼻子湾军委总部召开会议，研究制定了直罗镇战役计划。

两天后，毛泽东随中央红军到达陕甘根据地中心瓦窑堡。

这时，贺子珍的伤势已见好转。毛泽民从瑞金所带领的国家银行的 14 个人，只有 8 人到达了陕北。第 15 大队从瑞金出发时的一百多名运输队员，也只剩下黄德泉和邱端阳两个班长。

毛泽民在长征途中，奉命在湘江之战后先是扔了国家银行的印刷机和造币机，又在土城战斗中将两担铜版倒进了一口井里；四渡赤水后，国家银行的担子就不多了。等到爬雪山、过草地，到达巴西时，银行的纸币也全部烧毁了。

只是，国家银行的人在毛泽民的领导下，从瑞金开始挑着国家银行的文件资料和黄金珠宝，一直艰辛备尝地挑到了陕北瓦窑堡，完整无损地交到了陕北根据地。

11 月 13 日，中共中央根据时局的发展，发表了《为日本帝国主义并吞华北及蒋介石出卖华北出卖中国宣言》。

11 月 20 日至 24 日，毛泽东亲临前线，指挥红军取得了直罗镇战役的胜利，彻底粉碎了敌人对陕北根据地的第三次"围剿"，为党中央把全国革命的大本营放在西北举行了奠基礼。

直罗镇战役后，毛泽东回到了瓦窑堡。

在瓦窑堡，党中央、毛泽东肯定了王首道等人的调查，对刘志丹等同志立即释放，并恢复领导工作。

11 月 28 日，中共中央以中华苏维埃共和国中央政府主席毛泽东等的名义，发表了《抗日救国宣言》。这个宣言和 11 月 13 日由中共中央根据时局所发表的《为日本帝国主义并吞华北及蒋介石出卖华北出卖中国宣言》，进一步号召全国人民团结起来、武装起来，为抗日反蒋，争取民族解放而斗争；同时重申苏维埃政府和红军愿意与抗日反蒋的政治派别、武装军队、社会集团和个人订立抗日协定，并乐意同他们组织抗日联军和国防政府。

11 月 30 日，毛泽东在陕北军民召开的庆祝直罗镇战役胜利的大会上，作了题为《直罗战役同目前的形势与任务》的讲话。

12 月 8 日，毛泽东等发表《告陕甘苏区的工农劳苦群众书》，号召保卫苏维埃的土地和自由。

12 月 9 日，北平学生数千人，在中国共产党和北平学联的领导下，举行了大规模的抗日救国示威游行。爱国学生高呼"停止内战，一致对外"、"打倒日本帝国主义"、"反对华北自治运动"等口号。游行队伍遭到了国民党军警的镇压，手无寸铁的学生面对大刀、水龙、警棍，毫不畏惧，英勇搏斗，充分体现了中国青年学生的爱国热忱和牺牲精神。当天，30 多人被捕，100

多人受伤。

第二天，北平市各学校学生实行了总罢课，准备更大规模的斗争……

北平学生“一二·九”的爱国运动，很快得到全国各地学生和各界民众的热烈响应和广泛同情。南京、上海、天津、武汉、杭州、济南、广州、西安、太原、重庆等大中城市的学生和各界群众相继举行大规模的示威游行，发表宣言和通电，要求保卫领土主权，停止内战，武装群众，出兵抗日。全国抗日救亡运动出现了新的高潮。

12 月 16 日，北平学生和市民 3 万多人先后汇集在天桥和正阳门前举行大会，反对成立“冀察政务委员会”，要求收复失地。会后又举行了声势浩大的示威游行。国民党当局被迫宣布“冀察政务委员会”延期成立，游行群众再次遭到国民党政府的镇压……

12 月 17 日，中共中央政治局在瓦窑堡举行会议，毛泽东出席并讲话。会议根据中国时局，通过了《关于目前政治形势与党的任务的决议》等，确立了抗日民族统一战线的策略和方针。

12 月 25 日，瓦窑堡会议结束。

两天后，毛泽东在党的活动分子会议上又作了《论反对日本帝国主义的策略》的报告，系统地阐明了党的抗日民族统一战线的策略和方针，从政治上批判了“左”倾错误。

这两个会议的中心内容是制定中国共产党建立抗日民族统一战线的政策。会议分析了目前时局的基本特点是日本帝国主义吞并中国东北以后，“现在又吞并了整个华北，而且正准备吞并全中国，把全中国从各帝国主义的半殖民地变为日本的殖民地”。

为了建立抗日民族统一战线，会议对党的政策作了若干重要变动。主要有：把内战时期的“工农共和国”的口号，改为“人民共和国”的口号；改变了对富农的政策，规定富农的财产以及除封建剥削以外的土地均不没收；放宽对民族工商业的政策，欢迎民族资本家到苏区投资，开设工厂与商店，保护他们生命财产的安全；对小生产者、知识分子、国民党军队的爱国官兵和华侨等都采取团结抗日的新政策。同时，会议对于红军战略转变问题和加强党对抗日民族统一战线领导权问题都作了明确的规定。

总之，瓦窑堡会议和毛泽东的报告，解决了遵义会议未能解决的党的政治路线和策略问题，用民族统一战线的理论和政策武装了全党，给中国人民反对日本帝国主义的斗争指明了方向。

12 月间的瓦窑堡会议前后，为了建立广泛的抗日民族统一战线，毛泽东通过传递信件等方式，同受蒋介石派遣前来“围剿”陕甘苏区的国民党东北军将领张学良和西北十七路军将领杨虎城等人建立了联系。

当杨虎城接到由红军第二十六军政委汪锋转交的毛泽东的亲笔信后，对信中提出的西北大联合、共同抗日的主张，深表赞同。

这时在瓦窑堡，一幢幢依靠着黄土高坡而挖建的窑洞在冬日阳光的照射下显得格外醒目，一面面红旗在村里村外的上空迎风飘舞，使昔日的苏区更加呈现出一派旺盛的蓬勃生机……

## 53. 毛泽东渡河东征　倡联合抗日救国

瓦窑堡会议后，中国共产党为了实现抗日民族统一战线进行了巨大的努力，积极展开了团结全国人民一致抗日的各项工作……

这时国民党为了遏制日本在华势力，有意同苏联改善关系，亦在国内开始试探与共产党接触的途径。

为此，蒋介石令回国述职的驻苏武官邓文仪速返莫斯科，寻找与共产党人谈判的渠道。邓文仪在莫斯科向中共驻共产国际代表团的主要负责人王明表达了两党谈判的愿望。王明认为谈判在国内进行为好，并指定潘汉年为两党接触、谈判的中共方面的联系人。潘汉年在莫斯科与邓文仪洽谈后启程回国。

1936 年 1 月 25 日，毛泽东等人联名发表《为红军愿意同东北军联合抗日致东北军全体将士书》。

与此同时，为加强中共北方局的领导，中共中央委派刘少奇到天津主持北方局的工作。北方局根据抗日民族统一战线的政策，纠正党在白区工作中的关门主义、冒险主义的倾向和错误，全国抗日救亡运动开始出现了新的高涨……

2 月中旬，中央军委在瓦窑堡决定将红一方面军和原陕北红军主力合编为“中国人民抗日先锋军”，毛泽东任政治委员。

这时，一位名叫董健吾的上海互济会的牧师，以国民党政府财政部委员的名义，受宋庆龄委托，携带着重要文件到达了陕北，向共产党中央传达了国民党愿意与共产党谈判的意图。其实，董健吾是中国共产党派在上海的一名秘密党员，公开身份是上海圣彼得教堂的一名牧师。对此，中共中央十分重视，毛泽东及时提出了国共两党谈判的条件。

在接待董健吾的交谈中，董健吾向毛泽东详细讲述了毛岸英和毛岸青两兄弟在上海大同幼稚园的情况。因为大同幼稚园是以他所创办的互济会的名义开办的，所以他清楚地知道幼稚园里孩子们的许多事情。

毛泽东和贺子珍十分感谢董健吾带来了岸英兄弟的消息，并委托他回上海后设法联系共产党的地下组织，找到岸英兄弟和其他革命者的后代，或送去苏联学习、或转送到陕北来……

董健吾临离开陕北前，毛泽东、周恩来给宋庆龄写了复信。从此，国共两党开始恢复了中枢间的联系。

此时正值冬季，陕北的天气很冷、很冷。但毛泽东的工作一直很忙、很忙。

连日来，毛泽东除了同周恩来、彭德怀等人一起研究如何建立抗日民族统一战线的问题外，还要研究“抗日先锋军”的东征事宜与行动步骤，同时还要考虑和部署根据地各方面的工作……

就要发起东征战役了。抗日先锋军先要东渡黄河，才能开赴华北前线对日寇作战。为了顺利东渡，毛泽东等人率领抗日先锋军从陕北出发，很快进驻到黄河岸边。

这时正是初春时节。毛泽东在到黄河边上观察地形、研究渡河对日作战计划的实施方案中，酝酿并写下了一首气势磅礴、情绪高昂的长词《沁园春·雪》：

北国风光，千里冰封，万里雪飘。望长城内外，惟余莽莽；大河上下，顿失滔滔。山舞银蛇，原驰蜡象，欲与天公试比高。须晴日，看红装素裹，分外妖娆。

江山如此多娇，引无数英雄竞折腰。惜秦皇汉武，略输文采；唐宗宋祖，稍逊风骚。一代天骄，成吉思汗，只识弯弓射大雕。俱往矣，数风流人物，还看今朝。

2 月 20 日，毛泽东、彭德怀、刘志丹率领指挥抗日先锋军发起了东征战役，一举突破山西军阀阎锡山的黄河防线，连续取得三交镇、关上村、兑九峪等战斗的胜利。

在此期间，共产党中央派了王世英与国民党第十七路军的杨虎城谈判，双方达成了互不侵犯、互派代表、十七路军帮助红军运输必要物资、双方准备抗日等协议。

蒋介石为了支援阎锡山阻击红军，调动 10 个师的兵力进入山西，并下令驻在陕西的杨虎城、张学良部向陕甘根据地进攻……

3 月上旬，身处山西前线的毛泽东得到确切消息，他的三弟毛泽覃早在去年 4 月间已壮烈牺牲在同敌人的一次战斗中，不由得悲思万千、长夜哀痛不眠……

陈昌奉看在眼里，急在心中。他心疼毛泽东，既为毛泽东的心情难过而难过，又为毛泽东的身体健康而忧虑。每当毛泽东独自一人夜不能寐时，他侍卫在一旁总是劝慰说："主席，你可要多保重身体呀！"

毛泽东又总是说："润菊，我怎么也想不到他会牺牲，他是我带出来的……"还说，"润菊是很能打的，他是我们毛家的大将军啊！"

3 月中旬，毛泽东的心情略有好转。

3 月 20 日至 27 日，中央政治局在山西西部石楼、交口、孝义一带召开扩大会议（即"晋西会议"），毛泽东出席会议并讲话。会议进一步统一了全党政治和军事的战略思想。

会议进行中，周恩来得到了毛泽覃已壮烈牺牲的消息，他既为毛泽覃的牺牲而悲痛，又为毛泽东连续失去亲人的心情而忧虑。为此，周恩来指派专人发秘密电报通知江南的地下党组织，想尽一切办法在上海寻找到毛泽东的两个儿子及其他革命烈士的后代，寻找机会送去苏联学习，并在已被敌人占领的苏区认真解救所有革命同志的亲人和后代，凡有条件尽力护送到陕北或将他们转移到安全的地方去……

4 月 5 日，毛泽东等发表《为反对卖国贼蒋介石阎锡山阻挠中国人民红军抗日先锋军东下抗日捣乱抗日后方宣言》，在重申东征目的的同时，向全国人民揭露了蒋介石、阎锡山派兵阻挠红军东下的罪恶行径。

在东征途中，红军在山西屡遭阎锡山部的阻击，红军抗日先锋军副总司令刘志丹在战斗中英勇牺牲。

毛泽东很伤感。面对“出师未捷身先死”的革命同志，他为刘志丹题写了悼词：

群众的领袖，民族的英雄。

5 月 5 日，根据中共中央决定，毛泽东率领抗日先锋军全部撤回黄河西岸，结束东征。

同一天，毛泽东等联名发出《停战议和一致抗日》的通电，公开放弃了反蒋的口号。

5 月间，全国各界救国联合会在上海召开了成立大会，参加成立大会的有来自全国 20 多个省市 60 多个救亡团体的代表。会议通过救国宣言及《抗日救国初步政治纲领》等重要文件，选举宋庆龄、何香凝等 40 余人为执行委员会委员，推举沈钧儒、章乃器、陶行知、李公朴等 14 人为常务委员。

不久，华南、华北、西北及南京、济南、武汉等地各界救国联合会先后成立。

这时，国民党政府与美国签订了《中美白银协定》，表明美国同日本争夺中国的矛盾日益尖锐起来。美国与日本矛盾的扩大，反映到国民党统治集团内部，亲美派与亲日派的矛盾也日益尖锐起来。

在这种态势下，国民党中的英美派虽然对内仍旧坚持反共和镇压抗日民主运动的反动政策，但在对日态度和政策上渐趋强硬。蒋介石的特务系统也乘机打击亲日派，蒋介石则在亲日派头子汪精卫于半年前被击伤、亲日派重要人物外交部次长唐有任被刺死的情况下，改组了国民党政府，蒋介石接替了汪精卫行政院长的职务，行政院各部部长，也都换上了蒋介石的亲信英美派人物。

5 月 20 日，毛泽东等联名致电张国焘等，欢迎红二、六军团和红四方面军北上。

6 月 1 日，共产党中央为了加强红军中的抗日领导人员和普遍提高红军的政治、军事素质，在根据地成立了中国人民抗日红军大学，由毛泽东兼任政治委员。

中国人民抗日红军大学成立后，毛泽东经常到“抗大”去讲课和作报告。

这时正值夏季，贺子珍在长征途中的伤情已日渐好转。在瓦窑堡，她的心情也逐渐开朗起来，在日常生活和工作中又显露出了她活泼、开朗、倔强和顽强的性格。

瓦窑堡是一个陕北少见的漂亮小镇，是荒凉贫瘠的黄土高原上的一片“乐土”。这里一律的砖瓦窑洞、石板铺成的路面，明亮而干净，还有护城的围墙，独自显出高原上的一派“地富民康”的格局。

这里四处裸露着无烟煤矿，生活在这里的人们拥有随手取之不尽的燃料，所以烧砖烧瓦很方便，人们盖的砖瓦窑洞自然就很多，老百姓的生活也比别处显得宽裕一些。

贺子珍在这里总算又有一个“家”了，她和毛泽东的生活也算是“安定”了下来。看着四壁坚固的窑洞，既能挡风又可挡雨，对于过惯了风餐露宿的军旅生活的贺子珍来说，在这里使她感受到了长时期以来少有的安详。

在这里，好几个女红军都成了新娘子，其中刘英嫁给了洛甫（即张闻天），钟月林嫁给了宋任穷。贺子珍在参加红军姐妹们的婚礼时，心情也显得格外高兴……

只是有一天，她听说姐妹们的月经都恢复正常了，不再像长征途中那样时有时无了，而她的月经却还没有来，这使她有些坐立不安。终于在一天早上，她感到了肚内又有一个小生命在蠕动，一下、两下，她不由得大声喊叫起来：“润之，润之！糟了，糟了！”

刚刚睡下的毛泽东被她吓了一跳，醒了，问：“做什么？我刚睡着……”

贺子珍又不说话了，怔怔地流下了眼泪。毛泽东一见，只得再三问她：“是想起贺怡了？还是又想起了你的爸爸妈妈？哭什么？党组织正在想办法么……”

贺子珍还是不说话，只是默默地掉眼泪……

毛泽东只得坐起身来，继续问：“是想伢子？还是想女儿？也已经派地下党的人去找了么……”

贺子珍依然只流眼泪不说话，毛泽东一时再也想不起贺子珍还会有什么伤心事，只是想起了她的伤情：“是不是伤口又痛了？”

贺子珍这才抽咽着说：“孩子，又动了……”

毛泽东一听，反倒笑起来：“好么！这次我们要好好地把他生下来，好好地把他养大哩！”

“又是一个小红军……”贺子珍看了丈夫一眼，“你总是欢迎孩子多，这次不知是男是女……”

“男女一样么，我都喜欢哩！”毛泽东高兴地说。

“你当然喜欢了，可我不喜欢！”贺子珍深深地叹了一口气。

“人家要来参军，我们总得欢迎么！”毛泽东哈哈大笑道，“还是那句老话，‘既来之，则安之’，多个‘红军战士’自然是好的……”

“好什么好？”贺子珍说，“人家会说我贺子珍就会生孩子，生了扔、扔了生。还真有人说我除了生孩子就知道给你做饭、洗衣服，把战斗激情全丢了，是小资产阶级的‘多情主义’……”

“哪个讲的？”毛泽东抬手为妻子擦拭着眼泪说，“革命战争也挡不住妇女生孩子，这是自然规律么！再说，女人有点‘多情主义’有么事不好？难道都要像《水浒》中的母夜叉孙二娘？”

听丈夫这样一说，贺子珍的脸上露出了苦涩的一笑。毛泽东一边替她擦拭着眼泪，一边安慰她说：“无情未必真豪杰，多情何尝不英雄！”又说，“多情并不是贬义词，红军就是最多情的人。不多情，红军就爬不得雪山、过不得草地，就走不了这两万五千里长征路！多少革命先烈为国、为民牺牲了，正是因为他们‘多情’，热爱祖国、热爱人民，才谱写了令世人可歌可泣的英雄业绩！”

毛泽东见妻子不再哭了，继续说：“有人说你喜欢为我毛泽东生孩子，这有么事大惊小怪的！妻子喜欢为丈夫生孩子，天经地义，说明她以身相许，爱了丈夫不算，还要为丈夫留下几多儿女，接着爱，传宗接代，革命总需要后来人么!”

贺子珍完全不哭了:“就你道理多……”

毛泽东接着说:“至于说你给我做饭、洗衣服，这才是很平常的事，哪个妻子不给丈夫做饭、洗衣服?这也是中国妇女的优良传统呢!我们反对‘三从四德’，但夫妻间相敬如宾还是要提倡的。你给我做点饭，做些好吃的，是因为我有病么!再说我们也没得么事好吃的。什么‘多情主义’?简直是不通、不通，狗屁不通……”

贺子珍终于被丈夫说笑了……

## 54. 保安城里见斯诺　促抗战累笔惠书

1936 年 6 月底，毛泽东随中共中央机关从瓦窑堡迁驻保安。

这时在陕西驻防的张学良的东北军和杨虎城的十七路军，都是国民党的地方实力派。蒋介石把这两支部队放在陕西，作为进攻红军的主要力量。这两支部队在进攻红军中已受到了沉重打击，蒋介石不但不予支援，反而趁机削弱他们的力量。对此，张、杨十分不满，又感到同红军作战没有出路，特别是东北军广大官兵深感家乡沦陷的痛苦，不愿再打内战，要求抗日的情绪日益高涨。

中共中央分析了东北军、十七路军的情况，在争取国民党最高当局抗日的同时，进一步加强开展了对这两支部队的统一战线工作。

在毛泽东率红军抗日先锋军东渡黄河期间，中共中央成立了由周恩来兼主任的东北军工作委员会，释放在进攻红军战斗中被俘的东北军官兵，并派了联络局长李克农到洛川会见张学良，双方就联合抗日问题交换了意见。

稍后，周恩来亲自到延安，与张学良本人举行会谈，达成了互不侵犯、互相帮助、互派代表以及红军帮助东北军进行抗日教育等协议，并探讨了逼蒋抗日的问题。

中共中央在分别争取张、杨的同时，还派人消除他们之间的隔阂，增进友谊，密切关系。

毛泽东率军东征返回瓦窑堡后，又派人到张、杨军中进一步协调了两军之间的友善关系。

为了改造部队和培养抗日骨干，张、杨两军在西安附近的王曲镇，联合创办了军官训练团，由张、杨分别担任正、副团长。随后，张、杨共同商定了应付蒋介石和准备抗日等具体事宜。

从此，实现了红军与东北军、十七路军的联合抗日。这个联合抗日，为国共两党再次合作和抗日民族统一战线的建立奠定了基础。

7 月间，潘汉年回国后，在南京、上海与国民党代表张冲进行了多次会谈。

7 月 13 日，中共中央所在地保安城来了两个黄头发的外国人，一时间成了一件轰动的新闻，成为中央机关、红军大学、当地群众谈论的中心。有人说这两个外国人是毛泽东请来的客人，有人却说可能是蒋介石派来的密探，还有人说也可能是外国的传教士。其实这是两位美国记者，一位叫埃德加·斯诺，另一位叫马海德。

面对众说纷纭，党中央和毛泽东对斯诺和马海德能够冒着生命危险来根据地采访，甚为重视。

15 日，毛泽东在他住的窑洞里，穿着打了补丁但很整洁的一身旧军装，热情地接见了这两个来自大洋彼岸的客人。

毛泽东吸着烟对斯诺说：“我们很欢迎你到我们这里来。周恩来同志在电报上说，你是一位对中国人民友好的记者，相信你会如实报道我们的情况。任何一个新闻记者来我们根据地采访，我们都是欢迎的。不许新闻记者到我们这里来，是国民党反动派。你可以到根据地任何一个地方去采访，你看到的都可以报道，不限制你们的采访活动，而且要尽可能给你提供方便和帮助。”

负责翻译的吴亮平翻译了毛泽东的话，斯诺感到很惊奇。他高兴地笑了，因为毛泽东给他采访自由，太出乎他的意料了。他赶忙站起身来，激动地说：“我会公正地、如实地向全世界报道你们的情况的！”

接着，毛泽东回答了斯诺提出的一些问题，吴亮平进行翻译，斯诺用英文记录，马海德坐在一旁听。毛泽东深入浅出地讲解，叙述诸多事件时多是风趣横溢，引得两个年轻的美国人简直听入了迷、忘记了时间……

斯诺和马海德对毛泽东所具有的渊博知识所钦佩，对毛泽东如此熟悉政治、军事、历史、地理、文学、哲学等诸多事物和深邃的内涵所赞叹。斯诺问毛泽东："主席，听说你每天都要工作十三四个小时，经常工作到深夜，有时天亮了才休息，难道你的身体是铁打的？就不知道疲倦吗？"

毛泽东憨厚地笑着回答了客人的提问："这是我少年时代经常参加田地里的劳动，学生时代坚持长跑、爬山、游泳等活动锻炼出来的，不过不是铁打的。"

接下来，在谈及中国共产党领导红军抗击日本帝国主义侵略的诸多问题时，毛泽东向斯诺作了较为详尽的述说：

"如果中国打败了日本，这将意味着中国人民大众已经觉醒了，已经动员起来，并已取得了独立。因此，帝国主义的主要问题也就得到解决了。

"中国想要成功地反对日本，也必须争取别国的支援。但是，这并不是说，没有外援，中国就无法和日本进行战争。也不是说，我们必须等到有了同外国的联盟才能开始抗日。"在说这几句话时，毛泽东特别加重了语气。然后，毛泽东接着说："中国蕴藏着极其巨大的潜力，这些力量，在一个伟大的斗争的时期是能够组织起来投到强大的抗日战线上去的。""中国人民是不会向日本帝国主义屈服的。我们深信他们会把他们的巨大潜力动员起来，投到抗日的战场上去的，他们会全力以赴地去对付侵略者的挑战。在这场斗争中，最后胜利必定属于中国人民。"

在谈及中国战胜日本帝国主义的条件时，毛泽东指出：

"第一是中国抗日民族统一战线的完成；第二是国际抗日统一战线的完成；第三是日本国内人民和日本殖民地人民的革命运动的兴起。就中国人民的立场来说，三个条件中，中国人民的大联合是主要的。

"如果中国抗日民族统一战线有力地发展起来，横的方面和纵的方面都有效地组织起来，如果认清日本帝国主义威胁他们自己利益的各国政府和各国人民都给中国以必要的援助，如果日本的革命起来得快，则这次战争将迅速结束，中国将迅速胜利。如果这些条件不能很快实现，战争就要延长。但结果还是一样，日本必败，中国必胜。只是牺牲会大，要经过一个很痛苦的时期。"

谈到红军和红军的战斗力，毛泽东充满了自信地对斯诺说："红军通过自己的斗争，从军阀手中赢得了自由，成为一支不可战胜的力量。抗日义勇军从日本压迫者手中赢得了自由，并以同样的方式武装了自己。如果中国人民都得到训练、武装和组织，他们也同样能成为一支战无不胜的力量。”“我们的战略方针，应该是使用我们的主力在很长的变动不定的战线上作战。中国军队要胜利，必须在广阔的战场上进行高度的运动战，迅速地前进和迅速地后退，迅速地集中和迅速地分散。这就是大规模的运动战，而不是深沟高垒、层层设防、专靠防御工事的阵地战。这并不是说要放弃一切重要的军事地点，对于这些地点，只要有利，就应配置阵地战。但是转换全局的战略方针，必须是运动战。”

毛泽东和斯诺、马海德的谈话一直延续到了深夜两三点钟，斯诺和马海德满怀着感谢的心情和丰硕的收获，恋恋不舍地向毛泽东告别。毛泽东送他们到了窑洞门口，并用英语对他们说：“Good night!”

在接下来的数天时间里，毛泽东又同斯诺、马海德进行了多次交谈，详细介绍了中国共产党的方针政策和个人的革命经历。

在采访中，经斯诺提议，毛泽东换了一件深蓝色的军上衣，头上戴了一顶整洁的红星八角军帽——斯诺为毛泽东照了照片，同时拍照了保安的窑洞……

这时的毛泽东很瘦、很瘦——是年，毛泽东 43 岁。

1936 年 8 月 10 日，为了全国抗日民族统一战线的尽快建立，毛泽东致函章乃器、陶行知、邹韬奋、沈钧儒及全体救国会会员，阐明了中国共产党联合各党派共同抗日救国的决心和诚意。毛泽东在致函中说：“我们愿意与任何军队、任何政党、任何派别合作，只要他们赞成准许抗日、反卖国贼和爱国运动的完全自由。”“各政党各阶级在抗日救国旗帜之下，团结起来。排除一切相互敌意，互相忍耐，互相尊重，全民统一战线就可以胜利完成了……可以战胜日本帝国主义和卖国贼，使中国民族脱离一切帝国主义的束缚，并达到全中国的真正民主的统一。因此，我们认为统一战线决不是一个很短的暂时现象。”①

---

① 《毛泽东书信选集》，三联书店，1986 年版。

8 月 13 日，毛泽东再次致信国民党第 17 路军总指挥、西安绥靖公署主任杨虎城将军，并派了张文彬作为红军代表前去协商联合抗战的诸多有关事宜。

同一天，毛泽东在致信杨虎城的同时，亦给国民党第 17 路军的总参议杜斌丞写去一信。信中，毛泽东呼吁“全国不分党派，一致团结御侮”，以求得“救西北救华北救中国……”

8 月 14 日，毛泽东在保安的窑洞里又一连给国民党的政要写了四封信。

一封信致国民党冀察政务委员会委员长、国民党军第 29 军军长宋哲元，促其“确立抗日决心，一面联合华北人民群众作实力之准备，一面恢复一九二五至一九二七年西北军光荣历史时期曾经实行之联俄联共政策，一俟时机成熟，实行发动大规模之抗日战争……”

另一封信致国民党绥远省政府主席、国民党军第 35 军军长傅作义：日本帝国主义卧榻之侧，岂容他人鼾睡！先生北方领袖，爱国宁肯后人？保卫绥远，保卫西北，保卫华北，先生之责，亦红军及全国人民之责也。今之大计，退则亡，抗则存；自相煎艾则亡，举国奋战则存。弟等频年呼吁，要求全国各界一致联合，共同抗日，组织国防政府、抗日联军。幸人心未死，应者日多，抗日图存，光明渐启。近日红军渐次集中，力量加厚，先生如能毅然抗战，弟等决为后援。

再一封信致国民党政府全国经济委员会主席宋子文，呼吁“救亡图存，惟有复归于联合战线”，“南京当局改变其对外对内方针”，希望“排斥卖国贼汉奸，恢复贵党一九二七年以前孙中山先生之革命精神，实行联俄联共扶助农工三大政策……”同时指出“非惟救国，亦以自救。”

还有一信写给在上海国民党控制的工会中工作的易礼容，指出“现在局势，非抗日无以图存，非合作无以抗日”，希望他们“能发展一个有益于国有益于民的集体力量”。

这时，潘汉年回到陕北向中共中央汇报了他在南京、上海两地与国民党代表张冲会谈的情况。中共中央即委派潘汉年为中共正式代表，择时返回上海继续同国民党会谈……

# 55. 促进西北大联合 为国为民结同盟

1936年9月1日，中共中央向全党发出《关于逼蒋抗日问题的指示》，指出“在日本帝国主义继续进攻，全国民族革命继续发展的条件下，国民党中央军全部或其大部有参加抗日的可能。我们的总方针应是逼蒋抗日”，即一方面继续揭露蒋介石退让、妥协、丧权辱国的言行，另一方面向他们提议与要求建立抗日民族统一战线，举行两党谈判，订立抗日协定。同时也不放弃同各派抗日力量的联合，以促使逼蒋抗日方针的实现。

中共中央和毛泽东为推行抗日民族统一战线的政策，把争取东北军和十七路军作为逼蒋抗日的中心环节，以此来尽早实现全国的抗日民族统一战线的建成。

9月8日，毛泽东致信国民党政府驻甘绥靖公署主任朱绍良，指出“两党两军之间，无胶固不解之冤，有同舟共济之责。抛嫌释怨，以对付共同之敌”，以期促使其“同意统一战线”。

同一天，毛泽东同时致信国民党陕西省政府主席邵力子以及国民党第3军军长王均，分别向他们明确提出了尽快建立全国人民的抗日民族统一战线是当务之急。

为了能够使国民党在西北地区的驻军尽可能多地积极投入到抗日统一战线中来，毛泽东还给东北军中的爱国将领、第67军军长王以哲写了一封情真意切的长信，重申了红军“抗日救亡”的主张，表明了“以全国与西北的有利形势，以东北军与红军的联合力量，决不怕外间若何之风波也”的态度……

9月18日，潘汉年临离开保安前，毛泽东再次致函宋庆龄①：

---

① 《毛泽东书信选集》，三联书店，1986年版。

> 每从报端及外来同志口中得知先生革命救国的言论行动，引起我们无限的敬爱。一九二七年后，真能继续孙中山先生革命救国之精神的，只有先生与我们的同志们。目前停止内战联名抗日之呼声虽已普及全国，然而统率大兵之蒋氏及国民党中央迄今尚无彻底悔祸之心。这种违反孙中山先生革命的三民主义与三大政策之行为，实为国民党大多数党员所不应容许而应立起纠正才是。因此，我想到要唤醒国民党中枢诸负责人员，觉悟于亡国之可怕于民意之不可侮，迅速改变其错误政策，是尚有赖于先生利用国民党中委之资格作具体实际之活动。兹派潘汉年同志前来面申具体组织统一战线之意见，并与先生商酌公开活动之办法，到时敬求接洽，予以指导。

毛泽东同时给上海文化界救国会和全国各界救国联合会的领导人章乃器、陶行知、沈钧儒、邹韬奋等人写好一信，付潘汉年到上海后一并转交①：

> 先生们抗日救国的言论和英勇的行动，已经引起全国广大民众的同情，同样使我们全体红军和苏区人民对先生们发生无限的敬意！
>
> 但要达到实际的停止国民党军队对红军进攻，实行停止内战一致抗日，先生们与我们还必须在各方面作更广大的努力与更亲密的合作。
>
> 我相信我们最近提出的民主共和国口号，必为诸位先生所赞同，因为这是团结一切民主分子实行真正抗日救国的最好方策。

潘汉年离开陕北赴沪不久，毛泽东又于9月22日致函曾指挥过淞沪抗战的国民党第19路军总指挥蒋光鼐和军长蔡廷锴，指出“国难日亟，寇进不已，南京当局至今尚无悔祸之心，内战持续如故，全国人民之水深火热又如故。瞻念前途，殷忧何极！”并结合新的形势进一步指出“驱除日寇，挽救危亡，为期实不甚远”，明确提出了“真正之救国任务，必须有许多真正诚心救国之志士仁人，根据互相确信之政治纲领，为联合一致之最大努力，方有彻

① 《毛泽东书信选集》，三联书店，1986年版。

底完成之望”。

毛泽东在同一天还写信给粤桂军阀首脑李济深、李宗仁和白崇禧，指出“当前急务，在于全国范围内停止内战一致对日”，“订立抗日救国协定，实属绝对必要……”

毛泽东并信致国民党甘肃省政府主席、国民党军第51军军长于学忠①：

> 先生热诚爱国，对日抗战早具同心，而西北停战议和，首先贵我两军停止自相残杀，实为刻不容缓……抗日合作成功之日，两军之利，抑亦民族国家之福也。

也是在9月22日，毛泽东和张学良签署了《抗日救国协定》，红军与东北军、西北军停止敌对行动。西北从此出现了抗日大联合的大好局面。

庆幸之际，毛泽东夜不能寐，展望时局，遂又提笔致函中国民权保障同盟的副主席蔡元培先生，希望他利用他的资望和地位，积极响应和推动统一战线的组成。

见到毛泽东日夜操劳，贺子珍有时便劝他几句：“该歇一下就歇一下，你总这么写，他们就能听你的？”

毛泽东自信地说：“救国大计，我们总要抱以诚心么！”

贺子珍则说：“你再写信、再呼吁，蒋介石也改不了反共！”

毛泽东说：“除了蒋介石还有别人么，我们的既定方针是‘团结大多数，孤立极少数’，同时要尽量争取蒋介石。要晓得，现在国难当头，我们共产党人必须以大局为重，以民族利益为重……”

贺子珍只得不再“劝”了……

9月23日，美国记者埃德加·斯诺再见毛泽东，毛泽东向他详谈了中国共产党所坚持和积极倡导并为之大力促进的抗日民族统一战线问题。毛泽东对斯诺说：

> 我们所坚持的团结的基点是民族解放的抗日原则。为了实现这

---

① 《毛泽东书信选集》，三联书店，1986年版。

个原则，我们认为必须建立民主共和国，建立国防民主政府。它的主要任务应该是：一、抵抗外国侵略者，二、给广大人民以民主权利，三、加速发展国民经济。

我们要建立一条民族解放战线，它的成功将意味着抗日斗争的胜利，这个胜利，归根到底，也就是世界和平的胜利。因为只有获得这样的胜利，中国人民才能和世界上所有的自由人民并肩前进。

在多次采访中，斯诺深深感到毛泽东是一位非常平易近人的人……

为了能够与全国各方力量和各界人士尽早地结成统一战线、动员亿万民众起来团结一心共同抗日，毛泽东在保安夜以继日地工作、辛劳着，他常常是忘记了吃饭、忘记了睡眠，甚至是忘记了解大小便，一工作起来就没完没了。他不修边幅，不理发，头发总是长长的，穿一件打了补丁的灰色的旧布军装，手上拿着烟，在简陋的窑洞里铺开了大地图仔细地寻找、查看和画圈圈、标点点。他在统一部署红军的战斗兵力，他在组织有效地抵抗国民党正规军和地方军的不断进击和袭扰，他在想办法如何扩大红军的根据地和联合全国各地的抗日武装力量，他在想办法调动一切有利因素壮大红军和人民的力量，抵抗日寇的侵略，阻止敌人的进攻……

东北已经沦陷，华北山河危急！中国向何处去？中华民族面临着丧失国土、沦为亡国奴的危险……

他——毛泽东，和他所领导的共产党要救中国！救人民！

## 56. 急切切呼吁“对外”<br>坦荡荡从容御敌

1936 年 9 月下旬，毛泽东在累次接受斯诺的采访中，再一次对他讲：“日本侵略不仅威胁中国，而且也威胁世界和平，尤其是太平洋的和平……中国苏维埃和中国人民因此要同各国、各国人民、各党派和各群众组织团结起来，组成反对日本帝国主义的统一战线。”

在谈到中国独立以后的诸多问题时，毛泽东对斯诺说：“如果中国真正赢得了独立，外国人在中国的合法贸易利益将会有比过去更多的机会。四亿五千万人民的生产和消费能力不仅仅是中国人才会对它关心的事情，而且能吸引许多国家。我们几亿人民一旦真正得到解放，他们巨大的生产潜力一旦被解放出来，并被用于各个领域的创造性活动，就能促进经济发展，提高全世界的文化水平。”还说，“只有在中国取得真正的独立和民主之后，才有可能把大量外资用于大规模地发展生产事业。也只有自由的中国，由于生产性经济的广泛发展，才能够偿还这种外国投资的本金和利息。”

对于毛泽东所说的这一切，斯诺通过翻译很认真地笔录着……

通过采访，斯诺同毛泽东建立了很好的友谊，他称赞毛泽东是中国革命的“伟人”，是屹立在世界东方的改造人类历史命运的“革命先行者”。他真诚地邀请毛泽东有机会能够到美国去，到美国的人民当中去讲演，去宣传、述说他的革命理论和他“传奇式”的人生经历。毛泽东笑着对他说：“谢谢你的邀请，我现在离不开呢！如果有一天我能够去的话，我会去你的家乡看望你，还会到密西西比河去游泳，看一看黄石公园……”

斯诺高兴地说他希望能够在美国早一些时候见到毛泽东……

9 月间，中共中央特派叶剑英为红军代表团团长常驻西安，协助张学良和杨虎城两军改造部队，准备抗日。

为了尽早停止内战一致抗日，促成全国的抗日民族统一战线的建立，毛泽东和周恩来于 10 月 5 日致函张学良：“中国共产党建议全国各党各派各界各军的抗日民族统一战线已经一年多了，虽已得到全国人民的赞助，但中国国民党不但至今采取游移不决态度，而且当日寇正在准备新的大举进攻时，反令胡宗南军深入陕甘配合先生所指挥的部队扩大自相残杀的内战。我们正式宣言，为了迅速执行停止内战一致抗日主张，只要国民党军队不阻拦红军的抗日去路与侵犯红军的抗日后方，我们首先实行停止向国民党军队的攻击，以此作为我们停战抗日的坚决表示，静待国民党当局的觉悟，仅在国民党军队向我们攻击时我们才在自卫的方式上与以必要的还击，这同样是为着促进国民党当局的觉悟。先生是西北各军的领袖，且是内战与抗战歧途中的重要责任者，如能顾及中国民族历史关头的出路，即祈当机立断，立即停止西北各军向红军的进攻，并祈将敝方意见转达蒋介石先生速即决策，互派正式代表谈判停战抗日的具体条件。拟具国共两党抗日救国协定草案，送呈卓览。寇深祸急，愿先生速起图之。”①

毛泽东给张学良的信函发出后，随即于 10 月 15 日，由苏维埃中央政府和红军军事委员会单方面发表了停战命令，决定一切红军部队，停止对国民党军队的进攻，要求南京政府与红军携手抗日。

张学良接了毛泽东和周恩来写的信后，认为这是中共中央对他的最大信任，表示愿以最大的勇气和最有力的办法“劝说”蒋介石抗日，并说“今后一定以劝蒋联共抗日为己任”……

但是，蒋介石却颁发了对红军的总攻击令，逼迫张学良和杨虎城继续“剿共”。

也正是在这时，被张国焘带走“南下”的红军二、四方面军终于返回了甘肃会宁、静宁地区与红军一方面军的同志们会师。

至此，红军三大主力最终实现了大会师，伟大的长征宣告结束。

红军三大主力的胜利会师，壮大了红军统一的军事力量，更加巩固了陕甘革命根据地在国民党重兵围困中的生存基础，同时也更加增强了红军抗击日本帝国主义侵略的实力。

这时，国民党绥远省政府主席傅作义率国民党军第 35 军已经成功地抗击了妄图入寇绥远的日本侵略者，也使西北各界和全国人民抗日的激情大增……

10 月 25 日，毛泽东致信傅作义，对其率领国民党晋绥将领“孤军抗日，迭获胜利”表示祝贺和声援。

就在红军单方面停止内战之际，蒋介石一意孤行，仍然命令他的部队向进驻陕甘地带的红军实施“进剿”，并以“避暑”为名亲自到西安至洛阳间“督战”。他还特意调集了嫡系精锐部队约 20 个师，摆在平汉线的郑州至汉口段和陇海线的郑州至灵宝段，同时下令扩大西安、兰州两地的机场，调集 100 架新式战斗机和轰炸机“待命”。

部署完这一切内战准备之后，蒋介石又调陈诚、卫立煌、蒋鼎文等 20 多

① 《毛泽东书信选集》，三联书店，1986 年版。

名高级军政大员聚集西安，一方面是为了大举“剿共”，另一方面也是为了准备密谋解决张学良和杨虎城“剿共不利”的问题。

面对蒋介石的步步进逼，红军依据中共中央“停止内战，一致抗日”的指示屡屡退让，有时也不得不在自卫的原则下被迫应战，予以还击。

10 月 29 日，在西安的叶剑英和刘鼎就蒋介石同张学良“会商”的情况向中央汇报：“蒋、张已会谈，结果亟恶。蒋表示匪不剿完决不抗日。”

11 月 2 日，毛泽东致信组织北平文化界救国会的北京大学教授许德珩，申明了中国共产党和红军坚决抗日的旗帜。

两天后，毛泽东致信国民党第 19 路军与红军联络的代表陈公培，此人早年曾参加中国共产党，此时作为第 19 路军代表与红军联络，多次洽谈互为挚诚。

随后，毛泽东召开会议，张闻天、周恩来、博古等人参加，由从西安赶回来的叶剑英进行汇报。会中，机要秘书送来张学良发来的电报，说“形势十分危急”，请叶剑英先生即来西安，共商大计。

毛泽东指示叶剑英速返西安……

11 月中旬，保安驻地来了一位名叫丁玲的女人。她是一位被国民党囚禁了 3 年多的左翼作家，在共产党地下组织的帮助下终于在三个月前逃离了南京，秘密经上海、北平、西安，辗转来到了中共中央的所在地。

对于丁玲的到来，中共中央的领导同志和共产党在保安的文化界、妇女界都表示了极大的欢迎。中央宣传部特意在一个大窑洞里举行了欢迎宴会，毛泽东、张闻天、周恩来等人都出席了这个别开生面的宴会。

晚上的时间，一身戎装的丁玲来到毛泽东和贺子珍居住的窑洞，前来拜见毛泽东。

警卫员小贺将丁玲引进窑洞后，正在写文章的毛泽东立即起身表示欢迎，并近前握了她的手说：“请坐！”

毛泽东眼前的丁玲三十来岁的年龄，圆脸短发，个子不是很高，可一双闪亮的眼睛却显得很大、很水灵。丁玲活泼地坐在了窑洞里的一张旧沙发上，这时贺子珍从侧面里间的窑洞里走过来，也同丁玲握了一下手。

毛泽东忙用手指一指介绍说：“这位是作家丁玲，这是贺子珍。”

丁玲刚刚坐下去的身子又赶忙站起来，笑着说：“啊！红军中赫赫有名的贺大姐，还是双枪神枪手呢！出色的女将军，女英雄！”

贺子珍在毛泽东对面的一把木椅上坐下来，毛泽东也请丁玲重新坐下，饶有兴趣地说：“白天我和党的几位负责同志一起见了你，我们都欢迎你这位女作家呵！”

丁玲兴奋地说：“我真幸运，见到共产党的领导人是我毕生难忘的事……”

毛泽东问她：“今后你想做什么呵？”

丁玲将头一歪，爽朗地笑道：“当红军呗！”

毛泽东也偏了偏头取笑说：“昨日文小姐，今日要变成武将军了！”

丁玲更是高兴，说：“啊，你怎么说我是小姐呢？”

这时贺子珍看了毛泽东一眼，说：“是呀！革命队伍里哪有称呼小姐的，又不是地主的女儿！”

毛泽东指着丁玲，笑着对贺子珍说：“你晓得她年轻的时候，当学生的时候，不就是被称呼小姐大姐的么？现在，我要求她当武将军，也是合乎逻辑的。”

丁玲放开喉咙笑道：“毛主席，你真够有才华的！”

毛泽东也爽朗地笑起来：“哪里，哪里……”

在后来的几天时间里，丁玲又来见过毛泽东几次，毛泽东鼓励她搞文艺宣传要大众化，短小精悍，合乎战争环境，使老百姓喜欢；要宣传共产党的抗日主张，宣传救国救民的道理，扩大共产党和红军的政治影响。

一天，朱德和周恩来一起来见毛泽东，三个人在窑洞里谈起了如何对付胡宗南的事。贺子珍给朱德和周恩来沏着茶水，毛泽东最后表态说：“老战术，新办法，给他摆一个龙门阵，在山城堡布一个口袋，聚而歼之，我想一仗可定大局！”

“好！”朱德赞同道，“就依润之的办法办，让胡宗南这个龟儿子也晓得晓得红军的厉害！”

“我很赞同主席的意见……”周恩来也说，“胡宗南是蒋介石的学生，也是蒋介石的嫡系部队，我们只要打掉他一只胳膊，留下他一条命，让他去给蒋介石报个信也好嘛！”

毛泽东笑了：“恩来说得对！我们的主要敌人是日寇，对于蒋介石，还是要多少给一些面子的……”

情况正如毛泽东所说——11 月 21 日，红军在宁夏山城堡，被迫给步步进逼的胡宗南部队以沉重打击，歼灭其一个整旅、击溃其另一个旅，使整个“进剿”的敌人再也不敢对红军贸然采取行动。山城堡一战，打得敌人心惊胆战，从此奠定了整个红军在陕北开辟抗日根据地的基础。这也是 10 年内战中的最后一仗。

11 月末，蒋介石见国民党西北各军“剿共”不利，便率领着陈诚、蒋鼎文等一大批国民党高级将领来到西安，再次部署“剿共”的军事行动，逼迫张学良、杨虎城执行“剿共”命令，否则即将东北军、西北军分别调往福建和安徽……

12 月 1 日，毛泽东与朱德等 19 位红军将领联名给蒋介石写了一封长信，表明红军为了自卫不得已才进行了山城堡之战，并再次要求“化敌为友，共同抗日”。

## 57.“双十二”西安事变 执大义释蒋东归

1936 年 12 月初，在西安的张学良和杨虎城面对蒋介石和其率领的一大批国民党高级将领亲临前线的“剿共”督战态势颇为不满，几经商议，最后下决心不再参加“剿共”行动。为此，二人几次“晋见”再次抵达西安的蒋介石，劝说其放弃内战政策，但蒋介石却根本听不进去。

12 月 4 日，蒋介石住进了临潼的华清池。

华清池的第一道门卫由张学良的“西北剿总”卫队第一营第一连担任，营长王玉瓒；第二道门和五间厅之间的警卫，则由蒋介石带来的卫士担任。

在华清池，蒋介石逼迫张学良和杨虎城在两个方案中作出抉择：

一、服从“剿共”命令，将东北军和西北军全部开赴陕北前线，进攻陕北红军，“中央”军在其后接应督战；

二、如不愿“剿共”，则将东北军调往福建，西北军调往安徽，陕甘两省让给“中央军”自己“剿共”。

对于蒋介石的这两个方案，都是张学良和杨虎城所不能接受的：他们既不愿意再与红军作战，又不愿意离开西北。如果攻打红军，势必使自己的实力消耗殆尽；而离开西北，得不到红军的支援，迟早必被蒋介石所“改编”或吞并——权衡利弊，张、杨下定决心：一不再打内战，二不离开西北。二人决定先行“苦谏”，万不得已即实行“兵谏”……

12 月 5 日，毛泽东在保安致信国民党政府军事委员会副委员长冯玉祥①：

> 在亡国惨祸面前，不分党派信仰将同遭浩劫，因此合作救亡是天经地义。
>
> 然而蒋介石先生至今犹孤行己意，对日无抗战决心，对内则动员三百个团大举“剿共”。最近敝军略施还击，胡宗南军一旅溃败，一旅覆灭，其军心动摇已极，然夫己氏犹不悟也。
>
> 目前急务似无急于停止内战。诚得先生登高一呼，众山齐应，今日停战，明日红军与西北“剿共”各军立可开进于绥远战场。否则，长城淞沪诸役前车可鉴，日蹙国百里，虽噬脐而无及矣！泽东与先生虽处异地，心实无间，倘得不吝教诲，锡以圭针，敢不拜赐！

同日，毛泽东写信给孙科，望其组织国民党中的抗日派，有计划有步骤地同降日派与妥协派进行坚决的斗争。

毛泽东要动员、团结一切可以动员和可以团结的力量，为了民族的抗日大业，真诚呼吁、广泛联系、积极行动、丝毫不敢懈怠地操劳着……

第二天，毛泽东又派王世英致书杨虎城，要其旗帜鲜明地站在联合抗日的战线上来。

12 月 7 日，红一、二、四方面军会师后，统一的中央革命军事委员会组成，毛泽东任主席。

---

① 《毛泽东书信选集》，三联书店，1986 年版。

就在这一天，张学良驱车到临潼华清池再见蒋介石，痛陈国家民族的危亡已经到了最后关头，非抗日不足以救亡，非停止内战不足以言抗日。他慷慨陈词，声泪俱下……

不想蒋介石就像是吃了秤砣铁了心，连连拍着桌子喊叫："现在你就是拿枪把我打死，我的'剿共'计划也决不能改变！"

无奈，张学良只得离开，改由杨虎城再去见蒋介石，极力劝说。就这样，张去杨至，杨走张来，连续数日分别对蒋实施"苦谏"，蒋介石毫无所动……

12 月 9 日，西安一万多名学生举行游行，纪念"一二·九"运动一周年。游行的学生们高举"停止内战"和"一致抗日"的横幅标语、手持小纸旗走上街头，却遭到国民党特务的开枪镇压，打伤小学生一人，更激起了学生们的极大义愤。学生们临时决定，徒步去 50 里地以外的临潼华清池，向蒋介石"请愿"。

蒋介石急忙布置军队在十里铺架设机枪拦阻，同时让侍从室主任钱大钧打电话给张学良，要他派兵镇压，并连声说"格杀勿论"。张学良不得不亲自去十里铺劝阻学生，并向学生们保证："一星期之内，我一定用事实答复你们……"

实际上，张学良和杨虎城都感到蒋介石积极反共、消极抗日的顽固态度实难改变，但还是抱着最后的一线"希望"，于次日由张学良再次硬着头皮向蒋介石"进谏"，要求联合全国的一切武装力量和动员全国的民众，一致抵御外患，竟被蒋介石斥之为"犯上作乱"，同时对其在十里铺对学生们的讲话表示了极端的不满。

张学良退出后，让杨虎城再去一次，看看情况。杨虎城去了，见蒋介石依然是一副顽固不化的态度，只得返回同张学良商议。二人觉得"苦谏"和"哭谏"等软办法都无济于事，再用也无效，最后决定实行"兵谏"……

黄河水，水浊浪急，浪中带漩，奔腾咆哮，孕育着无限生机，乃是中华民族自强不息的生命摇篮。

西安城，城高墙厚，墙内故都，巍峨矗立，饱经了千年沧桑，可作时世更迭风云变幻的历史见证。

12 月 12 日，"西安事变"爆发。

张、杨派兵分别包围了华清池，扣留了蒋介石及其随行要员陈诚等 10 余人，随即向全国发出通电，陈述事变动机出于“抗日救国”，对蒋本人“保其安全，促其反省”。

当天，张学良、杨虎城宣布取消“西北剿总”，成立抗日联军临时西北军事委员会，张、杨分别担任正、副委员长，并向全国提出 8 项抗日救国主张：

改组南京政府；
容纳各党各派共同负责救国；
停止一切内战；
立即释放上海被捕之爱国领袖，释放一切政治犯；
开放民众爱国运动；
保障人民集会、结社等一切政治自由权利；
确实遵行总理遗嘱；
立即召开救国会议。

张、杨还电邀中共派代表团到西安，共商救国大计和处理捉蒋后的具体事宜。

张学良对杨虎城说：“如果委员长到西安后，采纳了我们的意见，我便送他回南京。”

杨虎城则说：“还是先听听各党各派的反应，然后再作决定……”

“西安事变”的爆发，引起国内外各派政治势力的强烈反响，出现了紧张、复杂的局面。在国民党内部，以何应钦为代表的亲日派，极力主张“讨伐”张、杨，派飞机轰炸西安，企图置蒋介石于死地，以便取而代之。他们一方面派遣大军逼近潼关，一方面电促汪精卫火速回国，准备组成亲日派政府。以宋子文、宋美龄为代表的亲英美派，竭力主张用和平的方式营救蒋介石，反对“讨伐”张、杨，并邀请与蒋介石、张学良有密切关系的英籍澳大利亚人端纳去西安，寻求和平解决的途径。

国民党集团内部的分歧，反映了日本帝国主义同英美帝国主义之间的矛盾。日本帝国主义企图趁“西安事变”之机，挑起中国大规模的内战，以便实现其灭亡中国的野心。英、美帝国主义为了遏制日本的扩张，维持在华的利益，希望蒋介石继续统治下去，因此赞成“西安事变”和平解决。

苏联这时也主张和平解决“西安事变”，以防止被日本特务所利用而破坏了中国抗日力量的团结。

这时，国民党内部的抗日民主势力如冯玉祥等人，亦主张和平解决，以避免内战。全国各界救国联合会代表团等 18 个救亡团体也发表了通电，表示拥护张、杨提出的 8 项主张，并呼吁全国同胞，“万众一心，坚持团结，共赴国难，藉挽危亡”。

而在西安城内外，东北军、西北军多数官兵和西安民众则强烈要求杀掉蒋介石……

在陕甘苏区，红军将士和根据地的人民基于对蒋介石叛变革命和实行屠杀政策的义愤，更是主张严惩蒋介石，但又忧患内战再起……

中共中央在保安获悉“西安事变”后，面对错综复杂的政治局面，进行了反复的研究分析。认为这一事变，是中国一部分民族资产阶级的代表、也是国民党中的实力派之一部，不满意南京政府的对日政策，要求停止“剿共”，停止一切内战，一致抗日，并接受了中国共产党抗日主张的结果。分析事变发展可能有两个前途：或者由此引起更大规模的内战，削弱全国的抗日力量，推迟全国抗日战争的发动，这是日本帝国主义和中国的亲日派所希望的；或者由此结束内战，使全国抗日民族统一战线更迅速地建立起来，这是全中国人民和抗日爱国人士所欢迎的。

中共中央政治局经过多次讨论一致肯定了西安事变的意义，决定对“西安事变”采取和平解决的方针。

12 月 13 日，毛泽东与周恩来联名致电张学良，称赞张学良的“义举”并请其派飞机来接周恩来去西安。

同一天，毛泽东再次致电张学良，就西安事变后的军事方针提出了共产党方面的意见。

第二天，毛泽东、朱德、周恩来、张国焘等人联名致电张学良和杨虎城，建议成立抗日援绥联军，以张学良为总司令。

同日，毛泽东与周恩来再次致电张学良，向其通报了日本和南京方面的情况，并提出了共产党的建议。

同一时间，毛泽东还致电彭德怀和任弼时，指示红军野战军应立即开至西峰镇，以援助张学良应付可能发生的各种事变。

12 月 15 日，中共中央通电国民党南京当局，劝告他们接受张、杨的抗日主张，团结救国；同时，应张、杨的请求，红军主力开往西安附近，随时准备配合东北军、西北军抵抗亲日派的进攻……

在采取了这些措施之后，中共中央派出由周恩来、秦邦宪、叶剑英等人组成的代表团前往西安参加和平谈判。

12 月 16 日，周恩来等到达西安，同张学良进行了深入的交谈。对张学良提出的只要蒋介石答应停止内战、一致抗日，就放他回南京，拥护他做全国抗日领袖的意见深表赞成。周恩来强调，这将有利于全民族抗战的发动。周恩来的意见，加强了张学良和平解决西安事变的决心。12 月 17 日，中共中央第一次公开发表宣言，致电国民党中央，呼吁和平解决西安问题。

12 月 19 日，中共中央政治局再一次召开扩大会议，毛泽东出席并讲话。毛泽东在讲话中说：

> 西安事变发生后，南京的一切注意力都集中在捉蒋介石问题上，动员一切力量来对付西安，把张、杨一切抗日主张都置而不问，要动员所有部队讨伐张、杨，这是西安事变发生后所引起的黑暗方面的表现，这是对抗日不利的。目前问题主要是抗日问题，不是对蒋个人的问题。我们主要是要消弭内战不使内战延长。

会议进一步制定了正确的和平解决“西安事变”的方针。

12 月 22 日，宋美龄、宋子文一行到达西安。

第二天，周恩来作为中共全权代表参加了张、杨与宋氏兄妹的谈判。

12 月 24 日晚，周恩来会见了蒋介石，对蒋指出：只有停止内战，一致抗日，才是惟一的出路。

在全国人民和国民党爱国将领的压力下，经过谈判斗争，蒋介石被迫表示同意已达成的 6 项和平协定，并邀请周恩来到南京直接谈判。

12 月 25 日，蒋介石由张学良陪同，经洛阳返回南京。当周恩来得到张学良陪同蒋介石一道离开西安时，急忙驱车赶往机场，而蒋介石和张学良一同乘坐的飞机已经起飞了……

次日，回到南京的蒋介石随即囚禁了张学良，并发表了一个重申同意已达成的 6 项和平协定的“声明”。

12 月 28 日，毛泽东在保安发表《关于蒋介石声明的声明》，指出蒋介石应立即走上联合各党派一致抗日的道路。

这时在毛泽东居住的窑洞里，一个新的生命诞生了。

钱希钧和毛泽民住在附近，一听说贺子珍生了个女儿，马上找到周恩来的夫人邓颖超，一起跑来看望。消息传出后，洛甫的夫人刘英、宋任穷的夫人钟月林，也相邀赶到毛泽东住的窑洞里来了。

邓颖超见小娃娃又小又瘦，禁不住十分爱怜地说：“真是个小娇娇啊！”

天色渐晚，毛泽东也赶回到窑洞来看望贺子珍母女。他见刘英正抱着小娇娇，便同她开玩笑说：“你抱孩子像抱一颗炸弹呢！”

窑洞里的人都笑了。刘英也笑着说：“我抱得蛮好嘛！”

见到大家高兴，又听说邓颖超给孩子起了名字，毛泽东欣喜地对大家说：“好么！就叫她娇娇吧！”

从此，贺子珍生的这个女儿就被叫成“娇娇”了……

12 月末，毛泽东最后一次到红军大学去作了《中国革命战争的战略问题》的讲演，总结了土地革命战争时期中国共产党领导武装斗争的经验，批判了“左”倾机会主义者在军事上的错误，以辩证唯物主义的基本原理为指导，深入系统地阐述了中国革命战争的特点、人民战争的思想和战略方面的问题，丰富和发展了马克思主义军事科学。

这一年，毛泽民在延安任国民经济部部长，钱希钧任国民经济部党支部书记。

就在这一年，流落上海的毛岸英、毛岸青两兄弟被地下党组织送去了苏联……

1937 年 1 月 2 日，中共中央政治局扩大会议在保安召开，毛泽东出席并讲话。会议讨论了蒋介石回南京后的严峻局势，确定了继续联蒋抗日的方针。

# 58. 中共中央迁延安　毛泽东对蒋让步

1937 年 1 月 13 日，毛泽东随中共中央机关由保安到达延安。

延安，地处陕北的黄土高原上，一眼望不到尽头的黄土大山中坐落着这座以一排排、一幢幢窑洞和一簇簇杨树、榆树相间而构成的城堡，一条延河水日夜不停地从城堡的东侧哗哗地流淌着，它是延安的母亲河，给世世代代居住在这里的勤劳、淳朴的人们无偿地提供着生活的源泉……

来到延安，毛泽东和贺子珍被安置在北门内凤凰山山脚下的一排四间相通的宽敞的窑洞里住下来。

在延安城东侧延河岸边的土山上，有一座九层高的八角形宝塔，加上塔顶总共十层，巍巍耸立在高高的山顶上。由于中国共产党中央进驻延安，这座宝塔从此就成了延安革命圣地的象征。

1 月 18 日，毛泽东与洛甫致电周恩来、博古，告以准备向即将召开的国民党第五届三中全会提出建议书和处理西安善后问题的条件，在力求和平的总方针下要求张学良回陕。

1 月 20 日，中国人民抗日红军大学改为中国人民抗日军事政治大学（简称“抗大”），毛泽东兼任抗大教育委员会主席。

1 月 27 日，毛泽东与朱德、张国焘联名致电周恩来、博古等人，明确提出了红军与东北军、西北军应“同进同退”的方针。

2 月份正值春节期间，延安城里城外的乡亲们纷纷忙碌起来，既要打扫窑洞，又要置办年货。偶尔，在那长满了枣树的黄土坡地上，会传来铿然有力、荡气回肠的“信天游”的歌声，虽然只是一句两句的，但那歌声却能传得很远很远，在黄土高原上久久回响……

2 月 10 日是农历的大年三十。这一天，延安军民一派团结抗日的崭新气象……

同一天，中共中央致电即将召开的国民党第五届三中全会，提出了实现国共合作抗日的五项要求和四项保证。

五项要求是：

（一）停止一切内战，集中国力，一致对外；

（二）保障言论、集会、结社之自由，释放一切政治犯；

（三）召集各党各派各界各军的代表会议，集中全国人才，共同救国；

（四）迅速完成对日抗战之一切准备工作；

（五）改善人民的生活。

如果国民党能够实现上述要求，中国共产党本着团结御侮的诚意，愿作以下四项保证：

（一）在全国范围内停止推翻国民党政府之武装暴动方针；

（二）工农政府改名为中华民国特区政府，红军改名为国民革命军，直接受南京政府与军事委员会之领导；

（三）在特区政府区域内，实施普选的彻底民主制度；

（四）停止没收地主土地之政策，坚决执行抗日民族统一战线之共同纲领。

这四项保证，是中国共产党为实现合作抗日而作出的重大让步。

2 月 11 日是春节。延安军民载歌载舞，到处呈现着一派团结抗日、欣欣向荣的动人景象……

春节过后不久，到前方总政治部工作的丁玲回到了延安，她去见毛泽东。毛泽东问她是否收到了他给她拍电报发去的那首《临江仙》词，丁玲说没读到。毛泽东便又抄录了他写给丁玲的那首词，亲手送给了她。

丁玲高兴极了，连声感谢毛泽东。

晚上，贺子珍走去朱德住的窑洞，找到已是朱德夫人的康克清吐露心声："润之总是忙工作，反正他不是看书就是写东西，要么就是去抗大讲课或者开会，我也习惯了……”

康克清大咧咧地笑着问她：“子珍姐，你怕是有什么心事吧？”

贺子珍憋不住地说：“他总是不在家……”

康克清开导说：“毛主席现在是我们党、我们军队的领袖，我们党和军队的许多大事，都得靠他做主呢！他忙于工作，也很正常，你别多想……”

贺子珍依然似有心事地说：“过去，我除了打仗就是打仗，长征路上又受了伤，身体垮了……”

康克清安慰说：“子珍姐，你想得太多了！红军中谁不知道你是女英雄！你是我们女红军中的榜样，是我们的骄傲！你是我们领袖的夫人，要心胸宽似海、度量大如天才对……”

贺子珍无可奈何地淡淡一笑：“我已经生了 5 个小孩，肚量还不大么？”

“子珍姐，瞧你说的……”康克清也笑了，“明天我去看娇娇，老总还让人从西安买了奶粉来呢！”

贺子珍又说：“干脆，我和你到抗大学习去吧？怎么样？”

“去抗大？”康克清高兴地说，“我也正想去学习呢！”又问，“你去学习，娇娇怎么办？”

贺子珍说：“我想好了，交给奶妈带！”

就这样，两个人商量好以后，第二天便分别向毛泽东、朱德提出了去抗大学习的要求，即刻得到了毛泽东和朱德的一致赞同和支持……

两天后，贺子珍和康克清要去“抗大”报到了。临行前，两个人一律地戴好了八角军帽，穿了军装，扎了皮带，打了绑腿，背了背包，挎了水壶，向毛泽东和朱德告别。

毛泽东和朱德一起站在窑洞外，看着她们英姿飒爽地上路。凤凰山麓的窑洞距离“抗大”的校址不远，也就一二里路，用不着骑马，两个女“大学生”同时立正了，挺胸收腹、干脆利落地向毛泽东、朱德行了军礼，表情庄重、严肃，好像又要踏上另一次长征之路……

2 月 15 日，国民党召开五届三中全会。

会上，宋庆龄、何香凝、冯玉祥等 14 人向大会提出恢复孙中山联俄、联共、扶助农工三大政策。杨虎城和东北军将领于学忠代表西安方面，提出了抗日救国8项主张的提案。宋庆龄在会上作了《实行孙中山的遗嘱》的讲演，指出共产党提出的“五项要求”是正确的，批判了汪精卫关于继续“剿共”的提案。

经过激烈斗争，国民党五届三中全会通过了一个实际上接受中共中央关于国共合作、团结抗日的决议案。

至此，国共合作的抗日民族统一战线初步形成。

贺子珍过去在部队行军、打仗惯了，她习惯于军号声声、战马嘶叫和枪炮的轰鸣。在战场，在枪林弹雨中，她纵马驰骋、果敢指挥、奋勇杀敌；就是伴在毛泽东的身边，她也习惯了毛泽东夜里工作、白天偶尔休息一下的毫不规律的战地生活。

如今，到学校了，每天早晨5点半钟要按军号起床、叠被子、戴军帽、扎皮带、裹绑腿，5分钟后要集合好了、列队整齐报数，然后跑30分钟的步，或者做集体体操，或者开简短的班务会、进行点评……

早饭后上课，午饭后还是上课，课后有一个半小时的军事训练，接下来还要开一个半小时的班务会或支部会，进行一天来的学习讲评和批评与自我批评，直到晚上9点半钟才是上炕睡觉的时间……

由于贺子珍早已习惯了毫无规律的军旅生涯，刚进“抗大”很不适应，但她咬牙坚持着，从不“掉队”。过集体生活，早起早睡，一切按校规办事，听学员们讲这校规还是毛主席亲自制定的——贺子珍是个有毅力、有性格的坚强女性，她一切按校规办事。一天的功课被安排得满满的，到了晚上9点半钟，每个学员的眼皮都发涩发沉了，不由得不上炕去睡，而且一躺下就会进入梦乡……

白天上课时，课程有“辩证唯物论”、“中国革命史”、“日本帝国主义论”、“统一战线论”和“中国革命战争的战略和战术”等，有时，毛泽东、朱德、洛甫等人还来作专题讲演或报告。

学员们最爱听毛泽东讲课。毛泽东在讲课时总是抓着中心问题旁征博引、妙趣横生，常常引得满堂的笑声。每当这时，贺子珍也会跟着大家笑，而且笑得比谁都开心……

学员们也爱听朱老总讲课。朱老总讲课总爱讲一些亲身经历的战斗故事，实实在在，幽默风趣。每当引得大家发笑时，惟独康克清不笑，即便坐在她身旁的贺子珍有意识地轻轻捅她一下，她也只是冲着贺子珍咧一咧嘴，而后又板起了面孔、一脸的严肃相……

下课了，有时贺子珍问康克清为什么不笑。康克清说她怕笑，一笑起来会控制不住自己，嗓门太大，会招来同学们的注视和取笑……

每当周末，贺子珍和康克清一起离校回家。

新的生活，新的希望，使贺子珍信心百倍、满面春风。虽然，“二月春风似剪刀”的气候乍暖还寒，使得她肉体深处的炸弹碎片存在的地方时常发疼，但她强咬着牙关忍耐住了。她知道目前没有条件开刀取出她肉体深处的那些炸弹碎片，只得凭毅力强忍着。为了新的生活、新的希望，她脸上焕发的青春，仿佛又回到了井冈山……

回到家里，贺子珍先要把娇娇接回来。孩子的笑声、哭闹声，给毛泽东一家人带来无限的乐趣，一排四孔窑洞里充满了欢快的生活气息。

这时的毛泽东正在反复思考着“西安事变”后的时局变化和如何促成抗日统一战线，晚上还要抓紧时间写《实践论》、《矛盾论》和有关中国革命战争的书稿。即使再忙，他也要放下毛笔走出他那间作为办公室和书房的窑洞，过来和妻子一起逗逗孩子、过问妻子的学习情况。

一家人在一起吃饭，贺子珍总要亲手去做两样小菜，并特意在一样菜里放上辣椒，因为这是毛泽东最喜欢吃的“家乡菜”。如果手上还有剩余的津贴费，贺子珍也会去买一刀五花肥肉，给毛泽东做红烧肉让他吃了“补脑子”，因为她知道这是丈夫在日常生活中最喜欢吃的另一道菜。

周末相聚，贺子珍虽然不能像往常那样为丈夫查找资料或抄写文稿，但她总要经心经意地照看女儿，还要想办法给丈夫做些可口的饭菜，尽量使丈夫吃得好、身心愉快，一家人和和睦睦地生活在这充满了革命气息的延安窑洞里……

周日傍晚，她要送走孩子，先抱着孩子让丈夫亲亲女儿的小脸蛋，然后回来约了康克清，两个人又结伴返校了。

走在返校的路上，遇到她们的人都热情地同她们打招呼。延安的乡亲们见她们是女红军，自然亲热；知道她们身份的红军战士们，更是对她们显得格外尊敬。

而这时的延安，不仅有当地的老百姓和从长征路上走过来的红军，还有许多从全国各地涌来的满怀革命激情的热血青年。在这些青年中，有从北平来的，有从上海来的，有从南京来的，也有从广州、武汉来的，还有从香港、台湾和海外来的。在这些人当中，有许多女学生，也有不少离校的大学生，还有大学教授。

在“抗大”，大家来自五湖四海。有的怀有一技之长，有的懂外语，有的原来就是红军。虽然人与人之间的语言各不相同，相貌各异，但大家同心抗日，都在如饥似渴地学习着革命理论和抗日的道理及军事知识。

贺子珍在学员中渐渐地感到了一种压力，这种压力来自她所面对的众多有知识、有文化的青年。虽然这些青年人对红军充满了敬意、更对贺子珍交口称赞，但贺子珍还是感受到了一种冲击、一种无形的挑战——她不愿意别人只知道她是毛泽东的夫人，而不知道她是“贺子珍”。她要努力学习功课，以便今后更好地独立工作，她更乐意用自己的实际工作赢得众人的承认：她是真正的“贺子珍”！

可是，“天教心愿与身违”——贺子珍在“抗大”越来越感到体力不支了。开始时，她朝气蓬勃、虎虎有生气，出操训练，斗志昂扬，排队报数，声音响亮；到后来，便日渐脸色苍白，时而气短头晕、体倦无力，继而腰酸腿软、心慌不支……

她不明白这是为什么，自以为是尚未适应集体生活。她坚持着，一天上军事课，练习跑步卧倒、匍匐前进，做到第三遍，众人见她脸色大变，她自己也感到了严重的心跳气短……

教官急忙让她到一边休息观操。10几分钟过后，她感到好些了，便上前喊“报告”，要求入列、重新投入训练。教官允许了，但当她跑步卧倒做到第三遍时，卧倒后便再也起不来了……

贺子珍在半昏迷状态中，被康克清等人扶持着回到宿舍休息。经校医检查后，让她停课两周，这使她心烦意乱，深怪自己的身体不争气，没完成学业就当了“逃兵”……

毛泽东得到消息，立刻骑马赶到“抗大”来看望她，劝慰她“看菜吃饭，量体裁衣”，并对她说“身体是第一位重要的，要以休息为主，身体好了再学习”。周末回到家里，毛泽东不让她再做任何家务，女儿也暂时不要接回来，只让她安心养病。

贺子珍满肚子的不高兴，只是拉长了脸叹气。毛泽东便搬了把木椅子坐到她的炕头前，给她讲起了一个故事——一个女人把家产变卖光了，换了银钱去赎受冤坐牢的丈夫回家，她信奉的名言是“留得青山在，不怕没柴烧”。后来，这个女人的女儿也用这句话来劝说自己被罢了官的病得很重的丈夫……

毛泽东讲完故事后，又说：“这个病丈夫就是鄙人毛润之，那个女人的女儿呢，就是桂圆贺子珍。‘留得青山在，不怕没柴烧’，这句话是有一定道理的。”

贺子珍见丈夫提起了在瑞金的往事，只得装出一副安心养病的样子。她不想让丈夫分心，她知道丈夫正在写哲学讲稿，准备到“抗大”去讲《实践论》。她很想听，一提到哲学，她总感到有些神秘。听毛泽东讲解“神秘”的学问，她是极有兴趣的……

贺子珍在初春的日子里，等待着身体恢复健康，再到“抗大”去学习、去听丈夫讲神秘的哲学大课……

## 59. 延安召开党代会<br>华北卢沟桥事变

1937 年 3 月 23 日至 31 日，中共中央政治局扩大会议在延安召开，毛泽东出席会议并讲话。会议通过了《关于张国焘同志错误的决议》。

又是春暖花开的时节。在延安，这是中共中央迎来的第一个春天。

红旗在延安的上空招展，宝塔山上的宝塔在明媚的春光中更显得身姿坚毅而挺拔；清澈的延河水沿城东泄，河两岸柳暗花明，桃李吐艳。头裹白羊肚毛巾的乡亲们正在一块块黄土地上忙着春耕，三五成群的婆姨们也在田间地头前前后后地忙碌着。

在这大忙的春播春种的日子里，红军后勤的广大指战员们和众多的机关工作人员遵照党中央的指示，也一起扛了锄头走去田里，同乡亲们共同劳动……

陕北地处黄土高原，土地贫瘠，民风淳朴。为了解决红军到陕北后的吃粮问题，中共中央多次开会研究解决问题的办法和方案。为此，毛泽东多次写信和致电各路军的负责同志和远在上海、香港等地的共产党组织，要他们积极想方设法筹粮筹款，以不给当地民众增加过多的负担……

4 月 12 日，青年团中央在延安召开第一次西北青年救国代表大会，毛泽东出席会议并讲话，号召青年团结起来，打败日本侵略者。

延安的春天很美，很美。巍巍宝塔山下，一簇簇桃红柳绿中的一株株高高的白杨树也开始吐绿，无数的紫燕在飘摆着的一面面红旗上空上下翻飞，城里城外多见人来人往，更有悠扬的“信天游”的歌声时而在人们的耳边传响，整个大地呈现着一派春的气息和蓬勃向上的朝气……

5 月 2 日至 14 日，中共全国代表会议在延安召开，只是在提法上仍然称作苏区代表会议。毛泽东出席会议并代表中央政治局作《中国共产党在抗日时期的任务》的报告和《为争取千百万群众进入抗日民族统一战线而斗争》的结论，深刻分析了民族矛盾和国内矛盾在目前阶段的发展情况及当前中国革命的基本问题，指出争取千百万群众进入抗日民族统一战线，是党在新阶段的主要任务，强调在统一战线中坚持无产阶级领导权的重要性。

会议通过了毛泽东的报告，批准了遵义会议以来党的政治路线，为迎接全国的抗日战争的到来做了重要准备。

5 月 29 日，毛泽东出席边区政府为欢迎国民党中央考察团举行的晚会，并致欢迎词。

抗日民族统一战线的初步确立，使毛泽东能够有更多的时间完成他正在著述中的《实践论》和《矛盾论》两部哲学著作……

6 月中旬的一天，毛泽东得到了贺怡和她母亲尚在赣南的消息，连忙向江西的党组织拍发了电报，要他们设法找到她们，并要她们转道到延安来……

两天后，毛泽东又给中共湖南省委拍发了电报，要他们在长沙、韶山两地寻找周文楠和孩子的下落及准确消息，并打听堂妹毛泽建的消息和杨开慧身边的保姆陈玉英的下落，如得信息后请他们即刻回电告知……

6 月下旬的一天，在中共中央宣传部工作的廖承志到凤凰山麓的窑洞来看望毛泽东和贺子珍，并给毛泽东带来一幅他母亲何香凝女士亲笔画的画和柳亚子先生写给毛泽东的诗。

毛泽东向廖承志表示感谢，收了画和诗，并请廖承志陪他们夫妇一起吃了午饭。

6 月，近卫文麿就任日本首相，决心立即发动大规模的侵华战争。

7 月 7 日晚，侵华日军在中国北平以北的卢沟桥附近举行所谓军事演习，诡称一名士兵失踪，挑起事端，向宛平城发动进攻，中国驻军第二十九军何基沣旅吉星文团奋起抵抗，这就是“七七”卢沟桥事变。

消息以电波形式迅即传遍全中国……

7 月 8 日，毛泽东等致电蒋介石，要求全国总动员进行抗日斗争，并代表红军将士请缨杀敌。

同一天，中共中央还向全国发出《中国共产党为日军进攻卢沟桥通电》，指出“只有全民族实行抗战，才是我们的出路！”号召“全中国同胞，政府与军队，团结起来，筑成民族统一战线的坚固长城，抵抗日寇的侵掠！”

几天时间里，全国各党派、各民众团体和全国民众，纷纷发表声明和宣言，一致要求国民党政府立即实行全国总动员，奋起抗日，并发电报给第二十九军表示坚决的声援……

在全国人民抗日热潮的鼓舞下，第二十九军广大官兵英勇作战，给予日军以重大打击。日本政府立刻增兵华北，对平津形成包围态势……

7 月 13 日，毛泽东出席延安共产党员与革命机关工作人员的紧急会议，号召每个共产党员和抗日的革命者随时出动，到抗日前线去。

会议上，毛泽东挥着手激动地对大家说：“现在华北危急，民族危急，国家已经到了生死存亡的紧要关头！我们每一个红军战士，尤其是每一个共产党员，必须勇敢、坚决地担负起抗战救国的神圣职责，到华北去，到抗战的第一线去！以我们的实际行动和大无畏的献身精神，打日本，救中国！”

两天后，中共中央又将《中国共产党为公布国共合作宣言》交给国民党。宣言提出了发动全民族抗战，实现民主政治，改善人民生活等三项基本主张，重申了以前向国民党提出的四项保证。

7月17日，中共代表周恩来、秦邦宪、林伯渠和国民党代表蒋介石、邵力子、张冲在庐山进行谈判，国民党方面表示承认陕甘宁边区政府。

同一天，蒋介石还在庐山发表谈话，宣布“如果战端一开，那就地无分南北，年无分老幼，无论何人，皆有守土抗战之责任。”

7月23日，毛泽东发表《反对日本进攻的方针、办法和前途》一文，论述了国民党妥协退让的抗战路线和共产党坚决抗战的抗战路线的原则分歧。

在这期间，毛泽东还在“抗大”认真讲授马克思主义哲学，撰写完了《实践论》一文，全面阐述和发挥了唯物主义的基本原理，并着重论证了“真理的标准只能是社会的实践”，“实践的观点是辩证唯物主义的认识论之第一的和基本的观点”。毛泽东首次提出了科学的真理标准。

7月28日，日军向天津发动猛烈进攻，双方激战了一整天，国民党第29军副军长佟麟阁、132师师长赵登禹壮烈殉国，守军被迫后撤。

月末，北平、天津相继失陷。

8月1日，陕甘宁边区政府在延安宝塔山下的商会大会场上举办了“八一”抗战动员体育运动大会。毛泽东在大会开幕式上挥动着手臂发表讲话说：

> 华北危急，中华民族已到最后关头，要立即动员全国各阶层民众联合起来，与日本帝国主义作殊死的斗争！
>
> 准备出发到河北去！准备到抗日的最前线去！

会场上，群情激愤。随着毛泽东那激励人心的讲话，有数千人参加的大会上不时响起激昂的口号声：

“打倒日本帝国主义！”

“誓死不做亡国奴！”

“团结起来，一致抗日！”

“到河北去！奔赴抗日的最前线！”

延河的水在烈烈夏日中滚滚地流淌着，宝塔山下的商会大会场上红旗飘舞，拿在人们手上的一杆杆长枪、红缨枪挥舞如林、翻腾如潮……

这时，日本帝国主义在大举进攻华北的同时，也策划着进攻上海，企图南北配合，威逼南京，迫使国民党屈服。

8 月 12 日，国民政府在南京召开最高国务会议及党政联席会议，中国共产党派周恩来、朱德、叶剑英等出席了会议。会议决定蒋介石为陆海空大元帅，以军事委员会为抗战最高统帅部；讨论并制定了持久消耗战的对日作战的战略方针，划分了战区，调整了全国的兵力部署。

8 月 13 日，日本帝国主义对上海发动进攻，中国军队奋起还击，淞沪会战开始——这就是“八一三事变”。

第二天，国民政府发表《自卫抗战声明书》，表示“实行自卫抵抗暴力”。

自此，全国的抗战大规模地展开了——从长城内外，到大江南北，从乡村，到城市，抗日的烽火迅速燃遍了整个中华大地……

面对日本侵略者的嚣张气焰，蒋介石急于要求红军开赴抗日前线，被迫同意了红军改编和设立总指挥部。

8 月 22 日，中共中央政治局扩大会议在陕北洛川冯家村召开，毛泽东出席会议并作了关于军事问题、国共两党关系问题和中国共产党在抗日战争时期基本任务的报告。

同一天，国民政府军事委员会正式公布了红军改编的命令，将西北红军改编为国民革命军第八路军。

8 月 25 日，中共洛川会议结束。会议通过了《关于目前形势与党的任务的决定》和毛泽东起草的宣传提纲《为动员一切力量争取抗战胜利而斗争》，制定了《抗日救国十大纲领》。

洛川会议决定由毛泽东等人组成新的中共中央军事委员会，毛泽东为书记，对外则称主席。

洛川会议制定了党的全面抗战路线，为实现中共对抗战的领导和夺取抗战胜利奠定了政治思想基础。

同一天，毛泽东等以中央军委的名义发布八路军将领的任职命令，红军由此改编为国民革命军第八路军。

洛川会议后，八路军开赴了抗日前线。

# 60. 首战告捷平型关 八路军机动歼敌

1937 年 8 月，中国抗日战争全面爆发后，国际上各种力量对中国的抗战各持不同的态度和政策。

德、意法西斯竭力支持日本帝国主义侵略中国。德国不仅积极向日本提供军火援助，还极力劝诱和压迫国民党政府向日本投降。

苏联在道义和物资上给予中国的抗战以很大的援助。是年 8 月，苏联与中国订立了互不侵犯条约，并答应向中国派出军事顾问和志愿飞行员，帮助作战。

在各国共产党的领导、号召或影响下，各国工人阶级和人民开展了援华捐献活动，纷纷抵制日货、阻止向日本运送军用物资。一些志愿人员还直接到中国来参加抗日战争……

英、美帝国主义则对中国的抗战采取了两面政策。一方面由于日本对中国的侵略损害了它们在华的利益，因此愿意援助国民党政府对日本的侵略进行一定的抵抗，借中国的力量削弱日本，维护它们在中国的利益和在远东的殖民统治；另一方面它们又幻想借日本帝国主义之手消灭中国和远东的革命力量，并把战争引向苏联。因此，它们又采取“绥靖”政策，以牺牲中国的办法缓和同日本的矛盾，它们打着“中立”和“不干涉”的幌子，在经济上、军事上、物资上帮助日本侵略者。英、美帝国主义的两面政策，支持和纵容了日本对中国的侵略。

8 月 27 日，面对复杂的国际形势和国内局势，毛泽东在政治局常委会上再次强调提出，在统一战线中，有一个共产党吸引国民党、还是国民党吸引共产党的问题。

这时候的延安，是许多热血的中国青年向往和为之投奔的地方。滚滚延河水，巍巍宝塔山，淳朴的“信天游”，一张张充满了朝气、生动的脸。这一切，都表明了中国人民的抗战意志和决心，表明了中华民族在艰难困苦的境况中的顽强毅力和不屈不挠的精神……

8月间，毛泽东撰写完成了《矛盾论》一文，深刻阐明马列主义的唯物辩证法，特别是系统地、全面地论述了矛盾的普遍性和特殊性及其相互关系。

毛泽东所著《实践论》和《矛盾论》的完成，总结了中国共产党的历史经验教训，揭露了“左”、右倾错误，为共产党规定了正确的思想路线、领导方法与工作方法，丰富和发展了马列主义，为共产党领导抗日战争做了充分的理论准备。

这时的毛泽东在延安得到中共湖南省委传来的消息：毛泽东的堂妹毛泽建早已被国民党杀害，毛泽覃的妻子周文楠于1928年因叛徒告密被捕入狱，受尽折磨，后被红军营救出来，随红军到湘赣进行革命斗争，再后来在一次战斗中与部队失去联系，历经艰难回到长沙，现在已和她的儿子毛楚雄一起回到了韶山……

毛泽东此时既为堂妹的牺牲而悲痛，又为周文楠和毛楚雄的健在而高兴，他立即给湖南省委复电，按规定以烈士遗属给周文楠送去20块银元作为抚恤，转告他们母子可在稳妥的情况下前来延安……

9月7日，毛泽东写了《反对自由主义》一文。

9月14日，毛泽东等致电周恩来，指出各区与国民党谈判时须坚持原则，“不准国民党向共产党领导的军队中插进一人。”

9月20日，中共中央军委发布命令，将已改编为国民革命军第八路军的红军按战斗序列改称第十八集团军，原八路军总指挥朱德改称总司令，副总指挥彭德怀改称副总司令；叶剑英任参谋长，左权任副参谋长；任弼时任政治部主任，邓小平任副主任。下辖三个师——115师，师长林彪、副师长聂荣臻，政训处主任罗荣桓；120师，师长贺龙、副师长萧克，政训处主任关向应；129师，师长刘伯承、副师长徐向前，政训处主任张浩。全军编制45000人。

稍后，政训处主任一律改称为政委。

这时的日军正由晋北、察南、冀西会攻太原。为配合国民党军队的正面防守，共产党领导的第十八集团军115师一部开赴平型关。

9月22日，国民党中央通讯社发表《中国共产党为公布国共合作宣言》。

次日，蒋介石发表实际上承认中国共产党合法地位和两党合作抗日的谈话。

至此，以国共合作为基础的抗日民族统一战线正式形成。

1937 年 9 月 25 日，共产党领导的八路军第 115 师一部在平型关东北伏击沿平绥线进犯的日军第五（坂垣）师团补给部队，激战一昼夜——战斗进行中，惊恐万状的敌人被这突如其来的袭击一时打了个首尾不顾，当他们稍微“清醒”之后极力组织抵抗，但已为时晚矣，密集的炮弹、枪弹、手榴弹从四面八方袭来，他们已分辨不清东南西北，虽有抵抗也是在做垂死前的最后挣扎……

八路军部队居高临下向仍然抵抗的日寇发起冲锋，刹那间军号声声、杀声震天，战士们都杀红了眼，一个个怒目圆睁，眼睛里充满了仇恨的血丝，愤怒的吼声随着喷火的枪弹、伴随着刺刀击向敌人。一天下来，侵略者的尸体横七竖八地躺遍了平型关的狭窄山谷，整个战役共歼敌 1000 余人，缴获大量军车、弹药、枪械和各类军用物资……

此次大捷是抗战以来中国人民取得的第一次大胜利。它沉重地打击了日军的锐气，提高了八路军的声誉，振奋了全国人心。全国各党派、民主团体和各界人士纷纷向八路军发来贺电，就连蒋介石也发了电报表示“慰问”、“祝贺”与“嘉奖”……

侵犯平绥线的日军在平型关受打击后，改由茹越口突破内长城防线，向太原方向进犯。为保卫太原，国民党集中 10 多个师，由第二战区副司令长官卫立煌任前敌总指挥，在忻口地区组织防御。

为配合忻口会战，八路军第 115 师、120 师分别在忻口东北和西北敌之侧后伏击和牵制敌军，破坏敌后交通线，并深入敌后雁北、察南和冀西，收复 10 余座城镇。

在敌强我弱的形势下，若干国土的丧失不可避免，但国民党正面战场的总体来说是败退，失地过多、过快，损失巨大。主要原因是国民党政府实行片面抗战路线，压制群众起来抗战；幻想依赖英美等帝国主义的干涉，制止日本的侵略；在军事上实行消极防御的方针，分兵把口，固守阵地，被动挨打。此外，国民党在抗战前，长期执行“攘外必先安内”的反动政策，对抗战缺乏充分准备，临时紧急动员，难以适应；部队庞杂，派系众多，矛盾重重，互不协调等，也是造成这一时期军事上失利的因素。

1937年9月29日，毛泽东根据时局态势的发展变化，致电周恩来等，指出在华北局势危急情况下我军应坚持游击战争的方针："山西将成为华北的特殊局面。这根本的是因为有红军，其次则是阎锡山与我们结合起来。由于这两个力量的结合，将造成数百万人民的游击战争。我们应坚持这一方针，布置全省的游击战，坚持废除苛捐杂税，减租减息，人民参政及改造晋军的根本方针。""根本方针是争取群众，组织群众的游击队。在这个总方针下实行有条件的集中作战……应在前方办一个五百至一千人的干部学校，由红军与地方党合办，以充游击战争干部。"

同日，毛泽东发表《国共合作成立后的迫切任务》一文，指出应该把统一战线发展充实起来。

10月2日，根据国共两党达成的协议，将留在南方8省坚持斗争的红军游击队改编为国民革命军陆军新编第四军。

也正是在这时，贺子珍又一次怀了身孕，并试探性地对毛泽东说："我……我想走……"

毛泽东一听急问："你走哪里去么？"

贺子珍说："我到西安、到上海治伤去……"

这时警卫员小贺在门外喊"报告"，毛泽东只得压下了他想说的话，对门外应道："进来！"

小贺走进窑洞后，贺子珍起身离开了……

接着，机要秘书叶子龙又来请示毛泽东："主席，抗大来电话，说新班又来了二百多人，请示主席什么时候接见他们？"

毛泽东手执毛笔坐在桌前，翻看了一下台历说："后天下午3点吧！"

叶子龙退出后，贺子珍又走回了作为毛泽东书房的窑洞。毛泽东放下手中的毛笔，站起身来对妻子说："抗大又新到了一批青年，要我去接见。"

贺子珍心绪不宁地说："你可真忙！一有时间你就消耗掉，不是开会就是写书，再不就是看文件、接见什么人……"

毛泽东解释："我忙的是工作，现在正是抗战时期……"继而耐心地说：

“桂圆，现在局势发展了，我们应该和这些来延安的人多交往，多谈心；还有，这些从四面八方来的非党群众、爱国青年，很需要我们给他们讲一讲革命的道理，这也是调查研究、是眼睛向下联系群众的政治工作，为什么不做呢?”

贺子珍一时语塞，只是说：“你的感情太复杂了……”

毛泽东笑慰道：“革命的感情是第一位的么!”

贺子珍表情怏怏的，没有再说什么……

第三天，毛泽东如期到“抗大”去接见了新来的200多名学员。

面对一心忙于工作的丈夫，贺子珍为自己的身体状况而烦恼，更为自己不能多帮丈夫一把而痛苦。她在战争的环境中生活惯了，不习惯过“平淡”的日子，她下决心要离开延安，先去找个地方治好了身上的伤再说……

这时需要毛泽东考虑的大事太多，他没有留意到妻子感情上的复杂变化……

10月6日，毛泽东致电周恩来等，要他们转告国民党军事当局，集重兵坚守娘子关一线，以利太原以北作战的胜利。

这时，一件轰动延安城的令人意想不到的事情发生了——“抗大”第6队队长黄克功，因对陕北公学女学生刘茜逼婚未遂，竟然开枪把她打死在了延河岸边……

一时间，延安军民舆论哗然。毛泽东得到消息十分震怒，他对谢觉哉和陕甘宁边区高等法院院长雷经天等人说：“牛不喝水强按头，世界上哪有这样的道理？我们是共产党领导的队伍，是保护人民的，是有着铁的纪律的。对于黄克功必须依法办事，严肃处理!”

雷经天试探着问：“主席，黄队长是长征干部，是立过大功的人……”

“屁话!”毛泽东陡然之间翻了脸，“长征干部就可以随便杀人了？我们共产党里还没有这样的规矩！他就是天王老子也不行！封建社会里还有个‘王子犯法，与庶民同罪’的说法，难道我们还比不得封建社会里的帝王将相？‘挥泪斩马谡’，为国为民，决不宽怠!”

谢觉哉说：“一定按照主席的指示办，按我们党的法律办!”

雷经天也说：“我立刻组织人员立案调查，然后向主席汇报……”

毛泽东缓了一口气，吸了一口烟说：“不是向我毛泽东汇报，是我们要向人民汇报，我们要对人民负责。”

在毛泽东的直接责令下，陕甘宁边区高等法院对黄克功的杀人案件开始了立案调查，并表示一定严肃查办、依法惩处。

结果，黄克功被处以死刑。

10 月 10 日，毛泽东正确预计到华北战场将要发生急剧变化，及时对八路军的部署作出明确指示：115 师主力转移汾河以西吕梁山脉；129 师在正太路以南坚持游击战争；120 师坚持晋西北游击战争。

毛泽东审时度势的正确部署，在运筹帷幄之中将我军主力摆放在了对敌作战的有利态势之中……

这一天，沿平汉线南犯的日军占领了河北省的工业重镇石家庄。

晚上的时间，毛泽东因为黄克功被处死，给陕甘宁边区高等法院院长雷经天写了一封信：“你的及黄克功的信均收阅。黄克功过去斗争历史是光荣的，今天处以极刑，我及党中央的同志都是为之惋惜的。但他犯了不容赦免的大罪，以一个共产党员红军干部而有如此卑鄙的，残忍的，失掉立场的，失掉革命立场的，失掉人的立场的行为，如为赦免，便无以教育党，无以教育红军，无以教育革命者，并无以教育做一个普通的人。因此中央与军委便不得不根据他的罪恶行为，根据党与红军的纪律，处他以极刑。正因为黄克功不同于一个普通人，正因为他是一个多年的共产党员，是一个多年的红军，所以不能不这样办。共产党与红军，对于自己的党员与红军成员不能不执行比较一般平民更加严格的纪律。当此国家危急革命紧张之时，黄克功卑鄙无耻残忍自私至如此程度，他之处死，是他的自己行为决定的。一切共产党员，一切红军指战员，一切革命分子，都要以黄克功为前车之戒。请你在公审会上，当着黄克功及到会群众，除宣布法庭判决外，并宣布我这封信。对刘茜同志之家属，应给以安慰与抚恤。”①

10 月 13 日，日军对忻口发动了猛攻，中国守军奋勇抵抗……

10 月 19 日，毛泽东出席延安陕北公学鲁迅逝世一周年纪念大会，并在大会上作了题为《论鲁迅》的讲话。

---

① 《毛泽东书信选集》，三联书店，1986 年版。

当天晚上，129师769团三营夜袭代县阳明堡敌飞机场，在手榴弹爆炸和枪弹急速射击的轰响声中，停在机场跑道两侧的24架敌机全部被焚毁，被打蒙的百余名敌人在燃烧着的冲天火焰中统统被歼——这一胜利充分显示了八路军机动灵活的游击战术的威力。

在上海，中国守军与日本侵略军激战正酣……

在太原，外围日军已被歼10000多人，中国军队亦伤亡数万人，军长郝梦龄、师长刘家骐相继殉国。双方形成对峙态势……

10月23日，毛泽东向全体共产党员、红军、陕甘宁边区民众发出号召："一定要战胜日本帝国主义，共产党员、红军、陕甘宁边区负有这种责任。一定要唤醒全国人民全国党派执行共产党提出的抗日救国十大纲领，用以挽回危局，战胜日寇。每个共产党员，每个先进分子团结起来，不屈服于任何困难，把一切准备得好好的，最后粉碎日本帝国主义。"①

## 61. 毛泽东关爱战士 贺子珍远去苏联

抗日民族统一战线建立后，中国共产党先后在南京、武汉、西安、重庆、太原、长沙、桂林、兰州、迪化等地公开设立了八路军办事处，在广州等地设立了八路军通讯处，进行大量的统战工作和宣传工作，用以推动各界爱国人士参加抗日斗争。

这时候，又有许多爱国的热血青年陆续来到延安，其中就有那位来自上海电影界的女演员"蓝苹"，只是，在延安第三招待所登记姓名时，这位女演员把名字改写成了"江青"。

10月25日，毛泽东在延安接见了英国记者贝特兰，谈话中首次科学地概括和明确规定了共产党军队政治工作的三大原则：官兵一致，军民一致，

---

① 《党的文献》，中央文献出版社，1996年版。

瓦解敌军。

10 月 26 日，会攻太原的日军攻占娘子关，进而进逼太原。

这时，淞沪会战中的中国守军主力也已撤至苏州河以南阵地。

在延安，秋天的风开始无情地横扫着一块块贫瘠的黄土坡地。坡地上的杨树叶子黄了，榆树叶子也黄了，只有那一簇簇枣树和柿子树正值挂果。远远望去，那一片片红彤彤、黄灿灿的硕果累挂枝头，让人见了感到格外眼馋……

11 月 1 日，毛泽东出席陕北公学的开学典礼，并作了《目前的时局》的讲演。

这时在全国抗日战场上，形势已对中国军队愈为不利……

11 月 2 日，忻口守军因侧后受敌威胁，只得放弃阵地，奉命南撤。

11 月 5 日，日军一部在杭州湾登陆，包抄上海，中国守军奉命撤退。

11 月 8 日，太原失陷。

日本帝国主义侵略野心勃勃，铁蹄践沃土，灭绝人寰。

中华民族到了最危险的时候，狼烟遍四野，山河共愤！

也就是在这一天，毛泽东指示八路军各师，应该在统一战线之原则下，放手发动群众，扩大自己，创建抗日根据地，准备坚持长期游击战。

11 月 12 日，日军占领上海。

淞沪会战历时 3 个月之久，是中国军民抵抗帝国主义侵略的一个壮举。

同一天，毛泽东在延安党的活动分子会议上作题为《上海太原失陷以后抗日战争的形势和任务》的报告，强调必须坚持统一战线中的独立自主原则，明确指出在党内在全国均须反对投降主义。

日军占领上海后，立即分三路向南京进犯。

11 月 13 日，毛泽东致电朱德等，要求八路军进一步发挥独立自主精神，坚持华北游击战争，多打小胜仗，影响全国，实现全面抗战之新局面。

11 月 20 日，国民党政府在南京受日军三路逼近，遂宣布迁都重庆。

11 月 29 日，延安上空开来一架苏式的运输飞机，徐徐降落在了延安山脚下简陋的机场跑道上。这时候，中共中央的几位主要领导毛泽东、张闻天、周恩来和朱德等人都等候在那里，热情地迎接从飞机上走下来的三个人——王明、康生和陈云。

王明离开中国已达 6 年之久。1931 年 10 月 18 日，他和妻子孟庆树一起从上海乘船赴苏，11 月 7 日到达莫斯科，在那里担任中国共产党驻共产国际代表团的团长。

康生比王明晚一些时候到达苏联，在莫斯科担任中共驻共产国际代表团的副团长。

陈云是在 1935 年 1 月遵义会议之后，奉中共中央之命，前往莫斯科向共产国际汇报工作。现在，他和王明、康生一起，同乘一架由苏联驾驶员驾驶的飞机回国，先后在迪化、兰州两地机场降落加油，然后飞抵延安……

12 月上旬，南京处于日军的三面包围之中。

这时在延安，天冷了，贺子珍体内的伤痛阵阵发作，终日搅得她心绪不宁。而这时毛泽东的工作更忙，他简直就没有闲下来的时候，更没有多少时间体谅妻子的各种苦衷……

一天，毛泽东又去"抗大"与新来的学员们讲话了。贺子珍独坐家中，悄悄写了去西安治伤的报告。毛泽东得到消息后，苦口婆心地劝说贺子珍不要走，极力挽留她、阻止她，但却不能使她回心转意。贺子珍坚持要走，决心要走，而且任谁也无法将她留下来。

面对怀着身孕执意要离自己而去的妻子，毛泽东充满感情地对她说："桂圆，你听我讲，你最好不要走。我们之间有些误会，是能在宽容之下消除的。你晓得，我这个人平时不爱掉眼泪，但是我一听不得穷苦老百姓们的哭声，看到他们受苦，我忍不住要掉泪；二是……"

贺子珍强调说："我身上的伤疼得越来越厉害，我要去治伤……"

毛泽东近前扶了妻子的腰际说："二是跟过我的通讯员，我舍不得他们离开，有的通讯员、警卫员牺牲了，我难过得掉了泪。我这个人就是这样，骑过的马老了、死了，用过的钢笔旧了，都舍不得……"

任凭毛泽东好话说尽，而且全是肺腑之言，无奈贺子珍一句也听不进去。她拒绝了毛泽东诚心诚意的挽留，三天后离开了延安……

在西安，贺子珍先是碰到了来八路军办事处的张国焘的夫人杨子烈。杨子烈要去延安找张国焘，她见贺子珍已经怀有身孕，便劝她同自己一起返回延安去，贺子珍拒绝了。后来，贺子珍又碰到了刘英。刘英当时染上了肺病，要去苏联治疗，同行的还有在战争中丢掉了一条胳膊的蔡树藩、断了一条腿的钟赤兵。贺子珍利用这个机会，给延安写去一封信，要求与这些人同行，到苏联去治伤。

毛泽东接到贺子珍的这封辞别信后，一时间心中忐忑不安。他很清楚，贺子珍正有孕在身，如果这样负气离开自己、离开延安、离开祖国，孑然一身投奔到异国他乡，实在是太危险、太不合时宜了。异国的风俗习惯、语言、气候、人际关系，她这样一个弱女子能扛得住、受得了、吃得消吗？

这些担忧，令毛泽东心急如焚。他在经过深思熟虑之后，想了两条办法来阻止贺子珍：一方面，他跟洛甫商量，给八路军西安办事处拍发了电报，表面上同意在第一批赴苏联治病的行列里，添上贺子珍的名字，免得她节外再生别枝；另一方面，毛泽东又接连给八路军西安办事处、兰州办事处、迪化办事处的有关同志发了电报，希望这三处的同志们能够好言劝慰贺子珍，使她放弃这次去苏联的念头。

情切切，深念患难相知，枪林弹雨同奋斗。

意绵绵，饱尝内外忧患，国事家事尽操心。

在西安、兰州、新疆等地，林伯渠、谢觉哉、王定国等人受毛泽东的嘱托，费尽了心机、苦口婆心地劝慰贺子珍回心转意，但都没能将贺子珍挽留下来……

## 62. 日军南京大屠城<br>鲁南血战台儿庄

1937 年 12 月 9 日，中共中央政治局会议在延安召开，毛泽东出席会议并讲话，坚持了中央的正确路线，着重阐述了抗日民族统一战线中的独立自主原则问题。

12 月 10 日，侵华日军开始进攻南京城。

13 日，日军占领南京。

14 日，在延安召开的中共中央政治局会议结束。王明在会上提出了一整套右倾投降主义的主张，受到毛泽东等人的抵制。

王明在会上抹杀国共两党两条不同抗战路线的严重分歧，轻视游击战争和敌后抗日根据地在抗战中的作用，幻想依靠国民党军队求得抗日战争的迅速胜利。毛泽东严厉驳斥了王明的议论和主张，再次强调共产党在抗日民族统一战线中必须坚持独立自主的原则，必须坚持思想上、政治上、组织上的独立性，不受国民党方面抗战路线的约束，放手发动群众，独立自主地发展人民力量，进行抗日战争。

会议进行中，针对王明的右倾投降主义主张，毛泽东告诫全党不要忘记第一次国共合作中共产党放弃独立自主原则的惨痛教训。王明则说“情况不同了，现在共产国际也是支持我们与国民党结成统一战线的，是要我们依靠国民党军队的力量，迅速战胜日本帝国主义”，并说“单靠八路军的力量和游击战争，是打不败日本人的”。

毛泽东指出：统一战线内的各阶级既有共同的利益，又有不同的利益，只有保存党派和阶级的独立性和一定限度的权力，才有利于合作；民族斗争和阶级斗争必须一致起来，民族斗争是主要的，但阶级矛盾仍然存在，特别是在蒋介石集团坚持一党专政、实行片面抗战路线的情况下，坚持独立自主的原则是发展和巩固革命力量、实现全面抗战的关键。

这次政治局会议没有形成任何决议。党的各项方针、政策，依然按照毛泽东等人制定的正确路线贯彻执行。

这时，进占南京后的日本侵略军正进行着大肆的烧杀淫掠，制造了骇人听闻、震惊中外的“南京惨案”——日军用砍头、劈脑、切腹、挖心、水溺、火烧、活埋、机枪扫射等野蛮手段屠杀中国人民，在光天化日之下，强奸、杀戮妇女儿童，大肆抢掠金钱财物，焚烧房舍，灭绝人寰……

满目疮痍，血泊中体裸尸横，屋脊坠，三十万人命丧敌手。

欲哭无泪，刺刀下鬼狞神骇，天柱折，中华民族奇耻大辱！

日本侵略军在南京犯下的滔天罪行，披露报端后更激起了全中国人民的无比愤怒和全世界一切爱好和平的人们的强烈抗议，也更加激起了中国人民同仇敌忾和抗战到底的决心。

12 月 25 日，毛泽东在延安又一次接见了英国记者贝特兰，在谈话中进一步阐述了中国共产党的抗日救国主张。

1938 年 1 月，新四军军部在南昌成立，由叶挺任军长，项英任副军长，张云逸任参谋长，周子昆任副参谋长，袁国平任政治部主任，邓子恢任副主任。下辖 4 个支队，共 1 万余人。一支队司令员陈毅、副司令员傅秋涛；二支队司令员张鼎丞、副司令员粟裕；三支队司令员张云逸（兼）、副司令员谭震林；四支队司令员高敬亭。随后，新四军各部经过集结、整训，陆续挺进敌后，在华中坚持抗日斗争。

这时，八路军各部队已经按照中共中央军委的指示深入敌后展开了游击战争，并在游击战中创建了各个抗日根据地。

聂荣臻率 115 师一部挺进晋察冀，并在五台山扎下大本营，随后正式成立了晋察冀军区，在河北阜平成立了边区临时行政委员会，相继开辟了平西根据地、冀中根据地和平北、冀东游击区。

贺龙、关向应率 120 师挺进晋西北，建立了晋西北根据地。

刘伯承、张浩、徐向前率 129 师进入晋东南，以太行山为依托建立了太行、太岳抗日根据地，接着又分兵越过平汉铁路，开辟了晋冀豫、冀南等根据地。

在各抗日根据地，八路军广泛宣传共产党提出的《抗日救国十大纲领》——打倒日本帝国主义；全国军事的总动员；全国人民的总动员；改革政治机构；抗日的外交政策；战时的财政经济政策；改良人民生活；抗日的教育政策；肃清汉奸卖国贼亲日派，巩固后方；抗日的民族团结。

在根据地，八路军以减租减息作为抗日战争时期解决农民问题的基本政策，广泛深入地发动群众积极投身到抗日斗争中来，并特别强调了中国共产党对抗战的领导责任，要求共产党员及其领导的民众和武装力量，成为全国抗战的核心。

这时候，毛泽东的二弟毛泽民由于过度操劳累倒了，严重的胃病和气管炎折磨着他。为了毛泽民的身体健康，中共中央决定送他去苏联治病，钱希钧陪同他一起去了新疆……

在华中，日军夺取华北和沪宁后，即从南北两面进攻徐州。国民党政府以第五战区司令长官李宗仁驻节徐州，组织徐州会战。

2 月初，攻占蚌埠等地的南路日军与中国军队对峙于淮河一线。

2 月 11 日，毛泽东出席延安举行的反侵略大会并发表演说，明确指出中国抗战一定会取得最后胜利。

2 月 23 日，毛泽东再次向八路军、新四军发出指示：“总的方针，在敌深入进攻条件下，必须部署足够力量于外线，方能配合内线主力作战，增加敌人困难，减少自己困难，造成有利于持久战之军事政治形势。”

2 月下旬，北路侵华日军在山东临沂被中国军队挫败。

这时在延安，美国合众社的记者采访了毛泽东。针对时局，毛泽东发表谈话说：“中国抗战的过程必然是先败后胜、转弱为强，这已经成了确定的方向了。”“在军事上我们若能运用运动战、阵地战、游击战三种方式互相配合，必能使敌军处于极困难地位。游击战，在它对于战斗方式来说，则始终是辅助的，但游击战在半殖民地的民族战争中，特别在地域广大的国家，无疑在战略上占着重大的地位。”“我们所主张的民主共和国，便是全国所有不愿当亡国奴的人民，用无限制的普选方法，选举代表组成代议机关这样一种制度的国家。这种国家就是民权主义的国家，大体上是孙中山先生早已主张了的，中国建国的方针应该向此方向前进。”

2 月 27 日，中共中央政治局会议在延安召开，毛泽东出席会议并就军事问题发言，认为要依靠游击队和人民游击战争，逐步发展到正规战争，打败日本侵略者。他特别强调：在指挥关系上必须坚持统一战线下的独立自主原则。

次日，中央军委得到消息，侵入山西的日军准备渡河袭陕，毛泽东急电八路军 115 师，命其转进支援中国军队。115 师接电后，立即调动部队增援陕北。

3 月 1 日，中共中央政治局会议结束。王明在会上继续宣扬右倾投降主义路线。由于分歧，会议未作出任何决议。

自从贺子珍离开延安后，毛泽东的心情一直不很好。每当周末，他总要接回娇娇来抱一抱，让女儿陪伴在自己的身旁；这时娇娇的年龄尚小，完全不懂得爸爸的心情，也不懂得妈妈的远离意味着什么。她只知道哭喊着要吃要喝，每当她嘴上吮着奶瓶的奶嘴时，脸上才会露出惹人疼爱的笑容。看到女儿的笑，毛泽东心里多少会得到一些安慰……

他想念贺子珍、挂念贺子珍，担心她一个人到了苏联后所要面对的一切。毛泽东本来患有失眠症，现在更不容易睡着觉了，索性不睡，总在夜里看书或伏案疾书……

3 月 12 日，毛泽东出席了延安各界举行的“孙总理逝世十三周年纪念及追悼抗敌阵亡将士大会”。

毛泽东为大会撰写了挽联：

国共合作的基础如何，孙先生云：共产主义是三民主义的好朋友；

抗日胜利的原因安在，国人皆曰：侵略阵线是和平阵线的死对头。

这时，侵华的南路日军一部攻占了山东南部滕县，中国守军师长王铭章阵亡。接着，日军向台儿庄突进……

3 月 23 日，台儿庄会战开始。中国守军与敌奋勇拼杀，一时间山东南部上空烟尘蔽日，枪炮声伴随着敌我双方飞机和装甲车的轰鸣、夹杂着手榴弹与炸药包的阵阵爆响，喊杀声更是充斥了战区的整个沂蒙山谷……

次日拂晓，日军集结了 40000 多人，出动各类大小坦克和装甲车 70 多辆，动用山野炮和重炮 100 多门，并以飞机的轮番轰炸为协战手段，疯狂地向台儿庄发起猛攻。国民党军孙连仲部三个师奋勇抵抗，战斗打得异常激烈，有的阵地竟到了刺刀见红的白热化状态……

3 月间，毛泽东为“抗大”制定了教育方针：

坚定正确的政治方向，艰苦朴素的工作作风，灵活机动的战略战术

并规定了“抗大”的校训：

团结、紧张、严肃、活泼

从 3 月 31 日开始，台儿庄战役进行得更加惨烈，同时也更加危急。日军已占领了城内 4/5 的地段，每天仍以 20 多架飞机进行轮番轰炸，每天投弹

120 多枚，并用 40 多门重炮每天发射 1000 多发炮弹，意欲炸平整个台儿庄——然而，攻进城里的一股股日军很快被顽强抵抗的中国军队所分隔、所包围，使敌人根本无法完全占领台儿庄……

同一时间内，八路军 115 师连续取得了午城、井沟战斗的胜利，严重打击了日军窥伺陕甘宁边区的企图。

4 月 7 日，台儿庄会战取得了决定性胜利，共计歼敌近 2 万人。

台儿庄大捷有力地打击了日本侵略军的嚣张气焰，鼓舞了中国人民的抗战士气。

捷讯传来，中共中央即刻向徐州战区发出了贺电。

这时候，毛泽东的堂兄弟毛泽普和另外两名地下党员相约，从韶山来到了延安。

第二天，毛泽普一行三人迫不及待地到凤凰山来见毛泽东。毛泽东很高兴，问他们“路上走了多久”、“韶山的情况怎么样”。

当毛泽东得知湖南还有许多青年想到延安来时，风趣地说：“无湘不成军么!”又说，“延安欢迎他们来!”

接下来，毛泽东又认真地对毛泽普等人说：“来延安干革命是大好事，但要过两关：一不怕苦，二不怕死。有些人经不起考验离开了延安，那是革命意志不坚决的表现。你们到延安来，一要吃得下小米，二要住得惯窑洞，三要背柴背米，四是没得饷发，要做好思想准备呢!”

毛泽普等人笑了，表示一定经得起革命考验，革命到底不回头。叶子龙给大家拿来了一些大红枣，毛泽东留毛泽普等人在一起吃了午饭……

## 63. 延安欢迎白求恩<br>毛泽东论持久战

1938 年的春天，桃花谢了，柳树绽绿。延安宝塔山下高高的白杨树在春风中生机盎然，山边的延河水翻滚着清凉的浪花，欢快地跳跃着流向远方、流向绵亘无垠的黄土地……

这时准备远去苏联治病的毛泽民滞留在新疆，钱希钧同丈夫分开了，去到新兵营工作，从此再也没有见过毛泽民的面……

4 月 1 日，延安陕北公学举行第二期开学典礼。

下午 2 时，毛泽东和陈云、李富春等中央领导同志，在同学们的一片欢腾和热烈的鼓掌声中，也和大家一起鼓着手掌步入了会场。

当身穿一件旧棉袄的毛泽东走上讲台时，会场上掌声雷动。毛泽东几次挥动手臂制止掌声，以洪亮的语气对大家说："今日陕北公学开学，我应当送点礼物给同学们。可是，我没得多少东西，只能送给同学们两件礼物。第一件，是坚定不移的政治方向；第二件，是艰苦奋斗的工作作风！"

毛泽东讲到这里，会场上又响起了热烈的鼓掌声。学校负责人邵式平带领着全体同学高呼：

"接受毛主席的礼物！"

"坚定正确的政治方向！"

"继承艰苦奋斗的工作作风！"

毛泽东继续说："只要我们有一个一致的政治方向，有艰苦奋斗的工作作风，而且坚持这一方向和作风，就能够把全国人民团结起来，就能够战胜日本帝国主义，把日本侵略者赶出中国去！"

在讲话中，毛泽东还生动地指出：大家都是读过书的人，一定知道中国古时候许多以弱胜强的故事和战例：西周的姜子牙伐纣开始时是先联合了各个诸侯国的，同时进行了有计划的屯兵和军事训练；《三国演义》中的诸葛亮在四川，进攻北魏也是先屯田汉中，而后才出兵祁山。我们中华民族现在虽然到了最危急的时候，面对强敌，也还是要讲究策略的。我们的这个策略是什么呢？那就是既有姜子牙的"联合"策略，又有诸葛亮的"屯田"策略，就是我们现在所具体实行的抗日民族统一战线领导下的"持久战"！

毛泽东还鼓励大家说："大家都是有一定文化知识的人，有文化知识的人参加到抗日斗争的队伍中来，是同学们明确了正确的政治方向；在正确的政治方向指导之下，相信大家会很好地利用各自所学得的知识，为抗日战争做出更大的成绩！"

毛泽东的讲话完了，会场上掌声雷动，持续了好长时间……

4 月 4 日，张国焘利用清明节之际，借口要随同陕甘宁边区政府主席林伯渠代表中华苏维埃共和国中央政府一道去陕西的中部县①祭奠黄帝的陵墓，乘坐一辆嘎斯 51 型汽车离开延安，随后又借口去西安“治病”而钻进了国民党派去祭奠黄帝陵的蒋鼎文的汽车，从此背叛革命，投入了国民党特务集团的怀抱。

在这期间，康生已经被中共中央派往中央党校接替了李维汉，出任校长职务，而这时那个改名叫江青的女人正在中央党校的第 12 班学习。中央党校第 12 班亦即“从国民党监狱中释放出来的干部”，这使江青感到思想压力很大，恰巧康生早年就认识她，这样一来，康生便成了江青在延安立足的“靠山”……

3 月底，加拿大共产党员白求恩率国际医疗队到达延安。

一天晚上，毛泽东在凤凰山麓的窑洞里会见了白求恩，对他和医疗队到中国来表示热烈欢迎。

谈话中，白求恩热情地说：“我希望组织一个战地医疗队，很快到敌后去。”

毛泽东高兴地说：“那就请白求恩大夫立即帮助组织医疗队吧!”

毛泽东和白求恩十分亲切地相互交谈了 3 个多小时。分别时，毛泽东一直把白求恩送到窑洞场坪前的大门口，握着他的手说：“请白求恩大夫向加拿大和美国朋友转致谢意！到前线后，有什么问题和困难，一定要写信来。”

白求恩表示：“我一定给毛主席写信来!”

4 月 10 日，毛泽东在接见延安的文学艺术工作者时，热情地对大家说：“亭子间的人弄出来的东西有时不大好吃，山顶上的人弄出来的东西有时不大好看。有些亭子间的人以为‘老子是天下第一，至少是天下第二’；山顶上的人也有摆老粗架子的，动不动‘老子两万五千里’……”

毛泽东的话把大家都说笑了。笑声中，毛泽东又说：“现在应当不以那为满足——过去的东西，可以认为是准备时期的东西。应该把自大主义除去一点。”

这时有人说：“把自大主义全部去掉!”

---

① 中部县，今黄陵县。

毛泽东笑一笑说："全部去掉也不现实，多少总要去掉一点！"又说，"组织 10 年来的文化成果，训练起万千的文化干部，送到全国各战线上去工作，这是很必要的……"

最后，毛泽东对大家说："作风应该是统一战线。统一战线同时是艺术的指导方向。"

第二天，毛泽东出席边区国防教育会第一次代表大会开幕式并发表了长时间的讲话。

这时在延安，共产党中央的领导人们还没有一辆小汽车可乘坐，无论哪位领导或首长要到哪里去，都是骑马或者步行。一位华侨出于对共产党领袖人物的尊敬和信赖，捐献给延安两辆小汽车。警卫战士们都很高兴，认为这下子毛泽东出去开会或办公，就再也不用骑马、走路了，中央办公厅的同志们也想分配给毛泽东一辆小汽车。

毛泽东从叶子龙口中知道了中央办公厅的意见，提出了他自己的分配"方案"："一要考虑军事工作的需要，二要照顾年纪大的同志。"

虽然大家都希望给毛泽东一辆小汽车，但在毛泽东的一再坚持下，两辆小汽车还是分给了八路军总司令朱德一辆、延安的"五老"——徐特立、董必武、谢觉哉、林伯渠、吴玉章一辆，毛泽东自己依然坚持骑马、走路。

4 月 18 日，中共中央作出《关于开除张国焘党籍的决定》。

4 月 21 日，毛泽东向刘少奇等人发出关于开展平原游击战的指示，要求共产党和八路军在河北、山东平原地区广泛发展游击战争，创立和发展抗日根据地。

4 月下旬的一天，贺怡和她的母亲终于经西安来到了延安，使毛泽东激动不已。几年不见，贺怡一见到毛泽东便掉下了眼泪，深责自己没能带看好小毛毛。毛泽东反倒安慰她说："战争环境么，怪不得你，也怪不得刘锡福同志。刘锡福同志为掩藏和保护我的孩子，牺牲了自己的生命，是我对不住他啊！只要孩子还在人世，以后总会找回来的。"

听到毛泽东这样说，贺怡的心情才算舒缓了一些。当她听说姐姐已经去了苏联治伤，心中陡然间又增添了一股悲凉。毛泽东安慰贺怡母女说："你们来了就好，我也放下一份心。你们都是我的亲人，在延安，有你们的饭吃，有地方住，还有革命工作可做。这样一来，娇娇有她外婆和姨妈照顾，我也有人可以说说家常话了!”

这时候，贺怡的母亲只顾拉着毛泽东的手，竟一句话也说不上来……

接下来，毛泽东安排贺怡母女住在了凤凰山麓的窑洞里，自己搬到延安西北不远处的杨家岭去住了。

毛泽东搬走的第二天，贺怡接了娇娇回来，母女二人见到娇娇如同见到了贺子珍，不由对娇娇又疼又爱。这样，娇娇就同她外婆和小姨生活在一起了。

5 月 4 日，毛泽东致电项英，发出“发展华中敌后游击战争”的指示，要求新四军建立以茅山为中心的抗日根据地，然后开展吴淞地区和北渡长江开辟江北地区。

5 月上旬，在台儿庄受挫后的日军加紧向徐州地区增兵，又从南北两面向徐州发动了进攻……

杨家岭距延安城约 3 公里，是中共中央新的办公地。

中共中央的大门朝向西南，进门是一幢砖木结构穹窿式的宽敞建筑，为中央大礼堂。礼堂后面有一排砖木结构的三层小楼房，是中央办公厅的办公地。

北面山上最西边的院子，分配给了周恩来和邓颖超；东边的院子，是朱德和康克清的新居；向东的另一处院落，住进了毛泽东。东北方向另有一排窑洞，是中央各直属机关用来办公的地方。

5 月中旬，进攻徐州的日本侵略军切断了陇海路，形成了对徐州的包围。

5 月 19 日，日军进占徐州。

5 月 26 日，毛泽东在延安抗日战争研究会上开始作题为《论持久战》的讲演……

5 月间，毛泽东还潜心撰写了《抗日游击战争的战略问题》一文，论述了抗日游击战争的战略地位和伟大作用。

6 月 3 日，毛泽东结束了在抗日战争研究会上所作的《论持久战》的讲演。毛泽东的这个讲演，全面分析了中国战争所处的时代和中日双方的基本特点，深刻论述了中日战争是持久战，必须经过战略防御、战略相持、战略反攻三个阶段，最后胜利是中国人民的，从而揭示了抗战发展的过程和规律，批驳了“亡国论”和“速胜论”。讲演还深刻阐述了人民战争思想和八路军的战略方针，为全国人民指明了抗战胜利的方向。文中首次提出七月一日为中国共产党诞生的纪念日。

毛泽东的《论持久战》和《抗日游击战争的战略问题》，是运用辩证唯物论和历史唯物论解决抗日战争问题的典范，丰富和发展了马克思主义的军事科学。

## 64. 周文楠夸毛楚雄 毛泽东初会江青

1938 年 6 月初，占领了徐州的日本侵略军已沿陇海线西进，于 6 月 5 日侵占开封，准备夺取郑州，进攻武汉。

6 月 5 日这天，毛泽东在延安致电国民党参政会，提出要"坚持抗战，坚持统一战线，坚持持久战。"

第二天，毛泽东、朱德、周恩来等 7 人被国民党政府聘为共产党参政员。

同一天，毛泽东指示山东共产党所领导的地方武装，恢复和使用八路军游击支队的番号。

两天后，毛泽东再次电示：凡共产党领导的游击队，以用八路军名义为宜。

6 月 9 日，国民党政府为阻止日军向南推进，竟然炸开了郑州以北花园口的黄河大堤，使豫皖苏三省 3000 多平方公里的田园变成一片汪洋，数十万人民被淹死，1000 万多人流离失所，给人民造成了极大的灾难。

日军机械化部队由于无法通过黄泛区，遂改变原定进攻路线，调转军队沿长江西犯武汉。国民党政府以第五战区防守长江以北地区，第九战区防守长江以南地区。

12 日，日军攻陷安庆，揭开了武汉会战的序幕……

6 月 15 日，毛泽东指示八路军、新四军广泛开展敌后游击战争，以对日军的有力袭击配合友军保卫武汉作战。

6 月下旬的一天，与毛泽东分散多年的周文楠在党组织的帮助下终于来到了延安。毛泽东很高兴，也更加追忆三弟毛泽覃。毛泽民和钱希钧已不在延安，贺怡听说后也赶来看望了周文楠。

贺怡和周文楠一见面，两个人不由得抱头痛哭。在毛泽东的劝慰下，两个同是毛泽覃妻子的未亡人才稍稍止住了共同的悲痛。晚上的时间，一家人在杨家岭一起吃了晚饭，饭后又在毛泽东居住的窑洞里作了彻夜长谈，交谈中，追忆往事多于向往，悲怆之情多于欢笑……

夜很深了，阵阵凉风吹向杨家岭。毛泽东居住的窑洞里，依然亮着灯光。周文楠很自然地向毛泽东和贺怡谈起了依然住在韶山的王淑兰。毛泽东感慨地说："她仍是毛家的人么！"

谈及留在韶山读书的毛楚雄时，周文楠从她带着的一个小布包中取出了一个小本子，翻开来很自豪地读给大家说："楚雄的学习可好了！这是他写的一篇作文，题目是《抗战建国》：'现在国家已被暴日侵略，危急到了万分，就如刀架在头上，火烧在眉尖一样，我们小朋友也该团结起来……要抗战才能建国，要建国必须抗战。在前方的应该努力作战，在后方的应该努力读书和宣传，建筑新的中华民族。所以要在这青年时代，努力向前猛进，千万不要养尊处优、虎头蛇尾！青年要达成目标，非要吃苦不行！'"

毛泽东听罢，不由感慨万千："一个十三四的娃娃，能写出这样情绪激昂、卓尔不群的作文来，很是我们毛家的后代么！"

见到大哥称赞自己的儿子，周文楠又说："有一次县里的督学来到学校看学生，听了校长介绍楚雄，翻看了楚雄写的作文，很有些吃惊，他不相信一个少年能写出这么成熟的文章，就把楚雄叫了去，当面给楚雄提了几个问题，楚雄竟对答如流呢！"

毛泽东笑了："好么！虎父无犬子，日后定能为国家的大业出力！"

周文楠又说："还有呢——那个督学还是有些不相信的样子，又出题叫楚雄当面写文章。楚雄立刻铺纸磨墨，一挥而就……"

毛泽东又一次笑了："才气横溢，将来定成大器！"

围坐在一起的人都笑了，周文楠笑得最开心……

6 月 27 日，毛泽东再次指示八路军和新四军广泛开展敌后游击战争，以对日军的有力袭击配合友军在武汉展开的大会战。

7 月 2 日，毛泽东在延安会见了世界学联代表团柯乐满先生、雅德先生、傅路德先生、雷克难先生，并同他们进行了亲切友好的谈话。毛泽东在谈话中强调指出：“坚持抗战，坚持统一战线，坚持持久战，这就是目前中共的基本主张，它在全国的工作与作用也就在这里。”“抗战胜利后共产党的主要任务是建立一个自由平等的民主国家。在这个国家内有一个独立的民主的政府，有一个代表人民的国会，有一个适合人民要求的宪法。”

7 月中旬的一天，那个改名叫江青的女人突然来到杨家岭找毛泽东“请教”问题，在窑洞里同毛泽东谈了很长时间，直到傍晚，毛泽东客气地留她吃了顿晚饭……

江青走后，毛泽东的警卫员阎长林问机要秘书叶子龙：“这是个什么人呀？主席怎么对她这么客气？”

叶子龙说：“你没看过她的演出？就是在中央礼堂演《打渔杀家》的那个‘萧桂英’!”

阎长林似乎是想起来了：“哦，是她……”

叶子龙解释说：“现在她已经从中央党校转到鲁迅艺术学院去了，是康生介绍她来见主席的。”

听说是康生介绍来的，阎长林不再问了……

几天后，住在凤凰山麓的贺怡听到了有关毛泽东和江青接触的传言，她感到有点不对劲儿，便抱着小娇娇找到杨家岭来。一见到毛泽东，贺怡便将娇娇朝毛泽东的怀里一递，随即大声说：“孩子我不给你带了，你自己带吧!”

毛泽东抱着女儿笑着对贺怡说：“你晓得我工作忙，哪有时间带孩子啊？你是她的亲小姨，你不带她谁带呢？你听我讲……”

“我不听!”贺怡有着同她姐姐一样的脾气，“我姐跟着你出生入死，生了 5 个孩子丢了两个、死了两个，眼下就只这一个在你身边，难道你还不该带带她？再说，我姐是怀着身孕走的，你……”

说着说着，贺怡忍不住流下了悲伤的眼泪。见到小姨哭了，毛泽东怀里的娇娇也大声地哭起来。毛泽东哄不下孩子，只得求告贺怡：“孩子心疼你呢，你能忍心让她哭……”

贺怡见娇娇哭了，只得疼爱地抱回了孩子：“乖，不哭，不哭。小姨不哭了，我们娇娇也不哭了……”

此情此景，毛泽东见了也忍不住泪水滴垂……

这时远去苏联治伤的贺子珍，已在莫斯科的郊区医院里生下了她和毛泽东的第 6 个孩子，而且是个男孩，只是由于贺子珍的身体极度虚弱，没有奶水喂养他，只得竭尽全力、想方设法买了奶粉来喂养孩子——恰在此时，贺子珍又大病一场，加之生活上的不习惯，人地两陌、水土不服、语言不通、饮食不适等诸多现实困难，致使她懊悔不迭，她不得不从心底里佩服毛泽东料事如神而悔不当初……

7 月 22 日，日军进犯九江，武汉会战开始。中国军民在武汉外围进行着英勇顽强的抵抗……

这时在苏联，共产国际执委会主席团负责人季米特洛夫接见了即将回国的中共驻共产国际代表团团长王稼祥和接替王稼祥任中共驻共产国际代表团团长的任弼时，表示在中共中央内部应支持毛泽东的领导地位，并指出王明缺乏实际工作经验和斗争经验，不应争当领袖。

在延安，操劳着党事、国事、军事的毛泽东依然工作繁忙，但他总要在繁忙中抽出时间到“抗大”去讲课，从未放松过革命的教育事业……

## 65. 鼓励战士学专业<br>战斗生产两不误

1938 年，毛泽民和他的结发妻子王淑兰生的女儿毛远志已经 17 岁了，这时她离开在韶山的母亲到了延安。毛泽东很疼爱他的这个侄女，先送她去陕北公学学习……

11 月 20 日是个星期天。天刚蒙蒙亮，延安附近的山头上突然敲响了防空警报，早起的人们赶紧各自找地方疏散、隐蔽。时间不长，延安上空响起了一阵“嗡嗡”声，只见十几架黑乎乎的敌机从东北方向径直向延安扑来——有人看清了来的是日本鬼子的飞机，进入延安上空就投弹。顷刻间，日军飞机的轰鸣声和炸弹的爆炸声在延安城里响成了一片……

日机轰炸中，陈云住的窑洞被毁，陈云被炸塌的窑洞所压，经过众人的奋力抢救才脱离了危险。除此，光华书局、中央组织部、训练班、西北旅行社等单位的窑洞破坏最为严重……

第二天，日机再次轰炸了延安。

据统计：两天来日机共出动 30 余架，向延安投弹 159 枚，死伤 150 余人，炸毁民房 309 间，炸死牲口 90 多匹，损失无数……

对此，延安《新中华报》予以了公开报道。毛泽东在中央办公会议上十分气愤地对人们说："要向外界详实披露日军的侵略暴行！要建立健全我们自己的防空系统！"

这个月毛泽东与江青结了婚。

1939 年 1 月 2 日，毛泽东为《八路军军政杂志》写了《发刊词》，指出了办刊目的是为了提高八路军的战斗力和士气，同时供给友军抗战经验以提供参考材料。

这时候江青陪伴在毛泽东身边，经常帮毛泽东抄写文稿和信件。江青的毛笔小楷写得很工整、隽秀，很得毛泽东的称赞和夸奖，江青工作起来也愈加尽心尽力了……

1 月 13 日，毛泽东向八路军总部发出关于八路军发展方向的指示，指出八路军今后开展的主要方向不是东北三省等地，而是必须坚持与争取在鲁、皖和华中开展。

延安的冬天很冷，延河的河面结了冰，连黄土地也被冻得硬硬的，用硬物敲打在地上会发出清脆的响声。一排排、一孔孔依靠着向阳坡地而挖建的窑洞里，都生上了火、烧起了热炕，白天屋里不算很冷，夜里炕上更加暖和。

即便是在这样寒冷的情况下，延安的老乡们也要走出窑洞去操劳。他们头上扎着裹了耳朵的白毛巾，腰间扎了红布带，脚髁上绑了裤腿，或去砍柴，或去捡牲口粪，稍大一点的孩子则会去放羊，或是拿了竹耙子、背了小柳条筐去搂柴草；也有的人会赶了小毛驴去赶集，或是做点小买卖，大多是以物易物，白天驮了自家的东西去，晚上驮了自家所需的物品再回来。在整个延安，在整个苏区，老百姓们的生活虽然在日本侵略者的封锁下过得很艰苦，但却呈现着一派在共产党的领导下平静祥和、安然奋进的喜人景象。

1月27日，毛泽东在延安一个检查工作会议上讲话。他说："大家要好好学习呢！有了学问，好比站在山上，可以看到很远很远的东西；没有学问，如在暗沟里走路，摸索不着，那会苦煞人的。"

1月间，毛泽东还出席了陕甘宁边区农工竞赛展览会的开幕式并作了讲演，要求大家一面战斗，一面生产。

2月1日，毛泽东看了在中央宣传部工作的陈伯达写的一篇《墨子哲学思想》的文章，觉得有多处需要纠正，便认真地写了一封长信给陈伯达；毛泽东在信中以辩证唯物论的方法纠正了陈伯达文中的诸多错误和不妥之处，深刻指出了事物的根本属性在于"质"，其"质"不变，则事物的根本属性亦不变的哲学道理。

第二天，中共中央在延安召开生产动员大会，毛泽东出席并讲话，发出"自己动手，自力更生，艰苦奋斗，克服困难"的号召，要求部队、机关、学校开展生产。随后，陕甘宁边区的生产运动热烈开展起来。毛泽东带头参加生产劳动，亲手开荒、种菜。

## 66. 蒋介石继续反共 反对国民党投降

1939年2月上旬，正值中国农历的腊月下旬，要过年了，延安一派喜气洋洋的景象。

人们走在街上，见到军队、机关、学校和老百姓们都在忙着打扫窑洞、清扫院落，各处都新贴上了"抗日救国"等内容的大红纸标语，各单位门前和各家各户的门前也都贴上了崭新的对联——有的对联上写着：

游击战痛歼敌军
持久战赢得胜利

有的对联上写着：

八路军英勇抗日打胜仗

共产党领导人民闹翻身

还有的写着：

共产党恩重如山比山高

毛主席情深似海比海深

也有人干脆把毛泽东讲的话当成对联贴了出来：

艰苦奋斗自己动手

克服困难自力更生

……

乡亲们纷纷忙着赶集、置办年货，中央各机关、学校的人们也都纷纷走到老乡家里帮着打扫窑洞、推碾子磨面和担水劈柴，做这干那地忙个不停。这时在杨家岭，江青也正忙得不亦乐乎，跑里跑外地亲自动手布置她和毛泽东居住的那几孔窑洞，并提笔写了一副对联端端正正地贴在了门前：

全国抗战驱逐日寇

军民团结持久战争

横批：

中国必胜

2 月 18 日是大年三十，毛泽东让秘书叶子龙去请贺怡母女来杨家岭一起过年，贺怡不来，只让叶子龙带回了娇娇。毛泽东考虑过后，让江青带着娇娇在杨家岭，自己骑了马赶去凤凰山麓，同贺怡母女一起吃了顿年饭。

大年初一这天，延安军民前来杨家岭拜年的人很多，毛泽东应酬不暇，多是江青出面答礼致谢，她是很乐意和更多的人认识认识的……

春节前后，中国的时局、政局变化很大。日本侵略军在占领了广州、武汉后，由于战线延长，兵力不足，速战速决的战略企图破产，特别是在其后方受到共产党领导的敌后游击战争的严重威胁，因此，被迫停止了对正面战场的战略进攻。抗日战争正如毛泽东在《论持久战》中所论述的那样，转入敌我战略相持阶段。

随着战争的长期化，日本侵略者在坚持灭亡中国的总方针下，在策略上有了新的变化。由以往重视国民党，轻视共产党，改为重视共产党，轻视国民党，把主要兵力压向敌后战场；由过去对国民党的军事进攻为主、政治诱降为辅，改为政治诱降为主、军事进攻为辅。

3 月 7 日，日本新任首相平沼在国会演说中正式提出："蒋介石将军与其领导之政府，假使能重新考虑其反日态度，与日本共同合作，谋东亚新秩序之建立，则日本准备与之作中止敌对行为之谈判。"这样，日本帝国主义就从否认国民党政府转为承认国民党政府，从"反蒋"变为"拉蒋"。

这时，美英为了集中力量对付西方的德国，于是加紧策划"远东慕尼黑"阴谋，企图以牺牲中国、对日妥协的办法，来保护其在中国和东南亚地区的利益。英大使卡尔多次从上海到重庆，劝说蒋介石同日本议和。1939 年初，英美通过报纸大量散布关于召开太平洋国际会议，以解决"中日冲突"的消息——这，亦构成了国民党政府投敌危险的一个重要因素。

在日本帝国主义的积极招降下，国民党政府中的汪精卫集团公开叛国投敌——亲日派汪精卫集团在抗战刚开始就主张妥协投降，并一直和日本秘密地互通函电，往返信使，进行叛国活动。第二次近卫声明发表后，汪精卫即派高宗武、梅思平到上海与日本代表影佐祯昭、今井武夫等洽谈，商定了汪精卫外逃叛国的行动计划。1938 年 12 月 18 日，汪精卫等潜离重庆飞抵昆明，次日和周佛海等飞往河内。12 月 22 日，日本政府发表了第三次近卫声明；29 日，汪精卫发表"艳电"响应，声称愿以近卫三原则与日本作"和平之谈判"，公开投敌。

汪精卫集团的叛国投敌，激起全中国人民的无比愤怒，解放区军民和国民党统治区许多团体、著名人士、军政官员，纷纷举行讨汪集会，发表讨汪通电。蒋介石集团迫于全国人民的压力，于 1939 年 1 月 1 日宣布开除汪精卫的国民党党籍。

英美派蒋介石集团是国民党的主体。它被迫抗战，但时刻幻想“和平解决”；被迫接受国共合作，但并未放弃反共独裁的基本立场。日本的诱降，英美的劝降，加上军事上的失败，以及对人民力量迅速发展的仇恨，这就使蒋介石集团加强了对日本政府的妥协和反共倾向。

1939 年 1 月，国民党召开了五届五中全会，主要议题是“整顿党务”、研究“如何加强对共产党作积极之斗争”。蒋介石在会上首先说明“抗战到底”就是恢复到“七七”事变以前的状态。这就是说，他想以东北和华北为代价同日本妥协。全会确定了“溶共、防共、限共、反共”的方针，设立了“防共委员会”，通过了“整顿党务”决议案。这次会议标志着国民党的政策重点由对外转向对内，由抗日转向反共。

国民党五届五中全会后，秘密颁布了《异党问题处理办法》等一系列反共文件，具体规定了“防共”、“反共”的办法。国民党的投降、反共倾向严重危害着团结抗战的局面……

面对国民党汪精卫集团的投敌叛国和蒋介石集团的反共倾向，中共中央采取了继续坚持统一战线的积极态度，同时也采取了必要的相应对策。

3 月 15 日，毛泽东在延安会见了印度援华医疗队的全体成员。

这时正值春季，延安的桃花又红、杨柳又绿，一块块黄土坡地上又忙起了春耕。毛泽东也扛上镢头，带着阎长林和叶子龙等人走到分给他的那块坡地上开荒种菜了……

第二天，毛泽东听说他青年时的老同学、老朋友萧子暲到了延安，很高兴地在杨家岭设便宴招待他这位刚刚从国外归来便投身革命的老朋友，江青也显得很热情。

几天后，毛泽东去鲁艺文学院看望萧子暲，萧子暲趁机说他在苏联时曾写过毛泽东的传记，现在想继续增补、修改，接着再写。萧子暲对毛泽东说：“如果你不反对‘翻古’，就希望能详细谈谈。”

“你现在是编辑么！”毛泽东说，“没得事情‘翻翻古’也很好么！我可以在政治上帮助你，不过你要研究调查一些历史事实才能写东西。”又说，“把一些历史事实写出一部小说来，拿一个人作引线，那是很有趣味的。”

从此，写毛泽东的传记，这个历史性的话题便被提出来了……

5 月 4 日，毛泽东出席延安“五四运动二十周年纪念大会”，发表题为《青年运动的方向》的讲演，要求青年走与工农相结合的道路。毛泽东在讲演中提出“人民民主共和国”的口号，这是“人民民主专政”理论的第一次提出。

5 月 6 日，《抗敌报》刊登了毛泽东发给《八路军在新阶段中应该加重注意的几个问题》的指示。指示中要求部队：“增加技术装备，深研战略战术，正确地运用统一战线政策，广泛推行争取敌伪军工作，由军队自身参加生产活动，这是八路军在新阶段中应该加重注意的重要问题。”

毛泽东的指示下发后，在八路军各部队中得到了认真的贯彻落实……

5 月 11 日，中央卫生部的傅连暲来杨家岭看望毛泽东，并给他检查了身体。

交谈中，傅连暲说毛泽东的身体状况比以前好多了。毛泽东笑了说：“在瑞金，多亏了你呢！那时王明一伙人想要我去见上帝，只是马克思他老人家不要我去，没得办法，走到阴阳界口又返回来了！”

傅连暲说：“主席，中国的革命实在是离不开你啊！周副主席和任弼时同志都曾对我讲过，中国出了个毛泽东，实乃共产党有幸，人民有幸！”

毛泽东一边摇头，一边摆手说：“我毛泽东一个人的力量是很有限的，全靠了我们党内大多数人的团结，全靠了我们党勇于坚持正确的革命路线。”又说，“依我看，我们的党是大有希望的，中国是大有希望的。”

在谈及坚持抗战中的统一战线时，毛泽东再一次强调说：“国民党蒋介石集团反共之心不死，我们必须坚持独立自主的原则。为了坚持独立自主原则，要区别情况，采取‘先奏后斩’、‘先斩后奏’、‘暂时斩而不奏’、‘暂时不斩不奏’等灵活的策略，这是我们党发展和巩固革命力量、实现全面抗战的关键所在啊！我们不能把抗战全部寄托在国民党身上，更不能依靠蒋介石！”

傅连暲说毛泽东说得对，并对毛泽东在六届六中全会上所作的报告和结论表示赞同。

1939 年 5 月 26 日，毛泽东所写的《抗大三周年纪念》一文发表。毛泽东在文章中指出：“我认为，对我们来说，一个人，一个党，一个军队，或者一个学校，如若不被敌人反对，那就不好了，那一定是同敌人同流合污了。如若被敌人反对，那就好了，那就证明我们同敌人划清界限了。如若敌人起劲地反对我们，把我们说得一塌糊涂，一无是处，那就更好了，那就证明我们不但同敌人划清了界限，而且证明我们的工作是很有成绩的了。”

这时，远在苏联的贺子珍因生活困难，她身边的小儿子又不幸得了伤寒，终因抢救不及而夭折了。这使贺子珍痛不欲生。

毛泽东这时在延安并不知道贺子珍在苏联的任何情况，他的全部心血全都倾注在了领导中国人民坚持统一战线、坚持抗战的伟大的事业之中……

这一时期，改变了主攻方向的日本侵略者暂时停止了向国民党军队的大规模进攻，进一步对国民党实施诱降政策。

6 月 18 日，汪精卫从日本回到国内，开始筹建他的投敌叛国的傀儡政府。

6 月 30 日，毛泽东的《反对投降活动》一文发表，号召巩固抗日民族统一战线，巩固国共合作，用一切努力去反对投降和分裂。

7 月 7 日，中共中央发表《为抗战两周年纪念对时局宣言》，提出了“坚持抗战，反对投降；坚持团结，反对分裂；坚持进步，反对倒退”三大政治口号，动员全国人民向国民党的投降、分裂、倒退活动进行斗争。

## 67. 毛泽东寄书二子　国民党“进剿”延安

延安的夏天虽然很热，但也有一处“避暑胜地”，这就是坐落在延安西北方向、与凤凰山和宝塔山隔延河鼎立的清凉山。

这里曾是北宋政治家、文学家范仲淹登临过的地方，并写有“金明阻西岭，清凉峙其东，延水正中去，一郡两雄城”的诗句，说明了清凉山的雄伟和壮丽。

这时在清凉山麓中，设立有新华总社、新华广播电台、解放日报社、中央印刷厂等机构，是中共中央新闻中心的所在地。毛泽东和其他中央领导同志经常到清凉山来，到各新闻单位视察工作和与各办事机构的人员们座谈，鼓励大家重视和大力搞好、发展新闻事业，要让中国共产党、八路军的声音响遍全中国、乃至全世界……

清凉山上，有唐、宋时雕凿的石窟寺万佛洞，有数以万计的大小佛像、菩萨、力士等石刻，神态各异，生动逼真；有历代名人学者摩崖题刻的 50 多处诗湾，真草篆隶，参差错落。每次来清凉山，毛泽东总要花费一些时间去诗湾看看，看看各处的摩崖书法，有时还要蹲下身来用手比划着练写良久……

8 月 7 日至 12 日，刘少奇在延安马列学院作《论共产党员的修养》的讲演。毛泽东为此写信给延安《解放》杂志编辑部，认为这个讲演提倡正气、反对邪气，很重要，应尽快发表。

8 月 25 日，于 7 月 3 日召开的中共中央政治局扩大会议结束。毛泽东作了会议总结。会议认为周恩来领导的南方局和项英领导的东南局的工作都是很有成绩的。

会议期间，毛泽东得到了他的两个儿子岸英、岸青在苏联学习的消息，很兴奋，又为已经失去了三子岸龙而悲伤。他怀念杨开慧，惦念岸英和岸青，追思幼小的岸龙和岸红，又挂怀贺子珍。这时他知道了贺子珍到苏联后已经又生下了一个儿子，可惜没能存活下来……

在无限的思念与感慨中，毛泽东为岸英和岸青找了一些书籍，并托驻西安的林伯渠买了一些书一起转寄苏联。

8 月 26 日，毛泽东写信给岸英、岸青①：

> 我还好，也看了一点书，但不多，心里觉得很不满足，不如你们是专门学习的时候。
>
> 为你们及所有的小同志，托林伯渠老同志买了一批书，寄给你们，不知收到否？来信告我。

江青知道了毛泽东给岸英、岸青写信的事和他仍挂怀着贺子珍的情况，

① 《毛泽东书信选集》，三联书店，1986 年版。

心中陡然感觉到了某种不安。她更知道毛泽东平日常去凤凰山麓看望贺子珍的妈妈和贺怡，虽然那里还有他的女儿娇娇，但她心中总有一种不安的感觉。她决心为毛泽东生下一个孩子，最好是个儿子，以巩固她在毛泽东身边的地位……

9 月 1 日，毛泽东就国际形势对新华社记者发表了谈话。

9 月 14 日，毛泽东在延安干部大会上作了题为《第二次帝国主义战争》的讲演。

两天后，毛泽东同中央社、扫荡报、新民报三家新闻单位的记者谈话，对国民党顽固派向解放区的军事进攻提出警告，宣布了共产党、八路军的自卫原则：

人不犯我，我不犯人；人若犯我，我必犯人。

这一阶段，国民党在“防共”、“反共”方针指导下，到处制造反共磨擦，武装袭击八路军、新四军的后方机关，发生多起流血惨案。中国共产党根据党中央和毛泽东的一系列指示精神，对国民党一些主要当权者危害民族抗战的倒行逆施，在政治上给予充分揭露，在军事上进行了有力的自卫还击。

10 月 4 日，毛泽东为中共中央主办的党内刊物《共产党人》写了发刊词，第一次完整提出“马克思列宁主义原理同中国革命的实践相结合”的科学原理，阐述了中国革命的三大法宝，即——统一战线、武装斗争和党的建设——这是一篇马列主义关于无产阶级政党建设的重要文献。

10 月 5 日，共青团中央为纪念安吴青年训练班二周年，请毛泽东写了题词：“带着新鲜血液与朝气加入革命队伍的青年们，无论他们是共产党员或非党员，都是可宝贵的，没有他们，革命队伍就不能发展，革命就不能胜利。但青年同志的自然缺点是缺乏经验，而革命经验是必要亲身参加革命斗争，从最下层工作做起，切实地不带一点虚伪地经过若干年之后，经验就属于没有经验的人们!”

10 月 10 日，毛泽东为中共中央起草了关于《目前形势和党的任务》的决定，再次向党内敲起警钟，为在粉碎日本帝国主义的“扫荡”后打退国民党顽固派发起的第一次反共高潮做了必要的思想准备。

10 月中旬的一天，王稼祥来找毛泽东谈工作，两个人在一起谈了八路军和新四军的发展问题，谈到了八路军已经壮大到了 40 万人，新四军也已接近了中央规定的 10 万人。两个人又谈起了国民党的蒋介石和汪精卫，一致认为汪精卫在南京成立亲日的傀儡政府已不可避免，蒋介石的反共行动也会随之而来，要坚决站在自卫的立场上予以有力还击……

这时，王稼祥又向毛泽东谈起了王明："在我们加强抗日、防蒋的宣传中，我们党内也要加强统一思想。王明虽然装病，但他还是不死心，还想着鼓动一些人实现他的一切服从国民党的政策！"

毛泽东叹了一口气说："他这个人哪，消极得很！整日价装病，不干工作，既不承认过去的错误，又不认真抓统战！"

谈话中，毛泽东又问起了王稼祥爱人的情况——毛泽东所说的王稼祥的爱人，正是毛泽东十几年前就已经认识了的朱仲丽，她已经和王稼祥结婚了。

王稼祥吸着雪茄烟说："她怀孕了。"

"这样快？"毛泽东笑道，"好么！请她来我这里吃顿饭，我和江青同志为你们庆贺一下！"

走进书房来的江青听毛泽东这样一讲，满意地笑了……

12 月 1 日，毛泽东为中共中央起草了关于大量吸收知识分子的决定，充分肯定了知识分子对中国革命事业的重要作用，批判了党和军队中排斥知识分子的错误，对团结广大知识分子参加抗日救亡活动、发展抗日民族统一战线起了重大作用。

12 月 9 日，毛泽东出席延安青年纪念"一二·九"运动 4 周年大会并作了讲演。

这时，国民党公然发动了对共产党领导的抗日武装的进攻，掀起了抗战时期的第一次反共高潮。

在晋西，阎锡山发动"十二月事变"，向共产党人领导的新军——青年抗敌救国决死队发动大规模进攻，并极力摧毁共产党建立的地方民主政权。

在陕甘宁，陇东三区保安队会同国民党驻军侵占宁县、镇原、正宁、淳化、旬邑等 5 座县城，并准备进攻延安……

面对敌人的进攻，八路军各部队遵照党中央、毛泽东的指示"人不犯我，我不犯人；人若犯我，我必犯人”的自卫原则，给予了敌人以有力的自卫还击……

12 月 20 日，毛泽东在延安为庆祝斯大林 60 岁生日写了《斯大林是中国人民的朋友》一文。

第二天，毛泽东出席延安各界庆祝斯大林 60 寿辰大会并发表讲话。

同一天，毛泽东还写了《纪念白求恩》一文。

在延安各界追悼以身殉职的白求恩的大会上，毛泽东亲笔写了挽联：

学习白求恩同志的国际精神，学习他的牺牲精神、责任心与工作热忱。

毛泽东并为追悼白求恩题词：

救死扶伤，实行革命的人道主义。

22 日，毛泽东出席延安各界人士欢迎抗日将领马占山的晚会。

从这时起，每逢周末，延安城里总要举行各种不同类型的文娱活动，军民联欢，上下同乐……

12 月下旬，毛泽东应邀再次为“抗大”题词：

一面学习，一面生产，克服困难，敌人丧胆。

同时为“抗大”的生产运动题词：

现在一面学习，一面生产，将来一面作战，一面生产，这就是抗大的作风，足以战胜任何敌人的！

这一时期，毛泽东还开始著述《中国革命和中国共产党》一书。全书分两章，第一章《中国社会》，先由他人起草，再经毛泽东亲自修改；第二章《中国革命》，是毛泽东自己动手写的。该书运用马列主义基本原理揭示了中国社会的性质、特点和主要社会矛盾及中国革命发展的历史规律，并第一次提出“新民主主义革命”这一科学概念。

## 68. 开创新民主主义 发展武装根据地

1939 年末，毛泽东开始写《新民主主义论》。他要用马克思列宁主义的理论结合中国革命的具体实践，总结出中国革命的具体经验，以武装人们的头脑，指导人们当前和以后的实际行动……

1940 年元旦，毛泽东为纪念《大众日报》创刊一周年题词：“动员报纸，刊物，学校，宣传团体，文化艺术团体，军队政治机关，民众团体及其他一切可能力量，以提高民族觉悟，发扬民族自信心与自尊心，反对任何投降妥协的企图，坚持抗战到底，不怕困难，不怕牺牲，我们一定要自由，我们一定要胜利。”

1 月 5 日，毛泽东对晋西北的共产党组织和八路军部队作出反对国民党顽固派进攻的具体指示。

1 月 15 日，共产党中央组织部分在延安的党政军干部举行大会，庆祝吴玉章同志的 60 寿辰。毛泽东出席大会并讲话。毛泽东热情颂扬了吴玉章几十年来对中国革命作出的贡献，并说：“一个人做点好事并不难，难的是一辈子做好事，不做坏事，一贯的有益于广大群众，一贯的有益于青年，一贯的有益于革命，艰苦奋斗几十年如一日，这才是最难最难的啊！”

1 月 28 日，毛泽东针对时局为中共中央起草了《克服投降主义，力争时局好转》的党内指示。毛泽东要求党的组织，集中一切力量为发展武装建立根据地而斗争。

这时候，毛泽东完成了他的《新民主主义论》一文，并发表在了延安出版的《中国文化》创刊号上。

毛泽东在文章中科学地总结了帝国主义和无产阶级革命时代殖民地和半殖民地人民革命斗争的经验，提出了无产阶级领导的民族民主革命的基本规律，阐明了新民主主义革命的路线和纲领。文章的发表，粉碎了国民党顽固派在政治思想上的进攻，从理论上批判了共产党内“左”右倾机会主义，进一步统一了全党和全国革命人民的思想，推动了中国革命的顺利发展。

2 月 5 日，毛泽东出席陕甘宁边区自然科学研究会成立会并发表讲话，号召大家研究自然科学。

2 月 10 日，中央军委根据毛泽东的指示，向全军发出指示，要求部队开展生产运动。

# 69. 反磨擦团结抗日<br>共产党自卫御敌

1940 年初，去苏联治病的毛泽民回到了新疆。这时钱希钧已写了要求回延安直接参加抗日的申请，搭上苏联的运输车回延安了。

钱希钧回延安后，组织上批准了她和毛泽民离婚。

毛泽民在新疆，认识了在迪化女子中学任教导主任的朱旦华。朱旦华是一位端庄、俊俏的姑娘，原是从延安到新疆来组建新疆省政府经济建设计划委员会的，后来到了邓发领导的新兵营，又从新兵营到了迪化女中。

3 月 5 日，毛泽东向八路军总部发出对阎锡山的政策指示，指出目前我党的方针是“拥阎抗日”。

这一时期，国民党军中的“亲蒋”势力抱着顽固反共的险恶用心，在八路军与山西的国民党地方军阀阎锡山之间频频制造磨擦、借故挑起事端，妄图假阎锡山之手削弱共产党和人民团结抗战的武装力量。毛泽东高瞻远瞩，早已识破了敌人的卑鄙阴谋，本着民族团结的精神和站在抗日民族统一战线的立场上，着眼于全局，并根据抗战前线的实际情况，指示所属部队严格执行中央军委的命令：“我们的基本政策是继续团结阎锡山，巩固旧军于阎的指挥下，不使之发生不利于我的分化。保存阎在吕梁山的地盘。恢复新军与阎之指挥隶属关系，以利华北与西北之抗战。”

第二天，毛泽东为中共中央起草了《抗日根据地的政权问题》的党内指示，指出根据地政权的性质是民族统一战线的，规定了三三制政权的原则。

3 月 11 日，毛泽东在延安党的高级干部会议上作《目前抗日统一战线中的策略问题》的报告，提出扩大统一战线，必须采取“发展进步势力，争取中间势力，反对顽固势力”的策略；同顽固派作斗争，必须坚持“有理、有利、有节”的原则，注意运用“利用矛盾、争取多数、反对少数、各个击破”的策略。

3 月 14 日、18 日、20 日、21 日、25 日，毛泽东、党中央连续发出关于推动时局好转和反磨擦斗争原则的指示，指出反磨擦斗争不应超出自卫范围，对国民党要进行团结、联络、争取和说服工作，推动时局好转。

这时正值春季。国民党顽固派的军队不断袭击江北的新四军，但都遭到了新四军的有力还击。

3 月 30 日，国民党汪精卫集团伪“国民政府”在南京成立，汪精卫代理主席，充当了日本侵略者的忠实走狗。

4 月间，毛泽东所考虑的主要问题依然是如何进一步巩固和发展壮大抗日民族统一战线，他除了向国民党当局进行呼吁外，同时广泛接触来到延安的众多的知识分子和各界人士，同他们谈心，讲明共产党坚决反对任何形式的投降、一心抗日的决心和团结民众的各项政策，越来越多地吸引和鼓舞着对共产党和八路军有所认识、了解的人们……

5 月 4 日，毛泽东为纪念“五四”青年节题词：

目前中国青年的惟一任务就是打胜日本帝国主义。

5 月间，在新疆迪化的毛泽民与朱旦华结婚。

婚后的毛泽民更加朝气蓬勃地投入到了新疆的经济、财政建设上面，工作也更加显得如虎添翼了。朱旦华仍和从前一样，依然在女中任教，教课之余，笔耕不辍，经常在《新疆日报》上发表文章，深受读者的好评。

这时在延安，毛泽东身边已有不少从韶山来的家人，每逢休息日，这些人总要到杨家岭来看望毛泽东，并从幼稚园接了娇娇回来，大家在一起乐一乐。只是贺怡执行任务离开了延安，毛泽东便常抽时间去凤凰山麓看望贺子珍的妈妈，和老人家一起吃顿便饭……

只要有时间，毛泽东总要到"抗大"去讲课，并且对"抗大"教职员的学习抓得很紧。他常对大家说："要当先生，必须先当学生。"

在谈及读书方法时，毛泽东对大家说："读书一定要认真呢！不能一目十行，《三国演义》中的那个庞统能一目十行，我是从来不信的，那是夸张。读书先要粗读，可以快一些，有个大概的印象，然后再复读，重温一下重要的章节，也叫精读；在这个基础上再写点读书笔记，问几个为什么，联系实际思考一下周围的事情，这样才能够防止教条主义和本本主义。"

在"抗大"，为了巩固大家的读书成果，毛泽东还提出了"官教兵、兵教官、兵教兵"的学习方法。毛泽东经常同"抗大"的人们开玩笑说："过去，我小时候读私塾，记不得'人之初，性本善'，是要挨先生打的。但现在老师不会打你们，不过，没有压力是学不到东西的，尤其是学哲学，非下一番苦工夫不可。"

对于"抗大"学员，毛泽东特别注重大家学习实际本领，多次对学员们提出"一定要学会种田，还要学会穿草鞋，再就是要学会地方方言"的要求，并将这些作为对学员进行考核的一项重要内容，由"抗大"规定下来。

8 月间，离开延安执行任务的贺怡在韶关不幸被国民党特务逮捕，为了保持共产党人的气节，她吞下金戒指准备自杀……

毛泽东在延安得到消息，立刻给在重庆的周恩来拍发了加急电报，要他赶快想办法营救。周恩来马上同顾祝同谈判，用八路军俘虏的国民党将领换回了贺怡，并派人把她送回了延安。

延安野战医院的医生认为，必须尽快对贺怡动手术，取出腹中的金戒指。按规定，手术前必须由她的亲属在手术申请单上签字。可是，这时贺怡身边已无直系亲人，总不能去凤凰山麓请了她年事已高的老母亲来吧——怎么办？手术申请单被送到了杨家岭毛泽东那里。

江青知道后说："这手术单主席不能签，她早已不是我们毛家的人了！"

毛泽东却说："要签呢！为了她能够多工作几十年，这个字我还是要签的。"

贺怡的手术成功了，虽然她的胃只剩下了1/3，但终于恢复了健康。当她得知毛泽东代表直系亲属为她签写了手术申请单时，两行热泪不由得夺眶而出……

就在贺怡的手术成功之时，江青生下了一个女儿，毛泽东极为高兴，给女儿取名李讷，但总爱叫她"爸爸的乖女儿、大娃娃……"

初秋的一个早晨，早饭前，延安马列学院的党总支书记张启龙、副院长范文澜把教育处长邓力群、校务处长韩世福、教育干事安平生和宣传干事马洪叫去，说："今天请毛主席来学院作报告，由你们接送。早饭后你们赶紧到杨家岭去接毛主席。"

这时延安正处在困难时期，马列学院里没有任何交通工具，又总不能赶着骡马去接毛泽东来作报告，被叫来的4个人都感到难为情。张启龙却说："毛主席和党中央知道我们的情况，不要紧，去接就是了，无车无马，你们就陪着主席走走吧。"

从马列学院到杨家岭，少说也有八九里的路程，中途还隔着延水河。4个人走了一半的路，刚刚踏上延河桥头，就见毛泽东已经风尘仆仆地走来了。

4个人都愣住了，见毛泽东来得这么早，脚下的布鞋上已经蒙了一层黄土，可想而知毛泽东走得很急。没等4个人开口问话，毛泽东抢先问了他们："你们4个风风火火的，要干么事去呀？"

邓力群回答说："学院领导派我们来接主席……"

"接我？"毛泽东踏了踏脚，幽默地说，"嗯，我晓得了，是怕我忘了今日有报告会吧？"然后挥了挥手又说，"你们放心好了，学校给我的任务，那是忘不了的！"

邓力群急忙解释："是要我们来接主席的。我们来晚了，很不像话……"

毛泽东抬起手来摆了摆："这样做就有些不妥了，一个人作报告要4个人来接，要不得，要不得！"

说着话，毛泽东走过了延河桥，4个人跟在毛泽东的身后，一起向马列学院走来。路上，毛泽东很认真地对大家说："哦，你们4个人，为么事没有抬轿子啊？你们不是抬了轿子来接我呀？下一次，跟你们的领导去说，再加

4 个人，来个八抬大轿，又体面，又威风；还要再有人，来几个鸣锣开道的，派几个摇旗呐喊的，你们说好不好?”

随行的人都笑了，谁也不说话。毛泽东也笑了，一边摇头一边说：“那才不像话哩！对么？过去皇帝出朝，要乘龙车凤辇；官僚出阁，要坐八抬大轿。那样前呼后拥的，浩浩荡荡，摆威风，其实辛苦了老百姓。我们是共产党人，是讲革命的，要革皇帝官僚的命，把旧世界打它个落花流水!”

毛泽东边走边说：“我们既要革命，就要同旧世界的旧制度决裂，就万万不能沾染官僚习气。从杨家岭到马列学院，十里八里路，两万五千里长征都走过来了，这几步路算不得什么；我又不是不晓得道路，不要接接送送。我们要很自觉地养成一种新的风气，这就是延安作风。我们要用延安作风，打败国民党的西安作风!”

毛泽东的话，说得 4 个人连连点头称是……

这时在苏北，陈毅、粟裕率领新四军的部队在黄桥战斗中，一举击败了国民党军队的袭击，歼灭韩德勤部 11000 余人。

10 月 19 日，国民党政府军事委员会以何应钦、白崇禧正副参谋总长的名义发表致朱德、彭德怀、叶挺的“皓电”，大肆诬蔑共产党及其领导的革命武装力量，并强令八路军、新四军在一个月内开到黄河以北。这是国民党顽固派发动的第二次反共高潮的开始。

中国共产党据理驳斥了他们的无理要求，但为顾全大局，答应将皖南的新四军移至江北。

此时又值深秋季节。延安的枣树红了，杨家岭后山上的柿子叶黄了，延河边的杨柳树叶子也黄了，并且开始落叶。

远在苏联的贺子珍这时身体状况极差，她思念祖国、思念毛泽东，又因痛失爱子而精神恍惚，更加思念留在延安的女儿娇娇。毛泽东得到消息后，为了给贺子珍以精神寄托，决定将女儿娇娇送去苏联，陪伴在她身边，使得她能够尽早恢复身心健康……

10 月 25 日，毛泽东向八路军、新四军各部队和共产党各地方组织发出指示，强调了在军事上“独立自主”的抗日原则。

11 月上旬的一天，毛泽东得到当地群众批评陕甘宁边区留守兵团的人违反了八路军的“三大纪律八项注意”、还扬言要找毛泽东“告御状”的消息，很吃惊，立即召集了留守兵团的十几位负责同志谈话、了解情况。留守兵团的一些人想不通，埋怨地方党组织对群众教育不够，也要求向毛泽东汇报实际情况。

在杨家岭的窑洞里，毛泽东热情地招呼留守兵团的人坐下来，并拿出了“单刀牌”香烟招待大家。当同志们都坐下以后，毛泽东说：“大家心里有些怨气，可以面对面地谈谈么！一吐为快，不要憋在心里，有什么意见都讲出来吧！”

大家见毛泽东对他们很热情，便你一言、我一语地谈了不少意见，最后还有人说：“老百姓对我们有意见，可以直接找我们谈；可他们一不找、二不谈，动不动就说要找毛主席去，真让人接受不了！”

毛泽东听了大家的意见，意味深长地说：“老百姓有意见，要来找我，我看这是天大的好事！”

在座的人都被毛泽东说愣了，毛泽东吸着烟，以深沉的语气对大家说：“开天辟地以来，中国几千年的历史了，都是老百姓受官府的气，受当兵的欺侮，他们敢怒不敢言；现在他们敢向我们提意见，敢批评军队，这是多么了不起的变化啊！你们想想看，从古到今，哪有老百姓批评军队的？哪有民管军这样好的事啊？这说明我们边区的民主已深入到群众中去了，老百姓敢直接找军队的顶头上司，说明老百姓是信任我们的啊！”

听了毛泽东这一番话，大家的心里立刻亮堂起来，纷纷沉痛地说：“我们思想上有不健康的东西，对部队教育不够，怪不得老百姓……”

毛泽东高兴了，招呼大家吸着烟，又说：“我看咱们边区政府民主建设工作做得很有成绩，我们的军队有广大群众当老师，你们搞军队工作的就不会犯大错误了！”

大家被毛泽东说得心悦诚服，纷纷表示严格要求自己、严格管理部队。毛泽东大手一挥说：“好么！你们今日的态度很好，我看留守兵团大有希望！边区大有希望！”

12 月 3 日，毛泽东出席了边区中央局经济自给动员大会并发表讲话，强调了团结的重要性。毛泽东在讲话中指出：“要细心地待人接物，仔细地认识周围的人物，具体地分别地对待他们，团结他们，这样才能使革命走向胜利。进行经济建设也要懂得这个道理，孤家寡人是什么也干不成的。”

12 月 25 日，毛泽东为中共中央起草了党内指示，其中一部分即《论政策》一文，这是毛泽东在抗战时期有关中国共产党政策的集大成文章，对统一解放区政策、巩固抗日民族统一战线起了重大作用，也是毛泽东关于政策和策略理论走向成熟的标志。

12 月 26 日是毛泽东的诞辰纪念日，这一年他已经 47 岁了。

这一天，为着新四军的事，毛泽东没有心思过生日，而是致电项英等人，对其提出了严厉批评，批评他们始终借故不执行向北发展、向敌后发展的方针，行动迟疑犹豫，无办法无决心，警告他们要吃大亏。

临近年终岁尾，毛泽东、朱德命令王震率 359 旅开赴延安东南的黄龙山南泥湾地区，在保持战斗准备的情况下，屯田开荒，发展生产。

王震临行前，毛泽东对他说：“359 旅到了南泥湾，一定要吃大苦，耐大劳，干出一个样子来！”又说，“军队搞屯田，也不是现代人的什么发明，中国古时候就有了，春秋时管仲搞过，三国时诸葛亮也搞过。如今我们搞屯田，是要打破国民党的经济封锁！我们要靠着两只手，做到自力更生，丰衣足食！”

王震下定决心说：“请主席放心，我保证 359 旅一定干出个样子来！”

## 70. 扩大敌后根据地　敌军围袭新四军

国民党顽固派在发动军事反共的同时，还在政治思想上对共产党发动了猖狂进攻。早在 1939 年 3 月，国民党即在全国发起了所谓“国民精神总动员运动”，名为抗战，实际是在抗战旗帜的掩护下，进行独裁、反共的舆论准备，鼓吹“一个主义，一个政党，一个领袖”，叫嚷“共产主义不适合中国国情”、“共产党在中国没有存在之必要”。这曾使全国人民为抗战前途和祖国的命运而担忧。

为了回击国民党在政治思想战线上的进攻，用中国革命的科学理论武装全国人民的思想，中国共产党进一步加强了理论战线的工作。从 1939 年 10 月起，毛泽东先后发表了《〈共产党人〉发刊词》、《目前形势和党的任务》、《中国革命和中国共产党》、《新民主主义论》等文章，向全国人民和全党阐述了中国共产党对中国革命和新中国建设的全部见解，系统地阐述了中国共产党的新民主主义革命理论，有力地回击了国民党顽固派的反共叫嚣，使全国各界人士看到了中国的光明前途和希望，促进了共产党内的思想统一和各解放区的政策统一，有力地推动了抗日战争和中国人民革命事业的发展。

在这样的形势下，敌后战场成为抗日的主要战场。1938 年 11 月，日本大本营确定了确保占领区，如无重大必要，不企图扩大占领区的方针。侵华日军按照这一方针，抽调一半以上的兵力，加强对共产党敌后战场的进攻，并以华北地区为重点，从 1939 年 1 月到 1940 年 3 月，分三期实施所谓“治安肃正”计划，推行“囚笼”政策，进行连续“扫荡”。敌后广大军民，在共产党的领导下，同敌人展开了英勇的斗争。

在华北，根据中共中央“巩固华北”的方针，进一步广泛地开展了游击战争，巩固与扩大了敌后根据地。

晋察冀区，贺龙、关向应率领 120 师一部于 1939 年 1 月进入冀中，4 月在河间齐会战斗中，歼敌 700 余人，首创了平原歼敌的大胜利。9 月下旬，又在陈庄歼敌 1200 余人。11 月，聂荣臻领导的晋察冀部队在涞源附近的黄土岭战斗中，歼敌 900 余人，击毙日本军独立混成第二旅团长阿部规秀中将。在中国战场上击毙敌人中将，这是抗战以来的第一次，日军哀叹“名将之花，凋谢在太行山上”。1939 年 1 月，萧克率领冀察热挺进军，进一步发展了平西、冀东、平北的游击战争。到 1940 年，晋察冀边区已发展到正太、石德线以北，张家口以南，山海关以西，同蒲路以东的广大地区。

晋绥区，120 师主力进入冀中后，358 旅和山西新军连续粉碎敌人的围攻，保卫了晋西北根据地。1940 年 1 月，120 师主力返回晋西北，6 月粉碎了敌人的夏季大“扫荡”。同时大青山根据地军民也取得反“扫荡”的胜利。11 月成立晋西北军区，统一领导北起大青山，南至汾离公路，东到同蒲路，西到黄河的广大地区的游击战争。

晋冀鲁豫区，1938年11月至1939年1月，先后粉碎敌人两次对冀南的大“扫荡”。7月初至8月下旬，又粉碎了敌人对晋冀豫山区的大“扫荡”。1940年4月至8月，八路军对平汉、石德、白晋铁路和敌所占公路进行破击战，打击了敌人的“囚笼”政策。年底发展到西起同蒲路，东至津浦路，南临黄河，北沿石太、石德路的广大地区。

山东区，罗荣桓率115师主力一部于1939年3月进入鲁西，首战樊坝，全歼伪军一个团。此后开辟鲁西根据地。10月，东越津浦路，开辟鲁南根据地。接着又进入鲁中和滨海地区。到1940年年底，全区包括津浦以东之山东大部地区，河北、江苏各一部分地区。

1940年8月至12月，华北八路军在彭德怀等指挥下发动了百团大战。这次战役参战部队达100多个团，历经交通总破袭战、摧毁敌伪据点的攻坚战和反“扫荡”作战三个阶段。在3个半月中总计进行大小战斗1824次，毙伤日伪军25800余人，战绩辉煌。百团大战给敌人以沉重打击，使敌人的“囚笼”政策遭受严重挫折，增强了全国军民争取抗战胜利的信心；配合和支持了正面战场，对克服国民党的投降危险起了积极作用；用事实驳斥了国民党顽固派诬蔑八路军“游击不击”的谰言，提高了共产党、八路军在全国的声望。

在华中，根据中共中央和毛泽东提出的“发展华中”的战略任务，成立了中原局，刘少奇任书记，领导长江以北的豫、鄂、皖、苏的抗战。1939年二三月间，中共中央军委副主席周恩来到新四军军部，与新四军领导商定了“向南巩固，向东作战，向北发展”的战略方针。根据中共中央指示，新四军各部先后实行了向敌后战略展开。

1939年5月初，叶挺军长过江组织新四军江北指挥部，张云逸兼指挥，徐海东、罗炳辉为副指挥。随后将原第4支队分编为第4、第5支队，由徐海东、罗炳辉分别任司令员，开赴津浦路两侧开展游击战争。1939年底，将豫、皖、苏地区的游击支队改编为第6支队，彭雪枫任司令员。1940年6月，将鄂、豫地区的各路抗日武装，合编为鄂豫挺进纵队，李先念任司令员。

1939年11月第1、第2支队领导机关合并，组成江南指挥部，陈毅、粟裕分别任正副指挥，并组织挺进纵队北渡长江，在扬州、泰州地区和仪征、天长、六和地区开展游击战争。1940年6月，陈毅、粟裕率主力到江北，大力发展苏北的抗日局面，将江南指挥部改称为苏北指挥部。10 月 10 日与黄克诚率领的八路军南下纵队在苏北东台县的白驹镇会师，使华北敌后战场与华中敌后战场连接起来。到 1940 年底，华中敌后战场扩展到东临海边，西屏武当，南抵太湖，北至陇海的江淮河汉之间的广大敌后地区。

在华南，1938 年 10 月，广州失守后，曾生等建立“东江人民抗日游击纵队”，创建了东江抗日根据地。1939 年 2 月，日军占领海南岛后，冯白驹等成立“琼崖抗日自卫独立队”，后改为琼崖纵队，创建了琼崖根据地。

在东北，东北抗日联军从 1936 年 7 月至 1939 年 5 月，将 11 个军编为三路军。1940 年由于环境险恶，将三路军缩编为 10 个支队。他们在极端艰苦的条件下，同日军进行殊死搏斗，涌现出许多可歌可泣的英雄事迹。1938 年 10 月，冷云等 8 名女战士被敌人包围，战斗到弹尽粮绝时携手集体投江。1940 年 2 月，第一路军总指挥杨靖宇在蒙江地区被敌人包围，独自一人战斗到最后，壮烈殉国。残暴的敌人将他的尸体解剖，发现他腹中全是草根、树皮和棉絮，连敌人也为之震惊。第三军第二团政治委员赵一曼被俘后在敌人严刑拷打下，忠贞不屈，慷慨就义，表现了中华儿女气壮山河的崇高气节。

经过两年多的反“扫荡”斗争，共产党及其领导下的抗日武装有了很大的发展。到 1940 年底，八路军、新四军和华南抗日游击队发展到 50 万人，民兵有 200 万人，全国解放区人口约 1 亿人。敌后军民抗击了侵华日军的 60%左右和伪军的全部。从抗日战争开始到 1940 年的三年中，收复县城 150 座，从敌人手里夺回了大片国土。共产党领导的抗日力量成为坚持抗战、夺取胜利的主要力量，敌后战场成为抗击日军的主要战场。

1941 年 1 月 4 日，新四军军部率领皖南部队 9000 余人开始北移。

1 月 6 日，新四军进至安徽泾县茂林地区时，遭到国民党军第三战区 7 个师 8 万余人的包围袭击。新四军自卫血战 7 昼夜，终因众寡悬殊，除 2000 多人突围外，大部分被俘、失散或壮烈牺牲，军长叶挺被扣，政治部主任袁国平牺牲，副军长项英、参谋长周子昆遇害。这就是震惊中外的“皖南事变”。

17 日，蒋介石发布反动命令，诬蔑新四军为“叛军”，取消新四军番号，并声称将叶挺交军事法庭“审判”。

一时间，全国舆论哗然。中国共产党对国民党的这一反共暴行进行了针锋相对的斗争。

20 日，中共中央军委发布重新组建新四军的命令，任命陈毅为代理军长，刘少奇为政治委员。

同日，毛泽东以中共中央军委发言人的名义对新华社记者发表谈话，揭露国民党破坏抗战、实行反共的阴谋，向国民党提出取消蒋介石 1 月 17 日宣布的取消新四军番号的反动命令，惩办祸首，释放叶挺，废止国民党一党专政，实行民主政治等 12 条解决办法，沉重打击了国民党顽固派的嚣张气焰。

与此同时，周恩来领导南方局和八路军办事处对国民党当局进行了坚决斗争，揭露事实真相，抗议国民党的暴行。

中国共产党的正义自卫立场得到广大人民和各民主党派、华侨及国际舆论的同情和支持，纷纷通电反对反共内战。蒋介石在政治上陷入空前的孤立境地。

1 月 25 日，新四军新军部在苏北盐城成立，立即将部队整编为 7 个师，继续坚持长江南北敌后战场的抗战。

29 日，毛泽东在百忙中读了萧子暲写的一些街头诗，很高兴，随即给萧子暲写了一封信："诗读过了，很有意思。报纸既不登，就在街头发表好了。有暇望来谈。"

这一时期，延安广泛开展了街头诗运动。诗人们把自己的诗写好后贴在大街的土墙上、石头上或者树干上，有人还直接写在大街两旁或拿去群众中朗读，以接受群众的批评。萧子暲是这场运动的组织者之一。

31 日深夜，当杨家岭窑洞外的星空寂寥、万籁俱寂时，毛泽东在窑洞内的煤油灯下给他的两个远在苏联的儿子岸英、岸青写了一封长信。

第二天，根据中共中央的决议，毛泽东发表《抗议无法无天之罪行》一文，继续揭露和批判国民党的反共阴谋。毛泽东在文章中指出："皖南事变电讯传来，闻者心惊，读者发指。此等自毁军令，自坏国法，自相鱼肉，自损国力之举，实可谓无法无天之至。"

2 月 15 日，毛泽东等共产党参政员致函国民参政会，提出皖南事变"善后办法"12 条：

制止挑衅；

取消1月17日命令；

惩办皖南事变祸首何应钦、顾祝同、上官云相三人；

恢复叶挺自由，继续充当军长；

交还皖南新四军全部人枪；

抚恤皖南新四军全部伤亡将士；

撤退华中剿共军；

平毁西北的封锁线；

解放全国一切被捕的爱国政治犯；

废除一党专政，实行民主政治；

实行三民主义，服从总理遗嘱；

逮捕各亲日派首领，交付国法裁判。

17日，毛泽东等向八路军、新四军领导人发出执行军事守势政治攻势的指示，指出目前党的政策中心是利用日蒋矛盾，因此必须采取上述政策。

又值春节时期——这时在新疆迪化，朱旦华生下了她和毛泽民的儿子毛远新。

3月2日，毛泽东等在延安的共产党参政员致函国民参政会，提出以皖南事变“临时解决办法”12条，作为共产党出席参政会的条件，给蒋介石以严重打击。至此，国民党顽固派掀起的第二次大规模反共活动被击退。

3月6日，蒋介石迫于舆论压力，在第二届国民参政会上，表示保证“以后亦决无剿共的军事”。

对于蒋介石的这一口头“保证”，参加第二届国民参政会的议员们大多数是不相信的。面对以往铁的事实和血的教训，全国人民就更不相信了……

3月间，在延安工作的共产党理论工作者张如心在《论布尔什维克的教育家》一文中，首次使用了“毛泽东同志的思想”这个提法。他说，毛泽东同志的言论、著作“是马列主义理论与中国革命实践结合的典型的结晶体”；共产党的教育人才“应该是忠于列宁、斯大林的思想，忠实于毛泽东同志的思想”。这是“毛泽东思想”的首次提出和公开使用。

# 71. 自己动手勤劳动 操劳成疾仍奋力

1941年仲春的一天，毛泽东利用工作之余又扛起锄头，到划分给他的那一块田地里去劳动了。阎长林和王来音见毛泽东的工作太多、太忙，便几次劝阻说："主席工作这么忙，身体又不大好，种田的事就让我们去干吧！"

毛泽东坚持亲自参加生产劳动，并说："我不可以不劳动呢！劳动生产是党的号召，我应该和同志们一样，响应党的号召，参加大生产么！"

劳动中，阎长林和王来音等警卫人员、勤务人员都跑到毛泽东的田间来帮着挖地，毛泽东制止大家说："你们有你们的生产任务，我有我的生产任务，这点地，你们都挖了，我就没得挖了，还是让我自己动手么！"

施肥时，毛泽东也和老乡们一样，不怕脏不怕累地挑了大粪往地里倒，还笑呵呵地说："乡亲们讲得好么，'庄稼一枝花，全靠粪当家'，别看现在粪臭，等长出庄稼来，生产出蔬菜来，吃的时候香哩！"

垅边上的狗叫着，地头上的婆姨们笑着，毛泽东在田间颇像个庄稼把式似的干着农活。阎长林、王来音等人围护在毛泽东的身旁，也各自拿着锄头、铁锨翻地、打垅，整个田间一派欢快的劳动场面……

5月8日，毛泽东为中共中央起草《关于打退第二次反共高潮的总结》的党内指示，批评了项英的右倾机会主义错误，也批评了党内过"左"的错误思想。这一指示，对全党正确贯彻抗日民族统一战线及策略原则具有十分重要的指导意义。

5月中上旬的一天，毛泽东终于有时间亲手抱一抱他的小女儿了。这时李讷已经半岁多了，长得白白胖胖，很像毛泽东，也很讨毛泽东和江青的喜欢。

5月19日，毛泽东在延安党的高级干部会议上作《改造我们的学习》的报告，要求全党在学风上来一个彻底改造，树立马列主义学风，坚持理论联系实际的原则和实事求是的科学态度，坚持有的放矢的学习方法。报告是延安整风运动的必读文件之一，对搞好整风运动起着重要作用。

这一时期，美、日又进行了以牺牲中国，向蒋介石劝降为内容的谈判。由于帝国主义之间，日、蒋间的矛盾难于解决，特别是中国共产党领导的中国军民的坚决反对和世界进步舆论的谴责，“远东慕尼黑”阴谋没能得逞。

这时候在延安的漫画家华君武、张谔、蔡若虹三人联合举办了一个《延安讽刺画展》，各方面的人士都来观看……

5 月下旬的一天，毛泽东也来看画展了，一幅一幅看得很认真、很仔细。当他看到华君武的一幅画有蒋介石的漫画时，对画中的光头蒋介石瘦脸上贴着一贴膏药、而且是在“星条旗”的掩映下单腿拄着一根拐杖，很感兴趣，忍俊不禁道：“好么，画得好！这一下把蒋介石的特点都画出来了……”并表示说：“大家继续努力，漫画是要发展的。”

6 月 4 日，毛泽东指示陕甘宁边区政府的同志，要认真推行新文化与扫除文盲。

6 月 22 日，世界形势陡变——法西斯德国发动了对苏联的侵略战争。德军分三路向苏联境内发起闪电进攻。

第二天，毛泽东为中共中央起草了《关于反法西斯的国际统一战线》的党内指示。

在延安的党中央机关工作的人们谈起东欧局势，毛泽东分析说：“苏联那么大，斯大林是有手段的，我相信日后苏联必胜，德国法西斯必败！”

毛泽东的话，给了大家最终战胜世界法西斯的坚强信心……

7 月 1 日，是中国共产党诞生 20 周年纪念日，中共中央政治局通过了《关于增强党性的决定》。

次日，毛泽东致电八路军副总司令彭德怀，提出我军须有配合苏军反法西斯作战的准备。

7 月间，根据时局变化和实际工作的需要，中共中央决定成立以毛泽东为主任的调查研究局。

8 月 1 日，在毛泽东的倡导下，中共中央发布了《关于调查研究》的决定。

12 日，毛泽东致信萧军，再次相约罗、舒、艾三人到杨家岭来一叙："昨晚未晤罗、舒二同志，此刻不知他们二位及兄都有暇否？又艾青同志有暇否？又各位女同志有暇否？如有的话，敬请于早饭后惠临一叙。我们谈通一些问题，是很好的，很必要的。"

8 月 13 日上午，萧军、艾青、罗烽、舒群 4 人和几位文学界的女同志一起如约来到了杨家岭，在毛泽东的家中有说有笑地整整畅谈了半天……

交谈中，毛泽东很认真地对大家说："我们当前的任务是抗战，一切从抗战的整体利益出发。你们都是有知识、有文化的军中文人，要拿起笔作刀枪。要晓得，笔杆子的作用有时候顶得上千军万马呦！你们看么，国际上的声援和国内的抗日宣传，已经使得我们党和八路军、新四军名声大振，许多的知识分子和青年人都来投奔延安，这里面也有诸位的很大功劳哩！"

毛泽东的话说得大家心里一阵热乎乎的……接下来，在毛泽东的倡导下，几个人又在一起背诵了"初唐四杰"之一王勃的著名诗作《送杜少府之任蜀州》：

城阙辅三秦，风烟望五津。
与君离别意，同是宦游人。
海内存知己，天涯若比邻。
无为在歧路，儿女共沾巾。

王勃的诗背完了，毛泽东似乎意犹未尽，又朗朗地吟咏了王勃的一篇有名的骈体文《秋日登洪府滕王阁饯别序》：

豫章故郡，洪都新府；星分翼轸，地接衡庐。襟三江而带五湖，控蛮荆而引瓯越。物华天宝，龙光射牛斗之墟；人杰地灵，徐孺下陈蕃之榻。雄州雾列，俊采星驰。台隍枕夷夏之交，宾主尽东南之美……

毛泽东颇具湖南口音的吟咏和手眼并栩的神情，引得萧军、艾青、罗烽、舒群等一大帮人连声喝彩……

同一时期，毛泽东还为着边区的经济建设多次写信给林伯渠、谢觉哉和陕甘宁边区政府银行行长朱理治等人，要他们多和中共中央西北局书记高岗、陕甘宁边区政府财政厅厅长南汉宸、陕甘宁边区政府副主席高自立、八路军总后勤部部长兼政委叶季壮等人商议，共同研究，起草一个边区经济建设的可行性方案来。为此，毛泽东经常自然而然地想起他的二弟毛泽民——如果有毛泽民在延安，可以省却他关注边区经济建设和财政政策上的多少心血啊！

而这时毛泽民依然远在新疆迪化，化名周彬，由担任新疆省财政厅厅长改任民政厅厅长，在不到两年的时间里使全省的财政工作有了很大起色，并募捐到一大批款项购得了10架战斗机。这10架战斗机被命名为“新疆号”，从窝堡机场起飞，奔向了抗击日本帝国主义的最前线……

9月上旬的一天，毛泽东让他的机要秘书叶子龙通知在延安《解放日报》负责副刊的舒群，约漫画家华君武、张谔和蔡若虹到杨家岭来同他见面。

在毛泽东居住的窑洞里，毛泽东对三位漫画家谈了片面和全面、局部和整体、个别和一般的关系问题，并举出了前些时日由三人联合举办的那个画展中的一些作品，谈了他对漫画创作的一些看法。

谈话中，毛泽东谈笑风生，话语幽默，时不时地引起三位漫画家的笑声。由于毛泽东像普通人似的同大家谈话，在毛泽东面前，三位画家也不觉得拘谨，每个人都很随意地向毛泽东提出了许多问题。

后来，毛泽东留大家一起吃饭。几杯老酒落肚，饭桌上的话语就更多、更随便了。华君武问毛泽东：“主席，人们都知道你爱吃辣椒，但有人说你爱吃辣椒爱到了近似令人难以置信的程度，说你就连吃西瓜也要就着辣椒吃，是真的吗？”

毛泽东笑了，吸着烟说：“这个话有个来历呢！长征途中，有一次正就着辣椒吃饭，陈昌奉送来了当地产的西瓜，便放下饭碗吃西瓜了，这就是所谓的‘就着辣椒吃西瓜’的传闻吧！”

华君武又问：“打仗时勇敢冲锋并不难，可如果被敌人捉了去严刑拷打，经受不住，怎么办？”

毛泽东很温和地说：“你想着为人民么！”

大家的交谈很随和、很融洽。临别时，毛泽东送大家走出窑洞，又说：“我们的一切工作，都是为着人民的！”

在离开杨家岭的路上，三位漫画家都沉浸在同毛泽东坦诚交谈的追忆中……

9 月 10 日，中共中央政治局扩大会议在延安举行，毛泽东出席会议并作了反对主观主义和宗派主义问题的报告。

9 月下旬的一天夜里，毛泽东在写作中突然感觉到胳膊痛得抬不起来了——长期艰苦的战斗生活，使毛泽东早已患了风湿性关节炎和严重的肠胃病，发作时痛得很厉害。他还经常便秘，夜里失眠，白天饮食不振。这一天，他的关节炎再一次发作起来，天亮后阎长林要去医院请大夫，被毛泽东阻止了："莫去了，吃了多少次西药都不大顶用，还是请中医吧！"

在边区政府工作的李鼎铭先生，既是米脂县参议会的议长，又是边区有名的中医。阎长林去请李鼎铭，李鼎铭拄着拐杖从边区政府来到杨家岭给毛泽东看病了。

切脉后，李鼎铭对毛泽东说："吃三副中药就会好转，不要紧的。"

李鼎铭走后，在毛泽东身边工作的人们和中央卫生处的一些同志都反对毛泽东吃中药，因其太苦，担心引发胃病。毛泽东笑着对大家说："你们应该相信中医，还是试试看么！"

毛泽东吃完三副中药后，胳膊果然能够转动自如了。毛泽东不由夸赞说："中医是中国的传统医学，有上千年的历史，是很值得继承和发扬的！"

9 月 26 日，中共中央决定成立中央学习研究组，由毛泽东任组长，主要任务是研究马列主义理论和党的历史经验，以克服主观主义和形式主义。同时决定成立各地高级学习组。随后，延安高级干部开始了整风……

这时在欧洲战场，分三路进攻苏联的北路德军已于 7 月包围了列宁格勒，南路德军于 9 月攻陷基辅，中路德军也已兵临莫斯科城下……

10 月 22 日，于 9 月 10 日召开的中央政治局扩大会议结束。会议讨论了党的历史上的路线问题，确认土地革命后期，王明、博古等人领导的党中央所犯的"左"倾错误是"路线错误"，决定在全党发动思想革命，反对主观主义和宗派主义。

10 月 30 日，毛泽东在东方反法西斯民族会议上发表讲演，强调加强国际统一战线，打倒法西斯。

这时又值深秋时节，陕北的黄土高原上天高气爽。

11 月初，毛泽东参观了延安边区政府举办的农业展览会，并向劳动模范郝光华进行了家庭生活和生产劳动等问题的调查，同时将郝光华请到杨家岭自己的家里，具体了解了吴家枣园群众的生活、生产情况。

11 月 6 日，毛泽东出席了陕甘宁边区第二届参议会开幕式并致词。毛泽东在致词中说："目前全世界人类的任务是团结起来，反对法西斯。美国绝不应听信日本的阴谋，与日本订立任何的妥协，美国应和中国及英国一道，以实力制裁日本法西斯。"

第二天，毛泽东发表广播讲演，呼吁美英西方强国尽快对德对日宣战："英美等西方强国给予中国、苏联援助，尽快对德对日宣战，把世界反法西斯的斗争推向更高的阶段。""只要全国真正地团结一致，日本的进攻必能阻止，反攻的准备必能办到，驱逐敌人的目的是必能实现的。"

11 月中上旬，毛泽东的风湿性关节炎和胃病再一次同时发作了。李鼎铭先生除了让毛泽东服中药以外，还用按摩的办法予以治疗，并建议说在太阳光下按摩的效果会更好。毛泽东欣然同意。

一连数日，毛泽东每天中午便赤裸了上身，躺坐在窑洞外的帆布椅上，在阳光的照射下让李鼎铭先生给他按摩身体。开始时是一天一次，后来隔日一次。阎长林每次都拿着毛泽东脱下来的旧夹袄侍立在一旁，随时准备着为毛泽东重新穿上衣服。

一次在按摩中，毛泽东对李鼎铭说："现在延安西医看不起中医，是有些人迷信西医的医术，不晓得也不认识中医医学的缘故。将来，等这些人生病了，西医治不了，被中医治好了，他们就看得起中医了。"

李鼎铭边给毛泽东按摩边说："等这些人生病就晚了。我认为中西医各有长处，只有团结起来才能求得进步。"

毛泽东听了很高兴："你这个想法好哩，以后中西医一定要结合起来！"

11 月中旬末，毛泽东的身体状况好了许多，同时学到了许多中医保健方面的知识。从此以后，他逢人就讲李鼎铭先生的医术高明，宣传中医的好处，号召人们尊重和爱护中医，要西医虚心向中医学习。

在毛泽东的倡导下，边区很快成立了中医研究会、中西医协会、中医保健药社，推进了中医中药的发展和中西医结合……

11 月 21 日，毛泽东出席了陕甘宁边区第二届参议会第一次大会并发表演说，强调加强党内外团结与合作，改正中共党内的不良作风。

与此同时，毛泽东还采纳了李鼎铭等 11 人联名提出的精兵简政的主张。

12 月 8 日，日本偷袭美国在太平洋的海军基地珍珠港，爆发了太平洋战争。

同日，美英对日宣战。

接着，日本又袭击了英国在太平洋的战略基地新加坡，战争范围很快扩大到太平洋三分之二的洋面。法西斯势力猖獗一时，反法西斯方面处于守势。

太平洋战争的爆发，使整个世界战局发生了重大变化。中国人民的抗日战争与世界反法西斯战争更加紧密地联系在一起。

12 月 9 日，中国共产党发表《为太平洋战争的宣言》，指出：太平洋战争的爆发，使“全世界的一切国家一切民族划分为举行侵略战争的法西斯阵线与举行解放战争的反法西斯阵线，已经最后明朗化了”，提出“中国与英美及其他抗日诸友邦缔结军事同盟，实行配合作战”。

同一天，国民政府发布了正式对日和德、意宣战文告。

## 72. 统一思想搞整风　召开文艺座谈会

1942 年 1 月 1 日，中、苏、美、英等 26 个国家正式结成了世界反法西斯同盟。

1 月间，在美、英建议下，设立了中国战区，包含中国、越南、泰国、缅甸统帅部，蒋介石为战区最高统帅，美国派史迪威将军为战区统帅部参谋长。

太平洋战争爆发后，日军作战重心转向太平洋地区。对中国正面战场的军事行动主要是配合其在太平洋的作战。

日军为了把在中国的占领区变成其稳定的战略后方和兵站基地，这时更加紧了在华北地区推行的“治安强化运动”，对“治安区”（即敌占区）以“清乡”为主，强化保甲制度，进行欺骗怀柔；对“准治安区”（即游击区）以“蚕食”为主，恐怖政策与怀柔政策并用，实行所谓“绝缘政策”，制造“无人区”，反复进行搜索；对“非治安区”（即解放区）以“扫荡”为主，调集大部分兵力，采用所谓“铁壁合围”、“纵横扫荡”、“辗转抉剔”等新战术，对敌后根据地进行连续的残酷的“扫荡”，实行残暴的烧光、杀光、抢光的“三光”政策，妄图扼杀根据地军民的生存条件。同时，在华中、华南推行“清乡”运动，强调“军政并进，剿抚兼施”。

国民党顽固派也调集了几十万大军包围、封锁解放区，还有大批军队投敌，配合日军进攻解放区。

由于日、伪、蒋的夹击，加上华北地区连年遭受自然灾害，使解放区处于极端困难的境地。解放区缩小了，人口和军队的总人数也下降了，财政经济和军民生活发生了极大的困难。这时，解放区的许多地方几乎被弄得没有衣服穿，没有油吃；八路军和新四军的战士们没有鞋袜，工作人员没有被盖。

为了克服困难，坚持长期抗战，共产党中央和毛泽东先后为全党制定并实行了对敌斗争、精兵简政、统一领导、拥政爱民、发展生产、整顿三风、审查干部、时事教育、三三制政权、减租减息等十几项政策。这些政策的中心思想就是以马列主义为指针，加强共产党的自身建设和统一领导，保持政治上思想上的一致，调动一切积极因素，团结奋斗，战胜困难，巩固解放区，开创新局面，夺取抗战的最后胜利。而整风运动和大生产运动则是其中的两个中心环节。

为了清除教条主义的思想影响，克服共产党内各种非无产阶级思想，保证党的正确路线更好地贯彻执行，中国共产党首先从延安开始，逐步开展了全党的整风运动。

从1941年5月到1942年初，是全党整风的准备阶段，主要在高级干部中进行学习讨论，以提高认识和统一思想。

与此同时，解放区军民开展了大生产运动。在陕甘宁边区，广大军民积极响应中共中央和毛泽东提出的“自己动手，丰衣足食”的号召，首先掀起了热火朝天的大生产运动，毛泽东、朱德、周恩来、任弼时等中央领导同志带头参加劳动；中共中央机关、边区政府、军队和学校都开荒种地、种粮种菜，办工厂；王震率领 359 旅开垦南泥湾，边区军民组织起来开荒生产，同时边区工业也有了很大发展。敌后根据地军民，在频繁的战斗环境中，实行劳武结合，也开展了生产运动，以达到“自己动手，克服困难”的目的。

这时，蒋介石顽固派更加紧了对新疆大军阀盛世才的收买活动，老奸巨猾的盛世才很快摘下了他脸上伪装革命的假面具，开始向新疆的共产党人举起了屠刀……

早在 1938 年春，盛世才在全国抗日救亡运动高涨之际开始伪装进步，要求与共产党合作，并提出希望共产党派一批干部到新疆工作。中共中央为了争取一切可以团结的力量共同抗日，答应了盛世才的要求，派出了陈潭秋、毛泽民、林基路等优秀共产党员去新疆工作。

1942 年初，新疆的形势已经很紧迫了。陈潭秋和毛泽民清醒地分析了形势，认为应建议中共中央及时考虑撤出在新疆的共产党干部，并将新疆政治形势的急剧变化向中央作了汇报。

这时，毛泽东为着准备在党内发动整风运动，号召边区部队学习红四军第九次党代表大会决议。

2 月 1 日，毛泽东在中共中央党校开学典礼上发表《整顿党的作风》的演说，着重阐述了整顿党风的重要性和整风方针，提出整风的任务是反对主观主义以整顿学风，反对宗派主义以整顿党风，反对党八股以整顿文风。这篇演说是马列主义关于党的学说的重要文献，对加强共产党的思想、理论、作风建设，指导延安整风运动，都起到了重大作用。从此，整风运动在全党范围内开展起来。

整风运动的方针是：

惩前毖后，治病救人；既要弄清思想，又要团结同志。

同一天，毛泽东从叶子龙手中收到陕甘宁边区政府秘书长周文写给他的一份意见书，意见书中提出了严重存在于党内的“党八股文风”和“新文言”的问题。毛泽东很重视这份意见书，即时给周文写了回信：“你的意见很对，我们正着手改革，并准备专为此事再开一次干部会。望你向解放报写些关于此问题的文章，打击党八股与新文言。”

2 月 8 日，毛泽东在延安干部会议上作《反对党八股》的报告，阐述了反对党八股的必要性，列举了党八股的 8 条罪状，促进了马列主义文风的建设。

2 月 18 日、19 日两天，延安《解放日报》连续登载了中央理论工作者张如心写的《学习和掌握毛泽东的理论和策略》一文，其中提出：“毛泽东同志的理论就是中国马克思列宁主义。”

3 月 31 日，毛泽东出席延安《解放日报》改版座谈会并发表了讲话。

为办好《解放日报》第 4 版副刊，毛泽东还特意拟定了一份征稿人名单。随后，由中共中央办公厅按名单发出通知，请大家到枣园参加毛泽东指定的“宴会”。

枣园又名延园，地处延安城西北 10 公里处，是中共中央书记处的所在地。枣园大门面东偏南，进门是一幢四方形砖木结构的中央小礼堂，与之相对的一侧是作战研究室、休息室和机要办公室三座相类似的平房。小礼堂后面的山下，是任弼时、刘少奇、彭德怀居住的窑洞。这时在山上，为了工作方便，也给毛泽东、周恩来、朱德准备出了三处窑洞。西北侧还有一幢房子，是苏联援华医生阿洛夫的住所。山下沟道里另有一处窑洞，是中央社会部的所在地，住着社会部部长康生。

整个枣园，花木繁茂，风景优美。山上山下的枣花乍开，吐露着沁人心脾的芳香……

开“宴会”这天，被毛泽东邀请的客人都从四面八方赶来了。当大家纷纷进入小礼堂，毛泽东站在台前致词说：“诸公驾到，非常感谢。今在枣园摆宴，我想诸位专家、学者必然乐于为《解放日报》第 4 版负责，当仁不让，有求必应，全力以赴，取之不尽，用之不竭……”

毛泽东的话，把到场的人都说笑了。

宴会进行中，大家边吃边说，气氛十分融洽。直至夕阳西下，明月东升，人们才尽欢而散——只有柯仲平一人仍旧坐在一张白木桌前，吃吃喝喝，没完没了。

舒群见了，走上前去劝他别再喝了。毛泽东见了，叫阎长林去桌上摆了三个碗，自己走上前给柯仲平、舒群斟了满满两碗酒，再给自己斟满了一碗酒，端起碗来对柯仲平和舒群说："喝吧！老柯、大舒，酒逢知己千杯少……"

柯仲平和舒群也急忙端起酒碗来，毛泽东举碗向柯仲平："老柯，你带着个剧团，常年奔波他乡，辛苦了——这是对你的慰劳酒！"

柯仲平忙说："感谢毛主席……批给我 40 元钱，搞起了这个剧团……"

毛泽东诚挚而又带了歉意说："让你去受苦受难……"

柯仲平喝下了碗中酒："过惯了……我愿意同老百姓……在一起……"

这时候，小礼堂外面的月亮渐高，夜色已深。舒群悄悄写了张条子"饮罢归去"，劝柯仲平不要再喝了，并背着毛泽东将字条递向柯仲平。只是事不机密，被毛泽东发现抓在手里截住了，看了看字条撕了，挽留两个人继续喝下去……

夜很深了。直喝得柯仲平不能再喝了，三个人才算作罢……

离开小礼堂，柯仲平和舒群都不知怎样就骑上了各自骑来的马。两个人都喝多了，骑在马上晃晃悠悠地不禁东倒西歪，柯仲平首先从马上栽了下来。舒群勉强爬下马来去搀扶他，一来二去，两个人都躺倒在黄土地上大睡起来……

睡梦正酣，两个人被人叫醒了。睁眼一看，皎洁的月光下站立着毛泽东的警卫员阎长林和侍卫员王来音，迎面还站着毛泽东，旁边还有一辆先前由华侨送的小汽车。

于是，5 个人一起上了汽车，由周西林驾驶着驶向了延安城。柯仲平和舒群骑乘的两匹马，被工作在枣园的人们牵回枣园去了……

4 月 9 日，毛泽东为准备召开文艺座谈会，致信中央研究院文艺研究室主任欧阳山，约他和中央研究院文艺研究室特别研究员草明一起来杨家岭家中一叙："拟面谈一次，如同意，请于今日惠临一叙，并盼与草明同志偕来。"

当天下午，欧阳山和草明二人来到了杨家岭，就有关文学艺术诸问题的方针，同毛泽东进行了长时间的座谈。在座谈中毛泽东强调指出："中国的文学艺术，必须是革命的文学艺术，必须是人民大众的文学艺术；所有革命的文学工作者和艺术工作者，都必须为中国的人民大众服务，为工农兵服务……"

5 月 2 日至 23 日，中共中央在杨家岭中央礼堂召开了文艺座谈会，毛泽东出席会议并于 2 日、23 日两次发表讲话①，回答了中国革命文艺运动中长期争论的一系列带根本性的问题，阐明了马克思主义的文艺理论和党的文艺路线，指明了革命文艺为工农兵服务的根本方向，把五四以来的革命文艺运动推向了新的阶段。毛泽东的讲话对延安文艺界的整风运动起了积极的推动作用，极大地促进了广大党员和干部改造世界观的自觉性。

这时在太平洋战场上，日本进攻中途岛，遭到美军反击，日军舰队惨败，成为太平洋战局的转折点。从此，日军由攻势转为守势，美军由守势转为攻势。

5 月下旬，中共中央政治局决定在延安成立中央总学习委员会，领导整风运动，由毛泽东任主任。

## 73. 敌后军民反“扫荡”<br>蒋介石策变新疆

1942 年 6 月间，侵华日军对敌后战场的军事进攻疯狂到极点，把“扫荡”、“蚕食”和“清乡”三种办法互相配合使用。敌后战场的形势犬牙交错，极端复杂，战斗的频繁和残酷达到了空前的程度。

为了在艰苦复杂的条件下更有效地战胜敌人，中共中央、毛泽东提出了“广泛开展群众性的游击战争”的方针，实行主力兵团地方化，地方武装群众化，大量发展民兵，建立主力军、地方军、民兵三结合的武装体制，统一指挥，协同作战。

在解放区，针对敌人的“扫荡”，发动群众坚壁清野，困惑敌人，以少数主力与民兵结合，用地雷战、地道战、麻雀战到处杀伤敌人。主力部队则转到外线作战，打击敌人的薄弱据点，造成敌人的混乱和恐慌，然后相机集结

---

① 讲话，即《在延安文艺座谈会上的讲话》。

主力，转入内线作战，各个歼灭敌人，粉碎其“扫荡”。

在游击区，针对敌人的“蚕食”，采取发动群众和军事斗争相结合的办法，在敌人点线正面组成联防线，并以武装深入敌人点线后面，使之腹背受击。对敌在游击区扎下的据点、炮楼，采取分割围困或拔除。

在敌占区，针对敌人的“清乡”，组织敌后武工队，实行“敌进我进”的方针，深入敌后之敌后，依靠人民群众的支持和掩护，采取各种形式打击敌人，使“治安区”不安宁，并成为我逐块分割的游击区。

依照党中央、毛泽东制定的上述战略方针和战术原则，敌后军民同敌人进行了艰苦卓绝的斗争。

晋察冀——1941 年八九月间，粉碎了敌人 10 多万兵力向北岳区的大“扫荡”，涌现了“狼牙山五壮士”的英雄事迹。1942 年，又粉碎了敌人以 5 万兵力对冀中的“五一大扫荡”。

晋冀鲁豫——两年内粉碎敌人 500 多次“扫荡”。1942 年 6 月 2 日，八路军副参谋长左权在山西辽县十字岭指挥战斗中壮烈牺牲。

晋绥——两年内粉碎敌人 33 次“扫荡”。

山东——粉碎敌人大小“扫荡”百余次。1941 年 11 月在泰山区的反“扫荡”中，出现了 28 壮士与三四千敌人坚持战斗两昼夜、歼敌 100 多人、最后子弹打完，全部跳崖殉国的英雄事迹。

华中——新四军采取机动灵活的战术打击敌人，充分发动群众，协同行动，粉碎敌人的封锁和“清乡”，同时还开展强大的政治攻势，瓦解敌伪军。因此，不仅粉碎了敌人的多次“扫荡”，而且使解放区保持着不断发展的局势。

华南——1941 年日军侵占香港后，东江游击队大力营救困留香港的文化界人士、爱国民主人士和国际友人，并和琼崖纵队相呼应，牵制和打击了南太平洋的日军。

在对敌斗争中，广大群众和民兵发挥了极其重大的作用，广泛开展了地雷战、地道战、破袭战、水上游击战、麻雀战、联防战、围困战等各种各样的战法，到处打击敌人，消灭敌人的有生力量。

在这两年间，尽管敌占区呈现着“出城登公路，抬头见炮楼；无村不带孝，处处是狼烟”的恐怖、凄凉景象，但敌后军民在极端困苦艰难的条件下，自力更生，团结战斗，终于粉碎了敌人极其野蛮、残酷的进攻，取得了辉煌的战绩，逐渐扭转了敌后战场一度出现的严重困难局面，有力地支援了正面战场的作战；同时还由于拖住了大量日军主力，从而减轻了盟国在太平洋战场的压力。这一时期的斗争，表现了中国共产党领导下的军民不畏强暴，奋勇战斗的英雄气概。

这时在陕甘宁边区，以延安为中心的党内整风运动正在普遍进行之中，广大党员认真学习整风文件、反省思想，自觉改造世界观。这是一次由毛泽东亲自领导的普遍的马克思列宁主义教育运动，意在使广大党员认识和掌握马列主义的普遍原理和中国革命的具体实践相结合的正确方向，使全党在马列主义的基础上达到空前的团结，为夺取抗战胜利和人民民主革命的胜利奠定坚实的思想基础。

与此同时，解放区广大军民在毛泽东的号召下掀起的轰轰烈烈的大生产运动，战胜了严重的物质困难，为争取抗日战争的最后胜利奠定了物质基础，同时锻炼了干部，密切了党、政、军、民之间的关系，培养了自力更生、艰苦奋斗的延安精神，积累了经济建设的经验。

8 月 7 日，毛泽东得知谢觉哉病了，立刻给谢觉哉写了信，嘱他好好休养。信写好后，恰逢天降大雨，延安的黄土地上一片泥泞。为了给谢觉哉送信，毛泽东嘱咐阎长林穿了雨衣、骑了黄骠马冒雨给谢觉哉送去，使病中的谢觉哉感激万分……

8 月上旬，国际战争形势变化很大，美军在瓜达耳卡纳耳岛登陆，标志着美军开始在太平洋上展开了正面反攻。

8 月 17 日，毛泽东得知谢觉哉的病情略见好转便又到边区参议会去工作了，很是为谢老的精神所感动，便给他写了一封鼓励信……

8 月下旬的一天，天上下着大雨，陕甘宁边区政府小礼堂里正在召开征粮会议。当毛泽东在会场上作报告时，忽然一声雷响，礼堂上的一根木柱被雷电击中折断了，出席会议的延川县县长李彩云不幸触电而死。

此事传出后，有人传言："我看那雷电明明冲着毛主席去的，却拐弯劈死了李彩云，真是邪事！"

在毛泽东身边工作的汪东兴听到传言，报告了毛泽东，并要去追查散布谣言的人，被毛泽东制止了。汪东兴说：“这明明是反革命言论，为什么不抓?”

毛泽东却说：“听话听声，锣鼓听音。群众这样讲，是对我毛泽东有意见，我们要认真了解这些意见，以便改进我们的工作。”

经过调查了解，果然发现边区政府下达的征粮任务重，群众有怨言，借雷劈一事发泄不满。毛泽东得知原委后，指示边区政府有关部门将征收公粮的任务从 120 万担减至 106 万担，进一步密切了党群关系，毛泽东在边区群众中的威信更高了。

这时候的新疆，形势愈加对共产党人不利了……

8 月 29 日，蒋介石亲自坐镇嘉峪关，特派宋美龄、朱绍良、梁寒操和吴泽湘等乘专机飞抵迪化，与盛世才进一步谈判。

蒋介石对盛世才威胁利诱并用，他任命盛世才为国民党中央监察委员，国民党新疆省党部主任委员，边防督办，省政府主席，第八战区副司令长官兼党、政、军要职。同时，他又派遣胡宗南部队进驻甘肃南部，以大军压境相要挟。

通过这次谈判，盛世才最终投靠了蒋介石。蒋介石即对盛世才下达了 4 条指令，其中第三条就是“肃清新疆共党”。

宋美龄等人一离开迪化，盛世才就以安全为由，将中共在新疆各地的工作人员，包括病残人员、家属和孩子全部集中在迪化八户梁和南梁招待所，即八路军驻新疆办事处。

此时的毛泽民已经料到形势即将发展的严重后果，随时准备把监狱当作自己对敌斗争的战场，并且下定决心，只要项上的人头还在，就要与蒋介石、盛世才斗争到底!

阴沉沉的秋天似乎在预示着痛苦和灾难的到来……

9 月 1 日，毛泽东在延安为中共中央起草了《关于统一抗日根据地党的领导及调整各组织间关系的决定》。

9 月 7 日，毛泽东为《解放日报》写的社论《一个极其重要的政策》发表，阐明了精兵简政和党的政策的关系。

这时在新疆迪化，形势已急剧恶化。

9 月 17 日上午，为了中共在新疆的同志能早日撤离，陈潭秋和吉合匆匆赶往苏联驻迪化领事馆，送去了他们准备分批撤离的计划和人员名单。

不料，陈潭秋和吉合回来时，盛世才的人马已经武装包围了陈潭秋的住所和整个八户梁招待所。

一伙全副武装、荷枪实弹的军警特务，分别冲进了毛泽民、林基路等人的住宅，声称："督办请你们去谈话!"然后不由分说地将毛泽民、林基路等人推上了停在院中的汽车。

在被武装"护送"的汽车上，毛泽民看到了与他一起被"请去谈话"的还有陈潭秋等 5 人。

毛泽民是下午 1 时被"请去谈话"的。当临近傍晚时，朱旦华还不见他回来，预料到这是盛世才耍惯了的捉人的鬼把戏，因为在新疆迪化，早就流传着这样一句话："天不怕地不怕，就怕盛世才请谈话。"

仅仅两天时间，盛世才以"谈话"为名软禁了中共在新疆的所有人员，包括家属和孩子共 164 人，朱旦华和儿子毛远新也包括在内。

陈潭秋、毛泽民、林基路等人被软禁后，联名给盛世才写了抗议信。信发出后，却没有任何反应。接着，他们又发出了第二封措词更为强烈的抗议信。

这些抗议信对盛世才已经毫无作用了。因"皖南事变"和苏德战争爆发后，盛世才认为苏联不行了，中共也靠不住了，便制造借口大肆捉拿共产党人，作为他投靠蒋介石的资本……

## 74. 共产党延安开会 毛泽民迪化被捕

1942 年 10 月 12 日，毛泽东在延安为《解放日报》写的社论《红军的伟大胜利》发表，高度评价了苏联红军在斯大林格勒的胜利。

这时远在苏联的毛岸英，已经参加了苏联红军，在苏联的卫国战争中，以其勇敢的战斗作风和勇于献身的大无畏精神，迅速地成长为一名年轻的苏联红军基层指挥员。

而这时贺子珍在莫斯科近郊的处境异常艰难。德寇大军兵临城下，莫斯科的物资供应十分贫乏，一切都为了前线，为了战争。她和岸青、娇娇相依为命，靠织手套筒换几个卢布艰难地维持着食不饱腹、衣不暖体的生活……

在苏联，岸英、岸青两兄弟很尊敬贺子珍，对娇娇也十分疼爱，很像两个大哥哥的样子。岸英参加苏联红军后，岸青留下来更加关心和爱护娇娇了，兄妹俩经常守护在贺子珍的身旁，忙着缠线、倒线，帮着她赶织手套筒，忙这忙那地干个不停。每当换回了黑面包，即便很少，贺子珍总是先紧着岸青吃，岸青又总是先紧让着妹妹吃，母子三人相依相爱，患难与共在炮火连天的战争岁月中……

10 月间，延安平剧研究院成立，毛泽东为其题词：“推陈出新”。

并为延安拍摄的电影《生产与战斗结合起来》① 题词：

自己动手　丰衣足食

这时中央西北局高级干部工作会议仍在进行中，毛泽东到会发表讲话说：“我们要注重理论，高级干部要准备读书，从《共产党宣言》起到《季米特洛夫文选》止，选三四十本。我们有这样丰富的经验，有这样长的斗争历史，要能读一二十本到三四十本马恩列斯的书，就把我们的党大大地武装起来了。”

进入 12 月，中共中央各部委和延安一些机关学校先后开始了审查干部的工作。

在继续进行中的西北局高级干部会议上，毛泽东再次出席会议并作了《经济问题与财政问题》的报告，阐明了经济工作和财政工作的总方针是“发展经济，保障供给”，批判了离开发展经济而单纯在财政收支上打主意的错误思想和不注意动员和帮助人民发展生产度过难关，而只注意向人民要东西的错误作风，提出了党领导根据地军民开展大生产运动的纲领和政策。报告阐明了党的经济工作的根本出发点是建立在改善人民群众生活之上的观点，对

① 《生产与战斗结合起来》，即电影《南泥湾》。

以后的经济工作具有十分重要的指导意义。

这时在新疆，天山南北已是一片冰天雪地，整个迪化已变得阴森恐怖、冷酷如冰……

盛世才丧心病狂地下令将陈潭秋和毛泽民及其家属从“刘公馆”秘密转移到原来城防团团长尤大头的住宅“尤公馆”，实际此处已成了盛世才的秘密监狱。

毛泽民等人再次愤怒地指责盛世才恩将仇报，完全忘记共产党派来干部帮助他开展新疆的抗战工作和发展经济的功绩与事实，并强烈要求立即释放被他所关押的全部共产党员。

盛世才对于这些抗议和指责充耳不闻，只是专心和急切地要向蒋介石一表忠心、大献殷勤。他亲自起草了密文，并派专人赴重庆送呈蒋介石，将新疆最近一段时间内的“大事情”向蒋介石特别详细地汇报，胡说新疆破获了“共产党‘四一二’阴谋暴动案”、“杜重远阴谋暴动案”和“阿山案”，以及如何软禁中共人员的详情，并请示从速派人到新疆“审讯和处理”。

为了进一步讨好蒋介石，盛世才于 12 月 9 日又下令组织了一个所谓“清理历次阴谋暴动案委员会”。他这样做，目的是为了迎接蒋介石即将派来的“新疆审判团”。

盛世才心里明白，在蒋介石的“审判团”到来之前，他必须准备好所需要的“口供”。所谓准备，就是他预先策划、制造事端后采用“逼供信”的手段而逼取出来的“口供”。

在这样的情况下，分两处被软禁的陈潭秋、毛泽民和林基路等人的处境已经很艰难、很危险了……

新疆的情况，由在迪化的共产党组织和苏联驻迪化的领事馆迅速报告给了延安，引起了共产党中央的极大重视。毛泽东和中央的其他领导同志几经商议后，很快作出决定：一方面，要求新疆的共产党人坚定革命立场，严守党的机密，不给敌人以任何反共借口，继续进行革命斗争，努力完成党交给的各项任务；另一方面，要求八路军驻西安、重庆办事处的人密切关注重庆方面同盛世才的一切联系，同时密切关注新疆方面的一切动向，并向苏联驻迪化的领事馆发出电报请求帮助，以确保新疆所有共产党人及其亲属的生命安全……

12 月中旬，毛泽东为《八路军军政杂志》创刊三周年纪念题词：准备反攻。

12 月下旬，在继续进行中的中央西北局高级干部工作会议上，毛泽东对关于发展军队的生产事业发表了讲话。

会议进行中，毛泽东还发出指示，要在各工厂普遍开展学习陕甘宁边区特等劳动模范赵占魁运动，号召陕甘宁边区和各抗日根据地的工厂、职工都向赵占魁学习。

12 月 29 日，延安军民举行隆重的追悼会，追悼印度援华医疗队的柯棣华大夫不幸病逝。毛泽东出席追悼会并写了挽词：

> 印度友人柯棣华大夫远道来华，援助抗日，在延安华北工作五年之久，医疗伤员，积劳病逝，全军失一臂助，民族失一友人。柯棣华大夫的国际主义精神，是我们永远不应该忘记的。

进入 1943 年，共产党人在新疆的处境更为恶化。被软禁在迪化“尤公馆”中的陈潭秋、毛泽民等人以及他们的家属日夜受到监视，每日的伙食越来越糟，敌人里里外外增加了岗哨，断绝了众人与外界可能发生的一切联系。

这时候，迪化其他软禁地的情况也愈发恶劣，特别是三角地“临时招待所”处，敌人增加的岗哨一直设立到了被软禁人员居住宿舍二楼的楼梯口，连人们夜间去厕所也要受到盘问和跟踪。

毛泽民、陈潭秋、林基路等人已经认识到形势的严峻性，他们很快烧毁了各自的学习笔记，并做好了应变的一切准备。

1 月 9 日，蒋介石派遣到新疆的第一批各种工作人员抵达迪化城。

同时，英美两国也在迪化正式设立了领事馆。

八路军驻重庆办事处的人很快得知了迪化所发生的这一切，并迅速报告了延安，毛泽东更为所有在新疆的共产党人的处境而担心了……

1 月 14 日，在延安召开的历时近三个月的中共中央西北局高级干部工作会议圆满结束，毛泽东出席了闭幕会并作了重要讲话。

1 月 16 日，国民党新疆省党部在迪化宣布正式成立，由一心投靠蒋介石的盛世才担任主任委员。

2月初，被软禁在迪化各处的中共人员几乎同时发现，盛世才突然停止了向各软禁地发送报纸，这明显地预示着事态已向更凶险的境况发展了。

2月7日傍晚，盛世才终于撕下了他脸面上的一切伪装，将已被软禁达4个多月的中共党员全部正式分批投进了监狱。

傍晚时，首先出动的军警将软禁在“尤公馆”中的徐杰（陈潭秋）、周彬（毛泽民）、潘柏南（潘同）、刘西平（刘希平）、孟一鸣（徐梦秋）等人一起押进了迪化第二监狱。尽管徐梦秋是个残疾人，没有双脚，但仍由王义福照顾着被投进了监牢。

第二批出动的军警又将软禁在三角地“临时招待所”的林基路、李啸平（李宗林）、李志梁（李云扬）、高登榜、刘伯珩（白大方）、马殊、郑亦胜、许亮、谷先南、谭桂标、于村（刘德亭）、王漠（王漠行）、马锐（马肇嵩）、曹克屈（曹建培）、段进启（段士谋）、胡东（胡鉴）、陈然然（陈清源）、陈如青等人一一点名叫了出来，分别押上汽车，送进了迪化第四监狱。

在第二监狱，陈潭秋、徐梦秋和王义福被关在同一个监牢中，毛泽民被关在另一个牢房里。

在第四监狱，被押进来的共产党人分别被关在了四个监牢中。

很快，身陷囹圄的共产党员们确立了三点对敌斗争原则：

（一）我们是盛世才邀请来的，我们在新疆有功无过，为什么关押我们？要求公审，宣布“罪状”；

（二）要求集体回延安，在任何情况下，都不单独出狱，单独出狱者是叛徒；

（三）要永远保持共产党员的高尚气节，宁肯牺牲自己的生命，也不危害党的利益。

接下来，一场充分显示共产党人钢铁般革命意志和受尽摧残而宁死不屈的顽强斗争，在敌人的监狱中展开了……

# 75. 重庆派出“审判团”延安开展大生产

1943年2月2日，苏联红军取得了斯大林格勒大会战的胜利，苏军开始由战略防御转入战略进攻。这是苏德战争的转折点，也是第二次世界大战的转折点。

这时美军已在太平洋的瓜达耳卡纳耳岛上登陆达半年之久，日本守军几乎全军覆没，瓜岛被美军占领。从此，美军转入战略总反攻，日军节节败退。

在世界反法西斯战争胜利发展的同时，中国的解放区战场也进入了一个崭新阶段。从1943年开始，八路军、新四军继续贯彻党中央、毛泽东提出的“敌进我进”的方针，积极粉碎敌人的“蚕食”、“扫荡”，恢复并开始发展解放区。

2月21日，毛泽东代表中共中央电贺苏联共产党暨红军将士——庆祝红军节25周年和红军所取得的伟大胜利。

这时的毛泽东已经搬到枣园来住了，江青和李讷也一同从杨家岭搬了过来，连同在毛泽东身边工作的人员，都随着毛泽东移到了枣园居住。

时值农历正月，有一天毛泽东在枣园外面散步，见到几位上了年纪的老乡正在一起晒太阳、聊天，便走上前去问他们都有多大年岁了。老人们说，他们都已经六十岁开外了，其中有两个还是同年同月同日生的，正月十五恰好是他们俩的生日。

毛泽东听了笑着说：“很好么！你们都是年逾花甲、德高望重的人，应该给你们祝寿才好！”

其中一位老人说：“现在打仗，正困难呢，还祝哪门子寿啊！”

毛泽东感触到老人们思想开朗，顾大体、识大局，便继续笑着说：“日本鬼子是要打的，大家的寿也是应该祝的！”

第二天下午，毛泽东派人请来了枣园乡的24名60多岁的老人，招待大家在一起吃寿面、喝寿酒。毛泽东举着酒碗祝贺老人们延年益寿、老当益壮，并说："老年人的经验多，做事情稳重；教育娃娃要靠老年人，教小伙子搞生产，支持革命，也离不开老年人哩!"

毛泽东的话，直说得大家心里暖烘烘、喜洋洋的。毛泽东又说："大家都要学战国时代赵国的廉颇和三国中的老黄忠，人老心不老么，总是要奋斗才好!"

老人们寿宴后，毛泽东给每人送了一条毛巾、一块肥皂，作为贺寿的礼物，并告诉大家只有多讲卫生，才能保障身体健康……

2 月间，毛泽东还为西北局奖励的 22 位生产英雄题词：

有创造精神

切实朴素，大公无私

坚决执行屯田政策

以身作则

坚决执行党的路线

善于领导群众

实事求是，不尚空谈

合作社的模范

忠实努力，不夸不骄

坚决执行党的政策

机关生产的模范

无限忠心

密切联系群众

一刻也不脱离群众

忠心耿耿，为党为国

面向群众

党的利益在第一位

生产教育两者兼顾

为群众谋福利

艰苦奋斗，不屈不挠

不怕困难

《解放日报》登载了这22位生产英雄的名字：王震、何雄忠、晏福生、罗章、黄静波、刘秉温、王正军、惠中权、刘建章、王世泰、杨林、范子文、胡起林、马文瑞、马锡五、王维舟、李丕福、习仲勋、文年生、任成玉、贺晋年、罗成德。

3月1日，国民党蒋介石派驻新疆的外交和监察等机构，在迪化正式成立。

蒋介石自从接到盛世才请求派去具有反共经验、并懂得法律的审判人员到新疆参加审判的密电之后，心中大为高兴，他立刻将密电批交中统局，并嘱咐“保送人员候核”。

中统局局长徐恩曾当即慎重选送了曾任中统南京实验区区长和第三处处长的季源溥，中共叛徒、屡任江西和江苏调统室主任的冯诗，中统骨干、重庆地方法院检查官郑大纶三人。

蒋介石在重庆官邸并没有同意冯诗，而是自行批选了CC系高级特务、国民党中央政治学校训导主任王德溥和季源溥二人为审判员，由王德溥负责，并特别吩咐要重点提审毛泽民。

听说要去新疆“审判”共产党，陈果夫立刻找到蒋介石，提出王德溥的老友、江苏高等法院院长和行政法院评事朱树生为审判员。这时郑大纶也向徐恩曾要求，希望能派去新疆参加审判。

临行前，蒋介石亲自召见了王德溥、季源溥和朱树生三人，并再三强调要严办新疆这批共党，尤其不能放过毛泽民。

随后，徐恩曾又设宴招待了包括郑大纶在内的全团4人。席间，徐恩曾嘱咐他们：“此行去新疆，一定要遵照总裁的训导，很好地完成任务！”

3月上旬的一天，王德溥、季源溥、朱树生和郑大纶4人乘专机离开了重庆，经西安飞往新疆，次日到达迪化。

盛世才特意指派了新疆第一号特务头子李英奇等要员前去机场迎接，并将4位“贵宾”送到了奢侈豪华的督办公署大花园下榻。

盛世才随即重新组织了所谓的“审判委员会”，并由盛世才本人亲任审判委员长，指定刘效藜和王德溥为副委员长，李英奇、李溥霖、彭吉元、程东汉、盛世骥、张光前、季源溥、朱树生和郑大纶等12人为委员。

“审判委员会”被盛世才划分成三个审判组。第一组由季源溥、李英奇等5人组成，专审“共产党‘四一二’阴谋暴动案”；第二组由王德溥等3人组成，专审“杜重远阴谋暴动案”；第三组由朱树生等人组成，专审“阿山案”。

“审判委员会”的“复审”工作开始后，按照盛世才的指令，尤其要软化和打消毛泽民、陈潭秋、林基路等人强烈的革命气节，妄图使他们自己“招供”……

3月16日至20日，中共中央政治局会议在延安举行，毛泽东出席会议。会议推举毛泽东为政治局主席、中央书记处主席，规定书记处“会议中所讨论的问题，主席有最后决定之权”。会议确定中央宣传委员会和中央组织委员会作为中央政治局和中央书记处的助理机关，毛泽东兼任中央宣传委员会书记。会议进一步确定了自遵义会议以来毛泽东在共产党内的领袖地位……

在新疆，3月下旬的一天晚上，毛泽民和陈潭秋在迪化第二监狱的一间特殊审讯室里受到了季源溥审判组的第一次“审讯”。

这是一间装有一部直通督办公署盛世才办公室电话的特殊审讯室。审讯室里的一切已经就绪，以季源溥为首的5人“审判官”和记录员常天申已经在各自的座位上坐好了。

随着一声“带人犯”的喝喊，门开处，身穿棉袄的毛泽民和陈潭秋被全副武装的军警押进了室内。

4名军警牢牢地监押在毛泽民的左右两侧。季源溥先令狱卒将木棍、镣铐、夹板等刑具拿来放在毛泽民和陈潭秋的眼前，然后操着假作温和的语气，先问陈潭秋：“你叫什么名子呀？”

陈潭秋神情自若，不抬眼皮地泰然说道：“我们是共产党人，是盛世才请来新疆宣传、组织抗日的，你们无权审讯我们！”

季源溥一下子站起来，正想说什么，却被大义凛然的毛泽民喝住了：“我们抗日无罪，你们的审讯是非法的！”

季源溥和李英奇等人先是一惊，随即同声发出了歇斯底里的叫喊：“快用刑，快给我用刑！”

就这么一个较量，这次特殊审讯室里的特殊审讯，就这样以敌人的失败结束了。

在李英奇一手编造的所谓“共产党‘四一二’阴谋暴动案”的初审报告中，捏造了一件耸人听闻的“事实”——什么在陈潭秋、毛泽民的策划指挥下，由李一欧几次召开秘密会议，与徐梦秋等人共同讨论决定，为了推翻省政府，建立新的新疆政府，定于民国三十二年四月十二日，在群众大会上刺杀盛世才等军政要员；并已有被抓获的李一欧供词交代：“策动‘四一二’暴动，参加苏联领事馆会议的有苏联总领事和军事顾问，还有八路军办事处的陈潭秋、毛泽民、王宝乾等人，武装由红军第八军供给。”

李一欧的“供词”从何而来、如何而来，只有盛世才心中自明。

被盛世才掌握在手中的李一欧，根本不是什么共产党员，也不是什么进步人士，他原只是盛世才手下的一个亲信——政训处处长，因为在个人私利上与盛世才有矛盾，被盛世才逮捕入狱。

这次，为了证实盛世才捏造的“共产党‘四一二’阴谋暴动案”，李一欧戴罪立功，在盛世才的授意下大放厥词，给在新疆的共产党编造了一通假口供，诬陷了在新疆的所有共产党人……

在盛世才威逼陈潭秋、毛泽民等共产党人之际，蒋介石在重庆发表了《中国之命运》，大肆宣扬封建主义和法西斯主义，反对共产主义，诬蔑共产党、八路军、新四军，扬言要在两年内消灭共产党，穷凶极恶地发动了第三次反共高潮。

面对国民党顽固派、蒋介石的猖狂叫嚣，中国共产党同其展开了坚决的斗争，以大量事实揭露其破坏抗战、反共、反人民的投降阴谋。同时，解放区军民也做好了充分的政治动员和军事准备，以随时应付其可能发起的任何挑衅和进攻。

这时又值春季，陕甘宁边区的大生产运动正在热火朝天地进行之中。

在延安，从凤凰山到杨家岭，从柳树铺到王家坪，从枣园到清凉山，一片片黄土坡地上到处都是开荒竞赛的人们。虽是春天了，但春风中依然伴随着一股股寒意，可参加开荒竞赛的机关干部、学校学员、部队的战士们，个个都挥汗如雨……

更可喜的是，中央警卫团的战士杜林森在开荒中，创造出了一天开荒六亩三分的个人最高成绩。毛泽东听到这个消息十分高兴，便在第二天下午亲自接见了他。

杜林森在劳动中生龙活虎，可一到了毛泽东面前，却显得像只怕见生人的小猫，一副腼腆的样子。毛泽东见了，笑着对他说："你的功劳很大，一天开了六亩多地，称得起劳动模范！"又说，"大家叫你'气死牛'么，我说你还会气死蒋介石哩！"

杜林森一时没听明白毛泽东话中的意思，只是抬起头眨巴着两只大眼睛怔怔地看着毛泽东。毛泽东把大手一挥，哈哈大笑道："气死国民党蒋介石嘛！"

杜林森这才咧开嘴憨厚地笑起来。毛泽东抚着他的肩膀说："蒋介石不给我们发饷，还四面包围、封锁我们，企图把我们困死、饿死、消灭掉，可是他的这些阴谋诡计，却叫你们这些搞大生产的劳动英雄们粉碎了。这不是要气死蒋介石吗？气不死，也要气他个半死哩！"

受到毛泽东的亲切接见和表扬，杜林森心里激动万分，在以后的大生产运动中干得更起劲、更认真了……

3 月下旬，毛泽东同时给八路军驻重庆办事处的周恩来、董必武等人和苏联驻迪化领事馆发去电报，要他们采取一切积极、有效的措施，尽力营救这些由党派出的忠诚战士。电报发出后，毛泽东又失眠了——他想及二弟的一切，从小到大，是他把二弟和三弟带出韶山来的，三弟已经为着革命的事业英勇地牺牲了，希望二弟和那些被盛世才扣押的同志们不要再遭到什么更大的不幸啊……

每天夜里，毛泽东常常一个人步出枣园的窑洞，站在场坪前仰望北方的星空，仿佛要透过暗暗的云层和漫无边际的夜幕，向毛泽民、陈潭秋等人传去他不尽的情思和无限的挂念……

## 76. 盛世才酷刑逼供 毛泽民坚贞不屈

为了让毛泽民等人承认共产党人犯下了李一欧所说的种种"罪行"，盛世才等人开始了对毛泽民和陈潭秋等共产党人的严刑逼供。

1943 年 4 月 10 日下午，季源溥在盛世才的指令下对毛泽民展开了一场有计划、有布置、有安排的秘密审讯。

狱卒们把毛泽民五花大绑地押进了审讯室。毛泽民在敌人面前表现得大义凛然，神情自若。

审讯开始，书记员常天申作了如下笔录：

问："姓名？"

答："周彬。"

问："年龄？"

答："45 岁。"

问："籍贯？"

答："长沙。"

问："职业？"

答："高等工业学校修业，《武汉民国日报》做过事，新疆财政、民政厅长。"

问："家有几口人？"

答："在迪化有一妻一子。"

问："参加过什么党派？"

答："国民党入过，共产党入过，先入共产党。"

问："共产党谁领导？"

答："毛泽东领导。"

问："你担任什么职务？"

答："担任宣传工作，当时系秘密。"

问："你信仰国民党成分多，还是信仰共产党成分多？"

答："国民党有 40 年斗争的历史，中国近百年来受帝国主义压迫，所以三民主义的民族主义就是救中国的主义，因此加入国民党，但是后来我信仰共产党。"

问："你何时来新疆，同来多少人，何人介绍？"

答："我一同来的三人，石三、陈慧卿二位女人，由延安来此，经毛泽东介绍，于民国二十七年二月到新疆的，到此后，督办叫我帮忙，所以边治病边工作，到迪化 10 天后，就任财政厅副厅长。”

问：“你几时去苏联养病？”

答：“民国二十八年五月去苏联，约住了 8 个月。”

问：“你回国后担任什么工作？”

答：“回新疆后，担任财政厅厅长。”

问：“八路军在新疆有多少人？”

答：“不多，回去的很多。”

问：“徐杰是不是由八路军来的？”

答：“徐杰是由延安来的。”

问：“共产党的事情，是不是由徐杰负责？”

答：“所有的书报由徐杰办理，我们这里没有党的组织，因新疆民族复杂，不能进行党的活动。”

问：“八路军在这里谁负责？”

答：“徐杰是办事处的代表。”

问：“你们在新疆有什么党的组织？”

答：“我们在这里的人员分散，所以无党的生活，也无党的组织。”

问：“苏联对新疆怎样？”

答：“新疆有亲苏政策，所以来了专家顾问。”

问：“你是不是毛泽东的弟弟？”

答：“请问督办。”

问：“八路军办事处有什么任务？”

答：“主要办理八路军病人的事。”

问：“八路军在新疆的人，内部有无分工？”

答：“我们脱离党的生活，没有小组，没有支部，所以没有任何分工，没有党的发展。”

问：“你们八路军人到新疆，中共中央给的什么指示？”

答：“统一战线，帮助新疆建设。”

问：“八路军的人在新疆不做争取群众及发展组织的工作吗？”

答：“不做。”

问：“你们在这里工作的人，谁是重要干部，谁是次要干部，举名字说一说?”

答:“请问督办。”

问:“共产党在新疆的组织活动怎样?”

答:“我们共产党,为国家为民族而斗争,没有个人的利害,所以,在新疆无党的活动;我们的人在新疆,无个人任用的权能,都是个人的活动,但无系统活动联系,同时为抗战建国,我们在新疆不作组织的活动。”

审讯到此,季源溥觉得很难审出什么具体内容,便向朱树生递了一个眼色,示意停止审讯。

书记员常天申把审讯记录交给季源溥等 4 位审判官签字盖章后,自己也盖了章,然后送到毛泽民面前,要毛泽民签字。

毛泽民公开拒绝签字。

早已等候在侧的打手们立刻蜂拥而上,强行摁倒毛泽民用竹板、木棍暴打一通,然后又架起毛泽民让他坐上了“老虎凳”。毛泽民被敌人打得皮开肉绽,鲜血淋漓,但他依然拒绝在审讯记录上签字。

季源溥一时无计可施,只得暂时结束了审讯。

4 月 20 日,敌人再次刑讯毛泽民,妄图逼迫毛泽民承认中共在新疆有“秘密活动”、毛泽民“阴谋暴动”。

面对酷刑,毛泽民慷慨陈词,据理力争,同时揭露了盛世才反苏反共、残害共产党人、破坏抗日民族统一战线的阴谋罪行。

匪首李英奇无言以对,继而命令打手再打毛泽民 40 个手板。

野兽般的打手用宽木板狠狠地压揉在了毛泽民的手掌上,每压揉一次,都把毛泽民疼得咬烂了下嘴唇、疼得咬断了衣领。但是,他硬是一声不吭地坚挺了下来——鲜红的血,顺着毛泽民的嘴角向下滴淌着,但他始终顽强地不说一句话……

敌人见他仍不开口,便又气急败坏地将他拖到了刑讯室“坐飞机”——他们先把毛泽民在墙上吊起来,然后上前抻平了毛泽民的两臂,让他脚点着地。两个凶神恶煞般的特务打手挥动了四川造的皮鞭,一鞭接一鞭地向着毛泽民的身上狠命抽打起来……

一天的时间过去了,毛泽民已被打得浑身血肉模糊,但敌人没能逼出一点口供，所谓“阴谋暴动”一事、强迫毛泽民脱离共产党的企图，最终都没有丝毫收获。

毛泽民已被敌人打得全身虚脱了，出现了严重的神经衰弱症，整个头颅就像被重锤猛击似的疼痛难耐。敌人抓着他的带血的衣领，使劲地摇晃，又在他耳边声嘶力竭地吼叫，但毛泽民依然保持着镇定的神志，不屈不挠地同敌人抗争着。

敌人一个个虽暴跳如雷，但终归又都无计可施。

盛世才丧尽天良地使出了他的绝招——连续七天七夜，敌人没让毛泽民合一下眼，存心折磨得毛泽民直至疲惫不堪的程度，只要他偶尔合一下眼，敌人就马上用一种被称作“阿姆尼亚”的烈性刺激药刺激他。

这种药只要放在人的鼻前嗅一嗅，那种难以忍受的刺激气味就会令人无法抵御。敌人就这样把毛泽民捆绑在一张受刑椅上，白天、黑夜没完没了地使他受着“阿姆尼亚”的刺激。

审讯官换了一个又一个，数不清换了多少张嘴脸。但毛泽民心里明白，每换一次，就是过去了 4 个小时，每换两次，就是过去了一个白天或一个黑夜。

连续几天几夜，敌人始终不让毛泽民合一下眼皮。毛泽民觉得自己的身躯就像一摊泥堆在了刑椅上，浑身上下不停地淌着汗，头晕、目眩、口干、舌燥、恶心……他毫无气力地坐在刑椅上，不管敌人说什么，他都听不清楚了，耳边只觉得一阵阵嗡嗡声响，而且愈来愈微弱。

突然，毛泽民感到自己的胸口像被炸开来一样疼痛，他猛地睁开眼睛，见到敌人将一只瓶子塞进了他的鼻孔。

昏沉中，毛泽民难受得什么也不知道了——敌人觉得时候到了，已经六天六夜了，再有意志的人在“阿姆尼亚”的连续刺激下，也不可能再控制得了自己了……

敌人再一次把毛泽民拖进了审讯室。

敌人诱导说：“你把‘阴谋暴动’的事实说一说吧！”

毛泽民有气无力地说：“我答不出来，我需要休息几天……”

“事实怎么样呢？”

“没有事实……”

敌人再次给毛泽民使用了“阿姆尼亚”：“政府对你尽情尽理，你应该表示诚意。”

毛泽民再次感到一阵阵头痛、胸闷，他连说话的力气也没有了。最后，他艰难地张了几下嘴巴，用尽最后一点点气力对敌人说：“我现在不晓得说什么，我需要休息几天……”

“‘四一二’暴动是怎么回事?”

“我不晓得……”

敌人的嘴对向了毛泽民的耳朵：“旁人有没有呢?”

毛泽民已是奄奄一息了：“我不晓得……”

敌人又一次拿来了“阿姆尼亚”：“颠覆政府暴动的事，到底是怎么回事?”

毛泽民以微弱的声音喃喃地说：“我没有参加，我不晓得……”

敌人气得再次吼叫起来：“事实非说不可！不说不行!”

毛泽民用尽了自己的最后一点力气：“没有的事……我怎么说呢……”

面对着快要断气的人，嘴巴还是这样硬，敌人被气得七窍生烟：“告诉你吧，不说你是要吃大苦头的，吃了苦头还得说!”

“不晓得……”

敌人被气得发了疯，重新将死人般的毛泽民拖回到刑讯室继续用刑。

顷刻间，刑讯室里传出了各种刑具的撞击声、皮鞭打在人的肉体上发出的特有的抽打声，而丝毫听不到受刑人的喊叫声和呻吟声，只听到行刑人的吼叫声和吵嚷声……

七天七夜，敌人酷刑用尽，但在毛泽民身上却一无所获!

敌人感到了毛泽民的意志简直比钢铁还硬，只得把他带进了刚刚投放他到牢狱时的那间干净一点的小屋中，审讯官的问话也变得和气起来。

毛泽民不知不觉中，感到自己仿佛进入到了一个虚幻中的世界，又好像自己不曾有过什么痛苦，周围是一片空虚缥缈的平静，平静中又似乎有狗叫的声音……

蓦然间，一个近似亲切的呼唤响起在毛泽民的耳边，他已经有8个月的时间没有听到过这种亲切的呼唤了：“周厅长，你太疲倦了，你应该马上睡觉了!”

朦胧中，毛泽民感到自己确实太困了，确实需要睡一会儿了。

又一个声音在他的耳边柔柔地响起："周厅长，这份文件你已经看过了，签个字吧，签了你就去睡！"

接着，一支钢笔塞进了他的手中；再接着，一只手扶住了他的手和他手中的钢笔："周厅长，就签在这儿！"

又是那个柔和的声音仿佛从远处传来，毛泽民的心中一惊："啊，什么文件？我没有看过，怎么能签字呢？"

就在这时，毛泽民感到自己的手被人抓到了一块硬板上——不好！毛泽民猛然清醒过来，睁开眼睛一看，板子上铺着一张纸，"关于四一二阴谋暴动的自首"一行标题字映入了他的眼帘。

毛泽民怒气顿生，一把抓过那张写有假口供的"自首书"撕了个粉碎。

特务、打手们慌忙从四周扑向毛泽民，但已经晚了，"自首书"已无法恢复原样。敌人恼羞成怒，再一次抡起了皮鞭，把毛泽民又一次打了个皮开肉绽……

接着，敌人冲上来给毛泽民灌了大量的辣椒水。立刻，毛泽民身上的汗水、血水混合着辣椒水流遍了全身、淌落在他身下潮湿的黑土地上……

这时的敌人，已被毛泽民坚强的意志吓坏了——他们感到不可思议，简直不可思议，他们面前的这个人简直不是肉长的，而是钢铸铁打的……

## 77. 革命者气贯长虹 毛泽东爱将若渴

1943年5月中旬，密切关注着新疆局势变化和事态发展状况的毛泽东再次致电周恩来和苏联驻迪化领事馆，要想尽一切办法营救被困在那里的每一个共产党人……

这时，出于对国际形势和世界整体战局的考虑，斯大林决意解散共产国际……

6 月 1 日，毛泽东在延安为中共中央起草的《关于领导方法的决定》发出，阐述了一般号召和个别指导相结合、领导和群众相结合的领导方法。

这时在新疆迪化，盛世才用尽了一切招数，就是无法“撬开”毛泽民的嘴，审讯了好几个月，他不但没有得出一点结论，还被蒋介石电斥为“不要办无能的事”。

恐惶与气恼中，盛世才命令李源溥炮制出“共产党‘四一二’阴谋暴动案”判决书。

同时，王德溥、朱树生也分别炮制出了“杜重远阴谋暴动案”和“阿山案”的判决书。

开始时，季源溥绞尽脑汁也找不到适合于徐杰、周彬等共产党人的“罪状”，最后，还是郑大纶想到了引用国民党《刑法》中的“内乱罪”的条文。

于是，季源溥将前两个案子套以“内乱罪”，而将“阿山案”套以国民党《刑法》中的“外患罪”。

在炮制三个判决书的过程中，由郑大纶统一拟写报告，并以盛世才的名义请示蒋介石批准执行，其中详细列举了各案的案情，最后还特别加注：“以上三案的犯罪事实，均已审讯，被告自供不讳，核与事实相符，徐杰、毛泽民虽不承认，但经对质审讯，证据确切，理合检具三案的判决单，报请钧座审批指示，以便执行。”

写完报告，郑大纶当即以快邮代电报的形式送呈重庆。

6 月 7 日，盛世才亲自致信蒋介石：公布中共叛徒徐梦秋、潘同、刘西屏等人脱离共产党的宣言，公布通缉逮捕邓发、张仲实、王宝乾、陈培生夫妇及萨空了等人。

盛世才将他的这封亲笔信交给王德溥等人之后，一再嘱咐他们到了重庆务必面交蒋介石。

6 月 16 日晚上 9 时，从新疆赶回重庆的王德溥等 4 人来到蒋介石侍从室主任陈布雷处，呈上了盛世才写给蒋介石的亲笔信和有关“共产党‘四一二’阴谋暴动案”等文件，共计 18 件并附有一只装文件的皮夹。

陈布雷接手后，按照蒋介石的指令，很快将新疆送来的“案件卷宗”交付侍从室第二处第六组组长兼军统局帮办唐纵办理。

6月21日，唐纵开始办理新疆“三案”。这时的蒋介石加紧了军事部署，准备闪击延安……

7月1日，蒋介石给盛世才发了特急密电：

“6月7日手函及各电均悉，各案犯分别判刑已另待电指复照准。函陈各点：（一）关于中共党员之脱党宣言此时暂勿宣布为宜；（二）关于惩办暨通缉事项，除萨空了一名业已受捕，邓发、张仲实、王宝乾、陈培生夫妇已通令密缉外，余人暂缓处办……”

此时此刻，已被折磨了七天七夜未曾合眼的毛泽民，又一次昏死在敌人的刑讯室中。

后来，毛泽民竟然又奇迹般地活了过来。这时狱外明月朗朗，四野寂静。毛泽民无力地瘫坐在牢房的一角，任凭周身的血迹斑斑、刑伤累累。他睁了两眼艰难地望向铁窗外，心中念起了韶山，念起了延安，念起了他的大哥毛泽东和妻子朱旦华及儿子毛远新，念起了他的同志们……

恰在这时，女牢中传来一首低沉激愤的《思夫曲》：

怀念那牢中的猛虎，
是我梦中的亲人；
猛虎落在牢笼，
红颜也变得憔悴！
再莫说红粉佳人，
我但愿拿起长剑，
去为郎复仇！
丈夫啊，
你不要焦愁，
你坚持节操，
一旦光明到来，
欢呼！
拥抱！

毛泽民久久地、痴痴地凝视着铁窗外清寂的月光，他已经感觉不到遍体鳞伤所引起的疼痛了。这时他所想的，只有他的大哥、他的妻儿和他的同志……

而他的大哥毛泽东这时正在延安指挥着全党和党所领导的八路军、新四军并广大解放区的民众同敌人进行着英勇的战斗，他的妻儿也被囚禁在牢中受着敌人的残酷折磨，他的同志们也同他一样在敌人的酷刑下坚贞不屈、威慑敌胆！

同一天，正当敌人对共产党人用尽极其惨无人道的重刑大搞“逼供信”的同时，毛泽东在延安致信中央社会部的部长康生，指出：“审干中必须执行首长负责制，自己动手，调查研究，分清是非轻重，争取失足者，培养干部，教育群众的正确路线，坚决反对逼供信的错误路线。”

7 月上旬，毛泽东在枣园出席“七一”干部晚会并讲话，总结了党的历史和抗战的经验。

7 月 7 日，蒋介石派出的国民党部队炮击了共产党领导的关中分区。

第二天，《解放日报》在显著位置刊登了国民党反动派反共、反人民的罪恶事实，进一步揭露了蒋介石集团破坏抗日民族统一战线的事实真相；同时，刊登了王稼祥写的一篇题为《中国共产党与中国民族解放的道路》的文章。文章在中国革命史上首次提出了“毛泽东思想”这个术语。文章说：“毛泽东思想就是中国的马克思列宁主义，中国的布尔什维主义，中国共产主义”，“它是创造的马克思列宁主义，它是马克思列宁主义在中国的发展”，“是马克思列宁主义与中国革命运动实际经验相结合的结果”。

经过王稼祥提出并公开使用后，“毛泽东思想”这个提法便被很多领导人不断重复使用了。

7 月 12 日，毛泽东为《解放日报》写的社论《质问国民党》发表，揭露了蒋介石顽固派准备进攻边区的反共阴谋，要求团结抗日。

由于共产党的斗争，国内进步人士、广大人民和国际舆论的斥责，蒋介石在政治上陷入了孤立的境地，不得不停止了向解放区进攻的军事冒险，国民党的第三次反共高潮随之被粉碎。

7 月中下旬的一天，在枣园礼堂参加延安整风的各抗日根据地部分负责人的高级班学习会上，毛泽东带了一个喝水的搪瓷杯子去给大家作报告。

这时候的天气很热。报告进行中，毛泽东坐在讲台前解开了衣领扣，对听他讲演的人说："你们都可以把衣扣解开，也可以用手中的本子当扇子扇一扇，不要太拘谨了……"

听报告的人都笑了。笑声过后，还是没有一个人解开自己的衣服扣子，也没有一个人用自己的笔记本当扇子扇，大家都聚精会神地听着毛泽东的讲话，认真地做着笔记……

忽然，毛泽东见到负责太岳军区工作的386旅旅长陈赓站起身来大步走向了讲台，以为陈赓有什么问题要同他谈，便主动问道："陈赓同志，你有什么急事呀?"

没想到，这个陈赓走到讲台前竟一句话也没说，而是伸出双手端起了放在毛泽东胸前的那只搪瓷杯子，仰起头，"咕咚咕咚"地将杯子里的水一下子喝下了一大半——陈赓喝了水，将剩下的少半杯水放回到原来的位置，这才用手抹抹嘴角，站直了身子，一本正经地回答说："报告主席，天太热，嗓子太干，借主席的水湿湿嗓子。现在，没事了!"

"哄——"的一声，整个会场就像平地里炸响了一记春雷，所有听报告的人都猛地大笑起来……

这时的毛泽东用眼睛凝视着陈赓，微微笑着点一点头，说："你把水都喝了么!"

陈赓咧嘴一笑："我得给主席留一半……"

"那么好……"随即，毛泽东招手吩咐会场的管理人员，"去给大家送开水来，以后每次开会要提前准备好呢!"

就这件事，下来一些人都暗地里责怪陈赓简直是"胆大妄为"，竟敢伸手抢主席的水喝。汪东兴听到议论后报告了毛泽东，毛泽东笑一笑说："我也渴呢——千军易得，一将难求，对他'陈大胆'，我还是很喜欢的呢!"

从此，陈赓在中央机关和他周围的人口中落下了一个"陈大胆"的绰号……

7月30日，毛泽东再次强调了防奸工作的正确路线，并指示停止康生发起的"抢救失足者运动"。

次日晚，康生从他枣园的住所来到枣园后沟毛泽东和江青的住处，向毛泽东陈述了他之所以要发起"抢救失足者运动"的理由。毛泽东语重心长地提醒并告诫说："在我们党内，不要一有人犯了错误就说成是'失足者'么!

人哪有不犯错误的啊？要允许人家犯错误和改正错误。不犯错误的人是没有的，不让人家改正错误不是我们共产党的作风。犯了错误的人只要他真心诚意地认识错误、改正错误，就是好同志么！‘知错能改，善莫大焉’，我们不要做自己咬自己手指头的蠢事……”

7 月间，毛泽东还视察了南泥湾，了解了 359 旅的开荒生产情况。

在南泥湾，毛泽东对 359 旅旅长王震说：“很好么！359 旅能打仗，能生产，还能够做群众工作，堪称部队中的模范哩！”

王震咧着大嘴笑了：“我们还要努力……”

在此期间，世界大战的风云也发生了很大的、带根本性的变化——英美联军继取得北非战场的胜利之后，又攻占了意大利的西西里岛，意大利法西斯政府已面临着彻底失败的历史命运。

这时，苏联红军也调集重兵开始了库尔斯克大会战，而且胜利在望。

进入 8 月，苏军取得了库尔斯克大会战的完全胜利。从此，苏军开始了总反攻。

8 月 15 日，毛泽东为中共中央起草了《关于审查干部的决定》，重申了关于审查干部的 9 条方针。

8 月间，国民政府主席林森病故，蒋介石接任了国民政府主席兼行政院长的职位，独揽全国党政军大权，同时极力加强他的特务统治。

这时日本帝国主义在太平洋上节节失利，海上交通难以维持，在南洋的日军与日本本土失去了联系。日本为援救在南洋的孤军，急需打通从中国东北直到越南的“大陆交通线”；同时，为配合其对国民党的诱降，侵华日军也需要在军事上对国民党再进行一次打击，因此发动了豫湘桂战役。

直到这时，由于国民党采取了更加“观战避战”和保存实力、坐待胜利的消极政策，造成了国民党的军队日益腐败无力，在“由我救国”谬论的掩护下，国民党的军官和军队大批投敌。在投敌的国民党要员中，中央委员已近 20 人，将级军官 67 人，投敌军队 50 多万，占伪军总数的 62%强。不少国民党高级将领在对日作战中缺乏积极主动的抗日精神，以至于出现了豫湘桂战役的大溃败。

# 78. 毛泽民惨遭杀害
# 毛泽东念弟情长

1943年9月上旬，中共中央政治局在延安召开会议，批判了抗战初期王明右倾机会主义的错误。

这时在新疆迪化，秋日里的风无情地吹落了丛林树木的黄叶，广袤的天山脚下也已是花枯草衰。在高高的云际间，似乎没有了任何敢于凌空翱翔的小鸟，只有雄鹰在展翅，俯瞰着天山南北、苍茫大地……

面对共产党人的坚贞不屈，盛世才已觉得无法控制他的失败情绪，只得亲自跑进监狱，站到毛泽民的面前皮笑肉不笑地说："老周，以前那个事就算啦！你只要办一个手续，在《脱党声明》上签个字，就可以放你回去，还可以在国民党里面做大官嘛……"

毛泽民愤怒地说："你别做梦了！为了祖国和人民，我们全家都参加了革命。你们这帮败类、刽子手，杀害了我的嫂嫂、弟弟和妹妹，杀害了我们无数阶级兄弟和姐妹，我和你们仇深似海！你们要我叛党、投降，简直是妄想！"

"你……"盛世才气得险些背过气去，只得转身走了……

几天后，再无计可施而又恼羞成怒的盛世才下了手谕，命令李英奇将中国共产党的优秀领导人陈潭秋、毛泽民、林基路秘密处死。

9月27日深夜，月黑风高。塔里木盆地，一片飞沙走石……

盛世才终于对毛泽民等人下了毒手！

几名全副武装的军警突然打开了关押着毛泽民的牢房门，大声吼叫："周彬，起来！"

毛泽民毫无惧色而又艰难地站起身来，拖着沉重的脚镣走向了牢门……

刚刚走出门口，只听"呼"的一声响，一根大木棒"啪"的一下狠狠地击打在了毛泽民的头上。毛泽民顿感眼前金星缭乱，鲜血从嘴里喷涌而出——他身不由己地向前踉跄了一步，终于，又以极大的毅力站稳了身躯。

毛泽民回头，瞠目怒视着穷凶极恶的敌人。用木棒打他的那个刽子手心中猛颤，一步步地向后退却了……

正在这时，另一名操着木棒的刽子手从毛泽民的背后走上前，又一次猛砸了毛泽民的头顶。毛泽民高大的身躯摇晃了几下，便直挺挺地栽倒在了冷冷的黑土地上……

刽子手们一见，立刻扔下了各自手中的木棒，一起扑上前用绳索套住了毛泽民的脖子，使劲儿地勒紧，然后将他装入了麻袋。

这样，毛泽民、陈潭秋、林基路相继被敌人活活地勒死了！

47岁的毛泽民没有能够再看一眼他的大哥，更没有能够再看一眼他思念的家乡，没有看一眼他的妻子和儿子，没有能够再见一见他的同志们，便永远、永远地长眠在了新疆的土地上……

1943年9月间，意大利政府投降。

10月1日，毛泽东在延安为中共中央起草《开展根据地的减租、生产和拥政爱民运动》的党内指示。这个指示调动了广大群众的积极性，推动了大生产运动的发展，巩固了抗日根据地。

10月5日，毛泽东为《解放日报》写的社论《评国民党十一中全会和三届二次国民参政会》发表，驳斥了国民党的反共诬蔑，提出废除国民党一党专政的主张，并表示愿意恢复两党谈判。

10月9日，毛泽东指示“一个不杀，大部不抓，是此次反特务斗争中必须坚持的政策”。经过许多努力，自从延安整风以来在审干工作中的诸多错误得到制止。

截止到10月上旬，开了一个月的中共中央政治局会议结束。毛泽东出席结束会议并讲话，强调了对犯错误的同志必须实行惩前毖后、治病救人的方针。

这时节，毛泽东也终于得知了他的二弟毛泽民已经被盛世才残酷杀害的消息。惊闻噩耗，毛泽东一连两天没有吃下一口饭，两夜没有睡一会儿觉。他缅怀二弟的一切，继而又追思三弟的牺牲，浮想他们的音容笑貌，更加仇恨国民党顽固派对他们一家人的迫害和对中国革命事业的摧残，也更加坚定了他要将中国的革命事业坚决进行到底的决心！

为了悼念毛泽民，江青带了女儿到城外的野地里去采摘来了一些黄黄的野菊花。江青又找了一个大口的玻璃瓶子，将菊花插在里面摆放在了毛泽东的办公桌上。

看着菊花，毛泽东忍不住再次流下了眼泪："看到这菊花，使我想起了在瑞金的时候。那时候也是在菊花盛开的日子，二弟刚刚到达瑞金，便一头扎进中央苏区的财政工作里去了……现在，我想再见他一面，已经是不可能的了……"有时，毛泽东看着菊花又会想起他的三弟毛泽覃，因为毛泽覃的字叫"润菊"……

李讷已经很懂事了，她经常悄悄地给瓶子里的菊花换水，还一声不响地用她那嫩稚的小手为菊花摘除枯瓣……

11 月 6 日，毛泽东出席延安庆祝苏联十月革命节的干部晚会并发表了演讲。

晚会中，由延安平剧院演出了《古城会》、《打渔杀家》、《鸿鸾禧》和《草船借箭》4 场古装戏。

在看《草船借箭》时，对于戏中诸葛亮的唱腔，毛泽东听入了迷；在看《古城会》时，毛泽东动容地落了泪……

11 月 29 日，毛泽东在陕甘宁边区第一届劳动英雄代表大会上作《组织起来》的报告，指出组织起来是农民由穷变富的必由之路，要引导农民走互助合作的道路。

这时，世界反法西斯战争已经发生了根本性的转变。中、美、英三国政府首脑蒋介石、罗斯福、丘吉尔在开罗举行了会议，签订了《中、美、英三国开罗宣言》。宣言宣告：

> 把日本侵占中国的领土如东北、台湾、澎湖列岛等归还中国，坚持日本无条件投降。

11 月末，苏、美、英三国政府首脑斯大林、罗斯福、丘吉尔在伊朗首都德黑兰举行会议，主要讨论了在欧洲开辟第二战场问题，还有战后和平问题。

以上两个会议，加速了法西斯德国和日本的最后失败。

进入 12 月，延安又值隆冬。这时毛泽东的小女儿李讷已经 3 岁多了，已经能够在地上活蹦乱跳地跑来跑去了，也已经能够结结巴巴地说出一些话来了。闲暇时，毛泽东总要抱一抱他的小女儿，逗她说几句他要她说的话，并开始教她背诵唐诗。有时，他还深情地对女儿讲述她二叔、三叔的诸多往事，使工作在毛泽东身边的人听了心里都感到沉沉的……

有时，毛泽东会对他身边的工作人员讲一讲戏剧《草船借箭》，说孙刘两家联合打败了不可一世的曹操，如果蒋介石真正和共产党联合的话，日本帝国主义是不禁打的，事情全坏在了国民党顽固派的身上；又讲《古城会》，总要讲起毛泽民和毛泽覃，说他的两个弟弟是听了他的话才离开家出来闹革命的，现在革命还没有成功，他的两个弟弟就过早地牺牲了，说他们为了民族的解放事业而牺牲"死得其所"，又说他从心底里感到"对他们不起"……

一天午饭后，小李讷一个人独自坐在窑洞前的门墩上"咿咿呀呀"地背古诗，那神情可专注、可认真了：

唧唧复唧唧，木兰当户织；
不闻机杼声，惟闻女叹息。
问女何所思，问女何所忆？
女亦无所思，女亦无所忆。
昨夜见军帖，可汗大点兵；
军书十二卷，卷卷有爷名。
阿爷无大儿，木兰无长兄；
愿为市鞍马，从此替爷征。
……

每当这时，凡是见到的人都为小李讷的神情所感动，更为她小小年纪能背诵下如此多的诗句而感慨……

这一年，中国共产党领导的军队发展到了 47 万多人，共产党员的总人数达到了 90 多万。

# 79. 延安军民气象新 国民党军大溃败

1944 年 1 月 7 日，毛泽东在边区劳动英雄模范工作者大会上作了题为《两三年内完成学习经济工作》的讲演。

1 月上旬，毛泽东看了延安平剧院演出的古装历史剧《逼上梁山》以后，给中央党校研究员杨绍萱和党校教务处文教科科长齐燕铭写了一封关于要在旧戏舞台上恢复历史面目的信："看了你们的戏，你们做了很好的工作，我向你们致谢，并请代向演员同志们致谢！历史是人民创造的，但在旧戏舞台上（在一切离开人民的旧文学旧艺术上）人民却成了渣滓，由老爷太太少爷小姐们统治着舞台，这种历史的颠倒，现在由你们再颠倒过来，恢复了历史的面目，从此旧剧开了新生面，所以值得庆贺。郭沫若在历史话剧方面做了很好的工作，你们则在旧剧方面做了此种工作。你们这个开端将是旧剧革命的划时期的开端，我想到这一点就十分高兴，希望你们多编多演，蔚成风气，推向全国去。"①

1 月 9 日，毛泽东看了郭沫若写的一部历史话剧《虎符》，剧中描写的是中国古代春秋战国时候的事，看后很受感动，即日提笔给郭沫若写了一封庆贺信："收到《虎符》，全篇读过，深为感动。你做了许多十分有益的革命的文化工作，我向你表示庆贺。"②

2 月 7 日，临近中午时，延安街头一片锣鼓喧天，延安人民的秧歌队和延安的民众团体近千人，打着"人民救星"的大幅锦旗，浩浩荡荡地奔向了杨家岭。正在杨家岭出席中共中央工作会议的毛泽东会见了大家，并即席发表了演说。

毛泽东心情振奋地对大家说："现在全世界全中国都在团结一致打法西

---

①② 《毛泽东书信选集》，三联书店，1986 年版。

斯，我们边区党政军民已经团结一致，今年更要团结一致，为增加生产，巩固后方，打倒日本帝国主义而努力。”

激动的人群和毛泽东一起振臂高呼：

“团结一致！”

“增加生产！”

“巩固后方！”

“打倒日本帝国主义！”

二三月间，冬去春来，延安城的黄土坡地上又响起了荡人心肺的近似信天游的歌声：

二月里来呀好春光，
家家户户种田忙；
指望着今年的收成好，
多捐些五谷充军粮！
……

这时节，延安城里城外，山上山下，军民们又开始了开垦荒地和春播春种的劳动、生产大竞赛。

毛泽东也和众人一样，扛起了镢头走上荒山，和中央机关的工作人员们一起去开荒、种地了……

4 月 12 日，毛泽东在延安高级干部会议上作《学习和时局》的讲演，传达中央政治局关于研究党的历史经验应取何种态度等几个重要问题的结论，提出了夺取抗战最后胜利和全国胜利的任务，教育和鼓舞了全党，对全党在“七大”达到政治思想上的空前团结起了重要作用。

4 月 18 日，侵华日军调集了五六万兵力开始对河南地区进攻，国民党守军 40 万人，除在许昌和洛阳与敌展开激烈战斗外，其他地区均未作认真的抵抗。

4 月 22 日，郑州失守。

同一天，毛泽东电示滕代远、邓小平，应乘日寇南犯后方空虚之机，开辟豫北地方工作，以便将来开辟豫西工作基地。

4 月，在中共中央西北局高级干部会议上，晋绥联防军副政委谭政作了《关于军队政治工作问题的报告》——这个报告论述了人民军队建设及政治工作的历史经验和基本原则，批评了在军队政治工作中存在着的主观主义和教条主义作风。

随后，八路军、新四军普遍进行了军事、政治大整训，为实行战略反攻进行了充分准备。

5 月 1 日，侵占了郑州的日军继而攻占了许昌。

由于国民党军的消极抵抗，日本侵略军在中国的国土上疯狂地烧杀掠抢，造成了千百万中国的老百姓流离失所、无家可归。单只在黄河沿岸，每天都有扶老携幼的难民沿河逃离被侵略者烧毁的家园，他们衣衫褴褛，一个个面黄肌瘦、骨瘦如柴——更有那些失去了亲人的难民，他们欲哭无泪，苍茫的脸上显露的神色满是悲愤和仇恨……

5 月 21 日，毛泽东在延安主持召开了中共（扩大）六届七中全会。全会第一次会议选举毛泽东等组成主席团，毛泽东为主席团主席，并决定在全会期间由主席团处理党的日常工作，书记处和政治局停止行使职权。

第二天下午，中共中央办公厅举行招待会，招待职工代表。毛泽东出席会议并发表演讲，号召发展工业，打倒日寇，同时指出要反对空头革命家。

5 月 25 日，进攻河南的日军继而攻占了洛阳。

河南战役后，日军又调集 10 万兵力对湘北发动了进攻。防御在湖南战场的国民党军队约 40 万人，边打边退。

5 月 27 日，日军在岳阳以南突破了国民党军队的第一道防线……

这时在中国的中原大地上，日寇再一次猖狂进攻，国民党守军节节败退。而在敌后，共产党领导的抗日军民异常活跃，时时处处打击着敌人，真正担负着抗击日寇、解救祖国的历史重任……

6 月 12 日，毛泽东在延安接见了中外记者参观团，畅谈了国内外局势。毛泽东向中外记者们指出："中国人民非常需要民主，因为只有民主，抗战才有力量，中国内部关系与对外关系，才能走上轨道，才能取得抗战的胜利，才能建设一个好国家。

"民主必须是各方面的，是政治上的、军事上的、经济上的、文化上的、党务上的以及国际关系上的，一切这些，都需要民主。毫无疑问，无论什么都需要统一，都必须统一。但是，这个统一，应该建筑在民主基础上。政治需要统一，但是只有建立在言论、出版、集会、结社的自由与民主选举政府的基础上面，才是有力的政治。统一在军事上尤为需要，但是军事的统一，亦应建筑在民主基础上，在军官与士兵之间，军队与人民之间，各部分军队互相之间，如果没有一种民主生活、民主关系，这种军队是不能统一作战的。经济民主，就是经济制度要不是妨碍广大人民的生产、交换与消费的发展，而是促进其发展的。文化民主，例如教育、学术思想、报纸与艺术等，也只有民主才能促进其发展。党务民主，就是在政党的内部关系上、与各党的相互关系上，都应该是一种民主的关系。在国际关系上，各国都应该是民主的国家，并发生民主的互相关系，我们希望外国及外国朋友以民主态度对待我们，我们也应该以民主态度对待外国及外国朋友。我重复说一句，我们很需要统一，但是只有建筑在民主基础上的统一，才是真统一。国内如此，新的国际联盟亦将是如此。只有民主的统一，才能打倒法西斯，才能建设新中国与新世界。

“我们认为全中国只有民主制度、民主作风，目前才能胜敌，将来才能建立一个很好的和平的国内关系与国际关系。”

6 月 19 日，在湘北进攻的日军突破了国民党守军的第一道防线岳阳之后，又攻陷了长沙。

同一时间，美国在太平洋战争中为了利用中国对日作战，以缓和它在太平洋战场上的危机，不断以大量贷款、军火援助蒋介石，并派专家替蒋介石训练军事人员……

时值 1944 年 6 月，美军在太平洋战场上虽然不断取得逐岛作战的胜利，但牺牲惨重，而且日军还拥有强大的实力，美国迫切希望中国战场的有力支援。恰在这时，国民党正面战场又遭到新的失败，共产党敌后战场，取得了局部反攻的胜利。因此，美国有一部分人如史迪威主张与中国共产党进行一定程度的抗日合作。他提出把美国对华的军事援助合理分给包括八路军、新四军在内的一切抗日军队，美国副总统华莱士到中国，向蒋介石表明美国愿意调解中国国内争端……

# 80. 美军代表到延安 共产党敌后歼敌

1944年七八月间，美国政府派出的美军观察组成员分两批到达延安，同共产党开始建立联系。

当美军观察组的第一批人员到达延安时，毛泽东同他们进行了热情的谈话，全面介绍了中国共产党领导抗日军民坚持敌后抗战的情况，明确表示了中国共产党坚持国共团结、反对分裂的立场，同时也表明了反对美国助长蒋介石坚持反共反人民的立场。

8月8日，衡阳失陷。随即，日军分三路向广西进犯……

8月12日，毛泽东在延安发表了《衡阳失守后国民党将如何》的讲话。毛泽东在讲话中指出："一切问题的关键在政治，一切政治的关键在民众，不解决要不要民众的问题，什么都无从谈起。要民众，虽危险也有出路；不要民众，一切必然是漆黑一团。"

这时在延安，美军观察组的人经常到枣园同毛泽东接触和谈话，彼此之间逐渐加深了了解并取得了彼此间的相互信任……

9月1日，中共中央在杨家岭召开会议，毛泽东出席会议并讲话。会议决定派王震等率359旅主力及一批地方干部挺进湘鄂赣边，创建根据地。

王震率部临离开延安前，到枣园毛泽东的住处辞行。毛泽东除向他交代了一些必要的政策和行动方案以外，还特意嘱托他有机会派人到韶山，接出毛泽覃的儿子毛楚雄参加八路军，跟随王震开辟革命根据地。

9月8日，毛泽东出席中央直属机关召集的张思德同志追悼会，并作了题为《为人民服务》的演讲，弘扬了无产阶级人生观和全心全意为人民服务的共产主义精神。

这时，国民参政会第三届三次会议在重庆召开，中共代表林伯渠正式提出召开各党派各人民团体的紧急国事会议，废除国民党一党专政，成立民主联合政府的主张。

中国共产党关于成立民主联合政府的主张，反映了全国各阶层人民的愿望，给国民党统治区的人民民主运动指明了方向，获得了各阶层人民的热烈响应。

9 月 18 日，毛泽东在中央招待陕甘宁边区留守兵团学习代表时，发表了鼓舞人心的演说：

> 中国不亡是由于有了我们共产党、八路军、新四军。主要地由我们支持了抗战局面。这就是今天中国的抗战形势。
>
> 我们的军队一向就有两条方针：第一对敌人要狠，要压倒它，要消灭它；第二对自己人，对人民、对同志、对官长、对部下要和，要团结。
>
> 因为我们的军队，是真正人民的军队。我们的每一指挥员，以至于每一个炊事员、饲养员，都是为人民服务的。我们的部队要和人民打成一片，我们的干部要和战士们打成一片。与人民利益适合的东西，我们要坚持下去，与人民利益矛盾的东西，我们要努力改掉，这样我们就能无敌于天下。
>
> 军队要有统一领导和纪律，才能战胜敌人；正确的自我批评，对于领导和纪律，不但不会削弱它，而且只会增强它。

9 月 24 日，重庆各党派各阶层 500 余人举行会议，要求改组政府、实行民主。

与此同时，日军为控制东亚沿海，在福建发动了进攻……

10 月 4 日，日军再次攻占福州。

10 月 10 日，周恩来代表共产党和八路军、新四军发表题为《如何解决》的演讲，严正驳斥了蒋介石叫嚷的“军令政令统一”的谬论，进一步阐明了召集各方代表举行紧急国事会议、成立民主联合政府的具体步骤和方法。民主联合政府是对国民党一党专政的否定，本质上是建立什么样国家的问题。因此，中国共产党关于民主联合政府的口号的提出，表明国共两党的争论进入到了关于建立一个什么性质的国家的斗争。

1944 年秋，美国军队在太平洋上同日军激战。美国在中国又不得不依靠蒋介石。随着国际反法西斯形势的好转，美国企图通过蒋介石取代日本在华的统治地位。为此，赫尔利以总统私人代表的身份来华活动。10 月，史迪威被免职……

史迪威的被免职，表明美国在中国的联合共产党进行合作抗日的主张发生了根本性的改变。

10 月 11 日，毛泽东为新华社写的评论《评蒋介石在双十节的演说》发表，及时教育全国人民认清蒋介石一伙的反动本质，对人民夺取抗战的最后胜利和迎击蒋介石挑起的内战起到了思想准备作用。

11 月 7 日，美国总统特使赫尔利到达延安。毛泽东同他进行了三天会谈。

三天后，会谈双方达成建立民主联合政府和联合军事委员会为主要内容的《中国国民政府、中国国民党与中国共产党协定》。

同日，进犯广西的日军攻占了桂林；翌日，柳州亦被日军占领。

11 月 24 日，南宁失守。

日军为巩固和扩大战果，以极少数兵力追击逃入贵州的国民党军队，一直打到独山，至此，使贵阳、重庆一日三惊，惶恐不安。

这时候，回到重庆的赫尔利在遭到蒋介石完全拒绝他与中国共产党达成的协定后，随即变卦，完全背弃了他在延安的诺言，公开了他扶蒋反共的真实嘴脸。

12 月 1 日，毛泽东亲切地会见了已从淮南到延安来开党的第七届代表大会的新四军代军长陈毅，两个人紧紧地握着对方的手，高兴地谈了好长时间的话……

毛泽东说："日日盼君归，君归更潇洒！"

陈毅则说："夜夜想主席，主席更伟大！"

"我伟大在哪里呀？"毛泽东笑道，"比不得你们在前线出生入死、浴血奋战……"

"全靠了你和军委的调度么！"陈毅坦言道，"从古到今，哪个打仗不是靠了统一指挥、全盘调度啊？我们能有主席指挥、调度，大家都是放了心的！”

毛泽东再说：“你陈毅是我们军中出了名的儒将么，完全可以指挥一个很大的战役……”

陈毅却谦虚地说：“打仗要得，我不怕死；要讲统领全军，我陈毅还是一个小学生喔！”

毛泽东再一次地笑了：“战争考验人，也锻炼人啊！”

随着毛泽东的笑声，陈毅也爽朗地笑起来……

12 月 15 日，毛泽东在陕甘宁边区参议会上发表《一九四五年的任务》的演说，提出“扩大解放区，缩小沦陷区”的号召，指出 1945 年惟一的任务是打倒日本侵略者，而组织联合政府才能实现这个目标。中国人民都要为此目的而奋斗。

12 月 19 日，毛泽东在接见美军观察组组长包瑞德时严正指出，如果美国要支持蒋介石，那是美国的权利，但不管美国做什么，蒋介石是注定要失败的。

包瑞德很信毛泽东的话，但他说他左右不了赫尔利和美国政府的意志，对于美国政府的既定政策他只能表示遗憾……

又近年终，这时国民党从 4 月中旬开始至 12 月，8 个月中损兵五六十万，在日寇的进攻下丧失了河南、湖南、广西等省的大部分和贵州、福建等省的一部分，总面积约 20 万平方公里；失落大小城市 146 座，丢掉衡阳、零陵、宝庆、桂林、柳州、丹竹、南宁等 7 个空军基地和 36 个飞机场，使 6000 多万人民陷于日寇的铁蹄之下。

而在这一年，共产党领导的八路军、新四军和华南抗日纵队共与敌寇英勇作战 3 万余次，歼灭日伪军 33.5 万余人，攻克据点 5000 余处，收复县城 50 余座。到 1944 年底，全国已有 19 个解放区——晋察冀区、冀热辽区、晋冀豫区、冀鲁豫区、山东区、晋绥区、苏北区、苏中区、苏浙皖区、浙东区、淮北区、皖中区、河南区、鄂豫皖区、湘鄂赣区、东江区、琼崖区及陕甘宁边区等，总面积约 95 万平方公里，人口 9550 万。八路军、新四军、华南抗日纵队的主力发展到 91 万人，民兵 220 万人。共产党领导的军队和解放区已经成为实行对日大反攻的重要力量和战略基地。

# 81. 共产党为民造福 毛泽东严格律己

抗战后期，中国各民主党派的一些成员在中国共产党的帮助和影响下，认识上较前有了较大提高，对国民党已失去信心，逐渐认识到民主是解决国内问题的先决条件，改变了抗战初期民主与统一并提的主张。虽然他们提倡的依然是资产阶级民主，企图在国共两党之间发展自己的政治力量，实现自己的政治主张，但是他们反对蒋介石独裁，要求抗战与民主是有着十分积极意义的。

1945 年元旦，救国会沈钧儒、第三党章伯钧、中华职业教育社黄炎培等人纷纷发表“献言”、“献词”和“希望”，呼吁国民党与各党派切实合作，早日实现“举国一致之政府”。

民主运动的高涨，表明在民主联合政府的口号下，实际形成了以中国共产党为核心的民主统一战线。

这时，在毛泽东和中央军委的统一部署下，各解放区战场上的八路军、新四军和游击队向日伪军发起了强大的进攻，一时之间，从中国的北部山河大小兴安岭到南疆的郁江平原、雷州半岛，从东面的鲁南大地到西部的黄土高原，敌人被打得犹如惊弓之鸟、惶惶不可终日……

1 月 10 日，毛泽东在延安陕甘宁边区劳动英雄和模范工作者会议上作《必须学会做经济工作》的讲话。

1 月下旬的一天，中共延安市委书记张汉武突然风风火火地骑着马跑来枣园见毛泽东，向毛泽东报告了一件可喜可贺的事：“报告主席，侯家沟的婆姨终于生娃了！”

正在窑洞里写文章的毛泽东听了，立刻放下了手中的毛笔，起身高兴地说：“好么！这是我们共产党为人民办的又一件大好事，你这个市委书记是有功劳的！”

张汉武站在毛泽东的面前，有些脸红地说："还是主席分析得对，让侯家沟的婆姨生了娃……"

毛泽东笑道："不是我毛泽东让她们生了娃，明明是她们自己生的么！"

张汉武也笑了："主席说得对……是她们自己生的……"

原来，早在一年前，毛泽东就找了张汉武，询问他侯家沟有两个小村庄的妇女为什么不生孩子的事，张汉武回答说知道这个情况，但说不出是什么原因造成的。

毛泽东问他是不是水有问题？张汉武仍说不知道。毛泽东指示他请中央医院的人去那里把水化验一下，张汉武担心为这种事中央医院的人不会去，毛泽东恼火了，严肃地指出："对于共产党人来说，人民的疾苦决不是小事，应当让医院派人去！"

几天后，张汉武正准备派人去侯家沟调查，中央医院的傅连暲来告诉说，毛泽东已经亲自给他们下达了命令，要他们到侯家沟化验水质。

在延安市委的配合下，傅连暲带人到侯家沟化验了水质，果然发现水中含有大量的有害物质，医院随即指导群众对水源和用水进行了处理，并对群众的疾病进行了认真治疗……

一年的时间过去了，情况果真发生了变化：那两个历史上一直是群众外出逃荒"避邪"的偏僻山村，第一次传来了婴儿的啼哭声，整个侯家沟的人奔走相告、共同庆贺，纷纷感谢中央医院、感谢"毛主席为他们造了福"，使他们能够子子孙孙地延续自己的后代……

1 月间，延安组织了 50 岁以上的年长者集体祝寿，毛泽东、朱德等人同时被请到了杨家岭中央礼堂的"祝寿台"上。

这时候陈毅和众人正在台下，见到众多党的革命前辈们汇聚一堂，陈毅乘兴即时赋诗一首以示庆贺：

秦陇万山雪，延水坚冰长。
诸兄寿五十，瑞气放光芒。
我以后来者，举酒祝康强。
劳动与革命，模范四海扬。
鹏程自今始，在莒永勿忘。

1月30日，毛泽东为《解放日报》写的社论《游击区也能够进行生产》发表，号召全党努力学会做经济工作。

这时在共产党、八路军领导下的各抗日根据地和游击区，广大军民团结一致，普遍开展起的“积极生产，支援前线”运动正进行得热火朝天。军队在前方打仗，后方的人们也积极行动起来，在准备春耕、春种的平整土地和施肥劳动中，抱着“打日本、救中国”的必胜信心，男女老少齐出动，翻地、耙田、担肥，大车小车、扁担箩筐齐上阵，从早到晚都在紧张地忙碌着……

在延安，常有肩扛镢头的机关干部和工作人员同乡亲们一起走在街头，脸上流露着微笑，嘴上唱着“信天游”，风尘仆仆地奔向城外的一处处黄土地……

2月7日，毛泽东致函原红五军团司令员董振堂的老部下孙毅将军，嘱他在学习中注意休息，并希望能与他会晤一次。

孙毅曾任晋察冀军区参谋长，这时正在延安中央党校学习。毛泽东在致函中说：“多年劳苦，希望你好好休息一会。五军团有光荣历史，有惨痛经验，现在可以正确地总结一下。待你在延安休养与学习快要完毕时，我希望和你晤谈一次，那时请你通知我。”

孙毅是个总喜欢在嘴上留着一抹胡子的战将，当天接到了毛泽东写给他的信后，竟激动得两只手紧紧地抓着信纸半天说不出话来，在他身旁的同志们见他这个样子，逗他说：“孙胡子，你见了毛主席可别不知道说什么好啊……”

孙毅颤声说：“我知道……我知道……”

同日，中央军委组织延安军民举行追悼新四军原第4师师长兼淮北军区司令员彭雪枫的大会。彭雪枫于1944年9月在河南夏邑对日伪军作战时英勇牺牲。

毛泽东出席追悼会，并写了挽词：“雪枫同志在与敌人斗争中牺牲了，全民族和全党都悲痛这个损失。为了补偿这个损失，应该学习雪枫同志的英勇精神，更加努力扩大解放区，扩大八路军、新四军，促成联合政府和联合统帅部，使日本侵略者在有效的联合打击下早日消灭，使独立民主的新中国早日实现。”

陈毅代表新四军全体将士，在追悼会上读了他写的一首《哭彭雪枫同志》

的长诗：

淮北哀音至，灯前意黯然。
生平供忆想，终夜不成眠。
吾党匡天下，得君亦俊才。
壮哉身殉国，遗爱万人怀。
雄气压陇海，英风断淮河。
荣哀何有尽，万众泪滂沱。
整风事不易，自省为更难。
洗濯冒冰雪，钦君不畏寒。
吾人事革命，生死本寻常。
所痛风云急，中原丧栋梁。
服务人民事，廿年战血红。
知君无限恨，未得饮黄龙。
当年老战士，今有几人存？
新生千百万，浩荡慰忠魂。
尔我竟长别，多年难患同。
我身惜后死，永矢贯初衷。

1945 年 2 月中旬的一天，毛泽东到延安中央医院去看望生病久住医院的关向应同志。毛泽东悄悄走进病房后，坐在病床前热情地同关向应握了手，并关切地询问关向应的病况。这时候走进来一位年轻的护士，因她刚到医院工作不久，还不认得毛泽东，便上前对毛泽东说："同志，请原谅！医生吩咐过，关政委需要静养，不能多说话。"

毛泽东对护士笑了笑："对不起，我不晓得医生的吩咐。"边说边站起身来，安慰了关向应几句，然后轻步走出了病房。

毛泽东想进一步了解一下关向应的病况，便来到护士办公室，恰巧又碰上了那名护士。毛泽东很和气地问她："小同志，你叫么名字啊？多大了？"

护士回答说："人家都叫我小刘，你也叫我小刘吧！"又说，"我已经十六啦！请坐吧，同志！"

毛泽东坐下来，询问了护士的工作情况和生活情况，又详细询问了关向应的病情，然后亲切地说："小同志，你要好好照看关政委。"

毛泽东走后，小刘护士又回到关向应的病房。关向应笑着对她说："小刘，你知道刚才来的是谁吗?"

"不知道。"小刘摇了摇头，说，"外面有警卫员跟着，我想可能是位大首长。不过，既然医生嘱咐过，您需要静养，我就不能让人来打扰您。"

"你做的是对的。"关向应依然笑着说，"可是，你知道吗？他就是毛主席呀!"

"啊!"小刘睁大了眼睛喊起来，"毛主席!"以后她逢人就讲，毛主席多么和蔼可亲、多么关心同志、又是多么严格地遵守医院的规章制度……

这时第二次世界大战的整体形势已发生了根本性的变化。世界反法西斯战争已处在胜利的前夜。

当德国法西斯即将败亡之际，苏、美、英三国首脑斯大林、罗斯福、丘吉尔于 1945 年 2 月在苏联雅尔塔举行会议，讨论了击败德国的共同行动和战后的占领管制问题，主题是：外蒙古独立；恢复 1904 年由日本进攻所破坏的原属俄国的各项权益；库页岛南部交还苏联；大连商港国际化并保障苏联的优越权利；恢复租用旅顺军港；中东铁路和南满铁路由中苏合营共管；千岛群岛交还苏联等。

英美以这些条件换取苏联于战胜德国 3 个月后参加对日作战。这个会议对于争取反法西斯战争的最后胜利是有重要作用的，但也反映了几个大国主宰世界、各自划分势力范围、牺牲他国利益的意向。在没有中国参加的情况下，决定有关中国主权的一些重大问题，这是违反民族自决原则的。

3 月间，太平洋战场上的美国军队攻占了冲绳岛，处于守势的日本军队已是日薄西山、每况愈下……

进入 4 月，在欧洲战场上的苏联军队开始进攻柏林。

从这一年的 1 月至 4 月，中国解放区战场向日伪军发起的强大的春季攻势，给了慌乱抵抗中的敌人比以往任何时候都更加沉重的打击……

# 82. 中共开七届大会 毛泽东坦诚待人

1945 年 4 月 20 日，历时 11 个月的扩大的中共六届七中全会在延安胜利闭幕。会议通过了《关于若干历史问题的决议》。决议对中共党史上若干重大问题，特别是对王明为代表的“左”倾教条主义错误作了分析和结论，高度评价和肯定了毛泽东在把马列主义理论同中国革命实践相结合方面作出的杰出贡献，确立了毛泽东在全党的领导地位和毛泽东思想作为党的指导思想。会议使全党在以毛泽东为代表的正确路线的基础上达到了思想、政治上的统一。

中共六届七中全会闭幕的第二天，中共“七大”预备会议在延安举行，毛泽东出席会议并作《“七大”工作方针》的报告，指出“七大”的工作方针是团结一致，争取胜利。

4 月 23 日，毛泽东在延安主持召开中国共产党第七次全国代表大会。毛泽东致《两个中国之命运》的开幕词。

时值仲春，天气中还略带微寒。当毛泽东穿着他的旧棉袄走上延安礼堂大会讲台时，全场爆发出了热烈而经久不息的掌声……

大会第二天，毛泽东在会上作《论联合政府》的政治报告。

4 月 27 日，毛泽东为《解放日报》写的社论《论军队生产自给，兼论整风和生产两大运动的重要性》发表。

5 月 2 日，欧洲战场上，苏联红军攻克柏林。

次日，毛泽东致电斯大林，祝贺苏联红军解放柏林。

5 月 5 日，国民党在重庆召开了第六次全国代表大会。大会的主要任务之一，就是维护其一党的独裁，拒绝联合政府。会上，国民党再一次装出“还政于民”的姿态，宣称在 1945 年 11 月 12 日召集国民大会，通过宪法。但国民大会代表还是它在抗战前包办“选举”和圈定的，宪法仍是 1936 年公布的代表大地主大资产阶级利益的"五五宪章"，国民大会的职权也得由国民党中央委员"授予"。显然，这只是一个以根本没有民意基础的"国民大会"来抵制成立联合政府，维持独裁统治的骗局。

大会的另一个主要任务是准备反共内战，抢夺抗战胜利的果实。蒋介石在大会讲话中更露骨地说："今天的中心工作，在于消灭共产党！日本是我们的国外的敌人，中共是我们的国内的敌人！只有消灭中共，才能达成我们的任务。"

5 月 8 日，德国无条件投降。欧洲反法西斯战争胜利结束。

5 月 21 日，国民党召开的第六次全国代表大会收场。这是一次拒绝联合政府、准备发动内战的大会，它的路线是坚持内战独裁、卖国的路线，是要消灭共产党和中国民主势力，把中国引向黑暗的路线。

5 月下旬，毛泽东在中共"七大"上先后就形势、路线问题作了报告，就选举问题讲了话。

毛泽东提出要把几位犯了严重错误的同志包括一贯反对他、并曾使中国革命事业遭受过巨大损失的王明选进中央委员会。

大会选举时，代表们投票后，大会宣布唱票时可以自由活动。可毛泽东坐在台前不走，他在静静地听着大会工作人员的唱票……

一直等到票快唱完了，王明的名字过了半数，他才有所放心地起身离开了。

在会场外，陈毅问毛泽东为什么一定要听唱票，毛泽东笑了笑，意味深长地说："我是在听王明的票数啊！如果选不上，大家心中都会不安的。一人向隅，满座为之不欢，我不愿意看到这样的情况发生。"

陈毅也笑了："主席的度量深似海，我陈毅是要认真学习的！"

6 月上旬的一天，在延安召开的党的"七大"会场外，有些代表对彭德怀负责指挥的"百团大战"提出了不公正的批评。彭德怀听到后十分恼火，决心找毛泽东交换一下意见，并要求同时参加会议的周恩来做"中间人"。

晚上的时间，当三个人坐到了一起，毛泽东心平气和地说："咱们定下个君子协定：第一，把话讲透；第二，可以骂娘；第三，各自检讨，不准记仇，不得影响工作。"

彭德怀说："好，就照主席说的办！"

周恩来笑了说："那我们就这样一言为定了！"

毛泽东点燃了一支纸烟，吸了一口后说："我先给你彭德怀做检讨。造成这样子的后果，责任在我。事先没向你通气，事后又没向你解释。'百团大战'是无可非议的。从组织手续上讲，你战前对军委有报告，当时军委和我个人也是同意了的。如果讲到缺点的话，那就是军委回电未到，你就提前行动了，但这也是可以理解的嘛！若说有错，首先错在我，我不但同意了，给你发了电报，还向你提出这样的大战役是否可以多搞几次。"

彭德怀听了毛泽东的一席话，积在心中的不解和埋怨情绪顿时全消。他大声说："同志间的了解、信任胜过最高奖赏，有主席今天这席话，就是现在叫我去死，也是死而无憾了！"

毛泽东笑道："言重了，八路军还要你彭大将军指挥打仗呢！"

彭德怀有些愧疚地说："主席，你还是了解我的，倒是我对你有些误会，甚至有埋怨情绪，还要请你原谅，我是个粗人呀！"

毛泽东坦诚地说："不！你是一个有勇有谋、智勇双全的将领，在革命处在危难关头，你都是站在正确路线一边，这不仅是对我个人的支持，也是帮助了革命。"又说，"好么，请你彭老总多给我提点意见吧！"

这时，周恩来笑着说："君子协定第一条是把话说透，彭老总不要错过这个机会哟！"

"那好——"彭德怀对毛泽东说，"对你，我只有一条意见，就是这件事应该提前给我老彭打个招呼，叫我也有点思想准备……"

毛泽东笑了："哪一个晓得你会生那么大的气么！"

彭德怀也笑了，最后意味深长地说："你毛泽东，我彭德怀，他周恩来，我们在党内都要自觉地接受党的监督和约束，办任何事情都要从党和人民的利益出发，我们谁也不能头脑发热、独断专行、随心所欲。否则的话，势必给党和人民造成无可挽回的损失。如果发生了这种反常的情况，那么对我们来说，就是欠了党和人民的债，是有罪的啊！"

毛泽东被深深打动了，他紧紧地握住彭德怀的手说："你讲得太好了！我建议将你的这个观点，写到我们党的章程里去！"又对周恩来说，"恩来呀，你不反对吧？"

周恩来站起身来说："我举双手赞成！"

叶子龙身为毛泽东的机要秘书跟随在毛泽东的身旁，见到三个人站在那里都爽朗地笑起来……

6月10日，毛泽东在党的“七大”会议上，就选举问题再次发表了讲话：“大家学习党史，学习路线，知道中国共产党历史上有两个重要关键的会议。一次是三五年一月的遵义会议，一次是三八年的六中全会。”“遵义会议是一个关键，对中国革命的影响非常之大。但是，大家要知道，如果没有洛甫、王稼祥两个同志从第三次‘左’倾路线分化出来，就不可能开好遵义会议。同志们把好的账放在我的名下，但绝不能忘记他们两个人。当然，遵义会议参加者还有别的好多同志，酝酿也很久，没有那些同志参加赞成，光他们两个人也不行。但是，他们两个人是从第三次‘左’倾路线分化出来的，作用很大。从长征一开始，王稼祥同志就开始反对第三次‘左’倾路线了。”

毛泽东在“七大”上关于选举问题的两次讲话，不仅促进了选举工作的顺利进行，同时也消除了存在于一些人心中的种种疑虑和顾虑。

6月11日，毛泽东在党的“七大”上致《愚公移山》的闭幕词。

至此，历时48天的中共第七次全国代表大会胜利闭幕。毛泽东在大会的讲话和报告中，提出了中国共产党的政治路线和成立民主联合政府的主张，强调加强党的领导，保持和发扬党的三大作风，即理论联系实际、密切联系群众、批评与自我批评。七大确定毛泽东思想为全党的指导方针，为全党一切工作的指针。会议选举毛泽东等为中央委员。七大使中国共产党得到了空前的巩固和团结，为抗战胜利和夺取新民主主义革命在全国的胜利奠定了基础。

17日，延安召开中国革命死难烈士追悼大会。毛泽东出席大会，并致悼词。毛泽东在悼词中说：“百年以来，特别是自中国共产党成立以来，中国人民、中国的民主主义者和中国的共产主义者为了反抗外国帝国主义和国内封建势力的双重压迫，为了把中国建设成为一个独立、自由、民主、统一与富强的新中国，进行了轰轰烈烈前仆后继的斗争，无数的革命先烈为此而牺牲。一切反动派的企图是想用屠杀的办法消灭革命，他们以为杀人越多，革命就会越小。但是和这种反动的主观愿望相反，事实是反动派杀人越多，革命的力量就越大，反动派就越接近于灭亡。这是一条不可抗拒的法则。希特勒、墨索里尼、日本法西斯的灭亡，满清的皇帝、北洋军阀的垮台，都证明了这一法则。中国革命的胜利果实是几百万民主主义者与几十万共产主义者先烈用鲜血创造的。”“现在中国人民比以往更懂得如何团结、如何奋斗了，中国一定是人民的，中国一定要战胜日本侵略者及其走狗，建立一个独立、自由、民主、统一与富强的新中国。一百年来，特别是近二十四年以来，一切革命先烈的志愿，一定要胜利地实现。”

毛泽东在悼词中所说的这一切，极大地鼓舞着延安的广大军民……

6 月 19 日，中共七届一中全会在延安举行，选举毛泽东为书记处书记、政治局委员、中央委员会主席（即为中央政治局主席和中央书记处主席）。

鉴于形势和尽快夺取抗战胜利，中共中央决定及时召开军委会议。

6 月 24 日，毛泽东致电湘鄂赣区党委等，指出：“我军的战略方针是在日寇占领区域实行分散的游击战争，建立与扩大解放区，缩小沦陷区，建立与扩大军队、游击队与民兵，削弱敌军、伪军与联敌攻我之顽军。对于国民党军队不应该超过自卫立场，只有在国民党军队向我进攻，妨碍我在敌占区的抗日战争，而又在兵力对比的有利条件下，才可以集中相当数量之兵力，站在自卫立场上，给以反击取得胜利，其目的也在于便利我党在敌占区建立解放区。不应在干部与战士中灌输专门打顽军或主要打顽军的思想，而应向他们灌输主要打敌伪军，只在自卫立场上打顽军的思想，以提高他们在敌占区建立解放区的认识与情绪。”“各领导干部必须十分虚心，力戒骄傲，十分谨慎，力戒浮躁，十分团结，避免并逐步消除可能的意见分歧。在情况许可条件下，实行委员会的民主讨论，集中多数同志的意见，然后坚决执行之。”

这时在太平洋战场上，美军占领了冲绳岛。战争已逼近日本本土。

而在中国正面战场上，国民党军队于 5 月下旬收复南宁，6 月收复了柳州，7 月收复桂林。

中国解放区战场于 5 月至 7 月发动了夏季攻势，收复了大片国土，扩大了解放区，打通了各解放区之间的联系，为抗日战争的全面大反攻创造了极为有利的形势。

# 83. 人民军队大反攻<br>日本无条件投降

1945 年 7 月 1 日，国民参政会的 6 名参政员黄炎培、褚辅成、章伯钧、傅斯年、左舜生、冷遹等在周恩来和王若飞的陪同下，从重庆来到延安参观并同共产党的参政员们商谈国事。毛泽东和朱德都穿了一身中山装，头上戴了单帽，亲自到机场去迎接他们。

在机场，毛泽东和朱德热情地同 6 名参政员握手、交谈。当毛泽东看着飞机尾翼上的数字 349028 出神时，周恩来近前解释说："主席，这是美国生产的飞机，送给了国民党，编号是 9028。"

"喔，晓得了。"毛泽东答应一声，随即和朱德、周恩来、王若飞一起同 6 位参政员在飞机前合影留念……

7 月 10 日，毛泽东为新华社写的评论《评蒋介石参政会演说》发表，揭露了蒋介石"还政于民"是假，与人民为敌、发动内战是真，提醒中国人民要与之斗争到底。

7 月 12 日，毛泽东为新华社写的评论《赫尔利政策的危险性》发表，警告美国政府不要支持蒋介石发动内战。

这时延安正值夏季，清清的延河水映衬着岸边的垂柳，高高的宝塔山下树茂禾壮，一面面红旗飘扬在风中，行走在道路上的军民个个脸上洋溢着欢欣喜悦的神情，整个延安城显示着一派充满革命朝气的蓬勃景象。

7 月的一天，在枣园，毛泽东热情地接待了 6 位来延安的国民参政员。交谈中，毛泽东问黄炎培来延安的感想如何。黄炎培诚恳地说："既然主席动问，就请恕我直言了……"

毛泽东说："孔子说'三人行，必有我师焉'，我们共产党人也是'不耻下问'的，更何况黄老先生是我们的贵客，我毛泽东理该当面请教哩！"

黄炎培坦言道："我生六十多年，耳闻的不说，所亲眼见到的，真所谓

‘其兴也勃焉’，‘其亡也忽焉’。一人，一家，一团体，一地方，乃至一国，不少单位都没有能跳出这周期率的支配力。大凡初期聚精会神，没有一事不用心，没有一人不卖力，也许那时艰难困苦，只有从万死中觅取一生。既而环境渐渐好转了，精神也就渐渐放下来了……”

黄炎培见毛泽东听得专心致志，便继续说：“有的因为历时长久，自然地惰性发作，由少数演为多数，到风气养成，虽有大力，无法扭转，并且无法补救。也有为了区域一步步扩大了，它的扩大，有的出于自然发展，有的为功业欲所驱使，强求发展，到干部人才渐见竭蹶，艰于应付的时候，环境倒越加复杂起来了。控制力不免趋于薄弱了。一部历史，‘政息宦成’的也有，‘人亡政息’的也有，‘求荣取辱’的也有。总之没有能跳出这周期率。中共诸君从过去到现在，我略略了解的了。就是希望能找出一条新路，来跳出这周期的支配。”

毛泽东感慨道：“正所谓‘君子之泽，五世而斩’，‘富贵不佐三代’，也包含了这样的道理。”

“然也！”黄炎培说，“主席是很能看问题的。”

毛泽东笑了，说：“我们已经找到新路了，我们能够跳出这周期率！”

黄炎培惊喜地问：“什么新路，可以讲一讲吗？”

毛泽东直言相告：“这条新路，就是民主。只有让人民来监督政府，政府才不敢松懈。只有人人起来负责，才不会‘人亡政息’。”

“主席言之有理！”黄炎培点点头说，“只是难啊！当人在阶下时，总是希望民主的；但当人在堂上时，又都总是想着自己说了算数，听不得反面意见，所以才形成了这样的周期率。”

“这要定个制度呢！”毛泽东说，“凡从政者，总希望自己的政见被多数人所接受，所以我们共产党人早就定下了三条，一是理论联系实际，二是密切联系群众，三是批评与自我批评。既接受群众监督，又经常做自我批评，以保证我们党的路线的正确性。”

“领教了！”黄炎培高兴地说，“这就是你们‘从群众中来，到群众中去’的工作方针啊！”

“是么！”毛泽东挥一挥手说，“一个人、一个团体、一个军队乃至一个政府，凡是把人民利益放在第一位时，就会发展、就会强大；反之，如果看不起老百姓，把人民当成‘群盲’而搞‘愚民政策’，甚至一旦当了官就欺压老百姓，贪赃枉法，腐化堕落，那么他就要完蛋了，军队要打败仗，政府也会垮台的！”

“哦……”章伯钧咦嘘道，“主席的这番话，各党派都应该认真听一听，尤其是国民党……”

黄炎培也说：“主席的话，当对蒋公一叙啊！”

“他不听我毛泽东的么！”毛泽东又挥一挥手，“他蒋介石要是能够听我们共产党人的话，把人民的利益放在第一位，而不是把大地主大资产阶级的利益放在第一位，真正搞国共合作，国家形势也不至于此……”

通过这次交谈，黄炎培等人深深感触了毛泽东超凡的个人魅力和平易近人的领袖风采，并为共产党政策、路线的正确性所折服……

7 月 26 日，中、美、英三国发表了促令日本政府投降的“波茨坦公告”。日本政府对公告发表了“不予理会”的声明，幻想苏联出面调停，以取得“体面”的下场。苏联拒绝了日本的要求。

8 月 6 日，美国在日本广岛投下了第一颗被命名为“小男孩”的原子弹。

第二天，延安军民得到消息为之一振。毛泽东和朱德等认为，正可利用日本受打击之时，发动抗日军民向侵华日军发起全国规模的大反攻。

8 月 8 日，苏联政府对日宣战。

9 日 0 时，苏联红军从中国东北的东部、北部、西部边境向日军发动进攻……

8 月 9 日，美国又在日本长崎投下了第二颗被命名为“胖子”的原子弹。

原子弹轰炸对日本侵略者的心理和士气产生了一定的影响，但在军事战略上并没有多么巨大的作用。原子弹轰炸的结果，造成日本 20 多万居民的死亡。

当天，毛泽东在延安代表中共中央发表《对日寇的最后一战》的声明，号召中国人民的一切抗日力量举行全国规模的大反攻。

同日，毛泽东还向斯大林拍发了欢迎苏联政府对日宣战的电报：“中国人民，对苏联政府的对日宣战，表示热烈的欢迎。中国解放区的一万万人民及其军队，将以全力配合红军及其他同盟国军队消灭万恶的日本侵略者。”

10 日至 11 日，延安总部朱德总司令连续发布 7 道命令，命令各地的人民军队积极反攻，迫使日伪军投降。各解放区军民在毛泽东的号召和朱德的命令下，向日伪军展开了全面大反攻。

在东北，由八路军、新四军抽调的各路大军，分别沿北宁路和海上兼程挺进东北，东北抗日联军从中苏边境的边外营地打回东北，经过1个多月的战斗，解放了东北广大城乡。

在晋察冀，聂荣臻率领所部向平绥路东段、北宁路南段、平汉路和津浦路北段进攻，解放了张家口、秦皇岛、山海关等城市。

在晋绥，贺龙率领所部向同蒲路北段、平绥路西段进攻，解放了山西、绥远广大地区。

在晋冀鲁豫，刘伯承、邓小平率领所部向平汉路中段、陇海路中段进攻，解放了晋冀鲁豫黄河沿岸的广大国土。

在山东，罗荣桓率领所部向津浦路中段、胶济路、陇海路东段进攻，解放了山东大部国土。

在华中，陈毅率领新四军各部队分别向长江两岸、津浦路南段、陇海路东段及沪宁路、沪杭甬、浙赣路等地进攻，解放了华中各省的广大国土。

在华南，华南抗日纵队向广九、潮汕两路进攻，解放了许多地方。

从8月11日到10月10日，两个月的大反攻作战，共毙伤日伪军23万多人，收复城市197座，解放人口1871万多人。

从1937年9月到1945年10月，八年抗日战争中，八路军、新四军和华南抗日纵队共作战12.51万多次，歼灭日伪军171.4万人，其中，日军52.7万人。人民军队扩大到130多万人，民兵发展到260多万人。解放区面积近100万平方公里，人口1亿多。这是中国共产党及其领导下的抗日武装为中华民族的独立和解放，为世界反法西斯战争的胜利作出的重大贡献，同时也为夺取中国新民主主义革命的胜利奠定了基础。

8月11日，毛泽东为中共中央起草了《关于日本投降后中国共产党任务的决定》：

> 掌握政策，任何时候不要脱离群众。扩兵是必要的，但决不可超过人民财力负担的限度。收集物资也是必要的，但决不可只顾军

队，不顾人民，尤不可损害人民利益。

必须在一万万人民中，放手发动减租（已经减好的照旧），在一切新解放区一律减租，放手发动与组织群众，建立地方党地方政府与提拔地方干部，以便迅速确立我党在基本群众中的基础，迅速巩固一切新解放区。

国共谈判将以国际国内新动向为基础考虑其恢复，延安对美国与国民党的批评暂时将取和缓态度。但各地对蒋介石绝对不应存任何幻想，必须在人民中揭破其欺骗。对蒋介石发动内战的危险，应有必要的精神准备。但目前阶段主要注意力应集中于解决敌伪，勇敢、坚决、彻底地夺取最大的胜利，不可分散注意力。

8月13日，毛泽东在延安干部会议上发表《抗日战争胜利后的时局和我们的方针》的讲演，科学地预见了抗战胜利后时局发展的方向，提出了共产党关于争取和平发展和准备革命战争的方针，使全党在革命转折关头能够保持清醒的头脑，为共产党夺取全国政权做了思想准备。

8月15日，日本天皇裕仁决定接受波茨坦公告，宣布无条件投降。

消息传来，延安军民一派欢腾。军队和学校、机关人员和老百姓们纷纷跑上街头，敲锣打鼓、燃放鞭炮、扭着秧歌欢庆胜利，到处是一片载歌载舞、欢快喜庆的场面……

8月16日，毛泽东为新华社写的评论《评蒋介石发言人谈话》发表，对揭露蒋介石的反动面目、教育全国人民警惕蒋介石的内战阴谋起到了重要作用。

连日来，延安军民一直沉浸在庆祝胜利的欢快的气氛之中——八年了，终于胜利了，人民怎么能不激动、不欢庆啊！可是在枣园，在毛泽东的脸上，并没有欢快喜悦的表情，他依然在沉思着，沉思着对日寇的最后战斗和对蒋介石嘴上叫嚷谈判、实则积极准备内战阴谋的揭露和应付策略。

8月中下旬的一天，毛泽东到延安党校礼堂开会，对党校在整风运动中所犯的“左”倾错误主动承担了责任。

毛泽东坐在台前，挥着手对参加会议的人说：“这个党校在整风中犯了许多错误，谁来负责？我负责！我是校长嘛！”

人们认真地听着毛泽东的讲话。天很热，学校礼堂里没有一丝风，但参加会议的人虽然有的拿着破旧的芭蕉扇，却没有一个人用来扇一下。大家都聚精会神地听毛泽东讲话……

毛泽东继续说："错误可以给人教训。给人错戴了帽子的同志，以后再给人戴帽子时，你就要谨慎；被错戴了帽子的同志也得了一条经验，以后你不要乱给别人戴帽子，因为你自己吃过这个亏，以后要谨慎。有了这两方面的经验，将来我们到北平、上海、南京去考察干部，做反奸工作，情况就会好得多。"

毛泽东的话，说得大家都笑起来。在笑声中，毛泽东又很形象地说："这次大家都洗了个澡，就是水热了一点。不少同志被搞错了，凡是被搞错了的一律要改正，坚决平反！"

礼堂里响起了热烈的掌声。掌声过后，毛泽东语气坚定地说："有的同志被错戴了帽子，这也没得要紧，帽子戴错了，现在我把它给你们摘下来就是了！"

又一阵掌声过后，毛泽东站起身来，面对大家郑重地说："我们共产党人是革命者，但不是神仙。我们也吃五谷杂粮，也会犯错误。我们的高明之处就在于犯了错误就检讨，就立即改正。今天，我就是特意来向大家检讨错误的，向大家赔个不是，向大家赔个礼。"

说着，毛泽东恭恭敬敬地抬起了右手，伸开手掌，五指并拢举在自己的帽沿下，向被整错了的同志赔礼道歉……

党校礼堂里，掌声响起，经久不息，许多人的脸上挂着欣慰的笑容，也有人淌下了激动的热泪……

这时，蒋介石连续三次给毛泽东发来电报，"邀请"他亲自去重庆进行国共两党的"和平谈判"。

8 月 23 日，毛泽东在延安枣园礼堂主持召开中央政治局扩大会议，讨论同国民党进行谈判的问题。毛泽东在会上讲话，指出蒋介石要消灭共产党的方针没有改变，但经过我们党和全国人民的斗争，有可能争取一段国内和平的局面，我们要学会在和平条件下进行斗争，准备走曲折的道路。会议决定，先派周恩来前往重庆，随后毛泽东再去。

次日，毛泽东复电蒋介石，表示愿意前往重庆"商讨和平建国大计"。

晚上，一些人到毛泽东的住处来，表示了对毛泽东去重庆的担心。毛泽东耐心地劝说大家，要大家放开手脚努力去工作，只要解放区军民团结一致，谅他蒋介石一时还不敢公开做出冒天下之大不韪的举动来。

一些人走了，一些人又来了。毛泽东以同样的话告慰了大家，并表示："为了党和人民的利益，为了赢得和平建国，明知山有虎，偏向虎山行，纵便是刀山火海，也要去闯一闯，而且要闯出一条光明的大道来！"

8 月 25 日，中共中央政治局鉴于形势的发展，紧急决定毛泽东、周恩来等为代表，立即赴重庆与国民党进行谈判。

第二天上午，毛泽东为中共中央起草《关于同国民党进行和平谈判》的党内通知，阐述了共产党以革命的两手反对蒋介石反革命两手的策略思想。

吃午饭时，又有人来提醒毛泽东，鉴于蒋介石的一贯阴险狠毒，建议毛泽东最好不要去重庆。毛泽东坦言相告："不入虎穴，焉得虎子！人家现在三番五次来电催着我去，我不去，人家就会把破坏和平的帽子戴在我们共产党人的头上；我去了，打他一个措手不及，我料想他蒋介石是想不到我会真去的。这样，我们就争取了主动，在全国人民面前站稳了脚跟，也在谈判桌上赢得了第一分，何乐而不为呀？"又说，"风险总是有的，要革命么，不担些风险怎么行呢？但请同志们放心，有恩来同志在身边，他同敌人打惯了交道，自会料理周全。再说，有张治中将军担保，他还算是个老实人，不会出大事的。"

下午，毛泽东为中共中央起草《日本投降后的时局指示》，指出应派干部去东北三省开展工作。

这时候，远在湖南韶山的毛泽覃的儿子毛楚雄，已由王震派人接到 359 旅去了……

## 84. 国民党抢夺战果 毛泽东挥手之间

世界反法西斯战争和中国的抗日民族解放战争胜利结束了。但是，日本军国主义对中国的野蛮侵略，使中国人民蒙受了深重的民族灾难和巨大的牺牲，中国军民伤亡高达 2100 万人之多，财产损失在 600 亿美元以上。中国人民历尽艰难困苦、浴血奋战，终于打败了日本侵略者，最终赢得了胜利。

抗日战争是近代中国人民反对外敌入侵第一次取得完全胜利的民族解放战争。纵观中国的近代史，从 1840 年到 1945 年的 105 年间，全世界几乎所有大小帝国主义国家都侵略过中国，以往各次战争都是以中国的失败、签订丧权辱国的条约而告终，只有这次抗日战争，中国取得了伟大的胜利。中国人民打败了半个世纪以来一直严重威胁中华民族生存、企图变中国为其殖民地的日本帝国主义，一洗近百年来遭受帝国主义欺凌的耻辱，极大地增强了中华民族的自尊心和自信心。因此，抗日战争的胜利是一次伟大的历史性的胜利，可以说在中国近代民族解放战争史上占有重要的地位。

客观上，抗日战争恰是中国共产党领导的新民主主义革命的重要阶段。在抗日战争期间，中国人民经受了极大的锻炼，日益觉醒和团结；中国共产党已经成为一个全国性的大党，在人民中的威信空前提高。与此同时，毛泽东思想进一步发展，人民革命力量空前壮大。所有这一切，都是中国近百年来人民革命斗争中所不曾有过的，它为人民民主革命在全国的胜利奠定了坚实的基础。因此，抗日战争是中国人民反对帝国主义和封建主义的人民民主革命由失败到胜利的转折点，在中国新民主主义革命史上占有重要的地位。

抗日战争的胜利表明，一个半殖民地半封建的经济落后的国家，可以打败帝国主义强国的侵略。抗日战争的胜利不仅是中国全民族团结抗战的胜利，同时是人民战争的胜利，尤其突出显示了中国共产党是全民族抗战中的中流砥柱。

在抗日战争中，民族矛盾和阶级矛盾错综复杂，战局千变万化。中国共产党把马列主义的普遍真理同中国革命的具体实践相结合，提出了一整套正确的政治主张和军事战略策略，指明了抗战胜利的道路。其中，毛泽东是制定和组织实施、指挥执行这一系列战略策略的伟大决策人和卓越的领袖。

中国共产党是抗日民族统一战线的倡导者、组织者和领导者，共产党及其领导的武装力量是统一战线的“坚强的台柱子”。由于共产党坚决执行了毛泽东的战略方针，采取了又联合又斗争的策略，才把国民党滞留在抗战的营垒中，维持了国共合作抗日的局面。如果发生在 1936 年 12 月 12 日的“西安事变”中不是共产党人极力主张“释蒋东归”和“联蒋抗日”，那么中国抗战的局面和历史势必会改写。也正是由于中国共产党在毛泽东的领导下坚定不移地坚持了抗日民族统一战线，并且领导人民军队在敌后广泛发动人民群众，开展游击战争，建立和扩大了抗日根据地，成为坚持抗战的主要力量。实践充分证明了毛泽东所说：

> 没有共产党人做中国人民的中流砥柱，中国的独立和解放是不可能的。

战后的中国，人民的觉悟程度和组织程度都有了很大提高，国民党统治区的爱国民主运动进一步高涨。全国人民强烈要求和平、民主、团结、进步，迫切盼望走和平建国的道路。而国民党却违背全国人民的意志，坚持独裁、内战和继续向以美国为首的帝国主义出卖国家与民族利益的卖国政策，竭力恢复大地主大资产阶级的专制统治，把中国拉回到半殖民地半封建的老路上去。

1945 年 8 月 10 日，日本政府发出乞降照会。国民党便在美帝国主义的支持下，对人民革命力量采取“寸权必夺、寸利必得”的方针，立刻调兵遣将，抢夺抗战胜利果实。

8 月 11 日，国民党政府发布了三道反动命令：一是命令解放区抗日军队“应就原地驻防待命”，不得向敌伪“擅自行动”；二是命令它的嫡系部队“加紧作战”，“积极推进，勿稍松懈”；三是命令所谓伪军“须切实负责，维持治安”，抵抗人民军队受降。国民党政府军事委员会甚至任命伪行政院副院长大汉奸周佛海为上海行动总队司令。一时间，有 50 多万伪军摇身一变成了国民党的“先遣军”。

8 月 21 日，国民党政府把中国战区划分为 15 个受降区，并委派了受降主官。国民党大批军政官员以“接收”为名，对沦陷区人民进行残酷掠夺。“接收”敌伪财产时，常常是国府、省府、市府三道封条并贴，国民党党、政、军部门同时伸手。“你也抢，我也抢，文和武争，官与民争；有力者公然霸占，无力者暗中盗窃”。“接收”大员们疯狂地抢占洋房、汽车、黄金、美钞。沦陷区人民称他们是“三洋开泰”（捧西洋、受东洋、要现洋）和“五子登科”(抢车子、房子、金子、衣服料子和婊子)。国民党政府规定以 1 元法币兑换 200 元伪币的比价（当时法币与伪币的实际比价是 1∶25），夺去了人民的大量财产。

两天后，国民党政府陆军总司令何应钦给侵华日军总司令冈村宁次一道命令：“应负责作有效之防卫”，如果各地被人民军队占领，“日军应负责任，并应由日军将其收复，再交还我接收部队”。

美国政府为了把中国变成它的附庸，极力推行扶蒋反共政策——8 月 13 日，美国把准备发给日本政府的“总命令第一号”通知给各盟国，其中规定：“中国包括台湾和北纬 16 度以南的印度支那地区由蒋介石受降；中国东北……由苏联远东武装部队总司令受降。”美国远东盟军总司令麦克阿瑟发出命令给日本政府和侵华日军总司令冈村宁次，规定在中国战区的日本军队只能向“蒋委员长”所属军队投降。由此，美帝国主义在中国的抗日战争取得胜利之后，亲自出马在中国境内导演了一场由蒋、日、伪合流篡夺人民胜利果实的丑剧。

美国政府不但派了大批的飞机、军舰把国民党的军队从西南运送到华北、华东及东北等地，而且，还派出海军陆战队直接在中国沿海各主要港口登陆，帮助蒋介石抢占战略要地和铁路交通线。国民党统治集团在美国政府的直接支持下，在华北、华中、华南拼命抢夺人民抗战的胜利果实，并极力争夺东北的实际控制权。

与此同时，国民党政府还在美国政府的支持下加紧准备武装进攻解放区，中国面临着严重的内战危机……

毛泽东和中国共产党人清醒地认识到，战后的中国面临着两种命运的严重斗争。以共产党为代表的人民大众同美国支持的、以国民党统治集团为代表的大地主大资产阶级之间的矛盾就此成为了国内不可调和的主要矛盾。

抗战胜利后，中国建立一个什么性质的国家，是建立一个无产阶级领导的人民大众的新民主主义的国家，还是建立一个大地主大资产阶级专政的半殖民地半封建的国家，是国内阶级斗争的焦点，也是各民主党派关注的根本问题。

1945 年 8 月 12 日，中国民主同盟主席张澜在重庆发表谈话指出：“中国今天更迫切需要统一、团结、民主”，“要求统一，必须团结，要求团结，必须民主”，“只有停止内战，立刻团结，才能统一建国，保持胜利成果”。他呼吁“立刻召开党派会议，从事团结商谈”，“更希望全国人民……要切实地监督政府及国共两党，向着民主、统一、和平、建国的途上走去”，“夺取民主建国的胜利”。

8 月 15 日，中国民主同盟发表了《在抗战胜利中的紧急呼吁》，明确地提出了“民主统一，和平建国”的口号。

民盟的主张，代表了中国各进步民主党派共同的意愿。中国各民主党派都是中国共产党领导的革命统一战线的重要组成部分，抗日战争胜利后，他们同共产党共同奋斗，反对国民党统治集团的独裁、内战、卖国政策，在为争取和平民主的斗争中都作出了极其重要的贡献。

中共中央和毛泽东全面地分析了国际、国内形势，正确地制定出了争取和平民主的基本方针，并以结束国民党一党专政，建立民主联合政府为斗争目标，以达到建立新民主主义国家的目的。

毛泽东向全党正确地规定了斗争的基本策略是在决不放松武装自卫的条件下，力图用和平方法实现国家的社会政治改革。中共中央在毛泽东的主持下，制定出的争取和平民主、反对独裁内战的方针是以革命的两手反对反革命的两手为基本原则的。毛泽东告诫全党，只有这样，中国共产党在抗战胜利后的复杂斗争形势下，才能够把握正确方向，立于不败之地。

8 月 28 日，毛泽东在已就任美国驻华大使赫尔利和国民党政府军事委员会政治部部长张治中的陪同下，和周恩来、王若飞一起乘坐中吉普车从枣园驶向了延安机场。

这时候，在延安机场，上万名延安民众早已聚集在跑道的两旁，他们怀着一颗颗牵挂、依恋的心，目送着自己的领袖即将离开他们飞向敌人的虎口。中央各机关、学校、部队也来了不少人，他们悬着一颗颗剧烈跳动、不安的心，向自己的领袖频频挥动着手臂，每个人都想多看毛泽东一眼，每个人都想走上前去把自己的领袖挽留下来——可是，毛泽东是要去的，毛泽东是为了全国的和平而离开延安、到敌人的龙潭虎穴中去战斗的！

毛泽东从乘坐的中吉普车上走下来了，人们清楚地见他今天穿了一身崭新的灰布中山装，头上戴了一顶南洋帽，步伐沉稳地向着停在机场上的飞机走去。那步伐，一步一步迈得坚实有力；那身影，高大而魁梧；那神态，潇洒而自若！

机场上站立已久的人们欢呼着、跳跃着，挥动着一双双热情的手臂为毛泽东送行。毛泽东满面红光地微笑着，边走边向欢呼的人群连连招手，向热爱他的民众致以深深的谢意——他也舍不得离开延安的人民啊！

8 年了，毛泽东在延安和人民朝夕相处、患难与共；8 年了，毛泽东在延安夜以继日地工作，为了党的事业，为了人民的利益，他废寝忘食、通宵达旦地操劳着党和人民托付给他的一切。他虽身为领袖，但没有穿过一件好衣服，总是一身灰布军装，风里来雨里去到处开会、作报告，为了领导全中国人民彻底打败日本侵略者而呕心沥血、日夜忙碌；他又是一个长者，对他身边的工作人员关怀备至、无事不挂在心上，关心他们每一个人的学习、工作和身体健康，每当有人生病他总是亲自去看望，反复叮嘱要听医生的话、为革命安心治疗，并祝愿他们早日康复重返工作岗位；他同时是劳动人民的好儿子，总把自己放在老百姓的等同位置，对边区人民的衣食住行念念不忘，同乡亲们一起拉家常、开荒种田、浇水施肥，乡亲们都深深感到他和他们心贴着心……

今天，毛泽东就要走了，就要到敌人的巢穴中去战斗了。他是为人民、为民族大业而去的，他是为和平、为着中国的前途和命运而去的！

这时一些随行人员已经提前上了飞机，周恩来、王若飞等人也已走上飞机、进入了机舱……

在万众瞩目下，毛泽东带着人民的委托、民族的希望，健步踏上了飞机的舷梯，站在机舱门口停住脚步，然后转过身来摘下了戴在他头上的南洋帽，拿在手上向着送行的人们挥动——这一挥，仿佛在说：放心吧，乡亲们！回去吧，同志们！请相信我们的党，最后胜利一定是我们的！

# 85. 毛泽东重庆谈判<br>国民党背后进攻

1945年8月28日，由毛泽东、周恩来、王若飞组成的中共代表团由延安飞抵重庆。中共代表团的到达，受到了重庆各界人士的热烈欢迎。

在重庆九龙坡机场，毛泽东发表谈话说："现在抗日战争已经胜利结束，中国即将进入和平建设时期，当前时机极为重要，目前最迫切者为保证国内和平，实施民主政治，巩固国内团结。国内政治上、军事上所存在的各项迫切问题，应在和平、民主、团结的基础上加以合理解决，以期实现全国之统一，建设独立、自由与富强的新中国。"

毛泽东在机场的谈话，受到了重庆各界人士的真诚拥护。

从8月29日至10月10日，国共两党谈判正式举行。

谈判中，毛泽东批评了国民党反共反人民的政策，阐明了共产党和平、民主、团结的方针。双方谈判具体问题，主要在共产党代表周恩来、王若飞和国民党代表王世杰、张群、张治中、邵力子之间进行。

国民党对谈判根本没有诚意，未做认真准备，谈判的提案都是由共产党的代表提出来的。谈判中，双方争论的焦点是军队问题和解放区政权问题。国民党企图在"军令"、"政令"统一的借口下，取消中国共产党领导的人民军队和解放区政权。共产党代表拒绝了国民党的无理要求，但是为了使谈判能够取得成果，也作出了重大让步。如在军队问题上，共产党提出"应公平合理地整编军队"，并愿将人民军队和国民党军队，按照1∶5或1∶7的比例缩编为24个师或至少20个师。在解放区问题上，中国共产党先后提出4种方案，都被国民党"以政令统一必须提前实现"为借口加以拒绝。中国共产党在坚持国民党必须承认解放区民选政府的原则下，同意退出广东、浙江、苏南、皖南、皖中、湖南、湖北、河南（不包括豫北）8个解放区，将部队撤到陇海路以北，以及苏北、皖北解放区。但是，仍被国民党拒绝。因此，在军队问题和解放区政权上未能达成协议。

为了促使谈判达成协议，毛泽东在周恩来、王若飞的协助下同重庆各界代表人物进行了广泛接触和交谈。酷暑中，重庆的天气是很热的。但毛泽东等人依然耐着炎热分别会见了宋庆龄、冯玉祥、柳亚子、张澜、沈钧儒、黄炎培等民主人士和妇女界、民主工商界的著名人士及外国友好人士，说明了中国共产党争取和平、民主的真诚意愿，阐述了中国共产党的政治主张，争取和团结了广泛的社会力量，扩大了革命统一战线，使谈判向着有利于人民的方向发展。

国民党在同共产党进行和平谈判的同时，又命令国民党军队向解放区发动进攻，军事斗争和政治斗争互相配合。8 月 29 日，蒋介石密令各战区大量印发他在 1933 年编订的《剿匪手本》。八九月间国民党不断派兵进攻绥远、察哈尔、热河 3 省的人民军队和晋冀鲁豫解放区的上党地区。中国共产党领导解放区军民遵照毛泽东的指示奋起自卫……

9 月 3 日下午，毛泽东原定去“桃园”拜访于右任，却突然踅进了同处“桃园”中的戴季陶居所。戴季陶是国民党中顽固的反共分子，长期充当蒋介石的谋士。毛泽东对这个人是很了解的，早在第一次国共合作时期，就写过许多文章批判他。这时的戴季陶做梦也没想到毛泽东会来看他，见面时显得局促不安，诺诺连声，好像无地自容似的，毛泽东见他这副样子，也没有多坐多谈，便轻步离开了。

毛泽东离开戴季陶的住所去见于右任，恰巧身穿中式便装长衣的蒋介石前来看望戴季陶。二人狭路相逢，蒋介石先是一怔，随后佯笑说：“好，见见好，见见好。”

二人在“桃园”的竹林甬道上并步，谁也不谈政事，只叙一些似乎漫不经心的闲言，但两个人的内心深处都明白，彼此之间实是“水火不容”的。蒋介石假意虚让毛泽东在重庆各处“多走走，多看看”，毛泽东却真心邀蒋介石有机会能到延安去“坐坐”、到人民中间“多转一转”……

尴尬中，蒋介石支吾道：“年龄不饶人啊！我是想到人民中去多转一转的，只是国事太忙、太忙啊……”

毛泽东报以淡淡地一笑：“委员长只要有心，总是可以去的么!”

蒋介石又漫不着边际地说：“这里不比延安，天热，润之要多注意身体……”

毛泽东坦言道：“心静自然凉么！”

这次不经意的见面，二人谁也没有再多说什么……

9 月 5 日，毛泽东在重庆对《大公报》记者发表谈话：“我国政令、军令如果不再统一，的确为不得了的事体。然统一之政令必须建于民主政治基础之上。只有包括各党各派无党无派代表人士之政治会议，始能解决当前国是，并建立民主统一的联合政府。”

在重庆，毛泽东还有意会见了几个他想要见的人。陈立夫是国民党中反共的头面人物之一、CC 系的头子，对国共两党进行和平谈判极力反对。对这样一个人物，毛泽东仍不放弃接触，并与他相见了。见面时，毛泽东先以回忆往事的口气，谈起大革命时期国共合作的情景，然后批评国民党实行反共剿共的错误政策，用事实谆谆诱导。面对毛泽东坦荡的胸怀，机敏的议论，风雅的谈吐，陈立夫无以措词，不得不表示，要对这次国共和谈“尽心效力”。

而这时蒋介石已密令山西的阎锡山部第 61 军的 2 个师、第 19 军的 2 个师和 1 个炮兵团以及多股杂牌军和改编的伪军，共计 17000 多人的兵力，再次进犯由共产党人控制的上党地区，妄图实现其“抢占华北，夺取东北”的战略意图。

毛泽东在重庆接到延安发来的敌情通报后，立刻同周恩来商议，为保卫人民得来的胜利果实，果断决定进行上党战役，指示晋冀鲁豫军区在刘伯承、邓小平的指挥下，集中太行、太岳、冀南主力先后消灭被敌人占领的长治外围之屯留、长子、潞城、壶关等较弱据点，同时以重兵围困敌人据守的核心城市——长治。

战役指令下达后，毛泽东和周恩来依然不露声色地同国民党的政界要员和谈判代表们进行着谈笑风生的会见和针锋相对的谈判……

临近 9 月中旬的一天，毛泽东在八路军驻重庆办事处的办公地红岩村吃午饭，遇见了阔别 20 多年的许德珩和他的爱人劳君展。劳君展曾在长沙周南女校读书，是新民学会的会员，积极参加过毛泽东发起的驱逐军阀张敬尧的运动。回忆往事，以及 1921 年劳君展赴法勤工俭学在上海候船时，毛泽东约了许多新民学会的人在半淞园欢送并摄影留念的情景，故人叙旧，格外亲切。

毛泽东风趣地说："你们晓得我这个人怎么会打仗呢？我是逢山开路，遇水搭桥罢了！"

许德珩说："主席是我们中国当代最伟大的思想家、政治家和军事家，是共产党的伟大领袖，这是世界所公认的了！"

劳君展也赞同道："主席就是会统兵、会打仗！我记得在长沙时，你在一师就组织学生们截获过北洋军阀的长枪，这件事闹得我们女校都晓得了，那时候大家就都很赞赏你呢！"

毛泽东笑道："我怎么不晓得你们女校都晓得我毛润之呀？"

"谁说你不晓得？"劳君展反问道，"你还到我们周南女校讲演过呢！你忘了？"

"哪能忘记呢？"毛泽东再一次笑了，"那时候我的思想还很不成熟，还不晓得什么叫共产主义，只晓得一心要打倒军阀，是'和尚打伞，无法无天'哩！"

听了毛泽东的这句话，大家都开心地大笑起来……

9 月 13 日晚，戴季陶请张治中代约好的时间宴请毛泽东，毛泽东和周恩来、王若飞应邀出席了戴季陶的宴会，并在宴会上发表了谈话，希望有良好的谈判结果，表示了真诚的和平愿望。

9 月 17 日，毛泽东在重庆收到了刘少奇等人从延安发来的电报，提出党的全国战略必须确定向北推进，向南防御的方针。毛泽东当即回电，表示完全同意。

第二天，毛泽东出席由国民参政会举行的茶话会，回答了中外记者的提问，表示了中国共产党真诚希望和平建国的愿望。毛泽东在茶话会中指出："今后国共两党应为和平发展、和平建国而奋斗，坚决避免内战，团结一致，彻底实行三民主义，以建设现代化的新中国。"

9 月 19 日，毛泽东复电刘少奇等，决定江南部队北撤，新四军主力到山东接替防务，罗荣桓率山东主力进军东北，谭震林等坚持华中。

三天后，毛泽东和周恩来再次得到刘少奇从延安发来的电报——在已经进行的上党战役中，太岳纵队第 25 团和第 57 团在旅长李成芳的率领下，于昨天星夜奔袭长治北关，打了敌人一个措手不及，一举而下长治！

毛泽东笑了："打得好哇！这样一来，我们同蒋介石再谈起来就更轻松了！"

周恩来也笑道："蒋介石可真的要头疼了！"

毛泽东吸着烟说："我们本意是不想打的，可蒋介石硬是要打，那就只好'遵命'了！"

周恩来左手托着右胳膊的下肘、右手托着脸的下颏说："蒋介石同我们桌面上握手，桌面下踢脚，这是他欺骗人民一贯使用的伎俩嘛！"

毛泽东坦然一笑："我们也是两手啊……"

周恩来随着笑了："正像主席说的，'我们是用革命的两手，对付蒋介石反革命的两手'嘛！"

9 月 27 日，《新华日报》刊登了毛泽东在重庆回答路透社记者甘贝尔的提问，他说："自由、民主的中国将是这样的一个国家：它的各级政府直至中央政府，都由普遍平等无记名的选举产生，并向选举他们的人民负责。它将实现孙中山先生的三民主义，林肯的民有、民治、民享的原则与罗斯福的大西洋宪章。它将保证国家的独立、团结、统一与各民主强国的合作。""除了军事与政治的民主改革外，中共将向政府提议实行一个经济及文化建设纲领，这纲领的目的主要是减轻人民负担，改善人民生活，实行土地改革与工业化，奖励私人企业。在平等互利的原则下，欢迎外人投资与发展国际贸易，推广群众教育，消灭文盲等。"

9 月末，毛泽东在重庆的老朋友柳亚子先生约了许多文艺界人士宴请毛泽东，并在宴席间赋诗一首《赠毛润之老友》：

阔别羊城十九秋，重逢握手喜渝州。
弥天大勇诚能格，遍地劳民战尚休。
霖雨苍生新建国，云雷青史旧同舟。
中山卡尔双源合，一小昆仑顶上头。

毛泽东看了柳亚子的诗，连连称赞。柳亚子在众人面前，请毛泽东赋诗以赠。盛情难却，毛泽东答应过些天一定"还愿"……

宴席中，画家尹瘦石向毛泽东说他和柳亚子合作，要在重庆举办一个以爱国主义英雄人物为主题的"柳诗尹画联展"，为了表达对毛泽东的爱戴和崇敬，柳亚子提议给毛泽东画像。毛泽东欣然同意，约定 10 月 5 日下午在红岩村专候尹瘦石。

10 月初，毛泽东和周恩来再接电报——上党战役大捷！

战役进行中，八路军太岳纵队同太行、冀南各路大军分别从左、右、后方三面包围了敌人，双方展开激战，而后以我军的胜利结束了战斗。整个战役共计歼敌 35000 余人，生俘援敌副总指挥、炮兵司令胡三余和第 19 军军长史泽波、第 83 军暂编第 49 师师长张宏、第 66 师师长李佩鹏、第 23 军第 46 师师长郭溶、炮兵第 23 团团长侯殿盛；敌援军总指挥、第 7 集团军副总司令彭毓斌负伤逃至沁源，后因其部队灰飞烟灭而羞怯开枪自戕。

喜获捷报，毛泽东和周恩来相视而笑……

10 月 5 日下午，尹瘦石如约来到红岩村毛泽东的办公室。毛泽东坐在一张藤椅上很随和地说："听你的，你要如何画就如何画吧！"

这天，毛泽东穿了一件半旧的黑色夹大衣，一双布鞋，由于同国民党谈判一个多月，根本没时间修饰，头发很长，嘴角也长了短髭。过度的紧张和睡眠不足，使毛泽东脸上微露倦意。他坐在那里，眉头紧蹙，一支接一支地吸烟，一气足足坐了 40 分钟。

尹瘦石凝视着毛泽东的面容，竭力抓住某些特点，以真实地表现毛泽东的感情和形象……

10 月 7 日，毛泽东在红岩村将他以前所写的一首词《沁园春·雪》重新抄写一遍，送给了柳亚子先生。

柳亚子得词后爱不释手，连口称赞毛泽东的词气魄宏伟、志向高远，且用墨浓重、字迹飘逸，堪称当代诗词家中的大手笔："中国有词以来第一作手，虽苏①、辛②犹未能抗哉……"

周恩来将毛泽东的这首词送给了张恨水，张恨水遂将这首词刊登在他主编的《新民报》副刊的《西方夜谈》专栏上，署名"毛润之"，并加写了按语说《沁园春·雪》一词："风调独绝，文情并茂，而气魄之大，乃不可及"。

次日，《新华日报》予以转载，立刻轰动了整个重庆！

由于毛泽东这首词的发表，竟使得闷热的山城刮起了一股荡人心肺的《沁园春》热——重庆的文化界吵吵嚷嚷，许多人都大作特作《沁园春》，柳

---

① 苏，即苏轼，宋朝大文学家、诗人。

② 辛，即辛弃疾，宋朝诗词名家。

亚子、易君左、郭沫若、黄斋生等名家都写了和词，更有那些自认为可以写诗填词的墨客文人们也竞相动笔，使原本紧张的政治气氛突如其来地掀起了好大一股几近风雅的诗词潮……

毛泽东生平有三大嗜好，一是爱吃辣椒，二是爱吸烟，三是爱吃肥肉。毛泽东离不开烟，这是凡了解毛泽东的人都早已熟知的事。尤其当毛泽东写作时、思考问题时，在他的手上必然有一支烟。卫士们为了限制他的吸烟量，曾把一支烟折为两截，使他吸烟有个间隔的时间。为了他的身体健康，医生和众人也曾反复多次劝他戒烟，江青也不止一次两次地劝过他。可是他戒不掉，以至于他的牙齿被烟熏得越来越黄，手指也被烟熏出了黄斑……

但在重庆，在他同蒋介石面对面的谈判中，他控制住了吸烟。因为蒋介石不吸烟，而且不喜欢烟味。毛泽东在同蒋介石谈判时始终不吸烟，这种毅力和意志，引得了许多人的感叹和钦佩。

谈判期间，毛泽东的进出行动，周恩来都做了认真的安排和妥善布置，竭尽全力保证着毛泽东的安全，保证着延安来的每一个人的安全。

国民党的特务们并不是不想加害毛泽东，每当毛泽东出动，他们总是尾随其后窥视动向，可他们又无机可乘，在周恩来的保护下，国民党的特务们无计可施。同时，张治中将军也帮了很大的忙，几次请毛泽东住到了他的家里，也使得心怀歹意的特务们无从下手。

敌人仇恨毛泽东，但又害怕毛泽东。他们从本意上想除掉毛泽东，但一时又不敢贸然行动。他们知道，一旦毛泽东在重庆遇有不测，必将引起全国人民的共同反对和国际舆论的一致谴责，那样就做了蠢事，就无法耍阴谋欺骗人民了。所以，敌特最终没敢向毛泽东等人下毒手……

10 月 8 日，外国驻重庆记者和国民党军委会相继举行招待会，毛泽东出席招待会并发表讲话，依然希望国共两党最终能够达成和平谈判协议，再次表示了诚恳的和平愿望。

经过谈判桌上针锋相对的斗争和战场上的较量，也是迫于形势的压力，国民党不得不于 10 月 10 日与中国共产党签署了《政府与中共代表会谈纪要》，亦即“双十协定”。

10 月 11 日，毛泽东由重庆飞返延安。

回来了，回来了！毛泽东终于安安全全地回到了人民中间！

10月13日，就在毛泽东刚刚回到延安的第三天，蒋介石便迫不及待地撕掉了他同共产党进行“和谈”的假面具，再一次发布“剿匪”密令，在全国人民面前完全、彻底地暴露了他假和平、真内战的嘴脸。

10月17日，毛泽东在延安干部会议上作《关于重庆谈判》的报告，总结了重庆谈判的意义和经验，揭露了国民党反动派的本质，提出了中国共产党在新形势下的斗争方针和任务，指明了中国革命发展的总趋势。

# 86. 蒋介石密令“剿共” 毛泽东父子重逢

1945年10月，在蒋介石下达其“剿匪”密令后，国民党用于进攻解放区的正规军就达80万人，还不包括包围陕甘宁边区的部队在内。

10月22日，毛泽东在关于山东、华中作战问题上发出指示：“为了集中歼灭顽军之目的，山东华中两地只应该各有一个主要作战方向，其他都是辅助作战方向，不要分散兵力。”“能在山东、华中打几个好的歼灭战，则对整个局势将起大影响。”

这时候，进攻解放区的国民党军，按照蒋介石密令中“督励所属，努力进剿”的训示，一群蜂地向解放区扑来。解放区军民奋起自卫，于10月24日至11月2日取得了邯郸战役的胜利。歼灭国民党军队40000余人，国民党第十一战区副总司令长官兼新8军军长高树勋于10月30日率部起义，31日国民党第十一战区副总司令长官马法五率领两个军官兵数万人被迫放下了武器。

邯郸战役的胜利，粉碎了国民党对豫北、冀南的进攻和深入华北、东北的计划。此外，人民解放军在同蒲、平绥、津浦各线的自卫反击，也都取得了很大胜利，从而沉重地打击了国民党军队的反动气焰。

11月1日，毛泽东在11月作战部署中进一步提出“夺取东北，巩固华北、华中”，使已经制定的“向北发展，向南防御”的全国战略方针更加具体化了。

11 月 5 日，毛泽东在延安清凉山以中共发言人的名义发表谈话，列举了国民党军队进攻解放区的种种事实，驳斥了国民党反动派所谓“在此次战争中全居守势”的谎言。

两天后，毛泽东为中共中央起草《减租和生产是保卫解放区的两件大事》的党内指示，指出了实行减租和发展生产的重要意义和办好这两件大事的方针政策。这对保卫和巩固解放区、调动广大群众的积极性，具有重要的意义和巨大的实际作用。

这时，在解放区军民粉碎国民党军事进攻的同时，国统区人民反对内战、争取民主的斗争也迅速发展起来。

这时候的陕北已是晚秋时节，延安城里城外随处可见一派繁忙景象：从枣园到杨家岭、从尹家沟到王家坪，处处洋溢着军民团结、互帮互助的秋收场景；从小砭沟到延河边，从凤凰山到清凉山，处处呈现着军民携手、互教互学的练兵热潮——宝塔山上的宝塔在晚秋的寒风中巍巍耸立着，悠扬而荡人心肺的“信天游”的歌声又总是传得很远、很远：

> 太阳（那个）出来照四方，
> 毛主席领导咱们（那个）打胜仗！
> ……

11 月 11 日，毛泽东在延安向全军部队发出指示：

> 为准备战胜必然要来的大举进攻，除集中与整训部队外，必须创造更广阔的战场……
>
> 将创造战场的任务当作战略任务。

11 月 19 日，重庆各界代表郭沫若、沈钧儒等 500 多人举行反内战大会，并成立了反内战联合会。

11 月 25 日，昆明学生举行反内战时事晚会，遭到国民党军警的破坏。

第二天，昆明30多所大中学校学生3万多人，一致罢课，反对国民党政府的法西斯暴行。

美蒋反动派的倒行逆施，在政治上、军事上遭到一连串的失败，使蒋介石陷于极端孤立。在国际上，也出现了反对中国内战的强大舆论。

11月下旬，积极推行扶蒋反共的美国驻华大使赫尔利向美国总统递交了辞呈，美国政府被迫调整其对华政策，即由公开扶蒋反共改为以“中立”和“调停”国共纠纷的面目出现。

12月1日，国民党出动大批武装特务在昆明残酷镇压学生运动，打死师生4人，伤20多人，造成了震惊全国的“一二・一”惨案。

国民党的暴行，激起了全国人民的公愤，各地相继举行示威和集会，声援昆明学生的爱国正义斗争，一个以青年学生为主体的反内战、争民主的运动席卷了国民党统治区。

12月6日，中国共产党为继续争取和平民主，派出以周恩来为首的出席政治协商会议的代表团抵渝。

15日，毛泽东在延安为中共中央起草了《一九四六年解放区工作的方针》的党内指示，规定了保卫和巩固解放区，动员人民打败反动派进攻的根本方针。各解放区遵循指示，随即开展了练兵、减租减息和生产运动，提高了全军的战斗力，巩固了解放区。

18日，周恩来在重庆举行中外记者招待会，提出立即无条件停止内战，用政治协商办法解决国内一切问题等3项提议，受到国内外各方面的重视。

20日，美国派总统特使马歇尔以“调处”中国内战为名来华。

12月25日，美国总统杜鲁门发表对华政策声明，表示赞成中国“召开全国主要政党代表会议，以谋早日解决目前的内争”。虽然美国扶蒋反共的基本政策并没有改变，但是，美国这种对华政策的变化，对于中国人民争取和平民主的斗争是有利的。

三天后，莫斯科苏、美、英三国外长会议发表公告，也认为中国“国民政府各级机构中民主党派广泛参与及内部冲突之停止，均属必要”。美国政府还表示在最短的时间内撤退驻华美军。

12月28日，毛泽东为中共中央起草给东北局的指示《建立巩固的东北根据地》，进一步强调在东满、北满、西满较远的城市和广大乡村建立巩固的军事政治根据地，工作重心是群众工作，逐步积累力量，准备将来转入反攻。

1946 年 1 月初，毛泽东的大儿子毛岸英终于回到了延安、回到了他离别已达 19 年之久的父亲的身边——1927 年秋，当毛泽东组织秋收起义离开杨开慧母子时，毛岸英那时只有 5 岁。如今，他已经是一个仪表堂堂、身材魁梧的 24 岁的成年人了！

在枣园，毛泽东兴奋地拉着儿子的手，上下打量着，眼睛里噙满了泪花。只见儿子的个头比自己还高，穿着一件军呢大衣，脚上踏着牛皮靴，英俊秀气的脸上既有他母亲的倩影、又有自己的特征。毛泽东忍住没让眼泪流出眼眶，满意地笑了。

毛泽东仔细地询问了岸英在苏联的学习和生活情况，询问了岸英和他所知道的贺子珍和娇娇的一切情况。岸英带来了弟弟岸青写给父亲的信，还有父亲的好友蔡和森的儿子蔡博等人在苏联写给父亲的信，并告诉父亲说，贺子珍妈妈和娇娇妹妹在苏联的生活很艰苦，但经常得到同志们的关心和照顾，娇娇已经进了国际儿童院学习，弟弟岸青学习很用功，经常去看望贺子珍妈妈和娇娇妹妹。听了这些，毛泽东的脸上挂上了无限追思的神情……

岸英还告诉父亲，自己在苏联一直惦念着父亲，知道刻苦学习，大学毕业后加入红军并获得中尉军衔上了前线，参加了库尔斯克近郊的坦克大战，在波兰战场上经受了血与火的考验，最后在通向柏林的一条要塞上出色地完成了反法西斯的战斗，深得斯大林的欣赏……

毛泽东满心高兴地笑了，对儿子说："好么，好！你的仗打得很好，是我们毛家的好伢子！"又说，"你已经大学毕业了，但学习的只是书本知识，只是知识的一半，你还需要上一个大学……"

岸英问父亲："上哪个大学？"

毛泽东对儿子说："这个大学，中国以前没有，外国更没有……"

岸英又问："那是什么大学呀？"

毛泽东说："劳动大学呀！"并解释说，"你在苏联参加了卫国战争，参加了战斗，回到祖国来还要到工人、农民中去劳动、去学习，这样才能快一些晓得自己国家的事情呀！"

毛岸英笑了："爸，我去！"

毛泽东也笑了：“呵，真是我的好儿子！”

岸英的到来，给枣园带来了一片欢乐，更给毛泽东的家庭增添了勃勃生机。江青还是很喜欢岸英的，小李讷见到自己突然有了个大哥哥，愈加兴奋得不得了，总是没完没了地缠着哥哥给她讲故事。有时，只要毛岸英走到哪里，小李讷就跟到哪里，兄妹俩简直是形影不离……

这时的国民党在美国政府的支持下，正在积极地调兵遣将，大举进攻解放区。

1 月 7 日，蒋介石密令其军队“星夜前进”，迅速“占领有利地点”……

一连几天，毛泽东高兴，李讷更是高兴得不得了。这时候的小李讷已经长得快半人高了，整天围在大哥哥的身边转。毛岸英也很喜欢他这个既听话又懂事、既活泼又可爱的小妹妹。

接下来，毛岸英便脱掉了皮鞋，换上了父亲送给他的布鞋，扛起背包，带上一袋小米、干粮，徒步几十里山路，去到吴家枣园找边区的劳动模范郝光华参加生产劳动了……

1 月 10 日，国民党终于在国内外的舆论压力下，在同中共代表团周恩来等人的谈判中真正坐下来，双方达成了停战协定，并于同日下午下达了停战令。为了监督停战协定的执行，组成由国民党代表张治中、共产党代表周恩来和美国代表马歇尔参加的“三人委员会”，会商解决军事冲突，并组成“北平军事调处执行部”，负责监督双方执行停战令。

同一天，政治协商会议在重庆开幕。参加会议的有国民党、共产党、民主同盟、青年党和社会贤达的代表共 38 人。会议的中心议题是政治民主化和军队国家化问题。

关于政治民主化问题，国民党坚持一党专政、个人独裁，企图用“扩大政府组织”，吸收其他党派的几个成员到国民党政府去做官的办法，给国民党政府披上“民主”的外衣，以此诱骗共产党交出解放区政权。中国共产党主张，必须改组政府，废止国民党一党专政，召开真正的国民大会，制定宪法，成立真正的民主联合政府。以民盟为首的中间力量，也强烈反对国民党的提案，积极支持共产党的提案。

关于军队国家化问题，国民党和青年党提出，先实行“军队国家化”，然后实行“政治民主化”，这实质上还是“你先交出军队，我再给你民主”的老调重弹。中间势力对此抱有幻想，主张国共双方都把军队交出来，由中间势力代表国家接收双方交出的军队。这种主张反映了中间势力要在中国建立资产阶级专政的企图。共产党认为："执其一端，必造成对立。"同意政治民主化与军队国家化二者并行，不分先后。但共产党坚持两条原则：一是国共两党军队必须分别整编；二是在政治民主化没有真正实现之前，决不交出军队。这样，既团结中间势力，又击败了蒋介石企图借"军队国家化"消灭人民武装的阴谋。

也是在 1 月 10 日，根据国共两党《关于停止国内冲突的命令和声明》，毛泽东向共产党所属部队发布了停战命令。

1 月 12 日，蒋介石再次命令国民党军队："在热河方面最好于停战令未生效前占领承德，同时，必须抢占古北口、建平及凌源为要。"停战令生效后，国民党军队继续进攻解放区的事件不断发生。

这时候国民党又借口东北是"接收主权"问题，不包括在停战的范围之内，积极调兵遣将向东北解放区进攻。东北民主联军忍无可忍，奋起自卫，使国民党军队遭到沉重的打击和全国人民的强烈反对。

1 月 28 日，毛泽东在延安面对着全国不断变化的时局审时度势，运筹帷幄地指挥着各解放区军民搞好各项工作，积极行动，随时准备粉碎敌人的军事进攻。

这时，前往吴家枣园参加劳动的毛岸英回到了父亲的身边。毛泽东一见，笑了："好么，白胖子变成黑瘦子了！"并摸着儿子长满了硬茧的手说，"这就是你在劳动大学的毕业证书！"

回到枣园，毛岸英被分配在中央军委任作战参谋兼俄语翻译。

## 87. 国民党发动内战<br>毛楚雄壮烈牺牲

1946 年 3 月 1 日，蒋介石在国民党六届二中全会上公开号召修改和推翻政协协议。这时美国总统特使马歇尔正在延安访问。

3 月 5 日，毛泽东到延安机场为即将离开延安的马歇尔送行，在谈话中，毛泽东重申了中共贯彻《停战协定》的诚意。毛泽东对马歇尔说："我也愿意重申我们对您帮助中国人民和平、民主、团结统一事业的努力的衷心感谢。我特再一次声明，中国共产党必用全力坚决贯彻三个协定。"

第二天，毛泽东收到了被国民党软禁的新四军军长叶挺将军的一封来信和入党申请书，随即召集了中共中央书记处工作会议，集体研究了叶挺的来信和他的入党申请。

3 月 7 日，毛泽东复电叶挺将军，并通告中央接受了他加入中国共产党的申请。毛泽东在复电中说："你为中国民族解放与人民解放事业进行了二十余年斗争，经历了种种严重考验，全中国都已熟知你对民族与人民的无限忠诚。兹决定接受你加入中国共产党为党员，并向你致热烈的慰问与欢迎之忱。"

3 月 16 日，蒋介石在重庆国民党六届二中全会上通过了一个推翻政协宪章草案原则的《对政协报告之决议案》。至此，蒋介石全面破坏政协协议的反动面目，已暴露无遗了。

在此期间，美国政府在"调处"名义下，为帮助国民党进行内战准备，对国民党统治集团给予了大量的经济和军事援助达 20 亿美元。它装备了国民党 45 个师的兵力，并为国民党训练军官、特务、警察、军需等 15 万人。1946 年 3 月，美国正式组成陆军、空军、海军和供应顾问团，其官员达 2000 人。他们实际上是蒋介石发动内战的具体策划者。在马歇尔"调处"期间，美国用飞机、军舰把国民党军队 45 万余人运到内战前线，占领了战略要地。

3 月 27 日，国民党迫于形势压力和东北民主联军有力的自卫战，不得不同共产党签订了东北停战协定。但国民党根本不执行协定，依然命令其军队向营口、鞍山、本溪、四平等地发动新的进攻。

4 月，毛泽东面对国际国内形势，在枣园为党内起草《关于目前国际形势的几点估计》的文件，批判了国内外某些人对国际形势的悲观估计和把敌人力量估计过高的右倾观点，强调美、英、法同苏联可能取得某些妥协，但各国人民仍将按不同情况进行不同斗争。

这时，久住延安凤凰山麓的贺子珍的母亲因病医治无效而去世。毛泽东为其置办了丧事，并亲自选择坟地予以安葬，尽了“半子”之情。

4 月间，毛泽东还审时度势集中考虑了东北地区的战局，代表中央军委致电东北野战军，向广大指战员发出了《坚守要点，控制强大机动部队，于有利时机以运动战打击敌人》的指示。

同时，中共中央军委还在延安召开了整军会议，整军经武，有计划地调整和加强各战略区的领导，扩大和整编部队，下达统一命令新建了野战军的体制。

5 月 1 日，毛泽东代表中共中央向全军发出练兵指示：“立即下令全军练兵，上级督促检查，将此看成决定胜负的关键之一。”“练兵内容：军事上练三大技术，练守城，练夜战；政治上提高战胜顽军保卫解放区之决心与信心。”

5 月 4 日，中共中央开会讨论《关于土地问题的指示》。指示决定将减租减息政策改为没收地主阶级的土地分配给农民的政策。指示指出，解决解放区的土地问题是中国共产党目前最基本的历史任务，是目前一切工作最基本的环节，必须以最大的决心和努力，来完成这一历史任务。土地改革的进行，进一步激发了农民的革命情绪和生产积极性，使得解放区日益巩固。

5 月中下旬，国民党军队侵占了四平、长春，形成了“关内小打，关外大打”的严重局面。

本月，毛泽东多次向东北野战军发出对敌作战的具体指示：

> 力戒轻敌，每战必须集结全力，打敌一点，以期必胜。
>
> 前方不要攻坚，除必须数量之守城部队外，应控制强大机动部队，以为有利时机在运动战中打击敌人之用。
>
> 以强大力量出现于敌后，保证建立巩固据点及歼灭来争之敌（例如歼灭其一个师），则四平之敌必将退走。我于该敌退走之际举行反攻，可获大胜。
>
> 继续死守四平已不可能时，便应主动地放弃四平……准备由阵地战转变为运动战。如果采取此项方针，我军必能从目前的被动与不利地位，转变到主动与有利地位……

6 月 1 日，毛泽东电示中原军区，指出全国内战不可避免，必须准备对付敌人袭击及突围作战。

这时候，国民党军队近半年来已向解放区发动进攻 4365 次，占领解放区城市 40 座、村镇 2597 个，使用兵力累计 277 万人。至此，全国内战正像毛泽东所指出的已不可避免。

面对即将爆发的全国大内战，中国共产党适时地将自己所领导的解放军组建成了 24 个野战军纵队以及 14 个野战旅，共计约 61 万人，可以在各大战略区之间机动作战；另有 60 余万地方军队，分属于各军区，担负地方作战任务。野战军、地方军和民兵利用作战间隙，普遍开展了官教兵、兵教官、兵教兵的群众性练兵运动，大大提高了中国人民解放军的政治素质，并完成了由分散兵力打游击战为主到集中兵力打运动战为主的战略转变。

6 月 19 日，毛泽东为中共中央起草了给郑位三、李先念及王震的电报，指出中原军区部队必须随时准备突围。

同一天，毛泽东还为中共中央起草了另外三封电报：一封给陈毅和舒同等人，指示他们准备对付蒋介石军队对胶东、苏中的大举进攻；另一封给刘伯承、邓小平、薄一波，请他们准备船只接护郑位三、李先念部渡河；再一封也是给刘伯承、邓小平和薄一波，指示他们做准备对付蒋介石大打的作战部署。

次日，毛泽东为中共中央起草了致南京中共代表团的电报，告之已令各地准备一切，粉碎蒋介石的大举进攻。

21 日，毛泽东还为中共中央起草了致陈毅、舒同等人的电报，要求 10 日内外完成夺取聊博区、兖州、元氏之准备。

也是这一天，毛泽东再次为中共中央起草了致郑位三、李先念及王震的电报，指出国民党危机空前扩大……

6 月 22 日，毛泽东发表《反对美国军事援蒋》的声明，表明中共坚决反对以任何方式对国民党军队进行军事援助和立即撤回在华美军的态度，揭露了美国武装干涉中国内政的阴谋。

同一天，毛泽东还为中共中央起草了给东北局的电报，指示东北应准备于谈判破裂时粉碎蒋介石的进攻。

6 月下旬，毛泽东连续电示中原局和中原军区：

必须准备对付敌人袭击及突围作战，预拟突围后集中行动及分散行动两个计划。

随时注意敌情，准备突围。

同意立即突围，愈快愈好，不要有任何顾虑，生存第一，胜利第一。

巧妙避开敌之打击，分途突出包围圈。

我党决心粉碎反动派的进攻，争取胜利，取得和平。

整个突围战役是胜利的，敌人毫无所得。你们这一行动已调动程潜、刘峙、胡宗南三部力量，给反动派以极大震动与困难。故你们的行动关系全局甚大。

6 月 25 日，毛泽东为中共中央起草了给林彪的电报，指出暂无和平希望，准备全国大打。

同一天，毛泽东还为中共中央起草了另一封电报，特别指示中原军区的郑位三、李先念和王震，分途突围并保护军调小组的安全。

26 日，国民党在美帝国主义的支持下，公然撕毁《停战协定》和政协协议，以大举进攻中原解放区为起点，发动了对解放区的全面进攻，挑起了新的全国规模的反革命内战。

6 月 28 日，毛泽东在延安为中共中央起草了给聂荣臻、萧克等人的电报，阐明国民党大打后晋察冀军区的基本任务。

同一天，毛泽东还为中共中央起草了给刘伯承、邓小平等人的电报，指出为避免仓促作战，7 月底前完成大打准备。

同时，毛泽东还特别致电周恩来，告之已命中原部队突围。

29 日，毛泽东在延安接见了驾机起义的刘善本和机组人员。

这时，远在湖北黄陂、宣化店一带坚持游击战争的毛泽东的侄儿毛楚雄，在国民党军队的大举围攻下，随部队突围，行军打仗 20 多天，到达河南淅川。王震很高兴地夸奖毛楚雄作战勇敢，拍着他的肩膀说："好样的，小弟跟我走!"

这样，毛楚雄就跟随在王震的身边，和第 359 旅继续西征了。

在他们奔赴延安的道路上，部队的战斗口号是"打倒国民党反动派，用实际行动来保卫延安，保卫毛主席”。国民党反动军队已集结了大量兵力，实行了严密的封锁。

为了冲出重围，激战在所难免。毛楚雄在战斗中敢打敢拼，很有他父亲当年奋勇作战的顽强作风……

为了更好地战斗，中原军区分路突围的部队遵照中央军委和毛泽东的多次电示，决定派出得力人员加强派驻敌方的军调小组的工作，一方面去同敌人进行必要的谈判以利更好地突围，另一方面也是为了军调小组的安全——这样，跟随王震的毛楚雄便被指定为前去与敌军进行谈判的代表之一。

议定谈判代表后，王震把毛楚雄叫到了自己的跟前，对他说：“要打大仗了，部队要派人去同敌人进行谈判，你同他们一起去军调组……”

“不，我不去！”毛楚雄表示要跟随部队一起战斗。

“听话，这是军区的决定！”王震轻轻抚摸着毛楚雄的手说，“你打仗很勇敢，但同敌人谈判也是战斗。你有文化，又有头脑，相信你能胜任……”并说，“你们去军调组同敌人谈判，一是可以牵制敌人的注意力，便于部队突围；二是可以加强我军军调组的力量，使我军能够更及时准确地了解敌情和掌握敌军动态……”

“那你们呢？”毛楚雄问。

“我们相机突围！”王震叮嘱说，“部队突围后，你们就想办法尽快脱离敌人，然后直接去延安向党中央和毛主席汇报……”

“不回部队了？”毛楚雄再问。

“你们先回延安。”王震说，“见到毛主席，就说我们打完仗就会回来的！”

毛楚雄只得依依不舍地同王震告了别……

7 月 1 日，毛泽东、朱德在延安联名发表声明，宣布如国民党军队不攻击解放军，解放军不主动攻击国民党军。如被攻击，解放军将采取自卫手段。

7 月 11 日，毛泽东为中共中央起草了《以战争的胜利去取得和平》的党内指示。

面对蒋介石调遣他的各路人马向解放区的疯狂进攻，毛泽东和中共中央做好了积极迎战的一切准备……

7 月 17 日当天，毛泽东还为中共中央起草了致郑位三、李先念等人的电报，指示应集中对付敌人，不要上“和平”的当。

两天后，毛泽东再次为中共中央起草了致郑位三、李先念和王震的电报，指示部队化整为零，在陕南分散游击。

这时候，告别了王震的毛楚雄和原新四军供给部部长吴先云等人还在军调组同敌人进行谈判。谈判中，毛楚雄表现得机智、果敢，令敌人感到特别难对付……

私下里，敌人想拉拢毛楚雄，却几次碰了钉子。恼羞成怒中，敌人将毛楚雄等人押送西安。在西安，敌人对毛楚雄软硬兼施、百般利诱，无奈毛楚雄始终大义凛然、宁死不屈。敌人想不到毛楚雄小小年纪竟如此“骨头硬”，便丧心病狂地将他秘密杀害了……

干革命闯枪林冒弹雨，忠心赤胆。

为人民抛头颅洒热血，父子英豪！

那天夜里，风狂雨猛，电闪雷鸣，豆粒大的雨点“噼噼啪啪”地打在古老的西安城墙上，耀眼的闪电和巨响的霹雳直令杀害毛楚雄的凶手胆战心惊……

临牺牲前，毛楚雄在风雨中拖着被敌人打得皮开肉绽的身躯面向延安，最后艰难地喊了一声：“大伯……”

毛楚雄就这样壮烈地牺牲了，时年 19 岁。

## 88. 解放战争揭序幕<br>阔步迎接新曙光

自 1946 年 6 月 26 日蒋介石撕毁《停战协定》发动内战开始，就调动了 80％的正规军，193 个旅，约 160 万军队，疯狂地向解放区发动了全面进攻。蒋介石依仗其暂时的军事优势，气势汹汹，不可一世，狂妄地宣称，只需 3 个月到 6 个月的时间，就完全可以消灭“共军”。

在敌强我弱的形势下，共产党领导的人民军队能不能打败蒋介石？这是共产党必须回答的一个重大问题。毛泽东科学地分析了形势和战争的前途，明确指出："我们不但必须打败蒋介石，而且能够打败他。我们必须打败蒋介石，是因为蒋介石发动的战争，是一个在美帝国主义指挥之下的反对中华民族独立和中国人民解放的反革命的战争。"

毛泽东同时指出："对于一切敢于来犯的敌人，如果我们表示软弱、表示退让，不敢坚决地起来用革命战争反对反革命战争，中国就将变成黑暗世界，我们民族的前途就将被断送。我们能够打败蒋介石，是因为蒋介石军事力量的优势和美国的援助，只是暂时起作用的因素，而战争的正义性和非正义性，人心的向背，则是经常起作用的因素。人民解放军进行的自卫战争所具有的爱国的正义的革命的性质以及在人民战争的基础上，在军队和人民团结一致、指挥员和战斗员团结一致以及瓦解敌军等项原则的基础上，建立的强有力的革命的政治工作，在这些方面人民解放军则占着显然的优势，这是人民解放军战胜蒋介石的最基本的依据。"

7 月 20 日，毛泽东为中共中央起草《以自卫战争粉碎蒋介石的进攻》的党内指示，从军事、政治、经济三方面正确规定了自卫战争初期战胜国民党军队的方针、原则和方法。

8 月初，正是延安地区的酷暑时节。毛泽东吩咐儿子毛岸英参加到土改工作中去，在实际斗争中增长才干和为人民服务的本领。毛岸英很高兴地告别了父亲，背上背包去搞土改了……

大战在即，毛泽东在延安同朱德、刘少奇、任弼时一起统筹布局着中国的整个战场……

在此期间，毛泽东在延安接见了美国记者安娜·路易斯·斯特朗，就国内外形势发表了重要谈话。谈话运用历史唯物主义的基本观点，指出了"一切反动派都是纸老虎"的著名论断，从理论上阐述了人民解放战争取胜的必然性，增强了中国人民打败美蒋反动派的信心和决心。

毛泽东在与斯特朗谈话的同时，还在晚会上同她一起跳了两圈舞。斯特朗在跳舞中，称赞毛泽东说："遇险不惊，沉着果断，你是我见到过的世界上所有领导者中最有魅力的人!"

晚上的时间，毛泽东向所属部队下达了一系列作战指示："告诫部属，切勿骄傲，每次作战，均须精心计划，充分准备，不要轻敌。""适当休整部队，恢复疲劳，保存元气。”“攻占薄弱点，威胁敌之后路，调动敌人而歼灭之。”“每战集中绝对优势兵力打敌一部……故战无不胜，士气甚高；缴获甚多，故装备优良；凭借解放区作战，故补充便利；加上指挥正确，既灵活又勇敢，故能取得伟大胜利。这一经验是很好的经验，希望各区仿照办理，并望转知所属一体注意。”“鼓励一切正规军、地方军及民兵发挥积极性，多打胜仗，各个击破与大量歼灭敌人。歼敌方法，是集中大力打敌一部……这种方法，通全局看来，用力省而成功多，每战必胜，既能全歼，又能速决，必须教育干部普遍采用。野战军补充应有重点……勿采平均主义。”

这时国民党发动全面内战已近两个多月，解放区军民在毛泽东、党中央英明领导下协同作战，英勇歼敌，粉碎了国民党的各路军事进攻，逐步取得了战场上的主动权。

中原野战军在郑位三、李先念、王震领导下，给进犯中原解放区的国民党军以重大打击后，根据毛泽东的电示，除一部分武装就地分散、坚持游击战争、钳制敌人外，主力部队克服艰难困苦分路突围。

李先念等率领主力一部突围后，创立了陕南游击根据地。王树声率领另一部主力突围后，以武当山为中心，创立了鄂西游击根据地。王震等率领一部突围后返回陕甘宁解放区。突围的另一部则向东到达大别山等地打游击。中原野战军第一旅在完成掩护主力突围西进的任务后，于 7 月中旬由皮定均率领向东突围，到达淮安，随即参加苏皖解放区的自卫战争。中原解放军胜利地完成了战略转移，宣告了蒋介石“围歼”中原解放军反动计划的破产。中原解放军不仅未被消灭，反而吸引了国民党军相当大的兵力，并创建了新的根据地，这就极大地援助了其他解放区的作战。

王震率部返回延安后，迟迟不敢将毛楚雄已经牺牲的消息报告给毛泽东，直到毛泽东问起来，王震才不得不向毛泽东讲了实情……

听到三弟的儿子已经被敌人杀害的消息，毛泽东十分痛惜地流下了眼泪，并对王震说：“这已经是我们毛家为革命牺牲的第 5 个人了！楚雄年纪虽小，但在敌人面前表现得很勇敢、很顽强，是他父亲的好伢子啊！”

王震以极其低沉的语气说：“主席不要太伤感了，请多保重身体……”又说，“楚雄是我带出来的，我没能保护好他，我有责任……”

毛泽东不无悲怆地说：“这不能怪你，这笔账要算在蒋介石的头上！楚雄为革命而牺牲，虽死犹荣!”并安慰王震说，“要革命么，哪有不死人的道理呀？我们共产党人是为人民的事业而战斗的，总要前仆后继，彻底打垮国民党!”

听着毛泽东的话，王震心头一阵热血冲涌……

七八月间，华中野战军苏北部队，在陈毅、粟裕、谭震林指挥下举行苏中战役，给进犯之敌以迎头痛击，七战七捷，歼敌 6 个旅、5 个交通警察大队，共 5 万余人。此后，苏北解放军继续向北转移，与山东解放军配合作战，先后进行了宿北、鲁南战役，歼敌 3 个整编师及 1 个快速纵队等共 7 万多人。

晋冀鲁豫野战军在刘伯承、邓小平指挥下，8 月间为配合中原、华东野战军作战，分几路向开封至徐州的陇海路出击，歼敌 16000 余人，切断了敌人的东西交通线。9 月 3 日，人民解放军将敌整编 3 师诱至预定战场定陶地区，集中 4 倍于敌的兵力，发起攻击，全歼该敌，活捉师长赵锡田。随后，又向溃退之敌发起猛烈攻击，再歼敌整编 41 师等一部。定陶战役共歼敌 4 个旅 17000 余人。

与此同时，贺龙等指挥的晋绥解放军、聂荣臻等指挥的晋察冀野战军、林彪和罗荣桓指挥的东北民主联军等都沉重地打击了国民党军队的进攻，歼灭了敌人大量的有生力量。

9 月 2 日，毛泽东致信中共中央西北局书记、西北联防军司令部政委习仲勋：“作战时，注意集中绝对优势兵力歼敌一部，如来信所说，集中六至七个团，歼敌一个团。得手后看形势，如我损伤不大，又有好打之敌时，可接着打第二仗，再歼敌一个团；如不好打，则撤回休整，待机再打。此外，须准备三千人左右补充作战部队的消耗，请早为准备。最好先期交付各旅训练，临时可迅速补充。”

同日，毛泽东还电示粟裕和谭震林，指出主力部队他调后须留得力部队在苏中坚持作战。

次日，毛泽东为中央军委起草给刘伯承、邓小平的电报，指示立即部署歼灭刘峙一路的敌军。

9 月 4 日，毛泽东再次电示刘伯承、邓小平，要他们做好歼灭敌第三师后的行动部署。

同一天，毛泽东还接连为中央军委起草了另外 4 封电报，分别给陈赓和谢富治、粟裕和谭震林、张宗逊和罗瑞卿（2 封电报），部署对敌作战任务……

大敌当前，重兵压境——一连 10 多天，毛泽东冷静地审时度势，在复杂的敌情变化和风云变幻中运筹帷幄，部署和调动着人民军队的各路军兵，志在彻底粉碎蒋介石发动的全面的猖狂进攻……

9 月 16 日，毛泽东为中央军委起草《集中优势兵力，各个歼灭敌人》的指示，明确提出了打败国民党反动派的政治方针和军事原则，指出为战胜敌人，不惜放弃一些城市和地区，争取主动，在运动中消灭敌人，壮大自己。指示是对马列主义军事科学的发展。

10 月上旬，旅长黄新廷和政委余秋里奉命率领第 358 旅由内蒙古经山西调延安，准备迎击国民党嫡系部队胡宗南的进攻。第 358 旅驻防延安以东的雀儿沟一带，随时待命歼敌。

10 月 20 日，形势越来越紧。毛泽东根据敌情，致信中共中央政治局委员、书记处书记任弼时，布置了疏散中央机关人员的工作。

10 月 24 日，毛泽东致电山东陈毅、粟裕、谭震林，要他们集中优势兵力，采取围城打援的办法，以期尽歼敌军。

11 月 9 日，毛泽东再次向所属部队发出具体作战指示："以后作战凡打大一点的仗，总要集中十团八团兵力，最好能集中十二个团打，以期必胜。这是战役上必须集中兵力。""战术上亦须集中兵力。……尔后作战每次均须采用此种方法。"

11 月中旬，毛泽东为中共中央起草了关于暂时放弃延安的文件。

这时延安的天气渐寒。国民党的飞机不断进入延安上空骚扰。董必武和叶剑英先后回到了延安——几个人一见面，毛泽东即高兴地说："回来了好，现在我们可以摆开架式同蒋介石较量一番了！"

朱德也说："他蒋介石贼心不死，硬要打内战，我们只好奉陪到底！"

董必武笑着，充满信心地说："蒋介石总是过高地估计自己的力量，而看不到已经觉悟和壮大起来的人民的力量……"

毛泽东说："这正所谓'英雄所见略同'啊！"

叶剑英风趣地说："美国人利令智昏，仗着有一些好武器，错把蒋介石当成一条好猎狗了！”

众人都笑了。笑声中，毛泽东说：“决定战争胜负的因素不是一两件什么好武器，而是人，人才是决定战争胜负的决定因素。只有人民，才是创造世界历史的真正动力！”

11 月 25 日，周恩来飞抵延安。

领袖荟萃，人心振奋！

在毛泽东、周恩来、朱德、刘少奇和任弼时等人的统一部署下，延安的后方机关开始了有计划的疏散。

这时恰逢朱德总司令 60 岁寿辰。在毛泽东的提议下，中共中央决定在延安的中央礼堂为朱德祝寿。

毛泽东说：“我们的总司令 60 岁大寿，是我们大家的骄傲，是全国人民的光荣！总司令戎马半生，为人民的事业呕心沥血，我们都应该为他庆贺啊！我相信，我们的总司令能活 100 岁！”

周恩来也说：“蒋介石在南京刚刚过完了他的 60 岁生日，我们在延安给他唱个对台戏，摆上我们的大红枣、柿子、花生米，好好为我们的老总庆贺一下！”

刘少奇和任弼时都表示同意毛泽东和周恩来的主张。

在朱德 60 岁寿辰的庆祝会上，毛泽东为之题词：

朱德同志六十大寿　人民的光荣

12 月，毛泽东撰写了 1947 年元旦献词，准备在《解放日报》上发表。献词指出：“只要全国人民团结一致，坚持不屈不挠的奋斗，那么，在不久的将来，自由的阳光一定要照遍祖国的大地，独立、和平、民主的新中国一定要在今后数年内奠定稳固的基础。”

1947 年元旦这天，延安军民载歌载舞地庆祝新的一年的到来。从早晨到夜晚，中央各机关、学校、留守部队的人们纷纷走上街头，和头裹白羊肚手巾、腰扎红布带的乡亲们一起扭秧歌、踩高跷、跑旱船、耍武术，仿佛这里根本不会发生战争似的。但是，人们心里都明白，大战已经迫在眉睫……

1 月 24 日，毛泽东、朱德代表中共中央设宴招待延安附近地区的劳动英雄、居民及驻在该地的解放军干部。毛泽东与来宾一一握手，并询问各乡工作、生产和生活情况，号召部队和群众积极生产，改善生活。

毛泽东在同大家的谈话中指出："我们好比爬山，已经快攀登山顶。去年的困难已经克服，但对于破坏政协与'停战令'的蒋介石的进攻一定要坚决粉碎，以求得全国和平。"

第二天，毛泽东向晋察冀军区部队发出了《打大歼灭战的两个条件》的电报：

> （一）以小部兵力钳制敌之其他部分，集中绝对优势兵力打一个敌人，决不可同时打两个敌人，也不可将很多兵力使用于钳制方面。
>
> （二）以一部打正面，以主力打迂回，决不可以主力打正面，以一部打迂回。

2月1日，毛泽东在枣园主持召开中央政治局扩大会议。会议通过并发出了毛泽东起草的《迎接中国革命的新高潮》的党内指示。指示着重强调了军事、土地和生产问题，要求全党巩固和发展全民族的统一战线，指出在今后几个月内再歼敌40至50个旅是决定一切的关键。

这时，春节将至。一场大雪过后，延安城里城外的老百姓们乐呵呵地忙着扫雪、置办年货，在延安的机关工作人员和部队的干部战士们，也积极热情地帮着乡亲们打扫窑洞、挑水、劈柴、贴春联，到处呈现着一派军民团结、喜庆新春的平和景象。

进入3月，一心想搞独裁专制的蒋介石又集中了90个旅70万兵力，分别向陕甘宁和山东解放区发动了重点进攻。

3月5日，国民党第29军第48旅佯攻陇东，其余牵制解放军主力，以便其乘虚而入突袭延安。在毛泽东的部署下，西线解放军根据命令以迅雷不及掩耳之势，一夜歼灭了敌第48旅，击毙旅长何奇，并连夜赶赴南线，准备迎击敌人的主力进攻。

第二天，毛泽东向西北野战军发出了《考虑我军行动应以便利歼敌为标准》的指示。

8日，延安1万多军民在宝塔山下的商会大会场举行保卫边区的动员大会。朱德和林伯渠在大会上讲了话。周恩来在讲话中从政治、经济、军事上分析了国民党政府的处境，明确指出蒋介石已到了穷途末路，妄图拿进攻延安来挽救他垂死的命运。周恩来强调指出：党中央、毛主席考虑到敌我双方的力量对比悬殊，决定采取诱敌深入的方针，主动放弃延安，在运动中寻机歼敌，不计较一城一地的得失；暂时放弃延安，是为了将来解放延安、西安、南京、北平、上海，进而解放全中国！

最后，周恩来提高了声音，充满激情地号召："我们有毛主席的直接领导，一定能够打胜仗！大家一条心，黄土变成金；大家行动起来，保卫我们的土地，保卫延安，保卫毛主席！我们一定能够胜利！"

会场上，红旗翻卷，步枪、红缨枪挺立如林，口号声惊天动地：

"团结起来打胜仗！"

"保卫延安！"

"保卫党中央！"

"保卫毛主席！"

……

3 月 11 日，根据《停战协定》而派驻延安的美军观察组，匆匆撤往国民党统治区。毛泽东和周恩来等人不失礼仪和风度地到机场予以送行。

此时的延河水依然清澈地流淌着，宝塔山上的宝塔依然巍巍耸立着、一动不动！

次日，延安上空出现了美制蒋记轰炸机。当第一颗重磅炸弹落在中央军委总部附近时，毛泽东、周恩来与彭德怀正在军用地图前研究迎敌方案，三个人的神情毅然而坚定……

这一天，朱德、刘少奇、任弼时、叶剑英等人带领一部分中央机关工作人员迁到瓦窑堡去了；毛泽东、周恩来留在延安，随后由枣园后沟搬到了新的中央军委总部驻地王家坪。

3 月 13 日，蒋介石命令胡宗南指挥 23 万兵力进犯延安。这时，西北野战军在陕甘宁边区的总兵力只有 2 万多人，敌人大于我 10 倍的兵力，形势十分严峻。

拂晓时，胡宗南的 14 个旅兵分两路——右集团董钊、左集团刘戡，同时由宜川、洛川两线分路向延安发动了猛攻。

从早晨到中午，前线的炮声不断。近60架敌机对延安实施了狂轰滥炸，到处是断壁残垣、烟尘一片……

下午，敌机开始轰炸王家坪。一颗重磅炸弹落在了毛泽东居住的窑洞前，而毛泽东在窑洞中依然不动声色地在军用地图上画线线！

众人都劝毛泽东尽快撤离延安，而毛泽东却沉着地说："我是要最后一个撤离延安的！"并说，"你们都不要劝我了，我留下来是要牵制住胡宗南，牵制住他的20万大军！他胡宗南进了延安，可以把延安的坛坛罐罐全部打烂，去给蒋介石报功。可是我要彻底打乱蒋介石的整个战略方案，在陕北、在东北、在华北，在各个战场上，在全国的各条战线上，彻底打垮蒋介石！解放全中国！"

毛泽东说话从来都是算数的，没有谁能劝得了他。毛泽东的话，也极大地鼓舞着大家，大家都从心底里敬佩他、信服他……

16日中午，敌人又一次轰炸了王家坪。毛泽东还是不想撤离，并嘲笑由敌人炸弹爆炸引起的冲击波说："我们的风刮起来就不得了，要将他们连根拔哩！"

18日傍晚，敌兵已经打到了延安附近的吴家枣园。这时候，敌人的枪炮声已经声声入耳，解放军的喊杀声也已句句在闻。周恩来见毛泽东还在不紧不慢地吃着晚饭，仍然是一副不想撤离的样子，情急之中派人去叫彭德怀……

彭德怀一到，不管三七二十一，强行命令毛泽东身边的工作人员立刻收拾了一切，连声吼道："走走走！马上给我走！一分钟也不要呆了，快给我走！"吼罢又说，"走！走！走！"

一代叱咤风云的领袖人物毛泽东，在彭德怀的连声催促下先是皱起了眉梢，然后慢慢放下了还拿在他手中的碗筷，站起身来伸手接了江青递给他的毛线围巾，头上戴了顶棉帽子，身上穿了他那件浅灰色的军棉大衣，在周恩来的陪伴下，在火红晚霞的映衬中，挺胸昂首、跨步踏上了一辆早已在窑洞外边为他准备好了的敞篷中吉普车，带领着他不多的几名随行人员，带着他的勇气和智慧，带着他54年的人生经历和在革命斗争中积累的丰富经验，带着他在风雨历程中的泥泞和彻底打败蒋介石的决心，走向了硝烟弥漫、炮火轰鸣的战场，走向了中国革命解放战争的历史大舞台，他要导演一场震惊世界、彻底改变中国历史乃至人类命运的叱咤风云剧！

在毛泽东的身后，紧紧跟随着中央纵队的参谋长叶子龙和副参谋长汪东兴，还有两个步兵连、一个骑兵连、一个手枪连和一个警卫排——而在全国的各个战场上，紧紧跟随着毛泽东的是为了解放全中国而英勇战斗的千军万马，跟随着为求解放而艰苦奋斗、前仆后继、迎接新曙光的千百万中国的老百姓……